TURQUIE.
22
23
24
25
26
MOLDAVIE
Bistricz
Roman
Waslony
Bakou
Berlai
Fokschani
HERMANSTADT
Kronstadt
Kimpolung
BOUKAREST
ROUSTCHOUK
PRÍNCIPE
DRÁCULA
RASTRO de SANGUE

PRÍNCIPE DRÁCULA

RASTRO *de* SANGUE

DARKSIDE

DARKLOVE.

Design da capa por Jeff Miller, Faceout Studio
Fotografia da capa © Carrie Schechter
Arte da capa © Shutterstock
Capa © 2017 Hachette Book Group, Inc.

Tradução para a língua portuguesa
© Ana Death Duarte, 2019

Fotografias gentilmente cedidas por Wellcome Library, Londres (p. 12, 34, 162, 188, 216, 238, 280, 318, 344);
Sebastian Nicolay/Shutterstock (p. 44).

Diretor Editorial
Christiano Menezes

Diretor Comercial
Chico de Assis

Gerente Comercial
Giselle Leitão

Gerente de Marketing Digital
Mike Ribera

Editores
Bruno Dorigatti
Raquel Moritz

Editores Assistentes
Lielson Zeni
Nilsen Silva

Designers Assistentes
Aline Martins / Sem Serifa
Arthur Moraes

Revisão
Aline T.K. Miguel
Jéssica Reinaldo

Impressão e acabamento
Coan Gráfica

DADOS INTERNACIONAIS DE CATALOGAÇÃO NA PUBLICAÇÃO (CIP)
Angélica Ilacqua CRB-8/7057

Maniscalco, Kerri
Príncipe Drácula / Kerri Maniscalco ; tradução de Ana Death Duarte. — Rio de Janeiro : DarkSide Books, 2019.
424 p. (Rastro de sangue ; 2)

ISBN: 978-85-9454-166-6
Título original: Hunting Prince Dracula

1. Ficção norte-americana 2. Homicidas em série — Ficção
3. Vampiros — Ficção I. Título II. Duarte, Ana Death

19-0527 CDD 813.6

Índices para catálogo sistemático:

1. Ficção norte-americana

[2019]
Todos os direitos desta edição reservados à
DarkSide® *Entretenimento LTDA.*
Rua Alcântara Machado, 36, sala 601, Centro
20081-010 — Rio de Janeiro — RJ — Brasil
www.darksidebooks.com

JAMES PATTERSON *apresenta*

KERRI MANISCALCO

PRÍNCIPE DRÁCULA

RASTRO *de* SANGUE

DARKSIDE

TRADUÇÃO
ANA DEATH DUARTE

Para minha mãe e meu pai, por me ensinarem que inúmeras aventuras podem ser encontradas entre as páginas dos livros.

E para minha irmã, por viajar comigo para cada terra misteriosa, real e imaginada.

"Ó morte orgulhosa!
Que festa se prepara em teu antro sinistro,
Para que tenhas derrubado tantos príncipes
Num só golpe sangrento?"
— *Hamlet*, Ato 5, Cena 2 —

WILLIAM SHAKESPEARE

Brasov
R O M A N I A
Bran Castle
1
2
3
4
5
6
7
8
9
1. Aposentos de Audrey Rose, na torre
2. Aposentos de Thomas
3. Necrotério do porão / entrada para os túneis subterrâneos
4. Depósitos de alimentos
5. Sala de aula de Radu
6. Anfiteatro cirúrgico de Percy
7. Aposentos de Anastasia
8. Biblioteca principal
9. Túneis subterrâneos
copyright 2017 Tim Paul

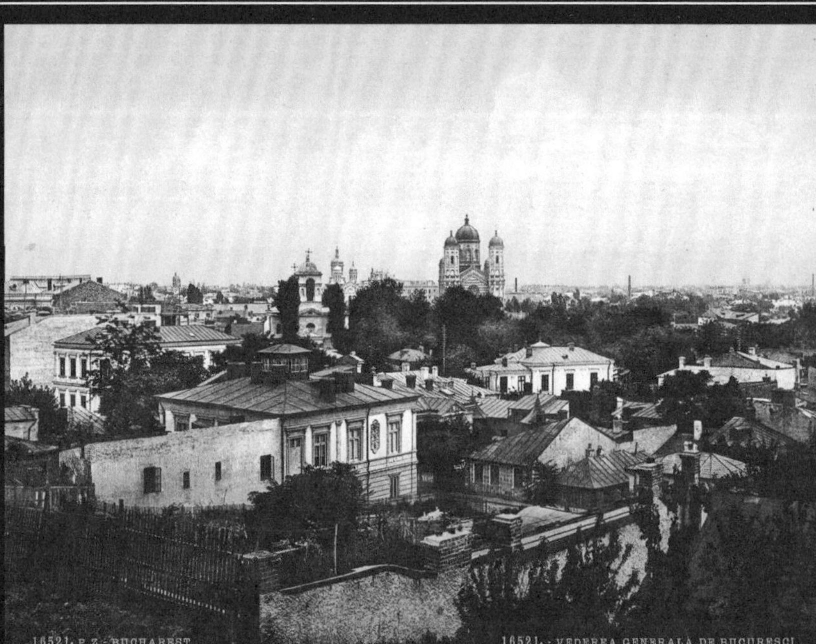

Vista geral de Bucareste, Romênia, aproximadamente em 1890.

PRÍNCIPE DRÁCULA
RASTRO *de* SANGUE

I. FANTASMAS DO PASSADO

Expresso do Oriente, Reino da Romênia
1º de dezembro de 1888

Nosso trem seguia seu caminho, rangendo ao longo de trilhas congeladas em direção às presas cobertas de branco dos Cárpatos. De nossa posição, nas cercanias de Bucareste, capital da Romênia, os picos tinham a cor de machucados cuja coloração se desvanecia.

A julgar pela pesada neve que caía, era bem provável que os picos estivessem tão gélidos quanto carne morta. Que pensamento encantador para uma manhã tempestuosa!

Ele bateu o joelho na lateral do painel de madeira entalhada da minha cabine particular *mais uma vez.* Cerrei os olhos, rezando para que meu companheiro de viagem voltasse a dormir. Mais uma batida de suas longas pernas poderia desalinhar minha desgastada compostura. Pressionei a cabeça junto ao assento de espaldar alto e aveludado, concentrando-me no veludo macio em vez de cutucar a perna ofensora com meu alfinete de chapéu.

Sentindo minha crescente irritação, o sr. Thomas Cresswell se mexeu e começou a tamborilar seus dedos enluvados no peitoril da janela de nossa cabine. *Minha* cabine, na verdade.

Thomas tinha seus próprios aposentos, mas insistia em passar todas as horas do dia em minha companhia, temendo que um assassino fosse entrar no trem e colocar em ação a sua carnificina.

Pelo menos foi essa a história ridícula que ele havia contado à nossa acompanhante de viagem, a sra. Harvey. Ela era a encantadora mulher de cabelos prateados que zelava por Thomas quando ele se recolhia em sua residência em Piccadilly, em Londres, e no momento encontrava-se em seu quarto cochilo do dia, o que era um feito e tanto ao se levar em conta que não muito tempo havia se passado desde a alvorada.

Meu pai havia adoecido em Paris e depositara sua confiança e minha virtude tanto aos cuidados da sra. Harvey quanto de Thomas, o que dizia muitíssimo sobre quão enormemente meu pai tinha meu amigo em sua estima, e como Thomas podia ser inocente e charmoso de um jeito persuasivo quando o humor ou a ocasião assim pedissem. De súbito, minhas mãos ficaram quentes e úmidas dentro de minhas luvas.

Fazendo com que essa sensação descarrilasse, meu foco deslizou dos cabelos castanho-escuros de Thomas e sua impecável casaca para a cartola e o jornal romeno que ele colocara de lado. Eu vinha estudando o idioma por tempo suficiente para discernir a maior parte do que dizia o jornal. A manchete alardeava: TERIA O PRÍNCIPE IMORTAL RETORNADO? Um corpo havia sido encontrado, estaqueado no coração, perto de Braşov — que era exatamente o vilarejo para onde estávamos viajando —, levando os supersticiosos a acreditar no impossível: que Vlad Drácula, o príncipe da Romênia dado como morto havia séculos, estava vivo. E à caça.

Tudo isso era uma tolice cujo propósito seria inspirar medo e vender jornais. Um ser imortal jamais poderia existir. Homens de carne e osso é que eram os verdadeiros monstros, e eles podiam ser eliminados com bastante facilidade. No fim das contas, até mesmo Jack, o Estripador, sangrava, como todos os homens. Mesmo assim, os jornais clamavam que ele vagava em busca de presas pelas ruas brumosas de Londres. Alguns até mesmo haviam dito que ele seguira para os Estados Unidos.

Se ao menos isso fosse verdade...

Uma pontada de dor demasiadamente familiar atingiu meu âmago, roubando-me o fôlego. Era sempre a mesma coisa quando eu pensava no caso do Estripador e nas memórias que o episódio agitava dentro de mim. Quando eu fitava o espelho, via os mesmos olhos verdes e lábios carmesins; tanto as raízes indianas de minha mãe quanto a nobreza inglesa de meu pai eram visíveis nas maçãs do meu rosto. Meu semblante ostentava que eu ainda era uma menina de dezessete anos e cheia de vida.

E, ainda assim, eu havia sofrido um golpe tão devastador na alma! Eu me perguntava como conseguia aparentar tamanha plenitude e serenidade por fora, quando, por dentro, eu me debatia em turbulência.

Meu tio havia sentido essa mudança em mim, notando os erros descuidados que eu havia começado a cometer em seu laboratório forense nos últimos dias. O ácido carbólico que eu me esquecera de usar quando estava limpando nossas lâminas. Espécimes que eu não havia coletado. Um corte irregular em carne gélida, tão atípico para minha habitual precisão com os corpos alinhados em sua mesa de exames. Ele não disse nada, mas eu sabia que ele estava decepcionado. Meu coração deveria ficar endurecido diante da morte.

Talvez eu não fosse feita para uma vida de estudos forenses, afinal de contas.

Tac. Tac-tac-tac. Tac.

Cerrei os dentes enquanto Thomas seguia com seu *tac-tac-tac* acompanhando o movimento ruidoso do trem. Como a sra. Harvey conseguia dormir com todo esse barulho altíssimo era algo inacreditável. Pelo menos ele havia conseguido me içar daquele profundo poço de emoções. Emoções que eram silenciosas e sombrias demais. Estagnadas e pútridas como água pantanosa, com criaturas de olhos vermelhos à espreita bem lá embaixo. Uma imagem muito adequada para o lugar ao qual estávamos nos dirigindo.

Logo todos nós haveríamos de desembarcar em Bucareste, antes de viajarmos de carruagem pelo restante do caminho até o Castelo de Bran, lar da Academia de Medicina e Ciências Forenses, ou *Institutului Naţional de Criminalistică şi Medicină Legală*, como é chamado em romeno. A sra. Harvey passaria uma ou duas noites em Braşov antes de viajar de volta a Londres. Uma parte minha ansiava por retornar a Londres com ela, embora eu jamais fosse admiti-lo em voz alta para Thomas.

Acima de nossa cabine particular, um lustre opulento oscilava em compasso com o ritmo do trem, com seus cristais tilintando uns nos outros e acrescentando uma nova camada de acompanhamento às batidas em *staccato* de Thomas. Afastando a incessante melodia de meus pensamentos, fiquei observando enquanto o mundo lá fora passava em um borrão feito de baforadas de vapor e ramos tremulantes de árvores. Galhos desprovidos de folhas eram encapsulados em um branco cintilante, cujos reflexos brilhavam em contraste com o polido e quase ébano azul de nosso trem de luxo, enquanto os vagões da frente faziam uma curva e escavavam um caminho em meio à terra polvilhada pela geada.

Eu me inclinei mais para perto da janela, dando-me conta de que os galhos não estavam cobertos de neve, mas sim de gelo. Eles captavam a primeira luz do dia e ficavam praticamente em chamas sob o raiar do sol laranja-avermelhado. Era tão pacífico que eu quase podia esquecer... *Lobos!* Eu me levantei de forma tão abrupta que Thomas deu um pulo em seu assento. A sra. Harvey roncava sonoramente, e o ruído era similar a um rosnado. Pisquei e as criaturas se foram, substituídas por galhos oscilantes enquanto o trem seguia adiante de maneira ruidosa.

O que eu havia pensado serem presas brilhantes eram apenas os ramos invernosos das árvores. Soltei o ar. Eu andava ouvindo uivos fantasmagóricos todas as noites. Agora via coisas que não estavam lá durante a luz do dia também.

"Eu vou... me esticar um pouco."

Thomas ergueu suas sobrancelhas escuras, imaginando — ou provavelmente apreciando, pelo que eu conhecia dele — o porquê da minha flagrante dispensa de decoro, e inclinou-se para a frente; mas, antes que pudesse se oferecer para me acompanhar ou acordar nossa acompanhante, eu me apressei até a porta e a deslizei para abri-la.

"Eu preciso de alguns instantes", disse. "Sozinha."

Thomas me encarou pelo tempo de um longo batimento cardíaco antes de responder. "Tente não sentir muito a minha falta, Wadsworth." Ele se recostou, a expressão em seu rosto ficando levemente séria antes que as feições assumissem novamente um ar travesso. "Embora isso seja uma tarefa impossível. Eu, por exemplo, sinto falta por demais de mim mesmo quando estou dormindo."

"O que foi, querido?", perguntou-lhe a sra. Harvey, piscando atrás de seus óculos.

"Eu disse que contar carneirinhos para pegar no sono é sempre bem-vindo."

"Eu estava dormindo de novo?"

Aproveitando-me da distração, fechei a porta atrás de mim enquanto segurava minhas saias. Eu não queria que Thomas lesse a expressão no meu rosto. Aquela que eu ainda não havia dominado na presença dele.

Fiquei vagando pelo estreito corredor, mal absorvendo toda a grandiosidade enquanto fazia meu caminho em direção ao vagão-restaurante. Eu não poderia permanecer aqui fora desacompanhada por muito tempo, mas precisava escapulir. Nem que fosse apenas dos meus próprios pensamentos e preocupações.

Na semana passada, eu tinha visto minha prima Liza subindo as escadas na minha casa. Uma visão tão normal quanto qualquer outra, exceto pelo fato de que ela havia ido embora para o interior semanas antes. Dias depois, algo um pouco mais sombrio ocorreu. Eu ficara convencida de que um cadáver havia erguido a cabeça em minha direção no laboratório de meu tio, encarando a lâmina em minha mão cheio de escárnio enquanto sua boca cuspia vermes sobre a mesa de exames. Quando pisquei, tudo estava bem.

Eu havia trazido vários periódicos médicos para a viagem, mas, com Thomas me estudando abertamente, não tinha tido oportunidade de fazer uma pesquisa sobre os meus sintomas. Ele havia dito que eu precisava confrontar o pesar e o luto, mas eu ainda não estava disposta a reabrir aquela ferida. Talvez um dia.

Poucas cabines adiante, uma porta se abriu, arrastando-me de volta ao momento presente. Um homem de cabelos primorosamente penteados saiu do aposento, movendo-se com rapidez pelo corredor. Seu terno era da cor de carvão e feito de um material fino, o que era aparente pela forma como caía sobre seus largos ombros. Quando ele puxou um pente de prata de sua casaca, eu quase soltei um grito. Algo em meu âmago se torceu tão violentamente que meus joelhos se curvaram.

Não podia ser. Ele havia morrido semanas atrás naquele acidente horrível. Minha mente conhecia a impossibilidade que eu tinha diante de mim, afastando-se a passos largos, com seus cabelos perfeitos e roupas combinando, e, ainda assim, meu coração se recusava a ouvir a razão.

Apanhei minhas saias cor de creme e saí correndo. Eu teria reconhecido aquele caminhar em qualquer lugar. A ciência não tinha como explicar o poder do amor ou da esperança. Não havia fórmula nem dedução para a compreensividade, e não importava o que Thomas tivesse a dizer sobre ciência versus humanidade.

O homem inclinou o chapéu para os passageiros que estavam sentados para o chá. Eu estava apenas parcialmente ciente dos olhares fixos e boquiabertos enquanto eu corria atrás do homem, com meu próprio chapéu pendendo para um lado.

Ele chegou perto da entrada para a sala de charutos, parando por um instante para abrir com tudo a porta externa que desembocava na passagem entre os vagões. A fumaça vazou da sala e se misturou com uma rajada gélida de ar, e o cheiro foi forte o suficiente para revirar as minhas entranhas. Estiquei a mão, puxando o homem e virando-o, pronta para lançar os braços em volta dele e chorar. Os eventos do último mês foram apenas um pesadelo. Meu...

"Domnişoară?"

Meus olhos, se enchendo, arderam. O penteado e as roupas não pertenciam à pessoa a quem eu achei que pertencessem. Limpei os primeiros sinais das lágrimas que deslizaram pelas minhas bochechas, não me importando de borrar o kajal que eu havia começado a usar em volta dos olhos.

Ele ergueu uma bengala com cabeça de serpente, passando-a para a outra mão. O homem não estava nem mesmo segurando um pente. Eu estava perdendo a percepção do que era real. Recuei lentamente, notando a conversa sussurrada vinda do vagão atrás de nós. Os tinidos das xícaras de chá, os sotaques mesclados dos viajantes do mundo todo, tudo isso em um crescendo que se acumulava dentro do meu peito. O pânico tornava a respiração mais difícil do que o espartilho que comprimia minhas costelas.

Arfei, tentando inspirar uma quantidade suficiente de ar para aliviar meus nervos confusos. O tumulto ruidoso e as risadas foram se elevando, chegando a um tom estridente. Uma parte minha desejava que a cacofonia abafasse a pulsação que martelava em minha cabeça. Eu estava prestes a vomitar.

"Está bem, *domnişoară*? Parece..."

Eu ri, não me importando com o fato de que ele havia se afastado bruscamente de meu rompante repentino. Se é que existia algum poder superior, ele estava se divertindo à minha custa. Por fim, entendi que "*domnişoară*" fora usado no lugar de "senhorita". Esse homem não era nem mesmo inglês. Ele falava romeno. E seus cabelos não eram nem um pouco loiros. Eram castanho-claros.

"*Scuze*", falei, forçando-me a sair do estado de histeria com um mísero pedido de desculpas e uma tênue inclinação da minha cabeça. "Eu confundi o senhor com outra pessoa."

Antes que eu pudesse me envergonhar ainda mais, abaixei o queixo e rapidamente voltei ao meu vagão. Mantive a cabeça baixa, ignorando os sussurros e as risadinhas, ainda que eu já tivesse ouvido o bastante.

Eu precisava me recompor antes de encontrar Thomas novamente. Eu havia fingido que não, mas vi a preocupação enrugando sua testa. A dose extra de cautela na forma como ele me provocava ou me irritava. Eu sabia precisamente o que ele estava fazendo a cada vez que ele me incomodava. Depois do que minha família havia passado, qualquer outro cavalheiro teria me tratado como se eu fosse uma boneca de porcelana, facilmente fraturada e descartada por estar quebrada. Thomas, contudo, não era como os outros rapazes.

Cheguei rapidamente à minha cabine e endireitei os ombros. Estava na hora de vestir a carapaça fria e indiferente de uma cientista. Minhas lágrimas haviam secado e meu coração agora era um punho fechado e sólido dentro do meu peito. Inspirei e exalei o ar. Jack, o Estripador jamais voltaria. Essa era uma declaração tão real quanto qualquer outra.

Não havia nenhum assassino como ele neste trem. Um outro fato. O Outono do Terror havia acabado no mês passado.

Certamente, não havia lobos caçando ninguém no *Expresso do Oriente*.

Se eu não tomasse cuidado, em seguida eu começaria a acreditar que Drácula havia se erguido.

Eu me permiti respirar fundo mais uma vez antes de abrir a porta com um puxão, banindo todos os pensamentos sobre príncipes imortais da minha cabeça, e entrei na cabine.

2. AMADA IMORTAL

Expresso do Oriente, Reino da Romênia
1º de dezembro de 1888

Thomas manteve o foco teimosamente fixo na janela, seus dedos cobertos pelas luvas de couro ainda tamborilando naquele ritmo irritante. *Tac. Tac-tac-tac. Tac.* A sra. Harvey descansava os olhos novamente, o que não era nenhuma surpresa. A suave respiração nasalada indicava que ela havia adormecido de novo nos poucos instantes em que me ausentei. Mirei meu companheiro, mas ou ele estava alegremente desatento, ou provavelmente fingia estar, enquanto eu me sentava de fininho no assento em frente ao dele. Seu perfil era um estudo de linhas e ângulos perfeitos, todos cuidadosamente virados para o mundo invernal lá fora. Eu sabia que ele podia sentir minha atenção nele, sua boca curvada demais enquanto se deleitava com pensamentos sem importância.

"Você precisa continuar com essa maldita batida, Thomas?", perguntei. "Isso está me deixando tão maluca quanto um daqueles desafortunados personagens de Poe. Além do mais, a pobre sra. Harvey deve estar sonhando com coisas terríveis."

Ele voltou sua atenção para mim, seus profundos olhos castanhos assumindo ares pensativos por um momento. Aquele exato olhar — cálido e convidativo como uma faixa de luz do sol em um dia fresco de outono — que era sinônimo de problemas. Eu podia praticamente ver a mente dele devaneando sobre coisas impudicas enquanto um lado de sua boca se repuxava para cima. Seu sorriso torto era um convite a pensamentos que minha tia Amelia teria achado completamente indecentes. E a forma como seu olhar recaiu sobre os meus lábios, contemplando-os, me dizia que ele sabia disso. Insolente.

"Poe? Então você arrancará o meu coração e o colocará debaixo de sua cama, Wadsworth? Devo admitir que não é a maneira ideal de ir parar em seu quarto."

"Você parece terrivelmente certo de sua habilidade de encantar outra coisa além de serpentes."

"Admita. Nosso último beijo foi um tanto estimulante." Ele se inclinou para a frente, seu belo rosto se aproximando demais do meu. De que adiantava ter uma acompanhante? Meu coração acelerou quando notei minúsculos pontos em suas íris. Eram como pequenos sóis dourados que me atraíam para dentro deles com seus raios encantadores. "Não vá me dizer que não gosta da ideia de um outro beijo."

Meu olhar varreu as feições cheias de esperança dele. A verdade era que, apesar de todas as coisas sombrias que haviam ocorrido no mês anterior, eu realmente gostava da ideia de ter um outro encontro romântico com Thomas, o que, de alguma forma, parecia uma traição ao meu período de luto.

"Primeiro e último beijo", eu o lembrei. "Foi a adrenalina passando pelas minhas veias depois de quase morrer nas mãos daqueles dois rufiões. E *não* os seus poderes de persuasão."

Um sorriso malicioso ergueu plenamente os cantos de sua boca.

"Se eu encontrar uma pitada de perigo para nós, isso a deixaria tentada de novo?"

"Sabe, eu gostava mais de quando você não estava falando."

"Ah", Thomas recostou-se, suspirando, "de uma forma ou de outra, você gosta de mim."

Fiz o melhor que pude para esconder um grande sorriso. Eu deveria saber que o patife encontraria uma maneira de desviar nossa conversa para tais assuntos impróprios. Na verdade, fiquei surpresa por ele ter demorado tanto para ser vulgar. Nós havíamos viajado de Londres a Paris com meu pai, para que ele pudesse nos ver entrar no impressionante *Expresso do Oriente,* e Thomas havia sido um agradável cavalheiro pelo caminho todo. Eu mal o havia reconhecido quando ele conversou agradavelmente com meu pai enquanto eles comiam pãezinhos de minuto e bebiam chá.

Se não fosse pela inclinação travessa nos lábios dele quando meu pai não estava olhando, ou as linhas familiares de seu maxilar teimoso, eu teria afirmado que ele era um impostor. Não havia forma possível de *aquele* Thomas Cresswell ser o mesmo rapaz irritantemente inteligente de quem eu tinha vindo a gostar muito naquele último outono.

Coloquei uma mecha dos meus cabelos escuros feito um corvo para trás da orelha e olhei para fora da janela novamente.

"Então o seu silêncio significa que você está considerando um outro beijo?"

"Você não consegue deduzir a minha resposta, Cresswell?" Eu o encarei com uma sobrancelha erguida em desafio, até que ele deu de ombros e continuou a bater os dedos enluvados no peitoril da janela.

Aquele Thomas também havia conseguido persuadir o meu pai, o formidável lorde Edmund Wadsworth, a permitir que eu estudasse com ele na Academia de Medicina e Ciências Forenses, na Romênia, fato este que eu ainda não havia conseguido destrinchar muito bem na minha mente. Era quase fantástico demais para ser verdade. Até mesmo enquanto eu já estava sentada em um trem, a caminho da tal academia.

Minha última semana em Londres tinha sido cheia de ajustes em vestidos e arrumação de baús, o que resultou em tempo de sobra para que eles dois se tornassem ainda mais próximos. Quando meu pai anunciou que Thomas me acompanharia até a academia junto com a sra. Harvey devido à sua doença, eu praticamente engasguei com a minha sopa enquanto Thomas piscava por cima da dele.

Eu mal tive tempo para dormir à noite, quem diria ponderar sobre o relacionamento de camaradagem que estava surgindo entre meu enfurecedor amigo e meu geralmente austero pai. Eu estava ansiosa para deixar a casa terrivelmente silenciosa que começava a ficar abarrotada com os fantasmas do meu passado recente. Um fato do qual Thomas estava bem ciente.

"Sonhando com um novo escalpelo ou este olhar tem o simples propósito de me embevecer?", quis saber Thomas, resgatando-me de meus pensamentos sombrios. Seus lábios se contorceram com a cara feia que eu fiz, mas ele era esperto o bastante para não terminar de abrir aquele sorriso. "Ah, um dilema emocional, então. Meu predileto."

Eu o encarei enquanto ele observava cuidadosamente a expressão que eu estava tentando, com muito esforço, controlar: as luvas de cetim nas quais eu não conseguia parar de mexer, a forma rígida como eu estava sentada em nossa cabine, que não tinha nada a ver com o fato de o espartilho estar espremendo a parte de cima do meu corpo, nem com a mulher mais velha que ocupava a maior parte do meu assento. O olhar compenetrado dele, sincero e cheio de compaixão, fixou-se no meu próprio. Eu podia ver promessas e desejos pregados em suas feições, seus sentimentos intensos o suficiente para me fazer tremer.

"Nervosa em relação às aulas? Você encantará todos eles, Wadsworth."

Era um alívio suave que Thomas às vezes entendesse errado a completa verdade das minhas emoções. Ele que acreditasse que meu tremor fosse completamente motivado pelo nervosismo por causa das aulas, e não por seu crescente interesse em um noivado. Thomas havia admitido seu amor por mim, mas, como vinha acontecendo com muitas coisas recentemente, eu estava incerta em relação à realidade de tudo aquilo. Talvez ele só se sentisse em dívida comigo, por pena, depois de tudo que havia ocorrido.

Toquei nos botões na lateral de minhas luvas. "Não. Na verdade, não."

Ele arqueou uma sobrancelha, mas não disse nada. Voltei minha atenção para a janela e para o mundo desolador lá fora. Desejei ficar perdida no nada por mais um tempinho.

Segundo a literatura que eu havia lido na grande biblioteca de meu pai, nossa nova academia ficava localizada em um castelo um tanto macabro, no topo da frígida cadeia montanhosa dos Cárpatos. Bem longe de casa e da civilização, caso algum dos meus novos colegas de classe não me acolhesse muito bem. Certamente que o fato de ser mulher seria visto como uma fraqueza em meio aos colegas do sexo masculino... E se Thomas abandonasse nossa amizade assim que chegássemos lá?

Talvez ele descobrisse como era realmente estranho uma moça abrindo os mortos e arrancando seus órgãos como se fossem sapatos novos prestes a ser experimentados. Isso não havia importado quando ambos éramos aprendizes do meu tio, em seu laboratório. Porém, o que os estudantes na prestigiada Academia de Medicina e Ciências Forenses pensariam disso poderia não ser assim tão progressista.

Escrutinar corpos mal era considerado apropriado para um homem fazer, quem dirá uma moça de berço nobre. Se Thomas me deixasse sem amigos na academia, eu afundaria em um abismo tão profundo que provavelmente jamais sairia dele.

A respeitável moça de sociedade que havia em mim odiava admitir isso, mas os flertes dele me mantinham flutuando em um oceano de sentimentos conflituosos. A paixão e a irritação eram o fogo, e esse fogo estava vivo e crepitante de poder. O fogo respirava. O pesar pelo luto era um tonel de areia movediça; quanto mais eu lutasse contra ele, mais para o fundo eu era empurrada. Eu preferiria muito mais ficar em chamas a ser enterrada viva. Embora o mero *pensamento* de estar em uma situação comprometedora com Thomas fosse o bastante para que o calor subisse ao meu rosto.

"Audrey Rose", começou Thomas, mexendo nos punhos de sua casaca, e então passou a mão por seus cabelos escuros, um gesto realmente estranho para o meu normalmente arrogante amigo. A sra. Harvey agitou-se, mas não acordou, e, pelo menos uma vez na vida, eu realmente gostaria que isso tivesse acontecido.

"Sim?" Eu me sentei ainda mais ereta, forçando a estrutura do meu espartilho a agir como se fosse uma armadura. Thomas dificilmente me chamava pelo meu primeiro nome, a menos que algo horrível estivesse prestes a acontecer. Durante uma autópsia ocorrida há alguns meses, havíamos travado uma batalha de inteligência — a qual eu achei que tivesse vencido na época, mas agora não estava tão certa disso — e eu havia permitido que ele fizesse uso do meu sobrenome. Um privilégio que ele também me concedeu, e algo de que eu me arrependia sempre que ele me chamava de Wadsworth em público. "O que foi?"

Fiquei observando enquanto ele respirava fundo algumas vezes, minha atenção vagando para o terno feito com primor. Ele estava bastante bem-vestido para a nossa chegada. O terno de um azul muito escuro era feito sob medida para o seu corpo, de um jeito que faria qualquer um parar para admirar tanto a vestimenta quanto o jovem que a preenchia. Estiquei a mão para mexer nos meus botões, e então me contive.

"Tem algo que venho querendo lhe dizer", ele falou, empertigando-se em seu assento. "Eu... apenas acho justo revelar antes de chegarmos."

Ele bateu o joelho no painel de madeira mais uma vez, e hesitou. Talvez já estivesse se dando conta de que sua associação comigo lhe causaria um problema mais adiante. Eu me preparei para isso: o corte do cordão que me prendia à sanidade. Eu não pediria que ele permanecesse meu amigo enquanto passássemos por tudo aquilo. Não importava se isso fosse me matar. Concentrei-me na minha respiração, contando os segundos a cada fôlego que tomava.

Vovó dizia que a frase "Renomado por sua teimosia" deveria ser inscrita nos túmulos de todos os Wadsworth. Eu não discordava dela. Ergui o queixo. O barulho das rodas agora pontuava cada batimento amplificado do meu coração, bombeando adrenalina em minhas veias. Engoli em seco diversas vezes. Se Thomas não falasse logo, eu temia vomitar em cima dele e de seu belo terno.

"Wadsworth. Eu estou certo de que você... Talvez eu devesse..." Ele balançou a cabeça, e então riu. "Você realmente me possuiu. Em seguida estarei escrevendo sonetos e fazendo olhos de corça." A vulnerabilidade deixou suas feições de maneira abrupta, como se ele tivesse impedido a si mesmo de cair de um penhasco. Ele pigarreou, com a voz muito mais suave do que havia saído um momento antes. "Mas não é exatamente hora para isso, considerando que minha notícia é levemente... surpreendente."

Franzi as sobrancelhas. Eu não fazia ideia do rumo que isso estava tomando. Ou ele declararia nossa amizade inquebrantável ou a deixaria de lado para todo o sempre. Eu me vi agarrada à beirada de meu assento, com as palmas de minhas mãos mais uma vez umedecendo as luvas de cetim.

Ele se endireitou no assento, como que se preparando. "Minha mãe era..."

Alguma coisa grande caiu contra a porta de nossa cabine, e a força do impacto quase rachou a madeira. Pelo menos soou como tal; a porta pesada estava fechada para conter o ruído de coisas batendo no vagão-restaurante ali perto. A sra. Harvey, que Deus a abençoe, ainda estava em seu sono profundo.

Eu não me atrevia a respirar, esperando que mais sons viessem em seguida. Quando isso não aconteceu, oscilei alguns centímetros para a frente, esquecendo-me por completo da confissão não dita de Thomas, meu coração espancando o peito no dobro da velocidade normal.

Imaginei cadáveres voltando à vida, derrubando a porta com a esperança de beber nosso sangue e... *não.* Forcei minha mente a pensar de forma clara. Vampiros não existiam.

Talvez fosse simplesmente um homem que tivesse bebido demais e houvesse tropeçado diante da porta. Ou talvez um carrinho de sobremesa ou de chá tivesse saído do controle de um dos empregados. Até considerei a possibilidade de que uma moça houvesse perdido o equilíbrio com o movimento do trem.

Soltei o ar e me recostei. Eu precisava parar de me preocupar com assassinos caçando pela noite. Estava ficando obcecada, transformando cada sombra em um demônio sugador de sangue, quando tudo não passava de uma simples ausência de luz. Mas, no fim do dia, eu era exatamente como o meu pai.

Um outro objeto bateu com tudo nas paredes do lado de fora de nossa cabine, seguido de um grito abafado, e, depois, nada. Os pelos na minha nuca ficaram eriçados, erguendo-se e se afastando da segurança da minha pele, enquanto os roncos da sra. Harvey se juntavam ao clima ameaçador.

"Que diabos, em nome da rainha, está acontecendo?", sussurrei, amaldiçoando a mim mesma por ter colocado meus escalpelos em um baú que eu não tinha como alcançar prontamente.

Thomas levou um dedo aos lábios e depois apontou para a porta, impedindo quaisquer movimentos meus. Nós nos sentamos enquanto segundos se passavam em um silêncio doloroso. Cada tique do relógio parecia um mês agonizante. Eu mal conseguia aguentar.

Meu coração estava prestes a romper os limites de seu confinamento. O silêncio era mais assustador que tudo, transformando os segundos em minutos. Nós estávamos ali sentados, a atenção fixa na porta, esperando. Fechei os olhos, rezando para que eu não estivesse vivenciando acordada mais um pesadelo tenebroso.

Um grito lacerou o ar, gelando meus ossos por inteiro.

Esquecendo-se do que era apropriado, Thomas esticou a mão para mim do outro lado da cabine, e a sra. Harvey por fim se mexeu. Quando Thomas segurou minhas mãos nas dele, eu soube que não se tratava de um fruto da minha imaginação. Alguma coisa sombria e muito real estava no trem conosco.

PRÍNCIPE DRÁCULA

RASTRO *de* SANGUE

3. MONSTROS E RENDAS

Expresso do Oriente, Reino da Romênia

1º de dezembro de 1888

Levantei em um pulo, examinando a área do lado de fora do trem, e Thomas fez o mesmo. A luz do sol manchava o mundo de latão com sinistros tons de cinza, verde e preto, enquanto o sol se erguia além do horizonte.

"Fique aqui com a sra. Harvey", disse Thomas.

Minha atenção se voltou imediatamente para ele. Se Thomas achava que eu simplesmente haveria de ficar sentada enquanto ele investigava, ele era mais desequilibrado do que eu.

"Desde quando você acredita que eu seja incapaz?" Estiquei a mão para além dele, puxando a porta da cabine com toda a minha força. A maldita coisa não cedia. Chutei meus sapatos de viagem para fora dos meus pés e me preparei, disposta a arrancá-la de suas dobradiças se necessário fosse. Eu não permaneceria presa nesta bela jaula nem mais um minuto, e não importava o que estivesse esperando para nos saudar.

Eu tentei novamente, mas a porta recusou-se a abrir. Era como tudo na vida; quanto mais a pessoa lutava contra algo, mais difícil ficava. O ar de repente parecia pesado demais para respirar. Puxei com mais força, e meus dedos muito lisos deslizaram no revestimento dourado ainda mais liso. Minha respiração acelerou-se em meu peito, ficando presa na rígida estrutura do espartilho.

Eu tive a premência selvagem de rasgar e tirar minhas roupas de baixo, e que se danassem as consequências para com a sociedade polida. Eu precisava sair. Imediatamente. Thomas tinha se postado ao meu lado em um instante.

"Eu não... acho... que você... seja... incapaz", grunhiu ele, tentando arrombar a porta junto comigo, suas luvas de couro lhe proporcionando um pouco mais de controle sobre o revestimento liso. "Ao menos uma vez na vida, eu gostaria de ser o herói. Ou pelo menos, fingir ser. Você... sempre... está... me... salvando. Mais um puxão, no três, certo? Um, dois, três."

Juntos, finalmente abrimos a porta, e me joguei corredor adentro, não me importando com minha aparência enquanto uma multidão de passageiros me fitava e, lentamente, se afastava de mim. Eu devia estar pior do que imaginava, mas não poderia me preocupar com isso ainda. Respirar era muito mais importante. Com sorte, ninguém da sociedade londrina estaria viajando neste vagão e nem me reconheceria. Eu me curvei para a frente, desejando ter vindo com um vestido sem espartilho, enquanto tentava inspirar com dificuldade. Sussurros em romeno chegavam aos meus ouvidos: *"Teapa"*.

"Ţepeş."

Inspirei rapidamente mais uma vez e me empertiguei, encolhendo-me de imediato quando avistei a coisa pela qual os passageiros estavam hipnotizados, com suas faces drenadas de cor.

Ali, entre o estreito corredor e nossa porta, jazia um corpo caído. Eu teria pensado que o homem estava embriagado se não fosse pelo sangue que vazava de uma grande ferida em seu peito, manchando o tapete persa.

A estaca que se projetava de seu coração era uma evidente indicação de assassinato.

"Pelos santos acima de nós!", alguém proferiu, desviando-se do cadáver. "É o Empalador. A história é verídica!"

"*Voivode* da Valáquia!"

"O Príncipe das Trevas!"

Um punho fechou-se ao redor da área do meu coração. *Voivode* da Valáquia... Príncipe da Valáquia. O título revirava-se dentro da minha mente até que foi parar nas lições de história e enfiou-se como uma estaca na área em que o medo residia. Vlad Ţepeş. Vlad, o Empalador.

Alguns o chamavam de Drácula. Filho do Dragão.

Tantos nomes para o príncipe medieval que havia assassinado mais homens, mulheres e crianças do que eu me atrevia a pensar. Foi por seu método de matar que ele recebeu o sobrenome Ţepeş. *Empalador.*

Fora do Reino da Romênia, dizia-se que sua família era composta por seres diabólicos, imortais e sedentos por sangue, mas, pelo pouco que eu havia aprendido, o povo da Romênia se sentia bem diferente em relação a isso. Vlad era um herói do povo que havia lutado por seus compatriotas, usando todos os meios necessários para derrotar seus inimigos. Algo que outros países e seus amados reis e rainhas faziam também. Os monstros estão nos olhos de quem os observa. E ninguém queria descobrir que seus heróis eram os verdadeiros vilões da história.

"É o Príncipe Imortal!"

"Vlad Ţepeş vive!"

TERIA O PRÍNCIPE IMORTAL RETORNADO? A manchete do jornal passou em um lampejo pela minha mente. Isso realmente não podia estar acontecendo de novo. Eu não estava preparada para me deparar com mais uma vítima de assassinato assim, tão logo após o caso do Estripador. Examinar um cadáver em um laboratório era diferente. Esterilizado. Menos emocional. Ver o crime onde ele ocorreu tornava tudo humano demais. Real demais. Houve uma época em que eu teria ansiado por isso. Agora era algo que eu gostaria de esquecer.

"Isto é um pesadelo. Diga-me que se trata de um sonho horrendo, Cresswell."

Por um momento, parecia que Thomas ansiava por me tomar em seus braços e aliviar cada uma de minhas preocupações. Então aquela determinação fria assentou-se sobre ele como uma nevasca caindo sobre as montanhas.

"Você olhou na cara nojenta do Medo e o fez tremer. Você vai superar isso, Wadsworth. *Nós* vamos superar. Este é um fato mais tangível do que qualquer sonho ou pesadelo. Eu prometi que nunca mentiria a você. Pretendo honrar a minha palavra."

Eu não conseguia deixar de encarar a crescente mancha de sangue. "O mundo é malévolo."

Não se deixando intimidar pelos passageiros atentos que estavam ao nosso redor, Thomas tirou uma mecha de cabelo da minha face, seu olhar pensativo.

"O mundo não é bondoso, tampouco cruel. Ele simplesmente existe. Nós temos a capacidade de vê-lo da forma como escolhermos."

"Temos algum cirurgião a bordo?", perguntou, em romeno, uma mulher de cabelos escuros que tinha mais ou menos a mesma idade que eu. Isso foi o bastante para me libertar do desespero. "Ele precisa de ajuda! Alguém vá buscar ajuda!"

Eu não conseguia tolerar a ideia de dizer a ela que esse homem não podia mais ser ajudado.

Um homem de cabelos desgrenhados agarrou a lateral de sua própria cabeça, sacudindo-a como se ele pudesse remover o corpo dali com a força de sua negação. "Isso... isso deve ser um ato ilusionista."

A sra. Harvey esticou a cabeça para o corredor, os olhos arregalados por trás de seus óculos. "Oh!", ela gritou.

Rapidamente, Thomas escoltou-a de volta ao banco da minha cabine, sussurrando-lhe palavras suaves enquanto seguiam até lá.

Se eu não estivesse tão atordoada, eu mesma teria gritado. Infelizmente, essa não era a primeira vez que eu me deparava com alguém que havia sido assassinado apenas minutos antes. Eu tentei não pensar no cadáver que nós havíamos encontrado em uma viela em Londres e na culpa imensa que ainda corroía as minhas entranhas. Ele havia morrido por causa de minha maldita curiosidade. Eu era um monstro hediondo envolto em rendas delicadas.

E ainda assim... eu não conseguia evitar a sensação que zunia sob a minha pele enquanto eu olhava fixamente para o corpo, para a estaca crua. A ciência me deu um propósito. Era algo em que eu podia me deixar absorver, em vez de me perder em meus próprios pensamentos insanos.

Inspirei algumas vezes, orientando-me para o horror que estava diante de mim. Agora não era hora para que as emoções anuviassem o meu juízo. Embora uma parte minha desejasse chorar pelo homem assassinado e por quem quer que fosse sentir falta dele essa noite, eu me perguntava com quem ele estivera viajando... ou para onde.

Interrompi os meus pensamentos exatamente ali. *Foco,* comandei a mim mesma. Eu sabia que isso não era obra de um ser sobrenatural. Vlad Drácula havia morrido centenas de anos atrás.

Murmurando alguma coisa sobre a sala das máquinas, o passageiro de cabelos desgrenhados saiu correndo naquela direção, provavelmente para fazer com que o maquinista parasse o trem. Fiquei vendo enquanto ele traçava seu caminho em meio ao bando ruidoso de pessoas, que, em sua maioria, haviam paralisado de terror.

"A sra. Harvey desmaiou", disse Thomas ao sair da cabine, com um sorriso reconfortante no rosto. "Eu tenho sais de amônia aqui, mas acho melhor deixá-la assim até que isso seja..."

Vi um nó de emoção suprimida se formar na garganta dele. Eu tomei o risco de cometer uma indecência — imaginando que a multidão estivesse preocupada com o cadáver e não com a minha falta de discrição — e rapidamente agarrei sua mão enluvada na minha, antes de soltá-la. Palavras não precisaram ser ditas. Por mais que alguém se deparasse com morte e destruição em quantidades consideráveis, nunca era algo fácil. Inicialmente. Mas ele tinha razão. Passaríamos por isso e sobreviveríamos. Havíamos feito isso várias vezes antes.

Ignorando o caos que irrompia ao meu redor, eu me preparei diante daquela imagem abominável e me dissociei de minhas emoções. As lições sobre como cuidar da cena de um crime que meu tio havia instilado em mim agora eram memória celular. Eu não precisava pensar, simplesmente agir. Este era um espécime humano que precisava ser estudado, isso era tudo. Pensamentos sobre o sangue, a barbárie e a desafortunada perda de vida eram portas que se fechavam simultaneamente em meu cérebro. O restante do mundo, meus medos e minha culpa se dissipavam.

A ciência era um altar diante do qual eu já havia me ajoelhado antes, e ela me abençoava com seu consolo.

"Lembre-se", Thomas olhou de relance para um lado e para o outro do corredor, tentando bloquear o corpo da vista dos passageiros, "esta é meramente uma equação que precisa ser resolvida, Wadsworth. Nada além disso."

Assenti, e então, cuidadosamente, tirei meu chapéu e movi minhas longas saias cor de creme para trás de mim, livrando-me do tecido macio e também de quaisquer emoções sobressalentes. Pretos e dourados, os punhos rendados do meu vestido roçaram na casaca do falecido, cuja delicada estrutura física era uma horrível contradição com a estaca bruta e protuberante em seu peito. Eu tentei não ficar distraída com a mancha de sangue no colarinho engomado. Enquanto procurava por alguma pulsação que eu sabia que não haveria de encontrar, voltei minha atenção momentaneamente para cima, para Thomas, notando que seus lábios normalmente carnudos estavam contraídos em uma linha fina.

"O que foi?"

Thomas abriu a boca, e então a fechou, quando uma mulher espiou para fora da cabine adjacente, seu queixo inclinado de maneira arrogante.

"Eu exijo saber o significado de... O-oh! Oh, meu Deus!"

Ela olhou fixamente para o homem que estava no chão, ofegante como se o corpete de seu vestido de repente estivesse impedindo todo o ar de entrar em seus pulmões. Um cavalheiro da cabine vizinha segurou-a antes que caísse no chão.

"A senhora está bem, madame?", ele perguntou com um sotaque americano, dando tapinhas gentis em sua bochecha. "Madame?"

Uma raivosa nuvem de vapor sibilava enquanto o trem chiava até parar. Meu corpo oscilou para um lado, depois para o outro, quando a enorme força de propulsão parou, o lustre do corredor tinindo enlouquecidamente acima de todos. Seu som fez com que minha pulsação ficasse mais rápida, apesar da imobilidade repentina de nosso entorno.

Thomas ajoelhou-se ao meu lado com o olhar cravado no recém-falecido, enquanto me mantinha firme no lugar com sua mão enluvada e sussurrava: "Fique em estado de alerta, Wadsworth. Quem quer que tenha cometido este ato provavelmente está neste corredor conosco, observando todos os nossos movimentos".

Uma serpente, uma serpente alada e
um dragão, aproximadamente 1600

PRÍNCIPE DRÁCULA

RASTRO *de* SANGUE

4. ALGO PERVERSO

Expresso do Oriente, Reino da Romênia

1º de dezembro 1888

Esse mesmo pensamento também havia passado pela minha cabeça. Estávamos a bordo de um trem em movimento. A menos que alguém houvesse saltado do vão entre um dos vagões e disparado floresta adentro, o assassino ainda estaria aqui. Desfrutando o espetáculo.

Eu me levantei e olhei de relance ao meu redor, registrando cada face e catalogando-as para futuras referências. Havia uma mistura de pessoas jovens e idosas, simples e espalhafatosas. Homens e mulheres. Minha atenção foi fisgada por uma pessoa — um rapaz que tinha por volta da minha idade e cabelos tão pretos quanto os meus — que se mexia, puxando o colarinho de seu fraque e alternando o olhar entre o cadáver e as pessoas que o cercavam.

Ele parecia estar a ponto de desmaiar. Seu nervosismo poderia ser devido à culpa ou ao medo. Ele parou de se movimentar por tempo suficiente para que nossos olhares se encontrassem, e seus olhos cheios de lágrimas perfuraram os meus. Havia algo em relação a ele que levou minha pulsação a ficar extremamente acelerada mais uma vez. Talvez ele conhecesse a vítima que eu tinha aos meus pés.

Meu coração golpeou com tudo o meu esterno na mesma hora em que o condutor do trem apitou um aviso estridente para que voltássemos às nossas cabines. Nos segundos que haviam se passado enquanto eu fechava os olhos e recobrava minha compostura, o rapaz nervoso se fora. Fitei o lugar onde ele havia estado antes de se afastar. Thomas se mexeu, roçando o braço no meu com sutileza.

Estávamos em pé diante do corpo, ambos em silêncio com nossos próprios pensamentos tumultuosos enquanto absorvíamos a cena. Olhei para a vítima de relance, meu estômago se retorcendo.

"Ele já havia falecido na hora em que abrimos a porta", disse Thomas. "Sutura alguma teria remendado o coração dele para que ficasse inteiro novamente."

Eu sabia que Thomas estava certo, ainda que eu jurasse ter visto tremeluzir os olhos da vítima. Inspirei fundo para desanuviar a minha mente. Pensei mais uma vez no artigo do jornal.

"O assassinato em Braşov também foi um empalamento", falei. "Eu duvido muitíssimo que se tratem de dois crimes distintos. Talvez o assassino de Braşov estivesse viajando para outra cidade, mas se deparou com uma oportunidade tentadora demais para ser ignorada."

Mas por que escolher esta pessoa para assassinar? Será que ele já era um alvo antes mesmo de embarcar?

Thomas vigiava a todos com seu olhar contemplativo, calculista e determinado.

Enquanto o corredor esvaziava, eu podia inspecionar o falecido em busca de pistas. Implorava a mim mesma para que eu visse a verdade que tínhamos diante de nós sem ser varrida para dentro de outra fantasia com um cadáver que voltava à vida. A julgar por sua aparência, a vítima não podia ter mais de vinte anos. Que perda sem sentido! Ele estava bem vestido, com sapatos engraxados e um terno imaculado. Os cabelos castanho-claros tinham sido cuidadosamente penteados para um dos lados e arrumados à perfeição com o uso de uma pomada.

Ali perto, uma bengala com cabeça de serpente, adornada com uma joia, fitava desatenta os passageiros que ainda permaneciam ali, olhando com cobiça para seu antigo dono. Aquela bengala era impressionante. E familiar. Meu coração deu uma pancada no peito quando meu foco se voltou para cima, para o rosto dele. Cambaleei para junto da parede. Eu não havia prestado atenção durante o caos inicial, mas esse era o homem que, mais cedo, eu achara ser outra pessoa. Não podia ter sido mais de dez ou vinte minutos atrás.

Era incompreensível como ele passara de vivo, e dirigindo-se à sala de charutos, para morto, do lado de fora da minha cabine. Especialmente porque ele se parecia tanto com...

Fechei os olhos, mas as imagens presas ali eram piores, então encarei o ferimento de entrada e me concentrei no sangue que estava coagulando e esfriando.

"Wadsworth? O que foi?"

Pousei uma mão em minha barriga, tentando ganhar tempo.

"A morte nunca é algo fácil, mas existe alguma coisa... definitivamente pior quando alguém jovem é levado por ela."

"A morte não é a única coisa a ser temida. Assassinatos são piores." Thomas examinou meu rosto e depois olhou de relance para o corpo, com suas feições adquirindo ares mais suaves. "Audrey Rose..."

Eu me virei e rapidamente desviei o olhar para que ele não pudesse acrescentar palavras à minha aflição. "Veja o que você consegue deduzir, Cresswell. Eu preciso de um minuto."

Atrás de mim, pude sentir Thomas se aproximando, demorando-se por tempo o suficiente para que eu soubesse que ele estava escolhendo suas próximas palavras com extremo cuidado, e tentei não ficar tensa.

"Você está bem?"

Nós dois sabíamos que sua pergunta ia além do falecido que jazia aos meus pés. Parecia que eu poderia ser jogada no sombrio poço sem fundo das minhas emoções a qualquer segundo. Eu precisava controlar as imagens que me assombravam tanto de dia quanto de noite. Fiquei cara a cara com ele, tomando cuidado para manter a firmeza em minha voz e em minha expressão.

"É claro que sim. Só estou me recompondo."

"Audrey Rose", disse Thomas, baixinho, "você não tem que..."

"Eu estou bem, Thomas", falei. "Eu simplesmente preciso de um pouco de silêncio."

Ele franziu os lábios, mas honrou minha vontade e não me pressionou em relação ao assunto. Eu me curvei para baixo uma vez mais, estudando o ferimento e ignorando a inquietante semelhança do falecido com o meu irmão. Eu precisava reencontrar meu equilíbrio. Localizar aquela porta que dava para as minhas emoções e vedá-la até que minha inspeção estivesse terminada. Então eu poderia me trancar em meus aposentos e chorar.

Alguém arquejou quando eu desabotoei parte da camisa da vítima para avaliar a estaca. As civilidades eram claramente mais importantes do que descobrir quaisquer pistas, mas eu, com razão, não me importava com isso. Esse jovem merecia algo melhor.

Ignorei as pessoas que permaneciam no corredor e fingi que estava sozinha no laboratório de meu tio, cercada pelos jarros que exalavam cheiro de formaldeído, cheios de amostras de tecidos. Até mesmo na minha imaginação, os espécimes animais piscavam para mim com seus olhos mortos e leitosos, julgando cada movimento que eu fazia.

Flexionei as mãos. *Foco.*

O ferimento no peito da vítima era ainda mais horrível visto de perto. Pedaços de madeira haviam se soltado, causando uma aparência de arbustos de sarça e seus talos espinhosos. O sangue seco estava quase preto em volta da estaca. Também notei duas linhas de um carmesim escuro que haviam escapado de sua boca. Não era de surpreender. Tal ferimento claramente causara uma forte hemorragia interna.

Se seu coração não tivesse sido perfurado, provavelmente ele teria se afogado em sua própria força vital. Era uma forma excepcionalmente horrenda de morrer.

Um cheiro pungente, que não tinha nada a ver com o forte odor metálico de sangue, pairava em volta da vítima. Eu me inclinei por cima do corpo, tentando localizar o odor ofensivo, enquanto Thomas mirava os passageiros remanescentes que nos cercavam. Saber que ele poderia coletar pistas com os vivos da mesma forma como eu poderia adivinhar informações com os mortos me tranquilizava.

Alguma coisa estava escapando dos cantos dos lábios do falecido, chamando a minha atenção. Pelo amor da Inglaterra, eu esperava que não fosse algo que a minha mente houvesse conjurado. Eu quase tropecei e caí em cima da vítima ao me aproximar ainda mais. Certamente havia algo de volumoso e esbranquiçado enfiado em sua boca. Parecia ser de natureza orgânica, talvez algo como uma raiz. Se eu apenas pudesse alcançar...

"Senhoras e senhores!" O condutor do trem colocou as mãos em concha ao redor da boca, gritando do fim do corredor. Seu sotaque indicava que ele era francês, o que fazia sentido, visto que havíamos partido de Paris. "Por favor, retornem às suas cabines. Os membros da guarda real precisam que a área fique livre de... contaminação."

Nervoso, ele olhou de relance para o homem uniformizado que estava ao seu lado, que, por sua vez, olhava com cara feia para a multidão, até que todos voltaram para seus aposentos particulares, como sombras se afundando na escuridão.

O guarda parecia ter por volta de vinte e cinco anos de idade. Seus cabelos eram mais pretos do que uma noite sem estrelas e estavam grudados com laquê em sua cabeça. Todo cheio de ângulos, linhas robustas e feições incisivas. Embora ele nunca alterasse sua expressão apática, a tensão se revolvia dentro dele como um arco estirado o suficiente para atirar e matar. Notei a presença de músculos firmes sob suas roupas e calos em suas mãos — que, surpreendentemente, estavam sem luvas —, enquanto ele as erguia e gesticulava para que partíssemos. Ele era uma arma afiada pelo reino da Romênia, pronta para ser usada contra qualquer ameaça que fosse percebida.

Thomas inclinou-se para mim, perto o bastante para que seu hálito fizesse cócegas na pele do meu pescoço.

"Estou vendo que ele é um homem de poucas palavras. Talvez seja porque o tamanho da... arma dele seja tão intimidante."

"Thomas!", sussurrei com severidade, horrorizada com sua indiscrição.

Ele apontou para a gigantesca espada que pendia do quadril do rapaz, a diversão gravada em suas feições. Certo, então. Minhas bochechas ficaram quentes enquanto Thomas fazia *tsc, tsc*.

"E você diz que sou *eu* que tenho a mente enfiada nos bueiros. Que escandaloso da sua parte, Wadsworth. Em que *você* estava pensando?"

O guarda enviou um olhar severo para Thomas, e seus olhos se arregalaram por um breve instante antes que ele voltasse a retesar seu maxilar.

Direcionei meu olhar entre ambos enquanto eles mediam um ao outro, dois lobos alfa circulando e tentando abocanhar a posição de domínio em uma nova alcateia.

Por fim, o guarda inclinou levemente a cabeça. Sua voz era grave e estrondosa como um motor movido a vapor. "Por favor, voltem aos seus quartos, *Alteţă*."

Thomas ficou imóvel. Essa era uma palavra com a qual eu não estava familiarizada, visto que eu havia apenas recentemente começado a estudar romeno, então eu não fazia ideia de como o guarda o havia chamado. Talvez fosse algo tão simples quanto "senhor" ou "seu tolo arrogante".

Qualquer que fosse o insulto, meu amigo não permaneceu paralisado de surpresa por muito tempo. Ele cruzou os braços enquanto o guarda avançava. "Eu acho que nós vamos ficar aqui e inspecionar o corpo. Somos muito bons nisso de arrancar segredos dos mortos. Quer ver?"

O olhar do guarda voltou-se frouxamente para mim, sem dúvida pensando que uma moça em um adorável vestido seria o completo oposto de útil. Pelo menos em termos de ciência ou investigação amadora.

"Isso não é necessário. Vocês podem ir embora."

Thomas se endireitou por completo, exibindo sua altura impressionante, e encarou o rapaz. Ele também não tinha deixado de notar a intenção por trás da análise do guarda. Nada de bom jamais saía de sua boca quando ele assumia essa postura. Arrisquei-me à indecência e peguei em sua mão. O guarda curvou o lábio, mas não me importei.

Não estávamos mais em Londres, cercados de pessoas que poderiam nos ajudar a sair de situações problemáticas caso Thomas irritasse a pessoa errada ao usar seu charme costumeiro. Acabar em algum calabouço empoeirado da Romênia não estava nos meus planos para esta vida. Eu havia visto o interior frio e sombrio de Bedlam, um horrível hospício em Londres cujo nome se tornara sinônimo do caos, e eu podia imaginar muito bem o que poderíamos encontrar aqui. Eu queria estudar cadáveres, e não diferentes espécies de ratos em alguma cela subterrânea e esquecida. Nem aranhas. Um filete de medo deslizou pela minha coluna só de pensar nisso. Eu preferiria enfrentar minhas assombrações a ficar presa com aranhas em algum lugar pequeno e escuro.

"Vamos, Cresswell."

Os rapazes continuaram encarando um ao outro por um segundo, uma discussão silenciosa ocorrendo em suas posturas rígidas.

Eu queria revirar os olhos diante das atitudes ridículas de ambos. Eu nunca tinha entendido por que os homens precisavam cavar pequenos lotes de terra e erigir castelos para regerem sobre eles. Toda essa postura de dominação em relação a cada centímetro de espaço deve ser uma tarefa exaustiva.

Por fim, Thomas cedeu. "Muito bem." Ele apertou os olhos para mirar o guarda. "Qual é o seu nome?"

O guarda abriu o lampejo de um sorriso cruel. "Dăneşti."

"Ah. Dăneşti. Isso explica as coisas, não?"

Thomas girou nos calcanhares e desapareceu para dentro de sua própria cabine, deixando-me sozinha para pensar não somente no corpo que estava do lado de fora da minha porta, como também na estranha aura que nos havia envolvido desde que entráramos na Romênia. Quem era o jovem guarda ameaçador e por que o nome dele evocou tamanha irritação em Thomas? Mais dois guardas reais flanquearam Dăneşti, que parecia estar no comando, enquanto ele ladrava ordens em romeno e bracejava em direção ao corpo com movimentos precisos.

Tomei isso como um sinal para ir embora dali. Fechei a porta da minha cabine e me detive. A sra. Harvey estava deitada, seu peito subia e descia em um ritmo constante que indicava sono profundo. Mas não fora a posição dela que me alarmara. Havia um pedaço de pergaminho amassado no meu assento. Eu poderia ver coisas fantasmagóricas de vez em quando, mas eu tinha certeza de que não havia nenhum pergaminho aqui antes de descobrirmos o corpo do lado de fora da minha porta.

Calafrios tomaram a liberdade de rastejar pela minha pele. Olhei de relance ao redor da cabine, mas não havia ninguém ali além da minha acompanhante adormecida. Recusando-me a permitir que o medo me sobrepujasse, marchei até onde o papel estava e o alisei até que abrisse por inteiro. Nele estava a imagem de um dragão, cuja cauda se enrolava em seu maciço pescoço. Uma cruz formava a curva de sua espinha. Eu quase a confundi com escamas.

Talvez Thomas houvesse feito esse desenho, mas eu teria notado enquanto ele o estivesse fazendo, não?

Desabei no assento, tentando decifrar esse quebra-cabeça, desejando voltar ao tempo em que tudo que me preocupava era o incessante *tac-tac-tac* de Thomas. Ao que parecia, eu não podia ter certeza de nada. Do lado de fora da minha cabine, ouvi o cadáver sendo arrastado pelo corredor abaixo. Eu tentava não pensar em como os guardas estariam destruindo quaisquer pistas que pudessem estar ali enquanto os sons de seus sapatos deslizavam sobre o tapete, dispersando-se até sumirem.

Se um outro alguém que não fosse Thomas tivesse criado a imagem do dragão, como ele havia entrado de fininho na minha cabine e desaparecido sem que eu ou Thomas o houvéssemos notado era outro mistério.

Um mistério que me dava calafrios até o âmago.

Castelo de Bran,
Transilvânia, Romênia.

5. AULAS SOBRE OS *STRIGOI*

Cercanias de Braşov, Transilvânia, Romênia
1º de dezembro de 1888

A Clarence — com frequência chamada de Growler, algo como "rosnadora", por causa de todo o barulho que fazia — era tão confortável quanto qualquer carruagem poderia ser enquanto se movia aos solavancos por horas sobre um terreno irregular, subindo pelas montanhas e pelas colinas escarpadas que davam para Bucareste.

Por pleno tédio, eu me encontrava hipnotizada pelo movimento dos cordões de franjas douradas que prendiam as cortinas de cor púrpura. Havia dragões dourados bordados no tecido, com seus corpos sinuosos e elegantes. A sra. Harvey, que estava milagrosamente acordada pela última meia hora mais ou menos, resmungou quando passamos por um declive particularmente grande na estrada e puxou sua coberta de volta para cima.

Quando ela retirou um frasco de seu manto com forro de pele e sorveu um gole e tanto dele, minhas sobrancelhas praticamente se juntaram às raízes dos cabelos de tanto que as ergui. O líquido transparente pingou na sra. Harvey, preenchendo o pequeno espaço com um cheiro acre que só podia ser de algo alcoólico e forte. Suas bochechas assumiram um tom vibrante de vermelho enquanto ela limpava o que havia espirrado, e depois ela ofereceu o frasco entalhado para mim. Balancei a cabeça em negativa, incapaz de impedir que meus lábios se contorcessem para cima. Eu gostava imensamente dessa mulher.

"Tônico para viagens. Para os males causados pelo movimento do trem", disse ela. "Ajuda quando se tem uma constituição frágil. E quando o clima está miserável."

Thomas bufou, mas notei quando ele verificou se o tijolo colocado para aquecer os pés dela ainda emanava calor. A neve caía com mais intensidade conforme subíamos mais alto nas montanhas, e nossa carruagem estava um tanto gélida.

"A sra. Harvey também faz uso de seu tônico para viagens antes de se retirar para o quarto. Algumas noites, depois de voltar do laboratório do dr. Wadsworth, encontro biscoitos fresquinhos no vestíbulo", disse ele. "Com pouca recordação por parte dela sobre a maneira como eles foram feitos."

"Oh, calado", disse ela, não com grosseria. "Este tônico me foi receitado para a viagem. Não saia por aí espalhando meias verdades, isso é impróprio. Eu sempre me lembro de ter feito as minhas fornadas e depois só dou uma beliscadinha nelas. E eu faço aqueles biscoitos porque *alguém* tem um amor e tanto por doces. Não permita que ele negue isso, srta. Wadsworth."

Eu ri, enquanto a simpática idosa tomava outro gole de seu "tônico para viagens" e se ajeitava embaixo de suas cobertas de lã, as pálpebras já caindo de sono. Estava explicada sua habilidade inspiradora de dormir durante a maior parte dessa jornada. Ela se daria muito bem com a minha tia Amelia. Ela também gostava bastante de tomar uns golinhos relaxantes antes de deitar.

Thomas esticou as pernas, avançando um pouco os limites do meu assento, embora, pelo menos dessa vez, ele parecesse não se dar conta de sua transgressão. Ficou quieto durante a maior parte da viagem, o que não era típico dele. Viagens não lhe apeteciam, e essa parte de nosso trajeto não o ajudava nem um pouco a se sentir melhor. Talvez eu precisasse dar a ele um pouco do tônico da sra. Harvey também, o que poderia oferecer a ambos um pouco de paz antes de chegarmos à academia.

Eu o estudei enquanto ele estava preocupado com outra coisa. Seus olhos estavam vidrados e distantes... Ele estava ali comigo, ainda que sua mente não estivesse nem um pouco perto de mim. Estava sendo particularmente difícil, para mim, não pensar na vítima do trem. Ou no estranho desenho do dragão. Eu queria falar com Thomas a respeito disso, mas não na frente de nossa acompanhante. A última coisa de que a pobre sra. Harvey precisava era ser exposta a mais alguma situação assustadora. Agora há pouco, quando havíamos parado para dar água a nossos cavalos e para fazer um lanche rápido, ela mal comeu, e se encolhia ligeiramente a cada ruído que vinha das cozinhas atarefadas da estalagem.

Thomas fitava o bosque e a neve que caía lá fora. Eu queria contemplar as imensas árvores, mas estava receosa com as imagens que minha mente poderia conjurar. Animais se movendo a passos largos pelo matagal, cabeças decapitadas e presas em estacas. Ou outros ardis e ilusões horrendos.

"Não está se sentindo bem?"

Ele voltou sua atenção para mim.

"Esse é seu jeito de dizer que não estou com a melhor das aparências?"

Sem querer, baixei o olhar para sua casaca, cujo tom escuro, o mesmo de seu colete, destacava bem suas feições, embora eu tivesse a sensação de que ele estava bastante ciente disso. A forma como seu olhar demorou-se contemplando meus lábios confirmou o pensamento.

"Sua mente parece não estar aqui, é só isso."

Eu não me dei ao trabalho de ressaltar que a nossa Growler alugada estava congelante e que, se ele não estava com febre, deveria vestir seu sobretudo em vez de usá-lo como cobertor. Deixando essa observação de lado, dei de ombros e passei a ignorá-lo. Ele se mexeu para a frente, desviando seu foco da sra. Harvey.

"Você não notou?" Ele batucou os dedos ao longo de sua coxa. Eu poderia ter jurado que ele estava criando alguma saga épica usando código Morse, mas não o interrompi. "Eu não fumo um cigarro há dias. Acho essa energia nervosa em excesso... um incômodo."

"Por que não tenta dormir, então?"

"Estou pensando em coisas mais intrigantes que poderíamos fazer para passar o tempo em vez de dormir, Wadsworth. Braşov ainda está a horas de distância."

Soltei um suspiro pesado. "Eu juro que se você sugerir algo um pouco menos repetitivo, eu o beijaria só pelo estímulo intelectual."

"Eu estava falando de algo completamente diferente. Algo sobre mitos e lendas e outros tópicos dignos de nota para ajudar em seus estudos de romeno. Foi você que presumiu que eu estivesse falando de beijos." Ele se recostou com um largo sorriso de satisfação no rosto, e recomeçou sua inspeção da floresta enquanto passávamos devagar por ela. "Isso me leva a ponderar sobre a frequência com que você tem pensado nisso."

"Você descobriu meu segredo. Eu penso nisso constantemente." Eu não abri sequer um leve sorriso, gostando da confusão que transparecia nas feições dele enquanto tentava discernir em silêncio se eu estava sendo sincera. "Você deveria dizer algo digno de nota." Ele piscou como se eu tivesse falado em um idioma que ele não conseguisse identificar. "Difícil de acreditar, eu sei."

"Eu, nobre espécime que sou, ia lhe contar sobre os *strigoi.* Mas eu gosto mais de desencavar seus segredos. Vamos ouvir mais sobre os *seus* pensamentos."

Ele se permitiu analisar por completo a minha pessoa, parecendo arrancar mil detalhes com isso. Um sorriso lentamente curvou seus lábios.

"A julgar pela forma como você se empertigou e pela leve inalada de ar, eu diria que você está pelo menos *considerando* me beijar neste momento. Muito atrevido da sua parte, Wadsworth. O que sua tia devota diria disso?"

Mantive a atenção travada em seu rosto, evitando o desejo de olhar de relance para sua boca tagarela.

"Conte-me mais sobre os *strigoi.* O que são eles?"

"*Strigoi,* como em 'dói', não 'boi'", disse Thomas, em seu romeno perfeito, "são mortos-vivos que assumem a forma daqueles em quem você confia. Aqueles que você ficaria muitíssimo feliz em convidar à sua casa. Então eles atacam. Geralmente é na forma de um parente que acabou de falecer. É difícil para nós nos afastarmos daqueles que amamos", ele acrescentou baixinho, como se soubesse quão fundo aquelas palavras poderiam me cortar.

Eu tentei, sem sucesso, não me lembrar da forma como os membros de minha mãe haviam se contorcido quando a eletricidade serpeou por seu corpo. Será que eu a teria acolhido de bom grado, vinda dos Domínios da Morte, por mais assustada que eu estivesse? A resposta me perturbava. Eu não acreditava que houvesse qualquer limite incapaz de ser cruzado por alguém ao se tratar de seus entes queridos.

A moral se desfaz perante a dor no coração. Algumas fissuras dentro de nós permanecem para sempre irreparáveis.

"Deve haver alguma explicação para isso", falei. "Eu duvido muito que Vlad Drácula tenha se erguido de seu túmulo. Mortos-vivos não passam de histórias góticas contadas para assustar e entreter."

Thomas fixou seu olhar no meu. Nós dois sabíamos que as histórias e a realidade às vezes colidiam, e os efeitos eram devastadores.

"Eu concordo com você. Infelizmente, alguns aldeões não pensam assim. Quando um *strigoi* é avistado, a família inteira, ou qualquer um que tenha sido afetado, viaja até o local do túmulo do ofensor para escavá-lo e retirar o cadáver de lá, arrancando o coração em apodrecimento e queimando-o ali mesmo. Ah...", disse ele ainda, inclinando-se para a frente, "eu ia quase esquecendo. Assim que eles terminam de queimar o 'monstro' morto-vivo, eles consomem suas cinzas. É a única forma de se certificar de que o *strigoi* não voltará nem habitará um outro hospedeiro."

"Isso me parece um pouco... exagerado", falei, torcendo o nariz.

Um largo sorriso se abriu lentamente no rosto de Thomas. "Os romenos nunca fazem nada sem convicção, sem apostar seu coração inteiro nisso, Wadsworth. Seja ir para a guerra ou lutar por amor."

Pisquei diante da sinceridade contida em seu tom de voz. Antes que eu pudesse fazer algum comentário, o condutor assoviou para os cavalos e puxou as rédeas, fazendo com que a carruagem parasse. Eu me endireitei no assento, o coração martelando enquanto pensamentos sobre bandos de ladrões e assassinos andarilhos assolavam a minha mente.

"O que está acontecendo? Por que paramos?"

"Eu posso ter esquecido de mencionar...", Thomas fez uma pausa e calmamente vestiu o sobretudo que ele vinha usando como coberta sobressalente, antes de ajustar o tijolo aquecido sob os meus pés, "que vamos mudar para uma carruagem mais apropriada."

"O que você...?"

Cavalos relinchando e sinos badalando interromperam a minha pergunta. Thomas espiou pela janela comigo, nossas respirações criando espirais opacas. Ele limpou a janela com a manga do sobretudo e observou a minha reação com um hesitante sorriso no rosto. "Surpresa, Audrey Rose. Ou, ao menos, eu espero que seja uma agradável surpresa. Eu não sabia ao certo se..."

Um magnífico trenó puxado por cavalos deslizou e parou ao nosso lado, com seus vermelhos apagados, tons de ocre e pálidos azuis em uma homenagem aos ovos romenos pintados. Dois grandes cavalos puro-sangue brancos cheiravam o ar, baforando e formando pequenas nuvens na frente deles enquanto pisavam na neve. Eles usavam coroas de plumas brancas de avestruz, apenas levemente murchas devido ao clima desagradável.

"Você... você fez isso?"

Thomas olhou de relance para mim e então para o trenó, mordendo o lábio.

"Eu achei que você fosse gostar."

Ergui uma sobrancelha. Gostar disso? Era uma cena saída de um conto de fadas. Eu estava completamente encantada.

"Eu adorei!"

Sem pensar duas vezes, destranquei a porta e aceitei a mão que o condutor estirava em minha direção, deslizando pelo metal liso do degrau antes de me endireitar. As rajadas de vento vinham com ferocidade, mas eu estava tão fascinada que mal pude notá-las. Segurei rapidamente o meu chapéu e mirei, maravilhada, a vista espetacular que eu tinha diante de mim. O condutor do trenó sorriu enquanto eu me afastava da lateral protetora da Growler e penetrava totalmente na tempestade.

Bem, pelo menos achei que ele havia sorrido. Eu não tinha como dizer com certeza, já que a maior parte de seu rosto corado e de seu corpo estava coberta para protegê-lo das intempéries. Ele acenou quando Thomas veio se postar ao meu lado, inspecionando tanto o trenó quanto o condutor daquele jeito calculado dele.

"Parece-me um meio de transporte bem razoável. Em especial se considerarmos que essa tempestade aparentemente não cederá tão cedo. Nós devemos chegar a nosso destino em um tempo recorde. E só sua expressão já fez com que tudo valesse a pena." Eu me virei para Thomas, com os olhos marejados de gratidão, e observei o pânico tomar conta dele enquanto eu sorria de maneira desembaraçada. Ele enfiou a cabeça de volta na carruagem e bateu palmas. "Sra. Harvey. Está na hora de acordar. Permita-me ajudá-la a descer."

Uma brisa gélida escolheu aquele momento para abrir seu caminho, como que à faca, pelo bosque, fazendo com que os galhos das árvores assoviassem. Enterrei o rosto na pele que revestia meu manto invernal. Estávamos na parte mais densa da floresta, rodeados pelos picos beligerantes das montanhas. Embora ainda houvesse algumas poucas horas de luz do dia pela frente, a escuridão tecia seu caminho ao nosso redor. Essa elevação se mostrava tão temperamental quanto Thomas.

Ele fez um movimento na direção dos nossos baús enquanto ajudava nossa acompanhante a descer da carruagem. Ela fez uma cara feia para a neve e sorveu um gole de seu tônico.

Thomas acompanhou meu olhar viajando de uma árvore que rangia para a próxima. Havia algo de estranho em relação a este bosque; ele parecia vivo, com o espírito de algo que não era nem bom nem mau. Mas havia uma aura antiga, aura esta que falava em sussurros sobre guerras e derramamento de sangue.

Nós estávamos bem no coração do território de Vlad, o Empalador, e era como se a terra quisesse nos dar um aviso: *respeitem este solo ou sofram as consequências.*

Provavelmente se tratava de um truque da luz, mas as poucas folhas remanescentes pareciam ter a cor de feridas secas. Eu me perguntava se a folhagem havia crescido acostumada com o gosto de sangue depois que dezenas de milhares de vidas haviam sido perdidas ali. Um pássaro guinchou acima de nós, e eu prendi um fôlego de ar fresco.

"Fique tranquila, Wadsworth. A floresta não tem presas."

"Obrigada pelo lembrete, Cresswell", respondi de um jeito doce. "O que eu faria sem você?"

Ele se virou para mim, com a expressão mais séria que eu já tinha visto tomando seu rosto. "Você sentiria terrivelmente a minha falta e sabe disso. Assim como eu sentiria a sua falta de formas que eu não consigo nem imaginar, caso nos separássemos."

Thomas pegou a sra. Harvey pelo braço, guiando-a para a frente, enquanto o condutor do trenó nos convidou a sentar. Fiquei ali parada por um momento, com o coração acelerado. Suas confissões eram feitas de uma forma tão direta que me deixavam aturdida a cada vez que as recebia.

Permitindo-me um momento para estabilizar meus batimentos cardíacos, fiz carinho no macio e aveludado focinho do cavalo que estava mais próximo de nós antes de subir no trenó. Este não era totalmente fechado como nossa carruagem, mas, no pequeno espaço, encontrei mais cobertas do que jamais havia visto antes. Podíamos não ter um teto coberto, mas não congelaríamos com todas essas peles de animais à disposição para nos enrolarmos. A sra. Harvey entrou cambaleando no trenó e se espremeu junto a uma das extremidades, deixando o restante do assento disponível para nós, enquanto arrumava os aquecedores para os pés.

Meu corpo ficou paralisado quando me dei conta de quão perto um do outro Thomas e eu teríamos que nos sentar. Eu esperava que o diretor não fosse estar parado do lado de fora da academia aguardando nossa chegada; não seria nem um pouco decente ser encontrada aninhando-me ao lado de Thomas, mesmo com uma acompanhante. Como se esse mesmo pensamento tivesse percorrido a mente maculada de Thomas, ele mostrou o lampejo de um sorriso travesso e ergueu a beirada de um grande cobertor forrado com pele, dando tapinhas no espaço ao lado dele. Trinquei o maxilar.

"O que foi?", ele me perguntou, fingindo inocência, enquanto eu arrumava as peles ao meu redor, colocando um bom volume delas entre nós e dando uma ênfase dramática na criação de uma barreira fofinha. Como era previsível, a sra. Harvey já estava pegando no sono. Eu me perguntava se Thomas teria feito algum tipo de barganha para que ela estivesse presente apenas em termos físicos. "Estou simplesmente sendo um cavalheiro, Wadsworth. Não há necessidade de me atravessar com esse seu olhar que mais parece uma lança."

"Eu achei que, por causa do meu pai, você quisesse se comportar."

Ele levou uma das mãos ao coração.

"Você me machuca assim. Seu pai não ficaria com raiva se eu a deixasse morrer congelada? O calor corporal é cientificamente a melhor maneira de ficar aquecido. Na verdade, existem estudos que sugerem que tirar as roupas totalmente e pressionar pele com pele é o modo mais certeiro de evitar a hipotermia. Caso você seja vítima disso, usarei todas as armas necessárias para salvá-la. É o que qualquer cavalheiro decente faria. Parece-me tremendamente valoroso, se quer saber."

Minha mente traiçoeira vagou para a imagem de Thomas sem suas vestimentas, e isso arrancou um largo sorriso de meu companheiro, como se ele compartilhasse dos meus pensamentos escandalosos. "Talvez eu deva escrever para o meu pai e descobrir o que ele acha dessa teoria", sugeri.

Thomas bufou e envolveu seus ombros com o cobertor, parecendo um selvagem rei das feras saído de algum poema de Homero. Eu me aninhei em uma pele bem grande, inspirando o cheiro do couro curtido do animal, e tentei não vomitar. Podia não ser a mais aromática das viagens, mas pelo menos nós chegaríamos à academia antes da meia-noite. Eu havia aguentado cheiros piores enquanto estudava cadáveres pútridos com meu tio. Um pouco de pele grosseira dificilmente seria algo árduo demais para lidar por mais algumas horinhas.

Por mais estranho que fosse pensar nisso, eu sentia falta do leve cheiro da decomposição misturada à formalina da maioria das manhãs. Eu mal podia esperar para chegar à academia e estar cercada por estudos científicos novamente. Um novo ambiente poderia me curar do que quer que eu estivesse sofrendo. Pelo menos eu tinha esperanças de que isso fosse acontecer. Eu não poderia dar continuidade às minhas práticas forenses se eu tivesse medo de cadáveres reanimados.

Olhei de relance para as peles acinzentadas, e uma constatação fez com que eu franzisse os lábios e fechasse a cara.

"Não é estranho ter tantas peles de lobo assim?"

Thomas deu de ombros. "Os romenos não gostam muito de lobos grandes."

Antes que eu pudesse pedir para ele esclarecer a colocação, o condutor carregou os últimos de nossos baús e acomodou-se no trenó. Ele disse algo apressadamente em romeno e Thomas respondeu, antes de voltar a se inclinar para mim, sua respiração me causando arrepios. Estremeci com o estímulo inesperado.

"Próxima parada, Castelo de Bran. E todos os adoráveis canalhas que lá estudam."

"Nós estamos prestes a estudar lá", eu o lembrei.

Ele afundou em seu cobertor, falhando miseravelmente na tentativa de esconder seu sorriso. "Sei disso."

"Como você sabe tão bem o romeno?", perguntei. "Eu não sabia que você era fluente em alguma outra coisa além de sarcasmo."

"Minha mãe era romena", disse Thomas. "Ela costumava nos contar todos os tipos de histórias folclóricas quando éramos mais novos. Aprendemos o idioma desde que nascemos."

Franzi o cenho. "Por que não mencionou isso antes?"

"Sou cheio de surpresas, Wadsworth." Thomas puxou seu cobertor para cima da cabeça. "Espere por uma longa vida desvendando deleites desse tipo. Isso mantém o mistério e a centelha vivos."

Com um estalar das rédeas, nós estávamos em movimento, deslizando pela neve enquanto novos flocos ficavam para trás em alta velocidade. O vento gélido fazia minhas bochechas arderem, forçando as lágrimas a caírem em filetes brilhantes, mas eu não conseguia deixar de observar a floresta passando em lampejos através dos meus olhos semicerrados. De vez em quando eu jurava que alguma coisa nos acompanhava logo ali, no interior dos limites do bosque, mas estava ficando escuro demais para que eu pudesse ter certeza.

Quando escutei um uivo baixo, foi difícil saber se seria o vento ou uma alcateia faminta correndo atrás de sua próxima refeição. Talvez o assassino, em carne e osso, e os fantasmas das vítimas de Vlad Drácula não fossem as únicas coisas a inspirar medo e com as quais eu teria que me preocupar neste país.

O tempo passava em minutos congelados e céus que escureciam. Viajando, subíamos as elevações íngremes das montanhas e descíamos para os vales menores. Fizemos uma parada em Braşov, onde Thomas ajudou a sra. Harvey a conseguir um quarto em uma taverna — depois de um grande debate sobre a questionável adequabilidade de chegar à academia sem uma acompanhante —, e nos despedimos dela. Em seguida, prosseguimos a escalada, a partir do vilarejo, em direção ao topo da maior montanha que eu já tinha visto na vida.

Um tempo depois, quando por fim chegamos ao cume, a lua havia se erguido por completo no céu. Sob o luar, eu conseguia discernir as paredes claras do castelo torreado que uma vez havia sido o lar de Vlad Ţepeş. Uma floresta que era um verdadeiro breu cercava o castelo, uma fortaleza natural para outra feita pelo homem. Eu me perguntava se fora ali que Vlad havia adquirido a madeira necessária para as vítimas que ele havia empalado.

Sem me preocupar com o que era apropriado ou não, fui alguns centímetros mais para perto de Thomas, absorvendo sua calidez por diversos motivos. Eu não tinha pensado nisso antes, mas Braşov ficava muito perto de nossa academia. Quem quer que houvesse assassinado aquela primeira vítima havia escolhido um lugar próximo ao castelo de Drácula.

Eu esperava que isso não fosse um sinal de que assassinatos piores estariam por vir.

"Parece que alguém deixou a luz acesa para nós." Thomas balançou a cabeça em direção aos lampiões que brilhavam, e que, para mim, poderiam estar proclamando que aqueles eram os portões do covil de Satã. "Parece... aconchegante."

Serpeando em nosso caminho ao longo da trilha estreita que saía do bosque e cruzava o pequeno gramado, nós fizemos, por fim, uma abençoada parada do lado de fora do castelo. Feixes de luar chegavam aos pináculos e deslizavam pelo telhado, fazendo com que as sombras do trenó e dos cavalos adquirissem formas sinistras. Esse castelo era esquisito de um jeito assustador, e eu nem mesmo havia colocado os pés dentro dele ainda.

Por um momento, eu ansiava por me esconder sob as peles de animais e viajar de volta para a fortificada e colorida cidade cujas luzes piscavam como vaga-lumes no vale abaixo de nós.

Talvez viajar de volta para a Inglaterra com a sra. Harvey não fosse uma coisa tão horrível assim. Eu poderia encontrar minha prima no interior. Passar um tempo juntas, conversando e costurando itens para nossos enxovais, poderia ser agradável. Liza transformava até mesmo as tarefas mais mundanas em uma grande aventura romântica, e eu sentia muita falta dela.

Uma pontada de saudade de casa me atingiu por dentro, e eu me esforcei para não me dobrar ao meio. Isso foi um erro. Eu não estava pronta para ser jogada nessa academia construída para rapazes. Corpos cobrindo mesas e anfiteatros cirúrgicos. Tudo isso era um lembrete do caso que eu não conseguia superar. Um caso que havia destruído meu coração.

"Você deixará todos eles deslumbrados, Wadsworth." Thomas apertou a minha mão com gentileza, e então a soltou. "Eu mal posso esperar para ver você ser mais brilhante do que todos. Inclusive mais brilhante do que eu mesmo. Embora você deva ser gentil comigo. Finja que sou maravilhoso."

Coloquei meu nervosismo de lado e sorri. "Uma tarefa monumental, mas vou tentar pegar leve com você, Cresswell."

Eu saí do trenó com uma força renovada e segui meu caminho pelos largos degraus de pedra, enquanto Thomas pagava o condutor e solicitava que nossos baús fossem trazidos para cima. Esperei que ele chegasse até mim, segurando minhas saias acima da neve que se acumulava, não querendo cruzar aquele lúgubre limiar sozinha. Nós estávamos aqui. Enfrentaríamos meus demônios juntos.

Uma gigantesca porta de carvalho era flanqueada por dois lampiões, com uma imensa aldrava disposta ao centro. Era como se os corpos de duas serpentes no formato de um C se tornassem um rosto taciturno.

Thomas abriu um sorriso suave ao olhar para a aldrava. "Acolhedor, não?"

"Esta é uma das coisas mais medonhas que eu já vi em toda a minha vida."

Enquanto eu erguia a coisa temerosa, a porta se abriu com um rangido, revelando um homem alto e magro cujos cabelos grisalhos caíam como uma cortina mais ou menos na altura de seu colarinho, e que exibia uma carranca encovada. O fogo crepitava atrás dele, colocando tons de dourado ao redor do rosto esguio. A pele escura reluzia com uma fina camada de suor que ele não se dera ao trabalho de limpar.

Eu não me atrevi a adivinhar o que ele estivera fazendo.

"As portas se trancarão em dois minutos", disse ele, com um carregado sotaque romeno. Seu lábio superior curvou-se, como se ele soubesse que eu estava lutando contra a premência sussurrante de dar um passo para trás. Eu poderia ter jurado que seus dentes incisivos eram afiados o bastante para penetrar na pele. "Sugiro que vocês entrem logo e fechem as bocas antes que algo desagradável entre voando. Nós temos um pequeno problema com morcegos."

6. AGRADÁVEL COMO UM CADÁVER APODRECIDO

Institutului Naţional de Criminalistică şi Medicină Legală
Academia de Medicina e Ciências Forenses, Castelo de Bran
1º de dezembro de 1888

Fechei a boca com um estalo, mais por causa do choque diante do acolhimento odioso do que para atender à ordem recebida.

Que homem terrivelmente rude! Ele inspecionou Thomas com um sorriso condescendente no rosto. Afastei minha atenção dele, temendo que eu fosse me transformar em pedra se o encarasse demais. Era bem provável que ele descendesse dos míticos Górgones. Ele certamente era tão charmoso quanto a Medusa — e, eu me dei conta, era exatamente ela que a aldrava da porta me levara a evocar.

Cruzamos a entrada e esperamos em silêncio enquanto o homem andou até uma criada e começou a lhe dar instruções em romeno. Meu amigo alternava o peso de seu corpo entre os pés, mas continuava calado, o que era tanto um pequeno milagre quanto uma bênção.

Olhei de relance ao meu redor. Estávamos em uma câmara de recepção semicircular, como um vestíbulo, onde vários corredores escurecidos estendiam-se tanto para a nossa direita quanto para a nossa esquerda. Logo em frente, uma escadaria simples dividia-se em duas, desembocando nos níveis superior e inferior. Uma imensa lareira projetava-se da escada, mas até mesmo a atmosfera convidativa da madeira crepitante não conseguia me impedir de ficar arrepiada. O castelo parecia resfriar-se em nossa presença. Eu achei que houvesse sentido uma rajada de vento ártico entrando pelas vigas do teto. A escuridão reinava nas áreas em que a lareira não alcançava, pesada e densa como um pesadelo do qual seria impossível acordar.

Eu me perguntava onde eles mantinham os corpos que iríamos estudar.

O homem ergueu a cabeça e seu olhar encontrou o meu, como se ele tivesse ouvido meus pensamentos novamente e desejasse zombar de mim. Eu esperava que a trepidação não fosse transparecer nas rachaduras da minha armadura maculada. Engoli em seco, soltando o ar no instante em que ele desviou o olhar.

"Eu tenho a mais estranha sensação em relação a ele", sussurrei.

Thomas permitiu que seu foco vagasse para o homem e para a criada, que concordava com o que quer que ele estivesse dizendo.

"Esta sala é igualmente encantadora. Os candeeiros são todos dragões. Veja aqueles dentes cuspindo chamas. Aposto que o próprio Vlad os encomendou."

Tochas estavam acesas e espaçadas uniformemente por todo o vestíbulo. Vigas de madeira escura decoravam as bordas do teto e das portas, lembrando gengivas enegrecidas. Eu não conseguia evitar o sentimento de que este castelo gostava de devorar sangue fresco tanto quanto seu antigo ocupante gostava de derramá-lo. Era um cenário péssimo para qualquer academia, ainda mais para um lugar voltado ao estudo dos mortos.

Os odores de limão e antisséptico sobrepujaram os de pedra molhada e parafina. Materiais de limpeza para dois propósitos vastamente diferentes. Eu notei que o chão no vestíbulo estava molhado por causa da entrada de outros alunos que, eu presumia, houvessem chegado da tempestade lá fora.

Asas bateram próximo aos tetos cavernosos, atraindo minha atenção para cima. Havia uma janela arqueada disposta bem no alto na parede, e, de onde eu estava, era possível notar as teias de aranha. Eu não avistei nenhum morcego, mas visualizei olhos vermelhos brilhando em minha direção. Eu esperava evitar ver tais criaturas durante o tempo que passaria aqui. Eu sempre tivera medo daquelas asas que pareciam feitas de couro e de seus dentes afiados.

A criada fez uma mesura com um leve movimento de cabeça e andou depressa até o corredor mais afastado, à esquerda. "Nós não estávamos esperando uma esposa. A senhora pode ficar lá, dois andares acima, à esquerda."

O homem me dispensou com um leve movimento de seu pulso. A princípio eu havia pensado que ele fosse velho por causa de seus cabelos. Agora eu podia ver que seu rosto quase não tinha rugas e era bem mais jovem do que eu havia pensado. Provavelmente tinha a idade do meu pai, não passando dos quarenta anos.

"Os alunos de estudos forenses ficam na ala leste. Ou, eu deveria dizer, os alunos que estão tentando conseguir um lugar em nosso programa forense. Venham", ele acenou para Thomas, "eu mesmo estou me dirigindo até lá. Vou lhe mostrar seus aposentos. Você poderá visitar sua esposa assim que as aulas tiverem terminado."

Thomas ficou com aquele brilho irritante nos olhos, mas essa batalha não era dele. Dei um pequeno passo à frente e pigarreei. "Na verdade, nós dois estamos no programa forense. E eu não sou esposa dele. Senhor."

O homem nojento parou abruptamente. Ele girou nos calcanhares, devagar, e as solas de seus sapatos soltaram um guincho bem agudo. Ele estreitou os olhos como se fosse impossível acreditar que tivesse me ouvido direito. "Perdão?"

"Sou a srta. Audrey Rose Wadsworth. Acredito que a academia tenha recebido uma carta de recomendação de meu tio, dr. Jonathan Wadsworth, de Londres. Eu venho treinando como aprendiz dele faz um tempo. Tanto eu quanto o sr. Cresswell estávamos presentes na análise dos assassinatos de Jack, o Estripador. Nós ajudamos meu tio e a Scotland Yard na investigação forense. Estou bem certa de que o diretor recebeu a carta. Ele respondeu."

"É mesmo?"

A forma como ele falou fez parecer que não se tratava de uma pergunta, mas eu fingi não notar.

"É sim."

Vi a expressão abandonar o rosto do homem. Uma veia em seu pescoço saltou como se ela pudesse me estrangular e arrancar minha vida. Embora não houvesse antecedentes de mulheres estudando medicina ou ciências forenses, ele claramente não era o tipo progressista que gostaria de ter seu clube dos meninos invadido por mulheres e suas rendas. Mulheres que obviamente não sabiam que seus devidos lugares eram dentro de casa, e não em um laboratório médico. Quanto atrevimento presumir que eu estava lá somente porque Thomas havia me levado! Eu esperava que ele não fosse um professor. Estudar com ele seria uma tortura perversa que eu gostaria de evitar.

Empinei o queixo, recusando-me a desviar de seu olhar fixo. Ele não me intimidaria. Não depois do que eu havia passado com Jack, o Estripador nesse último outono.

Ele ergueu uma sobrancelha, avaliando-me. Tive a impressão de que poucas pessoas, fossem homens ou mulheres, alguma vez já o haviam desafiado. "Ah. Pois bem. Eu não achei que você fosse seguir em frente com sua ideia. Seja bem-vinda à academia, srta. Wadsworth." Ele tentou sorrir, mas parecia que havia engolido um morcego.

"O senhor mencionou alguma coisa sobre concorrer a um lugar no programa?", perguntei, ignorando suas feições amargas. "Estávamos com a impressão de que já havíamos sido aceitos."

"Sim. Bem. Que pena. Temos centenas de estudantes que desejam estudar aqui", disse ele, erguendo seu próprio queixo com certa arrogância. "Nem todos são admitidos. A cada período, nós recebemos candidatos em um curso de avaliação que determinará quem *realmente* se tornará aluno daqui."

Thomas recuou um passo. "Nossos lugares não estão garantidos?"

"De modo algum." O homem abriu um sorriso cheio. A visão era verdadeiramente terrível. "Vocês têm quatro semanas para provar seu valor. Ao final deste período experimental, decidiremos quem será plenamente admitido como aluno."

Senti um nó na barriga. "Se todos os alunos passarem no curso de avaliação, todos serão aceitos?"

"Há nove de vocês desta vez. Somente dois chegarão até o fim. Pois bem. Você pode me acompanhar, srta. Wadsworth. Seus aposentos ficam no terceiro andar, na torre da ala leste. Sozinha. Bem, não totalmente. Nós acomodamos cadáveres sobressalentes naquele andar. Eles não devem incomodá-la... muito."

Apesar de nossas novas circunstâncias, eu consegui abrir um sorrisinho. Os mortos eram como livros que tanto eu quanto meu tio gostávamos de ler. Eu não tinha medo de passar um tempo sozinha com cadáveres, examinando-os detalhadamente em busca de pistas. Bem... não até recentemente. Meu sorriso se desvaneceu, mas eu mantive o tremor bem trancado dentro de mim. Eu tinha esperança de conseguir controlar minhas emoções, e estar tão perto dos corpos poderia muito bem ser a minha cura.

"Eles podem ser mais agradáveis do que muita gente."

Thomas fez um gesto obsceno por trás das costas do homem, e eu quase me engasguei com uma risada repentina quando ele girou, olhando feio.

"Como disse, sr. Cresswell?"

"Se insiste em saber, eu diria que você é um..."

Balancei de leve a cabeça, na esperança de conseguir transmitir a Thomas a mensagem de que ele devia parar de falar. A última coisa de que nós precisávamos era fazer deste homem um inimigo ainda maior.

"Eu peço desculpas, senhor. Eu perguntei..."

"Dirija-se a mim como diretor Moldoveanu, ou você será enviado de volta a qualquer que seja o esgoto de nobres de onde vocês dois vieram. Eu duvido que algum de vocês dois vá conseguir chegar até o fim deste curso. Nós temos pupilos que estudam durante meses e ainda assim não são aceitos. Digam-me... Se vocês são tão bons no que fazem, onde está Jack, o Estripador, hum? Por que vocês não estão em Londres, caçando-o? Será que é porque vocês têm medo dele, ou vocês simplesmente saíram correndo quando tudo ficou difícil demais?" O diretor aguardou um segundo, mas eu duvidava que ele realmente esperasse uma resposta de algum de nós. Ele balançou a cabeça, com uma expressão ainda mais incomodada do que antes. "Seu tio é um homem sábio. Eu acho altamente suspeito que ele não tenha resolvido esse crime. O dr. Jonathan Wadsworth desistiu do caso?"

Uma lasca de pânico dilacerou minhas entranhas, perfurando cada órgão de meu corpo em uma tentativa de fugir, quando me deparei com o olhar alarmado de Thomas. Nunca havíamos contado a meu tio sobre a verdadeira identidade de Jack, o Estripador, embora eu soubesse que ele tinha boas suspeitas.

Thomas cerrou os punhos nas laterais de seu corpo, mas manteve a boca encrenqueira fechada. Ele entendeu que eu seria punida pela insubordinação, a dele ou a minha própria. Sob circunstâncias diferentes, eu poderia ter ficado impressionada com isso. Essa era a primeira vez, desde que eu conseguia me lembrar, que Thomas se conteve.

"Eu não achei que vocês teriam uma resposta. Pois bem. Sigam-me. Seus baús estarão esperando por vocês em seus aposentos. A ceia já foi servida. Vocês tomarão o café da manhã imediatamente ao nascer do sol, ou perderão essa refeição também." O diretor Moldoveanu começou a caminhar em direção ao vasto corredor da ala leste, e depois parou um pouco. Sem se virar, ele disse: "Sejam bem-vindos ao Institutului Naţional de Criminalistică şi Medicină Legală. Por ora".

Fiquei imóvel por alguns segundos, o coração martelando o meu peito. Era ridículo que esse homem odioso fosse nosso diretor. Os passos dele ecoavam na sala cavernosa tal qual gongos da morte marcando a hora do terror. Inspirando fundo, Thomas voltou seu olhar para o meu. Seriam quatro longuíssimas e torturantes semanas.

Depois de deixar Thomas na porta de seus aposentos, subi a escadaria austera localizada ao fim do longo e largo corredor que o diretor havia apontado. Os degraus eram feitos de madeira escura e as paredes eram de um branco sombrio, sem nenhuma das tapeçarias carmesins pelas quais havíamos passado nos corredores inferiores. Sombras estiravam-se entre candeeiros mal colocados e pulsavam junto com meus movimentos, o que me lembrava de quando eu caminhara pelos desolados corredores do Bedlam.

Ignorei o completo temor no meu peito, relembrando os pacientes daquele hospício e a maneira calculista como alguns deles espreitavam por trás das barras enferrujadas. Como este castelo, aquele edifício me lembrava um organismo vivo. Um edifício que tinha uma consciência, ainda que lhe faltasse um senso de certo e errado. Eu me perguntava se eu simplesmente estava precisando de um banho quente e de uma boa noite de sono.

Pedras e madeira não eram como ossos e carne.

Moldoveanu havia dito que meus aposentos ficavam na primeira porta à direita, e depois saiu marchando sabe Deus para onde. Talvez para ir dormir de cabeça para baixo nas vigas do teto, junto com o restante de sua espécie. *Pode ser* que eu tenha murmurado isso, fazendo-o se virar e me encarar. As coisas estavam começando de um jeito formidável.

Eu me deparei com o pequeno patamar que continha meus aposentos e uma segunda porta pouco mais de um metro adiante, antes de a escadaria continuar para cima. Não havia nenhuma tocha acesa no final do corredor, e a escuridão era opressora. Fiquei ali, paralisada, convencida de que as sombras estavam me observando tão atentamente quanto eu as fitava.

Minha respiração saía em rápidas e pequenas espirais brancas. Presumi que o frio fosse, em parte, devido ao fato de o castelo estar localizado no alto das montanhas, e em parte por causa dos corpos que estavam sendo armazenados ali em cima.

Talvez fosse isso o que me chamava na escuridão. Por um momento eu cerrei os olhos, e as imagens dos cadáveres se erguendo das mesas de exame, os corpos parcialmente apodrecidos, em estado de putrefação, invadiram os meus sentidos. Independentemente do fato de ser mulher ou homem, se algum dos meus colegas de classe sequer suspeitasse que eu tinha medo dos cadáveres, toda a academia riria de mim.

Sem me preocupar muito mais com isso, empurrei a porta e a abri, passando os olhos pelo lugar e contemplando os arredores. A primeira olhadela sugeriu que o aposento servia como sala de estar ou de recepção. Como no restante do castelo, as paredes eram brancas e contornadas com madeira de um marrom bem carregado, quase preto. Fiquei abismada com quão escuro o lugar parecia, apesar das paredes claras e de uma chama que crepitava na lareira.

Estantes de livros ocupavam a menor das paredes e, à esquerda, havia a entrada do que eu presumia ser meu quarto de dormir. Cruzei rapidamente a sala de estar, mobiliada com um canapé de brocado, e inspecionei o que era de fato o meu quarto, confortável e feito para um acadêmico diligente. Eu tinha uma mesinha de escritório com uma cadeira do mesmo estilo, um armário bem pequeno, uma cama de solteiro, um criado-mudo e um baú, tudo feito de um carvalho bem escuro que provavelmente tinha sido retirado da floresta que nos cercava.

A imagem de corpos sendo perfurados com estacas negras passou rapidamente pelos meus pensamentos antes que eu pudesse impedir. Esperava que nenhuma daquelas peças de madeira tivesse sido reutilizada no castelo. Eu me perguntava se a pessoa que havia empalado aquele homem na cidade havia se servido dos galhos daqui também.

Forcei os meus pensamentos a se afastarem da vítima no trem e daquela do jornal. Não havia nada que eu pudesse fazer para ajudar. Por mais que eu ansiasse.

Depois de uma olhadela para a segunda porta — sem dúvida o quarto de banho que o diretor Moldoveanu havia indicado estar anexo aos meus aposentos —, voltei minha atenção para a sala de estar. Avistei ali uma pequena janela perto das vigas expostas, cuja vista dava para a vasta cordilheira dos Cárpatos. Daqui, as montanhas eram todas brancas e irregulares, como se fossem dentes quebrados. Uma parte de mim desejava se arrastar até a janela e contemplar o mundo invernal que se estendia lá fora, ignorante da minha propensão às perturbações.

Eu mal podia esperar para pedir água quente para o lavatório e tirar a sujeira da viagem de mim. Antes, porém, eu precisava encontrar uma forma de falar com Thomas. Eu ainda não tinha tido oportunidade de mostrar a ele a ilustração de dragão que eu havia encontrado, e ficaria louca se não discutisse logo esse assunto. Isso sem falar que eu estava especialmente curiosa quanto à sua estranha reação ao nome de Dăneşti e queria questioná-lo sobre isso.

Toquei no pergaminho que eu tinha em meu bolso, certificando-me de que ele era real, e não fruto da minha imaginação. Eu ficava aterrorizada com a possibilidade de que esse pergaminho pudesse estar ligado ao assassinato no trem. Eu não me atrevia a ponderar sobre qual seria a mensagem que ele pretendia passar ao ser deixado em minha cabine. Ou sobre quem poderia ter andado furtivamente por lá sem o meu conhecimento.

Fiquei em pé diante da lareira, permitindo que o calor atingisse meus ossos enquanto eu considerava um plano. Desde que havíamos entrado no castelo, Moldoveanu em momento algum declarou que tivéssemos um toque de recolher. Ou que não poderíamos ficar andando pelos corredores. Poderia ser algo bem escandaloso caso fosse descoberto, mas eu poderia descer de fininho até os aposentos de Thomas em...

O ranger das tábuas do assoalho, em algum lugar ali dentro dos meus aposentos, fez com que meu coração quase saísse pela boca. Fui dominada por imagens de assassinos andando sorrateiramente pelos vagões de um trem e deixando bilhetes enigmáticos com figuras de dragões. Ele estava aqui. Ele havia nos seguido até este castelo e agora ele me empalaria também. Eu tinha sido uma tola de não confidenciar tudo a Thomas enquanto a sra. Harvey dormia. *Respire,* ordenei a mim mesma. Eu precisava de uma arma. Havia um grande candelabro do outro lado do cômodo, mas estava longe demais para apanhá-lo sem ser vista por quem quer que pudesse estar à espreita no quarto de dormir ou no quarto de banho.

Em vez de me aproximar demais daqueles aposentos sem uma arma, eu peguei um livro grande das estantes, preparada para atingir a cabeça de alguém com ele. Nocautear a pessoa, ou pelo menos deixá-la aturdida, era o melhor que eu poderia fazer. Minha atenção vagou pelos arredores da sala. Ela estava vazia. Completa e totalmente desprovida de qualquer coisa viva, como eu já havia observado. Uma análise rápida do quarto de dormir me mostrou o mesmo resultado. Eu não me dei ao trabalho de olhar o quarto de banho, que parecia pequeno demais para conter alguma ameaça real, de toda forma. Os rangidos provavelmente vinham dos habitantes do castelo. Soltei um suspiro e coloquei o livro de volta no lugar. Este seria realmente um inverno temeroso.

Fiquei grata pela lareira, que aliviava meu nervosismo. Mesmo no espaço confinado, o calor me fazia sentir como se estivesse em uma ilha nos trópicos, em vez de estar em uma torre solitária em um gélido castelo, ouvindo coisas não tão aterrorizantes quanto a minha própria imaginação.

Esfreguei os dedos em pequenos círculos ao redor de minhas têmporas. Lembranças dos momentos finais de Jack, o Estripador, naquele maldito laboratório quando ele ligava o interruptor... Eu parei por aí. A dor e a mágoa precisavam me libertar de seu abraço teimoso. Eu não podia continuar fazendo isso comigo mesma noite após noite. Jack, o Estripador nunca haveria de voltar. Seus experimentos tinham acabado. Assim como sua vida.

O mesmo era verdade em relação a este castelo. Drácula não mais vivia.

"Tudo é tão malditamente difícil", falei para mim mesma enquanto caía no canapé. Pelo menos eu achava que estivesse sozinha, até que alguém refreou a risada, engasgando-se, detrás de uma porta fechada. Minhas bochechas ficaram vermelhas enquanto eu segurava o grande candelabro e seguia apressadamente até o quarto de banho parcamente iluminado. "Olá? Quem está aí? Eu exijo que você se apresente imediatamente."

"*Imi pare rău, domnişoară.*" Uma jovem criada levantou-se abruptamente de perto da banheira, pedindo desculpas enquanto seu pano de limpeza afundava dentro de um balde. Olhos cinzentos me fitavam. Ela trajava uma blusa de camponesa branca enfiada dentro de uma saia de retalhos, com um avental bordado. "Não foi minha intenção ouvir o que você dizia às escondidas. Meu nome é Ileana."

Seu sotaque era suave e convidativo, uma insinuação de verão sussurrando em uma desolada noite de inverno. Os cabelos pretos estavam trançados e enrolados sob a touca de criada, e seu avental estava sujo de cinzas, provavelmente da lareira, cujo fogo ardente ela estivera atiçando antes que eu entrasse no quarto.

"Por favor, não se preocupe em me chamar de 'senhorita'. Audrey Rose, ou simplesmente Audrey, está ótimo." Olhei de relance para o quarto de banho, que havia sido recentemente limpo. As chamas líquidas eram refletidas em cada uma das superfícies escuras, fazendo-me lembrar de sangue derramado sob o luar. Como os fluidos corporais das vítimas do evento duplo de Jack, o Estripador. Engoli em seco e afastei a imagem de minha mente. O castelo estava criando o caos na minha memória já mórbida. "Você foi designada para esta torre?"

A cor irrompeu em sua pele enquanto ela assentia, notável até mesmo sob camadas de cinzas e outras sujeiras.

"Sim, *domnişoară*... Audrey Rose."

"Seu inglês é excelente", eu elogiei, impressionada. "Espero melhorar o meu romeno enquanto estiver aqui. Onde você aprendeu o inglês?"

Fechei a boca de imediato depois de fazer essa pergunta. Era algo terrivelmente rude de se comentar. Ileana simplesmente sorriu.

"A família da minha mãe passou o conhecimento do idioma a cada um de seus filhos."

Isso era uma coisa estranha para uma família pobre de Braşov, mas eu deixei passar. Não desejava insultar ainda mais uma nova amiga em potencial. Eu me peguei mexendo nos botões na lateral das minhas luvas e parei.

Ileana ergueu um balde sobre os largos quadris e balançou a cabeça em direção à porta.

"Se eu não terminar de acender as lareiras nos quartos dos rapazes, ficarei tremendamente encrencada, *dom*... Audrey Rose."

"É claro", falei, torcendo as mãos. Eu não tinha me dado conta de quão solitária eu era sem Liza, e de como eu queria uma amiga. "Obrigada pela limpeza. Se você deixar alguns materiais aqui, eu posso ajudar."

"Ah, não. O diretor Moldoveanu não aprovaria. Eu devo cuidar dos quartos quando estiverem desocupados. Eu não estava esperando sua chegada por mais algum tempo." Meu rosto deve ter exibido desapontamento, enquanto a expressão no rosto dela ficava mais suave. "Se você quiser, posso trazer o café da manhã aqui para cima, nos seus aposentos. Eu faço isso para a outra moça que está aqui."

"Há uma outra moça hospedada aqui durante este inverno?"

Ileana assentiu devagar, e seu sorriso foi se alargando para igualar-se ao meu. "*Da, domnişoară.* Ela é a protegida do diretor. Você gostaria de conhecê-la?"

"Isso seria incrível", falei. "Eu adoraria."

"Precisa de ajuda para trocar de roupa para dormir?"

Assenti, então Ileana começou a remover meu espartilho. Assim que ela o havia tirado e eu estava apenas em minha camisola, agradeci a ela.

"Eu continuo a partir daqui."

Ileana abriu a porta com o quadril e depois me desejou boa noite em romeno. *"Noapte bună."*

Olhei de relance para o quarto de banho, dando-me conta de que ela também havia enchido a banheira com água quente. O vapor erguia-se em caracóis, convidando-me a entrar. Mordi o lábio, contemplando o banho quente. Imaginei que seria impróprio demais entrar nos aposentos de Thomas assim tão tarde da noite, e eu não queria ficar arruinada aos olhos da sociedade por causa da minha impaciência. O desenho do dragão ainda estaria ali pela manhã...

Tirei minhas roupas de baixo, sentindo a calidez da água, e também a da amizade, entrar em meus ossos cansados.

Talvez as próximas semanas não fossem ser tão horrendas quanto eu havia pensado.

PRÍNCIPE DRÁCULA

RASTRO *de* SANGUE

7. LENDAS POPULARES

Camere din turn

Aposentos da torre, Castelo de Bran

2 de dezembro de 1888

As brumas se erguiam das árvores que cercavam o castelo e se assentavam sobre as montanhas como a névoa nas vielas de Londres, enquanto eu me empoleirava no canapé, inquieta, tentando não me mexer.

Ileana disse que estaria de volta para o café da manhã, mas estava quase na hora do sol nascer e eu ainda não a tinha visto. Até onde eu sabia, ela poderia ter ficado ocupada em alguma outra parte do castelo. Eu batia os pés para cima e para baixo no chão. O diretor Moldoveanu haveria de me deixar trancada para fora do salão do refeitório se eu chegasse atrasada. Meu estômago rugia descontente, em desaprovação a si mesmo, enquanto eu esperava. Decidi que daria a ela mais dois minutos antes de sair e me dirigir até lá. Eu precisaria estar fortalecida para sobreviver às próximas semanas e continuar mentalmente sã.

Andei até meu quarto de dormir e fiquei mexendo nos poucos itens pessoais que eu havia trazido comigo; em particular, uma fotografia de meus pais, tirada há tempos. Coloquei-a no criado-mudo, sentindo-me um pouco menos sozinha neste estranho lugar.

Ouvi prontamente uma batida à minha porta, enquanto o sol brilhava, dourando as montanhas do lado de fora da janela dos meus aposentos na torre. Graças aos poderes superiores! Eu me movi rapidamente até o outro aposento e passei uma das mãos sobre minhas saias de um verde invernal. Vozes sussurradas silenciaram-se no instante em que eu abri a porta.

Ileana carregava uma bandeja coberta e sorria para a moça que estava ao lado dela. "Esta é a srta. Anastasia. Ela é..."

"A protegida do diretor Moldoveanu, ou, como eu gosto de me referir a ele, o Homem Mais Desprovido de Charme na História da Romênia", brincou ela enquanto fazia um aceno com a mão ao nosso redor e entrava em meus aposentos. O sotaque dela era levemente diferente do de Ileana, mas continha uma essência similar. "Honestamente, ele não é tão ruim assim. Ele é simplesmente... como se diz...?"

"Rabugento?", falei.

Anastasia riu, mas não fez nenhum comentário. Ileana sorriu.

"Vou colocar isso aqui."

Eu a acompanhei até o pequeno canapé e a mesa, enquanto Anastasia analisava o conteúdo de minhas prateleiras. Ela tinha uma beleza comum, mas graciosa, com seus cabelos da cor do trigo e seus brilhantes olhos azuis. Com certeza ela sabia como usar seus atributos a seu favor, especialmente quando mostrava o lampejo de um largo e contagiante sorriso.

"Você está procurando algo em particular?", perguntei, notando a forma metódica como sua atenção percorria as lombadas dos livros.

"Estou tão feliz por você estar aqui. Os rapazes são... *fără maniere.*" Ela ergueu um dos ombros, notando a confusão que devia estar estampada em meu rosto. "A maioria deles não é muito agradável nem cortês. Talvez seja a falta de oxigênio. Ou de mulheres. Os irmãos italianos são a maior das decepções. Eles ficam com os narizes enfiados nos livros o tempo todo. Eles nem mesmo olham de relance na minha direção! Nem mesmo quando eu exibo meus mais estimados atributos!"

Ela pegou um livro da estante e colocou-o, aberto, diante do rosto, andando pelos arredores de um jeito exagerado, dando risadinhas. Ileana baixou a atenção para o chão, com um largo sorriso no rosto.

"Eu queria tanto um romance gótico para passar o tempo enquanto você estiver em suas aulas", disse ela, jogando o livro de lado. "Mas é claro que o tio Moldoveanu não manteria tamanha frivolidade aqui. Você por acaso trouxe algum?"

Balancei a cabeça em negativa. "Você também vai participar das aulas?"

"É claro que não. Meu tio acredita que isso seja inapropriado para uma moça da minha estirpe." Anastasia revirou os olhos e caiu no canapé, soltando uma bufada. "Embora eu não ligue para isso. Frequentarei algumas aulas, nem que seja só para irritá-lo. Ele não tem como estar em toda parte ao mesmo tempo."

"Mais alguém já chegou?"

"Todos aqueles que são de famílias importantes estão aqui, creio eu. É um grupo pequeno, dessa vez. Dizem que meu tio... está em busca de *sânge*, é o que dizem."

"Por que achariam que seu tio está em busca de sangue?", eu quis saber.

Ileana ergueu a tampa da bandeja, revelando doces confeitados e tortas de carne, agora com a atenção grudada neles. Cortesmente, dei uma mordida em um saboroso pão recheado de carne e tentei não o devorar inteiro. O que quer que fosse aquilo, era delicioso.

"Fofocas do castelo, das quais fiquei sabendo enquanto quase morria de tédio. Até agora, todos que estão nesse curso são da nobreza ou são camponeses sobre os quais há rumores de ligações com a nobreza. Bastardos. Ninguém sabe qual é o propósito de toda essa realeza, isto é, se é que existe mesmo algum. Nem me pergunte sobre os irmãos italianos. Eles não falam com ninguém além deles mesmos. Eu não faço a mínima ideia do histórico deles."

Anastasia colocou um pedaço de pão na boca e grunhiu de prazer.

"Embora alguns acreditem que isso faça parte do teste", ela continuou falando. "Meu tio gosta de jogos e de intriga. Encontrar fatores em comum que possam se mostrar vantajosos quando se está atrás de assassinos é uma habilidade que ele acredita que todos os estudantes forenses devem ter." Ela voltou um olhar avaliador para mim. "Você é obviamente de berço nobre. Qual é o nome de sua família?"

"Wadsworth. Meu pai é..."

"Nenhuma ligação com a Romênia?"

Pisquei. "Não que eu saiba. Minha mãe tinha em parte ascendência indiana, e meu pai é inglês."

"Interessante. Talvez nem todos sejam descendentes desta região." Anastasia deu uma mordida em um outro pedaço de pão. "Ouvi dizer que você chegou à meia-noite com um rapaz. Vocês estão noivos?"

Eu quase me engasguei com meu próximo pedaço de comida. "Nós somos... amigos. E parceiros de trabalho."

Anastasia sorriu amplamente. "Ouvi dizer que ele é bonitão. Talvez eu deva me casar com ele, se vocês são apenas *parceiros de trabalho."* Eu não sei ao certo o que ela viu no meu rosto, mas ela rapidamente acrescentou: "Estou provocando você. Meu coração já tem dono, embora ele finja que eu não existo. Como foi sua viagem até aqui?".

Uma visão do corpo empalado passou pela minha cabeça. Coloquei de lado minha torta de carne, de repente não mais tão faminta.

"Terrível, para falar a verdade." Fiz um relato clínico do homem no trem e dos ferimentos que ele havia sofrido. O rosto bronzeado de Ileana ficou pálido como um fantasma. "Eu não tive a oportunidade de ver exatamente o que havia sido enfiado na boca dele. Contudo, era de natureza orgânica e tinha uma cor esbranquiçada. Mas o cheiro era... pungente, porém familiar."

"*Usturoi*", sussurrou Anastasia, com os olhos arregalados.

"O que é isso?"

"Alho. Eu li que alho é colocado na boca daqueles que se supõe serem... Os ingleses os chamam de vampiros."

"Isso na verdade vem de um romance gótico." Ileana soltou uma bufada. "A forma como as pessoas lidam com os *strigoi* aqui é diferente."

Voltei a pensar na substância orgânica. Definitivamente se encaixava na descrição do alho, e explicava o cheiro. "Meu amigo disse que os *strigoi* são queimados", falei com cautela. "E que todos os afetados ingerem as cinzas deles."

"Que coisa vil!" Anastasia inclinou-se para a frente no assento, faminta por mais informações. Ela me lembrava da minha prima, só que Liza era obcecada por perigo mesclado com romance, e Anastasia parecia instigada somente pela parte do perigo. "Os camponeses ainda fazem tais coisas aqui? Na Hungria, alguns aldeões ainda estão presos aos costumes antigos. Muito supersticiosos."

"Você é húngara?", perguntei. Ela assentiu. "Mas também fala romeno?"

"É claro. Nós aprendemos o romeno enquanto estudamos nosso próprio idioma. Eu também sei italiano relativamente bem. Não que eu consiga usar o que sei com nossos colegas de classe." Ela voltou a encarar Ileana. Fiquei observando a forma como a criada torcia seu guardanapo no colo, fazendo o melhor que podia para evitar o olhar focado e contemplativo de Anastasia sobre si. "Como os camponeses identificam *strigoi* na cidade?", perguntou. "Ou é como uma sociedade secreta? Como aquela dos dragonistas?"

Minha atenção voltou-se rapidamente para Anastasia. Eu podia ter jurado que a ilustração estava queimando o bolso da minha saia e abrindo um buraco nela. Por um instante, senti a necessidade de proteger esse desenho, de mantê-lo escondido de todos até que descobrisse suas origens. O que não fazia sentido algum. Retirei o pergaminho do bolso e coloquei-o na mesa.

"Alguém deixou isto aqui na minha cabine no trem, depois do assassinato. Você sabe o que isso quer dizer, se é que tem algum significado?"

Anastasia fitou o desenho. Eu tive dificuldades em interpretar a expressão que ela velava. Passou-se um instante.

"Você já ouviu falar da Ordem do Dragão?", ela me perguntou. Balancei a cabeça em negativa. "Bem, eles são..."

"Está tarde." Ileana ficou de pé em um pulo e indicou o relógio na cornija da lareira. "Moldoveanu vai me colocar na rua se eu não for trabalhar." Ela rapidamente recolheu nossos guardanapos do café da manhã e enfiou a tampa de volta na bandeja com um clangor que me enervou. "Vocês duas deveriam ir para a *sală de mese.* Moldoveanu ficará de olho."

"Você quer dizer que o diretor não tranca as portas do salão do refeitório depois de uma determinada hora?"

Ileana voltou um olhar de pena para mim. "Ele faz ameaças, mas não as leva a cabo."

Sem proferir mais nenhuma palavra, Ileana saiu correndo do quarto. Anastasia balançou a cabeça e se pôs de pé.

"Camponeses são tão supersticiosos. Até mesmo a menção de coisas sobrenaturais os deixam agitados. Venha", ela entrelaçou o braço no meu, "Vamos apresentá-la para nossos estimados colegas."

"Pelo som, parece que uma pequena horda de elefantes está atacando o salão do refeitório", eu falei para Anastasia enquanto nos demorávamos um pouco do lado de fora das portas. Pés batiam no chão e tampas retiniam, o som de conversas despreocupadas soava como um zumbido acima do ruído geral.

"Eles certamente agem como se fossem um bando de animais."

A ansiedade se contorcia enquanto abria caminho pelos corredores das minhas entranhas. Espiei para dentro das grandes portas de carvalho. Uns poucos rapazes estavam sentados às mesas, e outros estavam em fila para coletar bandejas de café da manhã ao longo da ampla parede dos fundos, mas Thomas não estava entre eles. Eu não fazia a mínima ideia de como tão poucos homens podiam ser capazes de fazer tanto barulho em um espaço tão grande. O salão do refeitório era suficientemente vasto, com o teto como o de uma catedral, totalmente branco, e as paredes com as mesmas bordas de madeira escura que compunham o restante do interior do castelo.

Meus pensamentos voltaram-se para os contos de fadas e lendas folclóricas. Eu entendia como um castelo feito este poderia ser inspirador para escritores como os Irmãos Grimm. Era certamente escuro o bastante para evocar uma atmosfera macabra. Eu tentei não pensar em meu pai e em minha mãe. Em como eles costumavam ler aquelas histórias para mim e para Nathaniel antes de irmos dormir. Eu precisava escrever logo para o meu pai; eu esperava que ele estivesse se sentindo melhor. Sua recuperação tinha sido lenta, mas constante.

De repente, dei um pulo para junto da parede, alarmada por estar sonhando acordada, e chocada porque alguém não apenas havia esbarrado em mim como também deu risada, como se isso não fosse uma afronta para com uma moça.

Anastasia soltou um suspiro. "Srta. Wadsworth, permita-me apresentar-lhe o professor Radu. Ele dará aulas sobre o *folclor* local para preencher o currículo de seu curso de avaliação."

"Oh, querida. Eu não a vi aí."

O professor Radu mexia em um guardanapo e, sem querer, deixou cair um pedaço de pão de sua bandeja. Eu me curvei para pegá-lo ao mesmo tempo em que ele também o fez, e nossas cabeças se entrechocaram.

Ele nem mesmo piscou. Seu crânio devia ser feito de granito. Massageei o que viria a se tornar um galo logo menos, contraindo-me com o latejar.

"*Imi pare rău*. Eu realmente lhe peço desculpas, srta. Wadsworth. Espero que eu não tenha derramado meu mingau nesse seu adorável vestido."

Olhei para baixo de relance, aliviada porque não havia nenhum mingau nas minhas saias. Com uma das mãos, eu lhe ofereci o pão caído, e, com a outra, sondei mais uma vez, com cautela, como estava o machucado que se formava sob a linha dos meus cabelos. Eu esperava que a colisão tivesse incutido mais bom senso em mim, em vez do contrário. Certamente doía o bastante para fazer com que eu me perguntasse a respeito.

"Por favor, não se incomode, professor", falei. "A única coisa que está danificada é o seu pão, eu receio. E talvez sua cabeça, graças à minha."

"Eu não sei ao certo se estava tudo bem com ela, para começo de conversa", sussurrou Anastasia.

"Hummm... O que foi?", quis saber Radu, cujo foco passou rapidamente do pão para Anastasia.

"Eu disse que tenho certeza de que ainda está delicioso", ela mentiu.

Arrancando o pão sujo de meus dedos como uma pessoa apanharia uma uva de uma videira, ele deu uma mordida nele. Eu esperava que meus lábios não estivessem se curvando como os de Anastasia; eu não queria revelar a repulsa que revirava meu estômago.

"Langoşi cu brânză", disse ele enquanto mastigava o pão, com as sobrancelhas erguidas, apreciando-o. "Massa frita com queijo feta. Você deveria experimentar um pedaço. Aqui..."

Antes que eu pudesse recusar educadamente a oferta, ele pressionou um pedaço do pão nas minhas mãos, esmagando-o ao apertar meus dedos, todo animado. Fiz o melhor que pude para sorrir, embora minhas luvas tivessem absorvido um pouco de gordura. "Obrigada, professor. Se nos der licença, nós vamos encontrar os outros estudantes."

O professor Radu endireitou seus óculos sobre o nariz, deixando uma mancha turva de gordura em uma das lentes.

"O diretor não lhe contou?" Ele nos olhou com atenção, e depois fez um estalo com a língua. "Todos estão saindo agora. Alguns irão visitar Braşov, se vocês quiserem se juntar a eles. Vocês não vão querer descer pela montanha sozinhas, vão? O bosque é cheio de criaturas que pegam crianças das trilhas e mastigam a carne de seus ossos." Ele sugou a gordura dos dedos no que foi uma demonstração dos modos medievais. "Lobos, na maior parte das vezes. Entre outras coisas."

"Lobos estão comendo estudantes?", perguntou-lhe Anastasia, cujo tom indicou que ela não acreditava nem um pouco nisso. "Não posso acreditar que meu tio nem me avisou!"

"Oh! *Pricolici!* Esse será o primeiro mito a ser discutido na sala de aula", disse ele. "Tantos rumores folclóricos e lendas a serem examinados e discutidos..."

A menção a lobos que agarravam crianças fez cair a temperatura do meu sangue em alguns graus. Talvez eu tivesse, *de fato*, visto sinais deles quando estava no trem, e depois novamente no bosque aqui perto.

"O que é um *prico...?*"

"*Pricolici* são os espíritos de assassinos que voltam na forma de enormes lobos mortos-vivos. Embora alguns também acreditem que eles *sejam* lobos e que se tornam *strigoi* quando mortos. Eu realmente espero que vocês gostem da aula. Agora lembrem-se de permanecer na trilha e não se aventurem no bosque, não importa o que virem. Muitos, mas muitos perigos gloriosos existem por lá!"

Ele se afastou, trôpego, cantarolando uma melodia alegre para si mesmo. Por um breve instante eu me perguntei como seria a sensação de ser assim tão perdido, sonhando acordado, viajando na ficção. Então eu me lembrei das visões fantásticas que minha mente havia produzido ao longo das últimas semanas e censurei a mim mesma.

"Por que eles estão ensinando folclore e mitologia quando o curso só tem quatro semanas de duração?"

"É tudo parte do mistério que vocês têm que desvendar, imagino." Anastasia ergueu um dos ombros. "Embora meu tio acredite que a ciência explica a maioria das lendas."

Uma declaração com a qual eu muito concordava, por mais que eu odiasse concordar com alguma coisa que Moldoveanu dissesse. Fiquei observando o professor derrubar seu café da manhã novamente.

"Eu não consigo acreditar que ele comeu aquele pedaço de pão", declarei. "Tenho certeza de que havia um inseto morto grudado nele."

"Ele não parecia se importar com isso", disse Anastasia. "Talvez ele goste do acréscimo de proteína."

Eu me encolhi quando o professor esbarrou em um outro aluno, um jovem corpulento e de cabelos loiro-escuros, com um maxilar quadrado demais para que fosse considerado bonito.

"Ai grijă, bătrâne", o gigante sibilou para Radu antes de abrir caminho com o ombro e entrar no salão do refeitório, derrubando para o lado um aluno menor sem pedir desculpas.

Bruto nojento. Meu romeno era decente o bastante para que eu soubesse que ele havia dito para o homem olhar por onde andava.

"Aquele espécime encantador é da nobreza romena", disse Anastasia quando o rapaz loiro desapareceu pelo salão adentro. "Os amigos dele são um pouco melhores."

"Eu mal posso esperar para conhecê-los", falei em um tom seco. Depositei o pedaço de pão ensopado de gordura em um latão de lixo e limpei a mancha nas minhas luvas. Eu precisaria pegar um outro par antes de partir. "Por que você acha que os estudantes estão viajando até o vilarejo?"

"Eu não sei, nem me importo com isso." Anastasia empinou o nariz com ares de falsa realeza. "Você não vai me ver saindo com esse tempo coberto de neve. Eu duvido que os outros irão se aventurar para longe de seus aposentos também. Oh! Eu pretendia perguntar a Radu se eu poderia assistir às aulas dele." Ela mordeu o lábio. "Você se importaria se eu a encontrasse depois? Vai ficar aqui?"

"Se não formos forçados a ir, então não vejo por que eu sairia. Eu preferiria explorar o castelo. Vi uma sala de taxidermia na qual eu adoraria dar uma olhada."

"Extraordinar!", exclamou Anastasia, beijando minhas bochechas. "Vejo você em breve, então."

Risadas ruidosas ecoavam de dentro do salão enquanto eu observava Anastasia ir correndo atrás de nosso professor. Por mais que eu desejasse não fazer isso sozinha, estava na hora de enfrentar meus medos e me apresentar para os meus colegas de classe. Aos poucos. Por ora eu mostraria o rosto, e faria as coisas sem pressa a partir disso. Além do mais, não era como se eu não conhecesse ninguém. Com certeza Thomas apareceria logo, logo.

Com a cabeça erguida, entrei no salão do refeitório. Cinco fileiras de longas mesas continham alunos curiosos, que foram ficando em silêncio conforme eu fazia meu caminho até a extremidade oposta do salão. Havia três rapazes acomodados em uma das mesas, sendo um deles o jovem rude e corpulento do corredor.

Em outra mesa estavam dois rapazes de cabelos castanhos que não se davam ao trabalho de erguer os olhares, nem de relance, de seus livros. Provavelmente eram os italianos, cuja pele tinha um intenso bronzeado, como se eles fossem nativos de um lugar próximo ao oceano. Um deles era o estudante menor em quem o bruto havia esbarrado sem pedir desculpas.

Um rapaz esguio, a pele de um escuro marrom-amarelado, estava sentado em frente a um garoto que usava óculos e tinha espessos cachos ruivos. Eles atacavam suas refeições, mas ergueram os olhos para olhar, embasbacados, para mim.

Minhas bochechas ficaram quentes enquanto o som de minhas saias farfalhando se erguia acima dos sussurros aqui e ali. Pelo menos eu tinha Thomas. Mesmo se precisássemos batalhar por nossos lugares na academia, poderíamos lutar juntos. E poder compartilhar os infortúnios com Anastasia também era algo pelo qual eu esperava ansiosamente.

Um dos meninos à mesa do Grandalhão falava abafando um riso alto, e depois assoviou como se eu fosse um cachorro qualquer que ele estivesse chamando. De todos os... Eu parei de andar e voltei um olhar severo e cheio de ódio para ele, cortando com precisão seu sorriso afetado.

"Alguma coisa engraçada?", perguntei, notando o silêncio que recaía sobre eles, como soldados que houvessem sido chamados para a guerra. Quando ele não me respondeu, eu repeti as palavras no meu melhor romeno, com minha voz soando alta na quietude repentina.

Os lábios do rapaz se contorceram bem levemente enquanto eu o analisava. Seus cabelos eram de um tom mais escuro que os cabelos de Thomas, e seus olhos ostentavam uma nuance mais intensa de castanho. Suas feições azeitonadas eram atraentes, de um jeito normalmente apreciado nos heróis sombrios. Ele era bruto, embora eu presumisse que ele pertencesse a algum escalão qualquer, com base no que Anastasia havia mencionado.

O Grandalhão, que estava ao lado do rapaz de cabelos escuros, deu uma risada dissimulada e curvou o lábio superior. Eu tinha a sensação de que essa era sua expressão normal, graças à genética, e que ela não deveria me deixar ofendida. Que infelicidade para os pais dele.

Esperei que o rapaz de cabelos escuros se desviasse do meu olhar, mas ele teimosamente fixou os olhos em mim. Um desafio para medir com que facilidade eu cederia, ou então uma espécie de flerte, não me importava. Eu não iria tolerar ser incomodada e assediada só por ser uma mulher.

Todos nós estávamos aqui para aprender. Era ele quem tinha um problema, não eu. Talvez estivesse na hora de os pais ensinarem seus filhos a se comportar na presença das moças. Eles não nasciam superiores, por mais que a sociedade falsamente os condicionasse a pensar como tal. Aqui, nós éramos iguais.

"E então?"

"Estou decidindo, *domnişoară*." Ele arrastou preguiçosamente o olhar para baixo, para cada centímetro de meu corpo, inspecionando-me com atenção, e então tossiu em sua mão, sem dúvida sussurrando algo impróprio, visto que o Grandalhão caiu na gargalhada.

Um rapaz mais esguio e mais pálido estava sentado do outro lado dele, alternando o olhar entre o jovem de cabelos escuros e eu, e depois olhando para as mãos, franzindo a boca. Havia algo na estrutura óssea deles que me levava a pensar que eram parentes. Contudo, as feições deste último eram muitíssimo diferentes. Ele voltou por um breve instante a atenção ao seu redor, como se fosse uma mosca pousando em diferentes lugares, e que depois sairia zumbindo, fora de alcance. Ele me parecia tão familiar...

Fiquei ofegante quando o reconheci. "Você. Eu conheço você."

Ele estivera no mesmo trem em que Thomas e eu havíamos viajado. Eu tinha certeza disso. Ele era o passageiro nervoso que eu queria interrogar. Ele se mexeu em seu assento, encarando os veios da madeira, ignorando-me por completo. Sua pele parecia ficar mais sombreada diante do meu olhar.

A essa altura, eu quase havia me esquecido daquele irritante rapaz de cabelos escuros, e por pouco deixei de ver o fogo que incendiava seus olhos, quando reuni minhas saias e me dirigi a uma mesa só para mim.

PRÍNCIPE DRÁCULA
RASTRO *de* SANGUE

8. VILÃO COM ROSTO DE HERÓI

Sală de mese
Salão do refeitório, Castelo de Bran
2 de dezembro de 1888

"Você realmente faz as entradas mais triunfais, Wadsworth. Metade dos rapazes daquela mesa agora querem se casar com você. Eu terei que trabalhar dobrado nas minhas habilidades de espadachim para defender sua honra."

Respirei fundo enquanto Thomas se acomodava no assento à frente do meu, seu prato contendo um amontoado de delícias de diferentes regiões, provavelmente com o propósito de agradar aos estudantes de toda a Europa. E doces. A sra. Harvey estava certa quanto ao gosto de Thomas por sobremesas. Eu havia ficado tão distraída com o rapaz que eu tinha certeza de ter avistado no trem que não reparei em Thomas perto do bufê.

"Eu não acredito que isso seja exatamente verdade. Acabei de fazer inimigos, foi isso o que aconteceu." Roubei um pão de seu prato, depois que ele havia passado uma porção generosa de creme nele. "De qualquer forma, sinto repulsa por *todos* os rapazes daquela mesa, Cresswell. Ainda não há necessidade de trocar seu escalpelo por uma espada de esgrima."

"Ora, tenha cuidado. Você declarou esses mesmos sentimentos encantadores em relação a mim. Eu sinto ciúmes com uma certa facilidade. Quero duelar, não destruir a academia nem queimá-la até só restarem suas fundações. Embora isso talvez fosse melhorar a atitude de Moldoveanu, para falar a verdade. Promete que vai me visitar na minha cela?"

Eu sorri, apesar do assunto, e analisei o rosto de Thomas. "Você sabe que ninguém conseguiria me irritar tanto quanto você, Cresswell. Esperemos que eles pensem duas vezes antes de zombar de mim novamente."

"Eu tenho certeza de que essa não será a última vez que você vai ser provocada." Thomas abriu um largo sorriso enquanto cobria um outro pãozinho com creme. "Os homens gostam da caçada. Você agora provou que não é facilmente conquistada, o que a torna um desafio interessante. Por que você acha que há tantas cabeças presas na parede? Exibir os troféus de nossos feitos é como dizer: 'Eu sou forte e viril. É só olhar para aquela cabeça de cervo no escritório. Não apenas eu o cacei, como também preparei a armadilha e o atraí para o meu covil. Eis aqui um pouco de conhaque, vamos bater nos nossos peitos e atirar em alguma coisa'."

"Então você está dizendo que gostaria de me prender em uma armadilha e pendurar minha cabeça decepada acima da cornija da lareira? Isso é tão romântico! Conte-me mais."

Alguém pigarreou, interrompendo-nos. "Vocês se importariam se eu me sentasse aqui? *Vă rog?*"

Mesmo sentado, Thomas de alguma forma conseguiu enviar um olhar de superioridade para o rapaz de cabelos escuros que, de maneira rude, havia rido de mim antes — e que agora estava parado, em pé, ao lado de nossa mesa. Não havia nada de leve na expressão de Thomas agora.

"Se você prometer que será gentil." Lentamente, Thomas empurrou sua cadeira para trás, cujas pernas guincharam no chão em protesto. Ele não havia se movido o bastante para permitir que o rapaz viesse ficar entre nós dois. Fui lembrada de como ele era alto e tinha as pernas compridas, e de como isso podia ser usado como mais uma arma em seu arsenal. "Eu odiaria ver a srta. Wadsworth embaraçá-lo. Novamente."

A tensão emanava dele em ondas densas, tão sombrias e turbulentas que eu quase fui puxada por elas. Eu nunca havia visto Thomas mostrar emoções assim tão fortes antes, e achava que alguma outra coisa poderia estar se passando com ele, além de ter tomado para si a minha irritação. Talvez Thomas já tivesse encontrado o jovem de cabelos escuros e o encontro não fora muito positivo.

Não era preciso muito esforço para deduzir que isso não acabaria bem. A última coisa de que eu ou ele precisávamos era que Thomas fosse expulso por... o que quer que ele estivesse prestes a fazer. Naquele momento, cada pedacinho dele era um vilão com rosto de herói.

"Em que podemos ajudá-lo, senhor...?" Permiti que a pergunta pairasse no ar.

Como se o Inferno não estivesse se abrindo ao seu redor, o rapaz moveu-se em um ângulo bem íntimo na minha direção, e reconsiderei quem estava correndo o risco de ser expulso da academia: poderia muito bem ser Thomas quem *me* impediria de dar um merecido tapa no rapaz.

"Eu peço desculpas pelo meu comportamento anterior, *domnişoară*", disse ele, com um sotaque suave e cantado. "Eu também peço perdão por meus companheiros. Andrei", ele apontou para o bruto, que assentiu secamente em resposta, "e Wilhelm, meu primo."

Minha atenção vagou de volta para o rapaz de aparência doentia do trem. A cor de Wilhelm estava ainda mais escura do que antes. Um tom de pele tão peculiar. Ele parecia ter borrões de terra avermelhada no rosto. Eu nunca tinha visto uma erupção cutânea tão horrível assim. Gotinhas de suor marcavam a linha de sua testa.

"Seu primo não parece estar bem", disse Thomas. "Talvez você devesse ir cuidar dele em vez de estar aqui falando conosco."

Observamos enquanto Wilhelm erguia um grande manto preto em volta de seus ombros e seguia, meio curvado, em direção à porta. Eu precisava falar com ele, descobrir o que ele poderia saber em relação à vítima do trem.

O rapaz de cabelos escuros entrou em meu campo de visão.

"*Permite-mi să mă prezint*. Hummm... permita-me que eu me apresente adequadamente."

Ele me ofereceu um sorriso tímido, que desvaneceu um pouco enquanto eu mantinha neutra a minha expressão. Se ele achava que podia me cativar ajustando seu charme a um nível excessivamente alto, ele estava bem enganado. O rapaz empertigou-se, e certa postura militar recaiu sobre ele tal qual um manto de veludo sendo acomodado em seu devido lugar.

"Meu nome é Nicolae Alexandru Vladimir Aldea. Príncipe da Romênia."

Thomas soltou uma bufada, mas o jovem príncipe manteve seu olhar travado no meu. Certifiquei-me de que a surpresa não transparecia em minhas feições, pressupondo que ele houvesse lançado seu título na esperança de ver a reação que iria obter dos demais rapazes e mulheres.

Minha suspeita foi confirmada quando seu sorriso ficou hesitante e depois foi desaparecendo completamente, quanto mais tempo eu permanecia sem reagir. Eu não me permitiria ser tratada tão mal para depois ficar toda embasbacada. Seu título provavelmente podia comprar muita coisa, mas não poderia comprar meus afetos.

O salão inteiro ficou em silêncio como se estivéssemos em uma missa, enquanto eles esperavam que eu me pronunciasse. Ou que fizesse uma reverência. Eu possivelmente estava quebrando todos os protocolos ao não me levantar de imediato e fazer uma mesura. Abri um sorriso doce e me inclinei na direção dele.

"Eu até diria que foi um prazer conhecê-lo, sua alteza, mas fui educada de modo a não proferir inverdades."

Para não ser totalmente inapropriada, ofereci uma leve inclinação de cabeça e me levantei. A expressão no rosto do príncipe Nicolae era excepcional. Como se eu tivesse tirado a luva e o houvesse estapeado na frente de todas essas testemunhas. Eu quase lamentei por ele. Provavelmente era a primeira vez que alguém o ofendia assim tão cruelmente. O que será que ele faria com alguém que não aceitasse todas as suas palavras principescas?

"Sr. Cresswell", assenti na direção de Thomas. "Eu o encontro lá fora."

O menino de cachos ruivos, que estava sentado ali perto, balançou a cabeça enquanto eu recolhia minhas saias. Eu não saberia dizer se ele estava impressionado ou com repulsa por causa da minha audácia. Sem olhar para trás, eu saí do salão. Sons clangorosos de garfos se chocando contra os pratos, mesclados com a profunda risada de Thomas, acompanharam-me até o corredor, onde eu me permiti dar uma risadinha. Até mesmo os irmãos italianos haviam tirado os olhos de seus estudos, olhos tão arregalados que pareciam placas de Petri.

Minha satisfação foi interrompida rapidamente quando notei o diretor Moldoveanu parado diante da entrada, uma veia pulsando na testa. Ele moveu-se rapidamente na minha direção, e eu jurava que uma grande fera alada espreitava logo atrás, com suas garras raspando a pedra. Pisquei. Era apenas a sombra dele, que parecia gigantesca por causa da luz da tocha.

"Tome cuidado com os inimigos que arranja, srta. Wadsworth. Eu odiaria que mais tragédias atingissem a sua já fragmentada família. Pelo que entendi, o nome e a linhagem dos Wadsworth estão quase apagados da existência."

Encolhi-me alguns centímetros. Meu pai havia publicado um obituário um tanto vago em relação à morte de meu irmão; ainda assim, o diretor parecia, pelo tom de sua voz, desconfiar de algo indevido. Ele me inspecionou com atenção, o lábio repuxado no que era ou um sorriso ou um risinho de escárnio.

"Eu me pergunto quão forte seu pai permaneceria caso algo terrível acontecesse com sua prole remanescente. O ópio é um hábito desagradável. É bem difícil se recuperar dele por completo. Mas eu tenho certeza de que você está ciente disso. Você até parece ser inteligente. Para uma moça. Eu espero ter sido claro."

"Como foi que você...?"

"É meu dever desenterrar todo pedacinho de informação sobre meus alunos em potencial. E estou realmente me referindo a cada migalha de informação. Não cometa o erro de acreditar que seus segredos permanecerão ocultos. Eu descubro os mistérios tanto dos mortos quanto dos vivos. E eu acredito que a verdade gera um bom lucro quando é descoberta."

Uma escorregadia espiral de medo revirou-se nos meus intestinos. Ele estava me ameaçando, e não havia nada que eu pudesse fazer em relação a isso. Ele ficou me encarando por mais um tempo, como se pudesse me olhar com desprezo pelo simples fato de eu existir, e então entrou marchando no salão do refeitório. Despenquei tão logo ele chegou à extremidade mais afastada do local.

"O café da manhã está encerrado", ele anunciou. "Vocês podem fazer o que desejarem pelo restante do dia."

Corri rapidamente até o meu quarto para pegar o casaco de inverno e um novo par de luvas, ansiosa para ir para longe deste maldito castelo e seus ocupantes miseráveis.

9. CIDADE DA COROA

Potecă

Trilha em meio ao bosque, Brașov

2 de dezembro de 1888

"O Príncipe Pomposo talvez não seja seu maior admirador, Wadsworth." Thomas me cutucou com o ombro, fracassando terrivelmente em esconder seu prazer por meu novo inimigo mortal. "Assim que Moldoveanu saiu, ele até mesmo quebrou um prato na parede e cortou os dedos. Espirrou sangue nos ovos. Muito dramático."

"Parece que você está com um pouco de ciúmes por não ter pensado em quebrar a louça primeiro."

Escorreguei em um paralelepípedo gélido e Thomas me equilibrou, deixando meu braço pender devagar e ficando a uma distância quase respeitável de mim. A animação estava presente em cada um de seus movimentos. Ele foi praticamente aos pulinhos até Brașov, também conhecida como a Cidade da Coroa, de acordo com o seu falatório incessante.

Eu estivera observando enquanto Wilhelm saía correndo às pressas do castelo, cambaleando um pouco aqui e ali, e me apressara a buscar Thomas. Eu desejava falar com o rapaz e perguntar o que ele tinha visto no trem, embora ele parecesse determinado a fugir de mim a todo custo. O fato de estar evitando-me fazia com que ele parecesse ainda mais culpado.

A pele de Wilhelm parecia um pouco... Eu não sabia ao certo o quê. Parecia que o tom original havia sido quase que totalmente substituído por placas escuras. Como se a febre tivesse trazido um profundo rubor à sua pele. Eu poderia ter jurado que ele estava até mesmo pior do que no salão do refeitório. Tentei pensar em qualquer infecção conhecida que pudesse causar dois tipos diferentes de erupção cutânea, mas não consegui pensar em nenhuma. Certamente não se tratava de escarlatina, cujos sintomas eu teria reconhecido em qualquer lugar.

Nós ficamos longe o bastante atrás de Wilhelm, a ponto de ele não nos notar nem presumir que estivéssemos nos dirigindo ao vilarejo por motivos próprios e específicos. Eu queria analisá-lo, ver aonde ele estava indo primeiro. Depois, talvez Thomas e eu conseguiríamos formular um palpite. Se o atacássemos com perguntas agora, provavelmente ele mudaria de rumo. Falei para Thomas sobre as minhas suspeitas, e ele concordou que esse era o melhor plano a seguir.

Mantive minha atenção no chão, investigando as pegadas que Wilhelm deixava para trás na neve recém-caída e suas passadas regulares e alinhadas. Parecia que ele havia parado de cambalear, embora houvesse vômito fresco e fumegante um pouco além dos limites da trilha. Não parei para inspecionar com atenção, e segui adiante o mais rápido que pude. Talvez Wilhelm estivesse apenas a caminho de ver alguém e conseguir um remédio para seus males. Ainda assim, era estranho o fato de ele ir até o vilarejo em vez de simplesmente perguntar sobre um médico no castelo.

Enfiei as mãos nos bolsos e quase escorreguei de novo. Eu havia me esquecido do pergaminho com toda a comoção no salão do refeitório. Olhei de relance ao meu redor, certificando-me de que Thomas e eu estávamos sozinhos na trilha, com exceção de Wilhelm, que estava muito adiante para prestar qualquer atenção em nós. Parei e remexi em meu bolso, dando-me conta de que o papel não estava mais lá.

"Diga-me que eu não parei com meu hábito impróprio de fumar só para que você começasse."

"O quê?" Dei tapinhas nos bolsos das saias e nos bolsos internos do meu casaco de inverno. Nada. Meu coração socava o meu peito. Se eu não o tivesse mostrado para Anastasia e Ileana hoje de manhã, eu até poderia ficar preocupada com a possibilidade de simplesmente ter imaginado o desenho. Revirei os bolsos... que estavam vazios.

"O que você está procurando, Wadsworth?"

"Meu dragão", falei, tentando me lembrar se eu o havia colocado de volta no bolso antes de descer até o salão do refeitório. "Devo tê-lo deixado nos meus aposentos."

Thomas me encarou por um instante, com a mais estranha expressão. "Onde foi que você encontrou esse dragão? Eu tenho certeza de que todos os tipos de cientistas desejarão falar com você e ver o espécime. Pequeno o bastante para caber no seu bolso. Uma descoberta e tanto."

"Era um desenho que estava na minha cabine, no trem", falei, soltando um profundo suspiro. "Eu o encontrei depois que os guardas chegaram para pegar o corpo."

"Ah, entendi." Ele se virou de súbito e continuou seguindo em frente em direção ao vilarejo, deixando-me boquiaberta atrás dele.

Apanhei minhas saias, tomando cuidado para não expor nenhuma área acima de minhas botas, e fui correndo atrás dele. "O que foi isso?"

Thomas indicou a vegetação e os arbustos espinhosos na beirada da trilha. Acompanhei o olhar dele e notei o que pareciam ser pegadas frescas de um grande cachorro na neve, perto da margem da floresta. Essas pegadas pareciam estar seguindo uma trilha formada pelo vômito de Wilhelm. Eu esperava evitar contrair o que quer que o estivesse afligindo, assim como trombar com o animal que o seguia. Fiquei observando enquanto o rapaz cambaleava novamente pelo caminho, quase chegando ao topo da colina. Eu queria sair correndo atrás dele e oferecer-lhe um braço; ele realmente não parecia nada bem.

Thomas caminhava pela neve, mantendo a atenção em nosso colega de classe.

"Nós não queremos ser pegos aqui mais tarde, quando o sol tiver se posto", disse Thomas. "É inverno, e a comida é escassa na floresta. É melhor não dar chance ao azar, arriscando um encontro com os lobos."

Para variar, eu estava irritada demais para imaginar a floresta ganhando vida com animais selvagens. Eu andei mais rápido, totalmente focada em Thomas enquanto esticava a mão na direção dele.

"Você vai fingir que eu não perguntei sobre o dragão?"

Ele parou de caminhar e ergueu o chapéu de sua cabeça, removendo um pouco da neve que havia caído dos galhos acima de nós antes de colocá-lo de novo.

"Se quer saber, fui eu que o desenhei."

"Oh." Meus ombros caíram. Eu deveria ter ficado feliz porque já não havia nada sinistro em relação ao desenho, aliviada porque um assassino não havia entrado sorrateiramente na minha cabine, deixando uma pista provocadora por lá. E, ainda assim, eu não conseguia negar minha decepção. "Por que você simplesmente não me disse isso antes?"

"Porque não era minha intenção que você o visse", disse ele com um suspiro. "Pareceu-me um tanto rude soltar simplesmente um: 'Desculpe-me. Por favor, não me pergunte sobre o dragão. No momento esse é um assunto muito delicado para mim'."

"Eu não sabia que você desenhava tão bem."

Enquanto eu dizia isso, algo cutucava as bordas da minha memória. Thomas curvado sobre um cadáver no laboratório de meu tio, desenhando imagens notavelmente precisas de cada autópsia, com as mãos manchadas tanto de nanquim quanto de carvão, que ele não se dava ao trabalho de limpar.

"Sim, bem. É uma herança de família."

"O desenho era... adorável", falei. "Por que um dragão?"

A boca de Thomas se esticou em uma linha desgostosa. Eu não esperava que ele me respondesse, mas ele inspirou fundo e disse, baixinho: "Minha mãe mandou fazer um quadro dele. Eu me lembro de ficar encarando-o enquanto ela jazia lá, morrendo".

Sem proferir mais nenhuma palavra, ele saiu marchando pela neve. Então era isso. Nós havíamos chegado perto demais de uma cerca emocional que ele erguera havia muito tempo. Ele nunca falava de sua família, e eu ansiava por conhecer mais detalhes de como ele viera a ser quem ele era. Eu me recompus e fui correndo atrás dele, notando, com um sobressalto, que Wilhelm não estava mais em nosso campo de visão. Eu me movia o mais rapidamente possível, embora uma parte minha agora se preocupasse com a possibilidade de que não houvesse nada fora do comum em relação a Wilhelm na viagem de trem. De que fosse simplesmente mais uma fantasia conjurada pela minha maldita imaginação.

Nós nos encontrávamos perto de Brașov, e eu estava bem enjoada de andar em meio ao gelo e à neve semiderretida. A bainha de minhas saias estava ensopada e dura como os dedos de um cadáver. Teria sido uma ideia melhor usar a calça justa e o traje de montaria. Na verdade, ficar dentro do castelo estudando os expositores de anatomia e as câmaras de taxidermia ainda teria sido a ideia mais inteligente. Não apenas estávamos perdendo nosso tempo seguindo um rapaz doente, como também nos encontrávamos miseravelmente gelados e úmidos. Eu já podia me sentir ser envolvida pelas garras da preocupação de meu pai com a possibilidade de eu contrair uma gripe.

"Ah. Ali está."

Avistei vislumbres dos edifícios para os quais Thomas apontava, com seu sorriso se tornando um pouco mais sincero. Nada além de uns lampejos de cor em meio às sempre-vivas, mas a animação urgia meus pés a se moverem mais rápido. Então, quando começamos a descer mais uma colina, eu avistei a joia escondida entre as montanhas irregulares.

Nós andávamos pesadamente ao longo do caminho coberto de neve, com nossa atenção concentrada no vilarejo colorido. As construções ficavam comprimidas, juntas, como se fossem belas damas esperando, com seus exteriores pintados nas cores de salmão e manteiga, e no mais pálido azul-oceano. Havia outros edifícios também, feitos de pedra clarinha com telhados coloridos de terracota.

Uma igreja, com seu pináculo gótico apontando para os céus, era o que havia de mais magnífico em toda aquela visão. De onde nós estávamos, podíamos ver o telhado de telhas vermelhas esparramando-se por sobre um gigantesco edifício feito de pedra clara com janelas de vitral. Meus olhos arderam até que eu conseguisse, por fim, piscar e dissipar tamanho deslumbramento. No fim das contas, talvez esse passeio não tivesse sido uma completa perda de tempo.

"Biserica Neagră." Thomas abriu um grande sorriso. "A Igreja Negra. Durante o verão, as pessoas se reúnem para ouvir a música do órgão que vaza da catedral. Ela também tem mais de cem tapetes anatolianos. É absolutamente estonteante."

"Você conhece os fatos mais estranhos."

"Você está impressionada com isso? Eu nem me dei ao trabalho de ressaltar que ela fora reformada depois de um grande incêndio, nem que suas paredes queimadas e enegrecidas eram o motivo pelo qual ela recebera esse nome. Não a queria deixar extasiada demais. Afinal, nós realmente temos um suspeito para interrogar depois."

Eu sorri, mas permaneci em silêncio, não querendo partilhar meu medo de que esta saída fosse uma tolice. Wilhelm provavelmente era apenas mais um passageiro no trem e já estava doente. A doença explicava suas ações cheias de nervosismo; pode ser que ele estivesse se sentindo fraco e a ponto de desmaiar, e o estresse de testemunhar um assassinato tivesse se provado demais para ele.

Caminhamos em silêncio e, por fim, chegamos ao velho vilarejo. Meus pés não estavam mais entorpecidos, mas parecia que eu vinha pisando em pedacinhos de vidro dentro das minhas meias. Liza ficaria encantada com a forma como a neve salpicava os telhados, como açúcar polvilhado e eletrizado pelos raios do sol. Eu teria que escrever para ela essa noite.

Diminuí meus passos até parar, analisando as ruas de paralelepípedos em busca da capa preta que pertencia a Wilhelm. Vi a ondulação de um tecido escuro desaparecer no interior de uma loja cujo letreiro eu não consegui ler. Indiquei o local para Thomas.

"Acho que ele entrou ali."

"Vá na frente, Wadsworth. Eu só vim acompanhar você por causa de minha força bruta e do meu charme."

Entramos em uma loja que vendia pergaminhos, diários e todos os tipos de coisas das quais alguém precisaria para escrever ou desenhar. Não era um lugar estranho para receber a visita de um estudante. Wilhelm poderia muito bem estar precisando de material para as aulas. Passei por corredores estreitos onde havia pilhas de rolos de papel.

A loja tinha um agradável cheiro de nanquim e papel, o que me lembrou de todas as vezes que enfiava o nariz em um livro velho. O cheiro de páginas antigas deveria ser engarrafado e vendido àqueles que adoravam o aroma.

Eu sorri para o proprietário da loja, um velho homem enrugado com um largo e generoso sorriso. "Estamos procurando por nosso colega de classe. Creio que ele tenha entrado aqui agora há pouco."

O velho juntou as sobrancelhas e respondeu rapidamente em romeno, com palavras velozes demais para que eu as processasse. Thomas deu um passo adiante e falou com quase tanta velocidade quanto ele. Eles continuaram se alternando na conversa por alguns momentos, até que Thomas se virou para mim e fez um movimento em direção à porta. Eu finalmente havia entendido a essência do que eles estavam falando, mas Thomas traduziu o que o homem disse mesmo assim.

"Ele disse que o filho dele acabou de trazer uma nova entrega para cá e que ninguém mais esteve aqui a manhã toda."

Mirei o lado de fora da janela, olhando para a fileira de lojas. Seus letreiros e janelas informavam os tipos de produtos vendidos ali. Salgados, tecidos, chapéus, sapatos. Wilhelm poderia ter entrado em qualquer uma delas.

"Podemos nos separar e verificar em cada uma das lojas."

Nos despedimos do dono da loja e saímos dali. Eu fui andando até a próxima loja e parei. Um vestido que parecia ter sido feito para a realeza estava orgulhosamente pendurado no centro da enorme janela saliente, roubando meu fôlego. Ele tinha um corpete amarelo bem claro e incrustado com joias, gradualmente mudando de cor para tons de manteiga, até ficar branco como o inverno na altura da cintura. As saias pareciam nuvens de tule branco, creme e amarelo-claro, varrendo uns aos outros no mais magnífico degradê.

A costura era feita por uma mão habilidosa, e não pude deixar de me aproximar para ver melhor. Quase pressionei o rosto no vidro espesso que me separava da vestimenta. Havia pedras preciosas espalhadas pelo corpete decotado, como estrelas em plena luz do dia.

"Que habilidade artística mais primorosa! Isso é... o céu! É como um devaneio em forma de vestido. Ou um raio de sol."

O vestido era belo o bastante para que eu me esquecesse de nossa missão por um momento. Quando Thomas não me respondeu nem mesmo zombou de mim por ficar distraída, eu me virei. Ele me observava com profunda diversão antes de acordar de seus próprios devaneios. Endireitando-se completamente, apontou com o polegar para a vitrine. "O decote daquela belezura certamente causaria uma comoção. E faria alguns... sonharem acordados." Ele abriu o lampejo de um sorriso voraz enquanto eu cruzava os braços. "Não que você mesma não fosse conseguir administrar a situação e se defender contra as hordas de pretendentes. Creio que você conseguiria lidar muito bem com isso. Todavia, seu pai *de fato* me disse para acompanhá-la por toda parte e mantê-la longe de encrencas."

"Se isso é verdade, então ele não deveria ter pedido a você que cuidasse de mim."

"Oh? E o que mais você esperaria de mim? Será que eu deveria abandonar os desejos de seu pai?"

O brilho de um desafio inesperado iluminou as feições de Thomas. Eu não via uma expressão assim tão séria em seu rosto desde a última vez que ele me tomara em seus braços, permitindo a seus lábios a liberdade de comunicar seus mais profundos desejos sem palavras. Eu me encontrei momentaneamente sem fôlego enquanto me lembrava, com detalhes vívidos, da sensação e de quão certo havia sido aquele nosso beijo tão errado.

"O que você quer de mim, Audrey Rose? Quais são os seus desejos?"

Recuei um passo, o coração socando meu peito. Mais do que qualquer coisa, eu queria dizer a ele como eu estava com medo de tudo que vinha me assombrando recentemente. Eu queria que ele me confortasse, que me dissesse que eu iria me recuperar com o tempo. Que eu pegaria novamente minha lâmina sem temer que os mortos fossem se erguer. Eu ansiava pela promessa de que nunca me prenderia em uma gaiola caso nos tornássemos noivos. Mas como eu poderia proferir tais anseios enquanto ele estivesse se sentindo vulnerável? Admitir que a fissura dentro de mim continuava crescendo e que eu não fazia a mínima ideia se algum dia ela realmente seria fechada? Que talvez eu pudesse acabar destruindo-o enquanto destruía a mim mesma?

"Neste exato momento?" Dei um passo para mais perto dele, vendo sua garganta se apertar enquanto ele assentia. "Eu desejo saber o que Wilhelm viu no trem, se é que ele viu alguma coisa. Eu quero saber por que duas pessoas foram assassinadas, com estacas em seus corações, como se fossem *strigoi*. E eu quero encontrar pistas antes que tenhamos mais um caso de um Estripador em potencial em nossas mãos."

Thomas soltou o ar um pouco alto demais para que fosse apenas um gesto casual. Uma parte minha desejava retirar o que eu disse, desejava dizer a ele que eu o amava e queria tudo que ele estava oferecendo em seus olhos. Talvez eu fosse a pior espécie de tola. Mantive minha boca fechada. Seria melhor que ele fosse temporariamente desencorajado do que ferido de modo permanente pelas minhas emoções oscilantes.

"Vamos à caça, então", ele me ofereceu um dos braços. "Senhorita?"

Hesitei. Por um momento pensei ter visto uma sombra formando um ângulo na nossa direção, vinda dos entornos da construção. Meu coração acelerou enquanto eu esperava que o dono da loja aparecesse. Thomas acompanhou meu olhar, franzindo as sobrancelhas, antes de se virar de volta para me analisar.

"Acho que é melhor nos separarmos e encontrarmos Wilhelm, Cresswell."

"Como a dama desejar."

Thomas ficou me encarando por um momento longo demais, e então depositou um beijo casto na minha bochecha antes que eu sequer pudesse absorver o que ele estava fazendo. Ele recuou devagar, a malícia passando como um lampejo por seus olhos, enquanto eu olhava de relance pelos arredores rapidamente, em busca de testemunhas de tamanha rebelião. A sombra que eu jurava que vinha se movendo na nossa direção se fora.

Livrando-me da sensação de estar sendo observada por coisas que eu não podia ver, admiti para mim mesma que eu havia sido superada pela minha imaginação mais uma vez, e entrei na butique. Tranças de tecidos em cores vibrantes escorriam de rolos como sangue sedoso sendo liberado de seus donos. Deslizei as mãos pelos cetins e finos tricôs enquanto caminhava em direção à escrivaninha, perto dos fundos da loja.

Uma mulher rotunda e baixa me cumprimentou. *"Buna."*

"*Buna.* Alguém esteve aqui? Um rapaz? Muito doente. Hum... *Foarte bolnav.*"

A mulher grisalha não desfez seu sorriso cheio de covinhas, e eu esperava que ela entendesse o meu romeno. Seu olhar passou por mim rapidamente, como se avaliasse se eu tinha cobras escondidas nas mangas de meu vestido ou algum outro truque nojento com o qual ela deveria tomar cuidado.

"Nenhum rapaz passou por aqui hoje."

Na parede atrás dela, um desenho de uma moça chamou a minha atenção. Havia uma série de anotações em volta da imagem, escritas em romeno. Um calafrio demorou-se na minha pele. Os cabelos loiros da mulher me lembravam Anastasia, de certa forma.

"O que está escrito ali?"

A dona da loja colocou de lado algumas faixas de tecidos e fez um movimento na direção do calendário que estava em cima da mesa, apontando com suas tesouras para *Vineri*. Sexta-feira.

"Desaparecida há três noites. Ela foi vista caminhando perto do bosque. E então *nimic*. Nada. *Pricolici*."

"Que coisa horrível!"

Parei de respirar por um instante. Esta mulher realmente acreditava que um lobisomem morto-vivo rondava a área, caçando suas vítimas. Contudo, foi o pensamento de ficar perdida naquele temeroso bosque o que fez com que minhas pernas fraquejassem. Eu esperava, pelo bem da moça, que ela houvesse chegado em segurança a algum lugar. Se a neve e o gelo caíram durante toda aquela noite, isso teria tornado impossível a sua sobrevivência.

Escolhi meias-calças novas e, depois de pagar a dona da loja, troquei as minhas, que estavam ensopadas, pelas novas, que eram grossas e quentes e faziam parecer que meus pés estavam envolvidos por nuvens macias.

"Obrigada... *Mulţumesc.* Espero que a moça seja encontrada em breve."

Uma comoção do lado de fora da loja atraiu a minha atenção. Observei homens e mulheres descerem correndo pela rua de paralelepípedos, com os olhos arregalados e sem piscar. A dona da loja, que tinha uma aparência tranquila, pegou um cano de ferro de trás do balcão, com a boca fechada em uma linha mordaz.

"Vá para trás, moça. Isso não é nada bom. *Foarte rău.*"

O medo se costurava em minhas veias, mas eu o arranquei dali. Eu não haveria de sucumbir a tais emoções aqui. Eu me encontrava em um lugar novo e não recairia em velhos hábitos. Por mais que acreditassem na existência de algo muito ruim, não havia nada a ser temido além de nossas próprias preocupações. Eu estava bem convencida de que ninguém andava caçando pessoas ao longo destas ruas, ainda mais em plena luz do dia.

"Ficarei bem."

Sem hesitar, abri a porta com um empurrão, recolhi minhas saias e saí correndo na direção da pequena multidão que havia brotado nas proximidades de uma viela, nos limites do distrito comercial.

Calafrios invadiram as rachaduras da minha armadura emocional, deslizando seus dedos gélidos ao longo da minha pele. Cedi ao seu estímulo e tremi sob a luz matinal que desbotava.

Uma outra tempestade estava se aproximando. Pedacinhos de gelo e neve caíam penosamente diante de uma raivosa nuvem cinzenta, um aviso de que coisas piores viriam em seguida. Coisas muito piores.

PRÍNCIPE DRÁCULA
RASTRO *de* SANGUE

10. MUITO PECULIAR

Străzile din sat
Ruas do vilarejo, Brașov
2 de dezembro de 1888

Eu me abaixei o bastante para espiar entre as pessoas enquanto elas passavam rapidamente pela cena. Meu primeiro vislumbre daquilo que havia chamado a atenção delas foi um pé cujo dono jazia no chão coberto de neve. A julgar pelo sapato, quem quer que fosse a pessoa para quem os habitantes do vilarejo estavam olhando, era um homem. O pânico voltou a me atingir enquanto eu analisava a multidão.

Eu estava buscando um rapaz distintamente alto. Um jovem com sobrancelhas retas e uma inclinação enviesada na boca. Eu não conseguia achar Thomas em lugar algum. Ele *sempre* estava onde a encrenca estivesse à espreita. Algo frio e pesado encharcou-me por dentro.

"Não."

Eu me lancei para a frente como se não passasse de uma marionete pendurada em um fio. Se alguma coisa acontecesse a Thomas... Eu não conseguia nem ao menos terminar este pensamento. O medo tamborilava nas minhas células.

Aproveitando-me de minha pequena estatura, abri caminho aos empurrões em meio aos rapazes; o terror me concedia força e uma reserva de aço enquanto eu ziguezagueava em meio aos braços e pernas da multidão. Empurrei um deles, já que não se movia, e ele tropeçou em uma outra pessoa. Eles começaram a gritar em romeno, e, pelo que interpretei, não estavam trocando gentilezas.

Eu sabia que estava sendo imperdoavelmente rude, mas eu teria aberto caminho com um arado pelo país inteiro se preciso fosse, deixando ossos e cinzas no meu caminho, se soubesse que Thomas havia sido ferido.

Quando o corpo finalmente atingiu meu campo de visão, cerrei os dentes, chocada. Estirado e imóvel, ali estava Wilhelm. Fechei os olhos, aliviada porque não era Thomas, e me senti horrível por isso. Eu era uma pessoa desprezível, e essa nem mesmo era a primeira vez que eu sentia alívio à custa de alguém.

Assim que aquela sensação monstruosa passou, concentrei minha atenção no rapaz. Não havia nenhum ferimento discernível. A julgar por sua total imobilidade, eu sabia que Wilhelm não estava respirando; não havia nuvens de respiração sendo emanadas na atmosfera gélida. Porém, parecia haver uma leve descoloração e uma espuma em volta de sua boca.

Com exceção do fato de que ele estava ali, jogado, não havia desarranjo algum na neve que o cercava. Ninguém havia tentado revivê-lo, tampouco tocado nele. Não que eu imaginasse que eles fariam algo do gênero. A menos que houvesse um médico por perto, ninguém ali era treinado para isso. Na verdade, os habitantes do vilarejo poderiam estar com medo demais para chegar perto dele. Os músculos no meu abdômen se contorceram. Ele era tão jovem! Eu deveria ter confiado em meus instintos mais cedo, tão logo ficou claro que ele estava com problemas.

Eu me mexi e fui para mais perto dele, notando um conjunto de pegadas a pouco mais de um metro de distância viela abaixo. Estreitei os olhos, perguntando-me se um assassino poderia ter tomado aquele caminho. Talvez Wilhelm tivesse morrido de causas naturais, embora jovens geralmente não desmaiassem enquanto caminhavam por vilarejos. Era certo que sua pele tinha uma coloração avermelhada, mas não me parecia doente o suficiente para ser vítima de morte súbita.

Virei páginas de teorias e prognósticos médicos em minha mente. Um aneurisma não estava totalmente fora de questão, eu supunha; isso poderia explicar a falta de ferimentos externos e a leve espuma na boca, mas não dizia nada em relação ao mistério da descoloração de sua pele.

Alguém precisaria mandar buscar o diretor. Um de seus alunos estava *morto*. E não havia melhor lugar para um exame forense do que nossa academia, que ficava aqui perto. Isso ao menos era um brilho positivo em meio a todo este horror.

Eu me curvei, fazendo o melhor que podia para não encostar em Wilhelm e correr o risco de contaminar a cena. As aulas de meu tio vinham com tudo à minha mente. Se tudo aquilo estivesse envolto em intenções desprezíveis, nosso assassino provavelmente estaria ali, observando. Analisei a multidão, mas ninguém se destacava.

Homens e mulheres, de todas as idades e de todos os tamanhos, estavam com o olhar fixo nele. Sussurravam acusações em língua estrangeira, mas eu podia ler a falta de confiança em suas feições. No modo como seus olhos se estreitavam, nas muitas vezes em que eles faziam o sinal da cruz, ou, sem muito pensar, tocavam artigos sagrados que carregavam consigo, como se estivessem garantindo para si mesmos a existência de Deus.

Deixando o Senhor fora da equação, tentei me lembrar de alguma outra doença repentina que pudesse ter acometido o meu colega de classe. Eu duvidava que um infarto do miocárdio o houvesse matado.

A menos que ele tivesse tido um coração fraco desde a infância. Uma possibilidade tão forte quanto qualquer outra. Minha mãe havia sofrido de tal condição; tivemos sorte dela não ter sido arrancada de nós mais cedo. Nathaniel havia dito que a força de vontade dela a mantivera viva por tanto tempo.

Encarei as pegadas novamente, sentindo um peso no estômago. Elas provavelmente não estavam relacionadas à morte dele, e Wilhelm havia sucumbido àquilo de que vinha sofrendo. O último assassinato que havia ocorrido neste vilarejo fora evidente: um homem havia sido estaqueado no coração, e não morto de alguma forma não identificada, que se parecesse com causas naturais.

"Você não escuta direito, srta. Wadsworth?"

Ao som da voz grave de Moldoveanu, me afastei abruptamente do cadáver e fiquei em pé, parada. Minhas bochechas arderam quando me dei conta de que ele devia estar se dirigindo a mim por um bom tempo para que tivesse injetado aquela dose a mais de veneno em seu tom. O diretor certamente havia chegado rápido à cena. Todo o seu ser era imponente, agigantando-se sobre mim e sobre o corpo aos meus pés. Algum mecanismo inato me impeliu a recuar um passo. Olhei ao meu redor de relance, procurando Thomas.

"Não, diretor. Eu estava pensando."

"Esse claramente não é seu ponto forte, srta. Wadsworth." O olhar do diretor Moldoveanu me cortou ao meio. "Saia do caminho e deixe-me fazer o trabalho de verdade."

Nunca em toda a minha vida eu tinha tido uma premência tão feroz de atacar alguém por meios verbais. Ele nem mesmo precisou dizer o que estava descaradamente insinuando: que homens eram capazes de lidar melhor com a situação.

Uma mulher que estava perto do corpo limpou as lágrimas do rosto de seu filho, falando, de forma estridente, alguma coisa que fez com que a multidão entrasse em uma nova onda de discussão. Moldoveanu ladrou ordens em romeno para que todos fossem para trás, evitando que ficassem ainda mais agitados.

"Saia do meu caminho antes que eu morra congelado." Ele cerrou os dentes e falou devagar em inglês, como se eu fosse uma completa imbecil. "Esta não é nenhuma ida à costureira, embora, talvez, o ateliê de costura seja o lugar ao qual você realmente pertença."

O calor tomou conta das minhas bochechas mais uma vez. Dei um pequeno passo para o lado, mas me recusei a sair do círculo e me juntar à multidão. Não me importei com a possibilidade de ele me expulsar do curso por causa de minha insubordinação. Eu não seria tratada como se minha mente fosse inferior porque eu tinha sido abençoada com a capacidade de parir filhos. Gritei mentalmente comigo mesma para deixar isso para lá, mas eu não conseguia obedecer a esse simples comando, e que se danassem as consequências.

Eu me empertiguei. "Meu lugar é com um escalpelo nas mãos, senhor. Você não tem o direito de..."

Com minha visão periférica, eu poderia ter jurado que o dedo da vítima se mexeu. O sangue congelou em minhas veias junto com as palavras duras que eu pretendia dizer ao diretor. Pensamentos em torno de máquinas elétricas mortais, corações movidos a vapor e órgãos roubados passaram em um lampejo pela minha mente. Tudo ao meu redor caiu em um silêncio ensurdecedor — o teor dos murmúrios, a provocação de Moldoveanu, as fungadas e as preces sussurradas, o som da chuva congelante caindo nas pedras, tudo isso substituído por um vasto nada — enquanto minha memória me torturava com imagens do corpo sem vida de minha mãe tentando voltar da morte.

Eu ainda podia ver os braços e o torso dela movendo-se abruptamente naquela mesa. Ainda sentia o cheiro acre da carne queimada e dos cabelos que se espalhavam por todo o laboratório. Doce e revoltante. Aquela sensação horrenda e arrebatadora, de medo e esperança ao mesmo tempo, enquanto tentava sentir a pulsação que havia muito tinha parado.

Uma veneziana soltou-se em uma rajada de vento, batendo com tudo na parede próximo a uma janela escurecida que dava para a viela. Cortinas tremularam em seu interior, e eu tive quase certeza de ter visto uma silhueta encapotada desaparecer nas sombras das dobras do tecido. Cambaleei para trás, ignorando os sussurros depreciativos dos aldeões — que perfuravam minha parede emocional já desmoronando — e saí correndo.

A mesma coisa acontecia praticamente toda vez que eu examinava um cadáver. Eu precisava respirar. Eu precisava deixar essas imagens de lado ou então eu realmente haveria de me tornar o fracasso que o diretor Moldoveanu achava que eu era. Correndo, dei a volta na esquina e parei, ofegante, ao encarar uma parede de tijolos. Eu não era religiosa, mas rezava para que não fosse vomitar. Não aqui, na frente do horrível diretor.

Uma lágrima saiu apertada, abrindo caminho sob minha pálpebra. Se eu não conseguisse encontrar uma maneira de banir minhas assombrações, eu nunca chegaria até o fim desse curso e não conseguiria ser admitida na academia.

Sombras densas feito piche cortaram a minha visão, e eu sabia de quem eram antes que ele começasse a falar. Ergui uma das mãos, impedindo-o de continuar. “Se você disser uma coisinha que seja sobre o que aconteceu lá atrás, eu nunca mais falarei com você, Cresswell. Não me force a fazer isso.”

“Saber que não sou o único cavalheiro a quem você diz coisas tão afetuosas é reconfortante, *Domnişoară* Wadsworth. Embora não seja totalmente chocante.”

Eu me virei subitamente, surpresa ao me deparar com o príncipe Nicolae. Um músculo se contorcia em seu maxilar como se ele estivesse se controlando para não dizer algo ainda mais rude. Sua expressão era uma adaga finamente afiada, cortando todas as partes do meu rosto nas quais ela pousava.

"Ouvi rumores sobre seu envolvimento com os assassinatos do Estripador. Embora ainda não esteja impressionado, ficarei observando você." Ele circulou lentamente ao meu redor. "Vi você seguindo o meu primo, isso você não pode negar. Depois a vi espiando o corpo dele como se fosse uma iguaria a ser saboreada. Talvez você tenha lhe dado algo fatal. Ele me contou que você estava no trem, viajando para Bucareste junto com ele. Uma bela oportunidade, sim?"

Pisquei. Certamente ele não acreditava que eu abandonaria o estudo da morte para criá-la!

"Eu..."

"Você é *blestemat*", disse ele, quase rosnando. "Maldita."

Um soluço mesclado com choro interrompeu meus pensamentos quando o príncipe, com raiva, limpou os olhos e desviou o olhar. Fechei a boca. O que quer que ele estivesse dizendo nesse exato momento, a ira e as acusações, era o pesar do luto falando. Um ataque impensado. Uma busca pelo sentido de uma parte da vida sobre a qual não tínhamos nenhum controle. Eu conheço muito bem essa sensação. Fiz um gesto na direção dele, então deixei pender minha mão enluvada. Essa era uma dor que eu não desejava partilhar com ninguém. Nem mesmo com alguém que eu considerasse um inimigo.

"Eu... eu sinto muito por sua perda. Eu sei que essas palavras são vazias, mas eu realmente sinto muito."

O príncipe Nicolae ergueu os olhos até os meus e fechou as mãos em punho. "Não sente tanto quanto haverá de sentir."

Ele recuou e desceu pela viela, deixando-me trêmula e sozinha. Se antes eu não era maldita, com certeza parecia que ele havia soltado alguma escuridão para cima de mim com aquela proclamação. A neve e o gelo começaram a cair de forma mais densa, como se o mundo agora estivesse de luto por minha derradeira derrota.

Thomas veio derrapando pela esquina no mesmo momento em que o príncipe saía pela viela, batendo com o ombro no meu amigo.

Ignorando o insulto, veio a passos largos na minha direção, com os cantos de sua boca voltados para baixo por causa do que quer que ele tinha visto na minha expressão.

"Está tudo bem com você, Wadsworth? Eu estava tendo uma discussão um tanto interessante com o... padeiro, e vim o mais rápido que consegui."

Minha respiração formava uma neblina diante de mim. Eu não desejava saber por que ele estava brigando com um padeiro. Nem se isso era realmente verdade, com base em sua leve hesitação. Entretanto, era difícil guardar qualquer sentimento de inquietação com aquela imagem ridícula invadindo minha mente.

"O príncipe Nicolae acredita que eu sou a responsável pela morte de Wilhelm. Aparentemente, ele nos viu enquanto o seguíamos, e eu não parecia chocada o bastante ao ver o cadáver do primo dele."

Thomas ficou em silêncio por um instante, estudando minha face com cuidado. Eu lutei contra a urgência de me mexer, inquieta, sob a inspeção dele.

"Como *foi* que você se sentiu ao ver o corpo?"

A neve penetrava em meu sobretudo, compelindo-me a estremecer involuntariamente. Thomas me ofereceu seu casaco mais quente de lã, mas eu o neguei com um movimento de cabeça, não me importando com o que estava nas entrelinhas de sua pergunta. Não haveria forma de eu ser capaz de enfrentar essa academia e seus infortúnios se eu soubesse que Thomas também duvidava de mim.

"Eu me senti como qualquer estudante de ciências forenses deveria se sentir. O que você realmente está pensando, Cresswell? Você acredita que eu seja incapaz, como nosso diretor pensa que eu seja?"

"De jeito nenhum." Ele fez um movimento em direção à extremidade da viela, onde a multidão aumentava a cada instante. "Porém, sentir a perda, o luto, ou ser afetada por alguma coisa não a torna fraca, Wadsworth. Às vezes, ser forte é saber quando cuidar de si mesmo por um tempinho."

"É isso que eu deveria fazer?", perguntei com uma voz mortalmente baixa.

"Sinceramente? Sim." Thomas empertigou-se. "Eu acredito que faria bem para você reconhecer o fato de que só se passaram algumas semanas desde sua perda. Você precisa de tempo para vivenciar o luto. Eu acho que deveríamos voltar a Londres. Podemos nos candidatar novamente a uma vaga aqui na academia na primavera."

Fiquei ali parada, minha mente se revirando. Sem dúvida, Thomas e eu não estávamos tendo uma conversa sobre o que *ele* considerava melhor para mim. Antes que eu pudesse formular uma resposta, ele prosseguiu.

"Não há nenhum motivo para que precisemos estar aqui agora, Wadsworth. Seu tio é um professor excepcional e nós continuaremos nosso aprendizado sob a tutoria dele até que você esteja bem." Ele inspirou fundo como se estivesse reunindo coragem para continuar. "Eu vou escrever para o seu pai imediatamente e informar a ele sobre nossa mudança de planos. É melhor assim."

Barras imaginárias surgiram ao meu redor, engaiolando-me. Era precisamente esse o motivo da minha trepidação em relação a um noivado. Eu podia sentir minha autonomia escorregando das minhas mãos a cada vez que Thomas me oferecia um conselho sobre o que eu *deveria* fazer. Não era assim que as coisas aconteciam? Direitos e desejos básicos eram lentamente erodidos pela ideia de uma outra pessoa sobre como você mesma deveria agir.

Eu nunca saberia o que seria melhor para mim mesma com alguém oferecendo conselhos pelos quais eu não havia pedido a cada passo que eu desse. Os erros eram uma experiência de aprendizado, e não o fim do mundo. E se eu estivesse cometendo um erro agora, forçando-me a seguir em frente em vez de confrontar os fantasmas do passado? A escolha era minha, e de ninguém mais. Eu achava que Thomas me conhecesse o suficiente para saber disso. E, houvera um tempo em que ele agia como se de fato soubesse, mas, de alguma forma, ele já não estava pensando de maneira racional. Em algum lugar no meio do caminho, o sr. Thomas Cresswell, ou melhor dizendo, o autômato desprovido de sentimentos que ele fora acusado de ser, criara um terno coração humano.

Eu não conseguia suportar a ideia de que ele fosse se encaixar em um papel masculino estabelecido pela sociedade e me tratar como se eu fosse alguma coisa que tivesse que ser protegida e mimada. Eu o respeitava e o admirava, e esperava o mesmo em troca.

Eu precisava ser dura para fazer com que ele voltasse a si, embora não gostasse da tarefa.

Corações eram coisas belamente ferozes, ainda que frágeis. E eu não gostaria de partir o de Thomas.

"Se existe uma coisa que você tem que ouvir, sr. Cresswell", eu falei, minha voz em um tom uniforme e constante, "que seja isto: por favor, não cometa o erro de me dizer o que é melhor para mim, como se *você* fosse a única autoridade no assunto. Se você deseja voltar a Londres, está livre para fazê-lo, mas eu não o acompanharei. Espero que eu tenha sido perfeitamente clara."

Eu não esperei que ele respondesse. Dei meia-volta e me dirigi até o castelo, deixando para trás tanto Thomas quanto nosso colega de classe já sem vida, enquanto meu próprio coração falhava em meu peito.

II. ALGO PERVERSO

Camera Anastasiei
Aposentos de Anastasia, Castelo de Bran
2 de dezembro de 1888

"Ileana disse que o príncipe Nicolae não fez nada além de socar e fazer pedacinhos de seu próprio quarto desde que eles trouxeram o corpo de Wilhelm de volta. Sua classe deverá realizar a autópsia amanhã, depois que meu tio inspecionar o corpo."

Anastasia dispensou abruptamente sua criada pessoal e ficou em pé diante do espelho, tirando grampos de suas tranças douradas e rearrumando-as em um penteado intricado em torno de sua tiara. Seus aposentos eram ligeiramente maiores do que os meus e ficavam localizados no andar de cima de nossas salas de aula. Moldoveanu certificou-se de que nada faltaria para sua protegida, o que era um sinal de que ele tinha um coração, afinal de contas.

Minha nova amiga tagarelou sobre as fofocas do castelo relacionadas ao príncipe, mas eu peguei minha mente divagando em pensamentos acerca da construção em si. Embora a academia estivesse, em sua maior parte, vazia para o feriado de Natal — exceto pelo nosso grupo de frequentadores esperançosos e o mínimo necessário de funcionários para manter o castelo —, os corredores que davam para os aposentos estavam repletos de nichos e alcovas contendo esculturas tanto científicas quanto religiosas. Havia tapeçarias que mostravam empalamentos e outras cenas mórbidas penduradas entre os nichos. Anastasia me disse que se tratavam de eventos do reinado de Vlad, vitórias imortalizadas dentro desses corredores.

Sobre um dos pedestais, havia um tórax dentro de uma caixa de vidro, e pulmões em outra. Uma caixa que eu não me atrevia a inspecionar muito de perto continha uma serpente enrolada em uma cruz. Partes do corredor me lembravam do laboratório de meu tio e de sua coleção de espécimes. Outras seções deixavam minha pele arrepiada, embora eu preferisse ficar perdida em pensamentos sobre o castelo sombrio em vez de enfrentar a conversa em andamento sobre Nicolae.

"O comportamento violento é uma indicação de instabilidade emocional, segundo uma revista que eu li no último verão", disse ela, nem um pouco desencorajada pelo fato de eu não estar participando ativamente da conversa. "Isso provavelmente afetará o lugar do príncipe Nicolae aqui. Eu duvido que ele irá recobrar a compostura antes do término do curso de avaliação. Uma pena para ele. Mas não tão horrível assim para o restante de vocês."

Fofocar sobre o príncipe enquanto ele estava de luto pela perda do primo fazia o meu estômago ficar revirado de culpa. Eu queria conseguir um lugar permanente na academia, mas não queria que a minha entrada tivesse como base a concorrência prejudicada. Ou a falta de concorrência por causa de morte súbita. Eu também suspeitava sentir-me um pouco mal pela forma como eu havia falado com Thomas antes de deixá-lo na viela. Um lampejo do corpo sem vida de Wilhelm passou pela minha mente. Eu não conseguia deixar de me preocupar com a minha reação perante o cadáver. Toda vez que eu chegava perto de um, via lembretes que gostaria de esquecer.

Se eu não lidasse com esses terrores logo, eu não sobreviveria à academia. Fato que, eu desconfiava, agradaria muitíssimo ao diretor Moldoveanu. Eu me mexi no grande canapé, passando as mãos enluvadas por seus braços de madeira.

"Por que seu tio permite que moças entrem na academia se ele despreza a presença delas?"

"Tecnicamente, ele não é meu parente." Anastasia esticou a mão para pegar seu diário. "Embora ele teria sido caso minha tia não tivesse sido assassinada."

"Sinto muito por isso", falei, sem desejar me intrometer nem fazer perguntas em busca de detalhes potencialmente terríveis. "Perder um ente querido é uma das coisas mais horríveis que pode acontecer a uma pessoa."

"Obrigada." Ela abriu um sorriso triste. "Minha tia não estava interessada em ser uma dama mimada e trancafiada, cuja vida seria ditada pelo marido. Moldoveanu a respeitava. Nunca a forçou a permanecer ao lado dele."

Anastasia colocou uma mecha de cabelos dourados atrás da orelha, e eu fiquei grata pelo leve intervalo na conversa. Vi-me momentaneamente pasmada. A situação de Moldoveanu com sua antiga noiva era tão similar com aquilo que me deixara chateada com Thomas. Eu não perdoava o diretor por seu comportamento repreensível, mas eu conseguia entendê-lo um pouco mais.

"Depois que o corpo dela foi encontrado, ele mudou", disse Anastasia. "Sei que é difícil acreditar nisso, mas ele é assim tão frio por achar que, agindo desse jeito, pode acabar salvando uma vida algum dia. É por isso também que eu não tenho permissão para me tornar uma aluna, embora ele às vezes permita que eu entre de fininho nas aulas."

Anastasia abriu seu diário e eu não a pressionei para obter mais informações em relação ao assassinato de sua tia. Olhei de relance ao redor, buscando uma distração para mim mesma, e notei que um livro de frases em latim estava aberto em cima da mesa à minha frente. Precisávamos ser proficientes em latim para passarmos neste curso. Apenas mais uma coisa na qual eu precisava melhorar, embora tivesse um conhecimento básico suficientemente decente graças às aulas de meu tio. Os momentos se arrastavam lentamente, em silêncio. Eu não conseguia parar de visualizar a expressão de dor no rosto de Thomas.

Mexi na renda de minhas luvas.

"Fico imaginando o que se revelará como sendo a causa da morte de Wilhelm. Ele estava com uma cor tão estranha." Minha própria pele ardia, mas eu segurei meus medos em meu punho cerrado. "Eu não me lembro de ter visto um corpo em tal estado antes."

"Horrível." Ela torceu o nariz. "Eu esqueci que você inspecionou o corpo antes que meu tio a forçasse a voltar. Eu nunca li sobre sintomas como esses antes." Anastasia começou a falar rápido demais em romeno, de modo que era difícil entender o que ela dizia, e então comprimiu os lábios. "Peço desculpas. Esqueci que você ainda não é fluente. Gostaria de ir à biblioteca? Talvez encontre algo por lá que fale sobre estranhas patologias médicas."

"Talvez amanhã. Estou cansada." Eu me levantei e balancei a cabeça em direção à porta. "Acho que vou ficar de molho na banheira. Talvez possamos ir pela manhã."

"*Măreț!* Um banho de imersão na banheira é uma ideia maravilhosa! Pode ser que eu faça o mesmo. Tenha um bom banho."

"Vejo você no café da manhã?"

"Claro que sim." As beiradas de seus lábios voltaram-se para baixo por um breve instante, antes que ela abrisse um sorriso pleno. Ela caiu no canapé com toda a graça de um saco de batatas e pegou o livro de latim. "Tente descansar um pouco... O dia foi trágico. Esperemos que amanhã seja melhor."

Boa parte das tochas no corredor haviam sido apagadas quando deixei os aposentos de Anastasia. O ar da meia-noite foi batizado com correntes de ar árticas, fazendo meus pelos se arrepiarem enquanto eu descia o corredor vazio e escuro. Silhuetas negras espreitavam em volta das esculturas, maiores do que os objetos que elas guardavam. Eu sabia que eram apenas sombras, mas, sob a luz suave e tremeluzente, elas pareciam criaturas sobrenaturais que vinham atrás de mim, observando-me.

Eu segurei depressa minhas saias e me movi com tanta velocidade quanto me permitia o meu atrevimento. Realmente parecia que eu estava sendo monitorada. Por quem ou pelo que, eu não me importava em distinguir. Olhos rastreavam os meus movimentos; eu sentia sua força enquanto me retirava para os meus aposentos. Eu sabia que não era provável que estivesse sendo vigiada, e ainda assim... eu caminhava aos tropeços, como um filhote de cervo que aprendia a andar, consciente da aproximação de um predador que ele não conseguia ver.

"Não é real", sussurrei. "Não é..."

Um pequeno rangido nas tábuas do assoalho atrás de mim me fez sentir um pico de adrenalina nas veias. Olhei de relance ao meu redor, minha pulsação trovejava. Vazio. Não havia nada no corredor além do meu nervosismo. Nenhuma sombra se movia. O castelo parecia prender sua respiração comigo, sintonizado com cada nuance do meu estado emocional. Fiquei ali, congelada, enquanto os sons passavam por mim. Nada.

Soltei o ar. Era apenas um corredor. Nada de vampiros nem lobisomens. Certamente nenhuma força malévola me caçava enquanto eu seguia até meus aposentos. A menos que minha maldita imaginação pudesse ser levada em conta. Eu me apressei pelo caminho, o farfalhar das saias encorajando meu coração a andar a trote, apesar da tentativa da minha mente de aliviar meus temores.

Passei pelo andar dos meninos e continuei subindo as escadas até meus aposentos na torre, sem pausa, até ouvir o clique baixinho da minha porta se fechando. Pressionei as costas na madeira e fechei os olhos.

Um estalido agudo fez com que meus olhos se abrissem outra vez, analisando os arredores. Meu foco recaiu sobre a lareira, onde os galhinhos brilhavam quase brancos e em um tom de vermelho-alaranjado. O som misterioso não passava da lenha crepitando na lareira. Um som normal, que deveria ser agradável em uma noite de tempestade. Movi-me na direção do meu quarto de dormir. Quem sabe se eu me arrastasse para a cama e deixasse este dia para trás, as coisas realmente estariam melhores pela manhã, exatamente como Anastasia havia dito.

Quando entrei no meu quarto, percebi que havia algo errado. A cama estava intocada, o armário e o baú estavam fechados. Porém, no criado-mudo, havia um envelope apoiado em uma lamparina a óleo com o meu nome escrito em uma caligrafia que eu seria capaz de reconhecer tão prontamente quanto a minha própria. Eu havia observado enquanto ele fazia anotações médicas durante as autópsias com meu tio, no último outono. Meu coração acelerou por um motivo totalmente novo assim que li o bilhete.

Encontre-me nos meus aposentos à meia-noite.

Sempre seu,

Cresswell

O calor ardia sob minha pele, acumulando-se em meu âmago. Ir até os aposentos de Thomas assim tão tarde era... temerário, e muito certamente seria minha ruína. Isso sem falar na morte da minha reputação. Nenhum rapaz decente algum dia haveria de me querer como sua esposa, por mais inocente que fosse essa visita. Entrar de fininho nos aposentos dele era bem mais perigoso do que qualquer fantasma imortal que estivesse assombrando este castelo, e, ainda assim, era o que eu menos temia. Eu queria ver Thomas, queria pedir desculpas pela forma como havia extrapolado em minha reação antes. Ele não merecia o peso de minha ansiedade.

Andei de um lado para o outro em meu quarto, segurando a carta junto ao peito. Eu não suportava nem pensar em como meu pai poderia reagir ao meu nome manchado, e, mesmo assim, uma ideia começou a criar raízes e se entranhou em mim. Se eu estava tão apreensiva em relação ao casamento, então talvez ser pega não fosse realmente a morte para mim. Poderia muito bem ser meu renascimento.

Olhei de relance para mim mesma no espelho. Meus olhos verdes cintilavam com esperança. E animação. Fazia muito tempo desde que eu me lembrava de ter visto aquela centelha de intriga ali.

Deixei meus aposentos e me vi batendo à porta de Thomas enquanto, no relógio do pátio, soavam as badaladas da meia-noite. A porta foi aberta antes que eu tivesse tido tempo de recolher minha mão. Thomas fez um movimento, indicando-me que entrasse, enquanto examinava o corredor atrás de mim como se mais alguém fosse estar vagando por ali assim tão tarde da noite.

Talvez ele estivesse tão nervoso quanto eu estava. Sutilmente, inspecionei o quarto. Sua casaca estava jogada em uma das três enormes poltronas de couro. Um serviço de chá continha a bebida fumegante em uma mesinha de canto, entre duas cadeiras. Sobre um aparador, havia algumas travessas de comida cobertas e uma garrafa de vinho. Parecia que Thomas estava preparado para alimentar um pequeno exército. Fiquei cara a cara com ele, tentando não notar o botão que ele havia aberto na altura de sua garganta, e na faixa de pele que ficava à mostra.

"Thomas, eu devo pedir desculpas..."

Ele ergueu uma das mãos. "Tudo bem, você não tem nada pelo que se desculpar."

"Como?", perguntei com alívio. "Se você não está atrás de um pedido de desculpas, o que seria tão importante para você ter me convocado com tamanha dramaticidade para vir até aqui? Se você estiver sugerindo um encontro clandestino, eu juro que eu vou... eu vou... Eu não sei ao certo. Mas o que farei não será nem um pouco agradável."

"Você precisa trabalhar um pouquinho mais nas suas ameaças, Wadsworth. Embora o jeito como suas bochechas ficaram ruborizadas quando você disse 'encontro clandestino' tenha sido bem divertido." Ele abriu um largo sorriso para a cara feia que fiz. "Tudo bem. Eu pedi para você vir até aqui porque eu queria que discutíssemos a morte de Wilhelm. Nada romântico demais, assim espero."

Dei um passo para trás. Mas é claro.

"Venho tentando pensar em doenças cujos sintomas ele apresentava, mas não tive nenhum sucesso nessa empreitada", falei.

Thomas assentiu. "Eu não o analisei por muito tempo, mas ele parecia um tanto pálido. Eu apostaria que isso não tinha sido causado apenas pelo mal de que ele sofria. Embora o motivo talvez fosse algo tão simples como o tempo gélido. Contudo, os lábios dele não haviam ficado azuis ainda. O que, de fato, é muito estranho."

Inclinei a cabeça para o lado. "Então você está sugerindo algo um pouco mais sinistro?"

"Eu..." Ele riu, o som funcionando como um solavanco e fazendo com que eu me endireitasse. "Eu, na verdade, não sei. Tenho me sentido um pouco estranho desde que chegamos." Thomas andou de um lado para o outro no perímetro do quarto, com as mãos batendo nas laterais de seu corpo. Eu me perguntava se aquele seria o motivo real que o fizera querer deixar a academia tão rapidamente. "Não ter conseguido estabelecer conexões com os sintomas e os fatos mais cedo. Eu... É desagradável. Como é que as pessoas toleram isso? Essa incapacidade de deduzir o óbvio?"

Consegui revirar os olhos apenas uma vez. "De alguma forma nós conseguimos sobreviver, Cresswell."

"Isso é terrível!"

Em vez de inflar seu ego ainda mais, eu trouxe nossa conversa de volta à estranha morte de Wilhelm.

"Você acha que poderíamos tê-lo ajudado? Eu vivo pensando que, se não o tivéssemos perdido de vista, teríamos conseguido ajuda."

Thomas parou de andar e me encarou. "Audrey Rose, você não deveria..."

"Boa noite, Thomas", ronronou uma voz sensual vinda da entrada.

Nós nos viramos e nos deparamos com uma moça de cabelos escuros deslizando para dentro do quarto. Seu rosto era ao mesmo tempo anguloso e delicado. Uma contradição que não era desagradável à vista. Tudo nela, desde seus cabelos perfeitamente penteados até o imenso rubi em sua gargantilha, gritavam riqueza e luxúria. E a forma como ela se portava, com os ombros eretos e o pescoço inclinado, exalava a confiança de uma rainha. Ela empinou ainda mais seu pequeno nariz e sorriu para os seus súditos.

Vi o rosto de Thomas se iluminar de uma forma como eu nunca tinha visto antes. Dei uns passos para trás, sentindo-me em conflito. Era óbvio que eles gostavam bastante um do outro, e, ainda assim, isso agitou alguma coisa desconfortável dentro de mim. Alguma coisa sobre a qual eu não me atrevia a pensar demais.

Thomas ficou ali parado como se estivesse fotografando cada detalhe desse momento, apenas para revisitá-lo repetidas vezes durante os gélidos meses invernais. Um pouco de calidez à qual se agarrar quando a neve congelasse o coraçãozinho obscuro dele.

Então, sem nenhum aviso, ele irrompeu de seu transe.

"Daciana!"

Sem olhar para trás, nem mesmo de relance, Thomas lançou-se para cima da moça e ergueu-a em um abraço descontraído, deixando-me quase esquecida ali.

PRÍNCIPE DRÁCULA

RASTRO *de* SANGUE

12. ENCONTROS À MEIA-NOITE

Camera lui Thomas
Aposentos de Thomas, Castelo de Bran
3 de dezembro de 1888

Enquanto eu observava Thomas e a donzela de cabelos escuros perderem-se em uma conversa sussurrada, meu próprio coração encarquilhou-se dentro de minha pele ciumenta. Ele poderia cortejar a quem ele quisesse. Nenhuma promessa tinha sido feita e nada havia sido acordado.

E ainda assim… meu estômago se revirava enquanto eu observava Thomas com outra pessoa. Ele podia ser livre para fazer o que bem entendesse, o que não significava que eu quisesse testemunhar isso. Muito menos à meia-noite, nos aposentos dele.

Fiquei parada perto do canapé de um azul intenso, tentando me forçar a sorrir, mas sabia que parecia frágil demais. Não era exatamente culpa da moça o fato de Thomas estar prestando atenção demais nela, e eu me recusava a forçar uma antipatia por causa de minha própria e recém-descoberta insegurança. Depois do que pareceu um ano da mais lenta tortura, Thomas soltou-se do abraço de Daciana. Ele deu dois passos na minha direção e depois parou, inclinando a cabeça para um dos lados enquanto me analisava.

Precisei de todos os meus esforços para não cruzar os braços sobre o peito e olhar com ódio para ele. Fiquei observando enquanto ele absorvia todos os malditos detalhes — cada exclamação de emoção que eu fracassava em esconder de sua extensa leitura de mim.

"Você realmente sabe que essa sua expressão é a minha predileta, não?" Ele abriu um sorriso bem largo, e eu desejei que mil coisas desagradáveis recaíssem sobre ele de uma só vez. "Tão deleitável."

Ele veio se aproximando de mim, cheio de confiança em seu modo de andar e sem, em momento algum, tirar os olhos dos meus, praticamente me prendendo ao chão como se eu fosse um espécime em nosso velho laboratório. Antes que eu pudesse fazê-lo parar, Thomas ergueu minha mão até seus lábios e pressionou nela um longo e casto beijo. A calidez ergueu-se dos dedos dos meus pés até a linha dos meus cabelos, mas eu não puxei a mão de volta.

"Daciana", ele abriu um sorriso presunçoso diante da reação que arrancou de mim ao me provocar, "esta é a moça encantadora sobre quem eu venho escrevendo a você. Minha adorada Audrey Rose." Ele manteve minha mão dobrada sobre seu braço e assentiu para a outra moça. "E esta é minha irmã, Wadsworth. Creio que você viu a fotografia dela na residência de nossa família na rua Piccadilly. Eu disse a você que ela é quase tão adorável quanto eu. Se você olhar com atenção, verá nela aqueles irresistíveis genes dos Cresswell."

Uma recordação de ter visto a foto passou como um lampejo diante dos meus olhos, e a vergonha cobriu a minha língua com um gosto amargo e vil. Que tolice a minha! A irmã dele. Enviei-lhe um olhar desprezível enquanto eu afastava minha mão, e Thomas riu abertamente. Ele estava gostando demais daquela situação. Eu me dei conta de que ele havia orquestrado tudo isso para medir a minha reação.

Que insolente!

"É mesmo um prazer conhecê-la", falei, péssima na tentativa de manter minha voz firme. "Por favor, queira desculpar a minha surpresa. Thomas guardou segredo quanto à sua visita. Você também vai estudar aqui?"

"Ah, céus, não!" Daciana riu. "Estou atravessando o continente com alguns amigos em uma grande viagem." Ela apertou o braço do irmão de um jeito carinhoso. "Thomas dignou-se a me escrever uma carta dizendo que eu deveria vir visitá-lo caso estivesse pela região. Para a sorte dele, eu tinha acabado de chegar em Bucareste."

"Minha prima Liza ficará roxa de inveja assim que eu escrever a ela", falei. "Ela vem tentando convencer a minha tia a enviá-la em uma grande viagem há eras. Eu juro que ela fugiria com o pessoal do circo se isso significasse visitar outros continentes."

"Para falar a verdade, essa é a melhor maneira de adquirir cultura." Daciana olhou para mim de cima a baixo com um sorriso maroto iluminando suas feições. "Escreverei para sua tia e pedirei permissão em nome de sua prima. Eu adoraria ter mais uma companheira de viagem."

"Isso seria adorável", falei. "Embora possa ser um tanto... difícil persuadir minha tia Amelia."

"Felizmente, eu tenho experiência com pessoas difíceis."

Ela olhou de relance para o irmão, que fez o melhor que pôde para fingir que não tinha ouvido. Thomas serviu-se de uma xícara de chá no outro lado da sala, e eu senti a atenção dele em mim enquanto Daciana me abraçava. Sua cordialidade, naquele breve contato, preencheu os pedacinhos quebrados que eu trazia em mim. Eu não tinha sido abraçada de verdade fazia um bom tempo.

"Então...", disse ela mansamente, entrelaçando um de seus braços no meu. "Como foi viajar com meu irmão e a sra. Harvey? Ela ficou bebericando o tônico para viagens o tempo todo?"

"Sim, ela ficou." Eu ri. "Thomas foi... bem, o Thomas."

"Ele é um tipo especial." Ela desferiu um sorriso de quem sabe das coisas para mim. "Para falar a verdade, estou feliz por ele não ter assustado você com os místicos 'poderes de dedução' dele. Ele é realmente um doce depois que a gente consegue passar por esse exterior amargo."

"Ah, é? Não notei esse tal lado doce."

"Tirando aquelas muralhas que ele ergue quando o assunto é trabalho, ele é realmente uma das melhores pessoas do mundo", afirmou Daciana. "Naturalmente que, sendo irmã dele, eu sou um pouco tendenciosa."

Sorri. Eu sabia que ele ainda estava me observando, sua atenção era uma carícia suave desde o momento em que sua irmã me abraçou, mas agora eu fingia não notar nada disso.

"Estou curiosa, o que mais ele disse sobre mim?"

Por fim, olhei de relance na direção dele, mas Thomas agora estava diligentemente engajado com sua xícara de chá, como se ele pudesse ler as folhas e adivinhar seu futuro.

"Oh, *muitas* coisas."

"O que é que nós temos aqui?", disse Thomas, interrompendo-nos, puxando a tampa de uma das bandejas com um clangor. "Eu pedi que trouxessem um de seus favoritos, Daci. Quem está com fome?"

Antes que Daciana pudesse espalhar mais segredos do irmão, Thomas entregou a ela uma taça de vinho e nos conduziu até uma mesinha.

Daciana tomou um longo gole de sua taça, seu olhar me destrinchava quase da mesma maneira como o de Thomas. Fiquei observando enquanto ela olhava para o anel em forma de pera em meu dedo, uma das minhas mais preciosas posses.

Lutei contra o impulso de esconder as mãos debaixo da mesa, temendo que ela fosse ficar ofendida com isso, quando não era esse o meu propósito. Sua atenção se voltou para o relicário em formato de coração que eu tinha no pescoço, outra lembrança simbólica que eu dificilmente ficava sem usar. Eu não estava inclinada a falar sobre a minha mãe essa noite, nem permitir que meus pensamentos entrassem aos tropeços naquelas vielas escurecidas de lembranças traiçoeiras.

"Perdoe-me perguntar", disse ela, "mas o seu gosto por medicina forense tem alguma coisa a ver com a perda que você sofreu?" Ela assentiu na direção do anel. "Presumo que esse diamante tenha pertencido à sua mãe. E esse colar também, não?"

"Como...?" Desferi um olhar acusador para Thomas ao mesmo tempo em que minha mão, sem querer, encontrou o coração pendurado bem rente à minha garganta.

"Calma. Isso é de família, Wadsworth", Thomas disse, servindo colheradas da refeição em um prato para mim. "Contudo, eu duvido que você vá ficar tão impressionada assim com a minha irmã. Eu sou muito mais inteligente. E mais bonito. Obviamente."

Daciana desferiu um olhar exasperado a seu irmão. "Peço desculpas, Audrey Rose. Eu simplesmente notei esse anel com um estilo mais antiquado e presumi que sua mãe havia falecido. Eu não pretendia ofendê-la."

"Seu irmão notou a mesma coisa alguns meses atrás", falei, deixando minha mão cair. "Fui pega de surpresa, só isso. Ele não havia mencionado que você tinha a mesma... habilidade de ler o óbvio."

"Um traço compartilhado entre irmãos um tanto irritante." Daciana sorriu. "Ele lhe falou alguma coisa sobre isso?"

Balancei a cabeça em negativa. "É mais fácil arrancar informações dos mortos do que conseguir fazer Thomas se abrir e falar sobre si mesmo."

"Isso é bem verdade." Daciana jogou a cabeça para trás e riu. "Era um jogo de que costumávamos brincar quando éramos crianças. Em jantares, estudávamos os adultos ao nosso redor, adivinhando seus segredos e ganhando moedas para guardá-los conosco. Homens nobres não gostavam de ter seus assuntos privados tornados públicos. Nossa mãe costumava dar as festas mais eletrizantes." Ela girou o vinho em sua taça. "Thomas algum dia já disse...?"

"Que talvez beber vinho com o estômago vazio não seja uma ideia assim tão boa?", emendou ele, na esperança óbvia de desviar do assunto sobre sua mãe.

Parecia que o destino era um admirador de Thomas, visto que alguém batendo à porta nos interrompeu repentinamente. Ileana deu um passo para dentro e inclinou a cabeça em reverência.

"Seus aposentos estão prontos, *domnişoară*."

Daciana ficou radiante. "Foi maravilhoso conhecê-la finalmente, Audrey Rose." Ela sussurrou alguma coisa para Ileana em romeno e me mostrou o lampejo de um outro grande sorriso. "Oh, pode ser que haja uma surpresa lhe esperando em seus aposentos. Um presentinho meu para você. Aproveite."

"Talvez eu devesse acompanhar Audrey Rose de volta até seus aposentos", disse Thomas, com ares de inocência. "Seria prudente me certificar de que essa surpresa não tenha presas. Nem garras."

"Bela tentativa, doce irmão." Daciana deu tapinhas afetuosos na bochecha dele. "Por favor, tente manter as aparências de um cavalheiro."

Eu me despedi de Thomas com um boa-noite enquanto subia as escadas sozinha para a minha torre. Uma vez que eu estava lá dentro, senti a fragrância imediatamente. Entrei em meu quarto de banho e parei.

Pétalas de flores intensamente vermelhas flutuavam sobre a água aromatizada, com o vapor erguendo-se em grandes baforadas; alguém havia enchido a banheira e borrifado essências inebriantes dentro dela. O presente de Daciana eram pétalas aromáticas, um luxo e tanto para uma estudante de ciências forenses nas montanhas.

Tirei as luvas e acariciei a superfície da água com gentileza, apreciando as ondulações deixadas na trilha de meus dedos. Meu corpo gritava de desejo. Eu mal podia esperar para imergir no banho. O dia fora longo, e presenciar o cadáver de Wilhelm tinha sido horrível... Um banho enxaguaria isso tudo para longe, limpando-me e concedendo um pouco de conforto.

Olhei de relance para um relógio que havia acima da cornija da lareira no aposento. Era quase meia-noite e meia. Eu podia me esbaldar na água por meia hora e estar na cama antes que fosse terrivelmente tarde. Sem mais pensar, desabotoei a parte da frente de meu vestido e deixei que ele caísse no chão, grata por isso ser algo que eu conseguia fazer sem precisar de ajuda. Minha criada lá de casa e eu havíamos, de propósito, escolhido vestidos simples que eu conseguiria vestir e tirar sozinha; eu não achava que a academia ofereceria alguma assistente pessoal.

Saí de minhas camadas de cetim e entrei na água quente, o líquido me envolvendo como lava derretida enquanto eu prendia os cabelos na minha tiara e afundava na água até os ombros. Estava tão quente que minha pele formigou a princípio, incerta se a nova sensação era boa ou ruim.

Definitivamente, isso era ótimo para os meus músculos doloridos. Gemi com a sensação de tamanho conforto.

Pelo tempo de algumas respirações relaxantes, minha mente vagou em qualquer direção de sua escolha. Por um momento escandaloso, imaginei Thomas imergindo em sua própria banheira, e me perguntei como seria a visão das extensões de seus ombros desnudos ao encontrarem o vapor. Será que ele abriria um sorriso arrogante como o que ele costumava exibir em público? Ou será que aquele raro vislumbre de vulnerabilidade estaria presente em sua boca voluptuosa logo antes de ele pressioná-la na minha?

Com o coração batendo forte em meu peito, borrifei a água perfumada em meu rosto. O patife tinha poder sobre os meus sentidos até mesmo quando não estava por perto. Eu rezava para que ele não fosse capaz de deduzir meus devaneios lascivos pela manhã.

Enquanto eu forçava aqueles pensamentos a saírem de minha mente, ideias mais sombrias preenchiam as frestas. Toda vez que eu fechava os olhos, via os cadáveres das prostitutas assassinadas pelo Estripador, com seus corpos selvagemente dilacerados. Sempre que eu ficava sozinha, revisitava as cenas dos crimes cometidos contra elas, perguntando-me se havia algo que eu poderia ter feito de maneira diferente. Alguma outra pista que eu havia deixado de notar e que poderia tê-lo parado mais cedo. O arrependimento não trazia os mortos de volta, e eu sabia disso, mas, ainda assim, eu não conseguia me impedir de reexaminar repetidas vezes as minhas ações.

"E se...?" eram as duas palavras mais trágicas do mundo quando colocadas juntas na mesma frase. "Se apenas..." não eram melhores quando também vinham juntas na mesma sentença. Se apenas eu tivesse visto os sinais mais cedo... Talvez eu pudesse ter...

Zunir-revirar. Zunir-revirar.

Eu me ergui de supetão, a água escorrendo ruidosamente de meu corpo nu para dentro da banheira. Cada gota de água parecia ecoar no pequeno aposento, espetando minha adrenalina como agulhas mortuárias. Prendi a respiração e fiquei ouvindo, atenta, esperando que aquele som inconfundível se revelasse mais uma vez. Uns poucos gravetos rachavam-se e espocavam na lareira, e eu dei um pulo, quase escorregando na superfície lisa da banheira. Inspirei, depois expirei, escutando enquanto o sangue socava os meus ouvidos.

Nada. Eu não tinha ouvido nada.

Não havia nenhum coração mecânico. Nenhum laboratório sinistro. Nada de máquinas cobertas de carne. Apenas a minha mente me provocando com imagens que eu gostaria de esquecer enquanto vagava entre o dormir e o acordar. Ergui a mão trêmula até minha cabeça, notando como minha pele ardia de tão quente sob o meu toque. Os pelos dos meus braços e das minhas pernas ficaram arrepiados. Eu esperava que não tivesse contraído o que quer que havia devastado Wilhelm.

Olhei de relance ao meu redor até que me deparei com um robe ornamentado com pinturas de orquídeas, pendurado em um gancho na porta. Vesti a seda fria, lutando contra os calafrios enquanto saía do banheiro. Fiquei grata por não ter molhado os cabelos. Pressionei minhas mãos contra o peito, desejando que meus nervos se acalmassem.

E foi então que ouvi. Um som que não era trazido pelos espectros que assombravam meus pensamentos levemente sonolentos. As vozes sussurradas vinham do aposento ao lado. A sala onde os corpos eram armazenados. Eu fui em silêncio até a parede do quarto de dormir e encostei o ouvido nela. Alguém estava tendo uma briga bastante acalorada, embora fosse física, e não verbal, pelo que deduzi.

Alguma coisa bateu contra a parede, e eu recuei, a pulsação rugindo. Teria sido um corpo?

A curiosidade era uma doença que me atormentava, e eu ainda tinha que encontrar uma cura para ela. Concluindo que eu não haveria de aprender nada ficando onde estava, fui para a sala de estar, peguei um atiçador de fogo da lareira e aos pouquinhos fui abrindo a porta. Eu mal conseguia pensar com o coro de ansiedade cantando pelas minhas veias. Felizmente, eu não estava fazendo nenhum rangido revelador enquanto abria ainda mais a porta; meu coração poderia ter irrompido para fora do meu peito caso isso acontecesse. Esperei, ouvindo com atenção, antes de colocar a cabeça para fora do quarto, com o atiçador de fogo apertado em minhas mãos úmidas.

Sem mais hesitar, caminhei furtivamente pelo corredor, seguindo pela sombra, e parei diante de uma porta parcialmente fechada. Ouvi o farfalhar de algum material, seguido de um grunhido baixo. Imaginei que algum horror estivesse acontecendo, o que me parecia ser verdade, visto que os sons abafados vindos do aposento ficaram mais intensos. Alguém ficou ofegante, e o arquejo foi apagado da existência, como uma vela assoprada na noite.

Minha própria respiração vinha em agudas inalações de ar. Será que o assassino do trem havia nos seguido até aqui? Talvez o farfalhar fosse o som de um homicídio em andamento. A porção racional de minha mente me dizia para voltar para a cama, que minha imaginação estava ficando ensandecida mais uma vez; no entanto, não conseguiria ir embora sem ter certeza.

Eu me movi na direção dos ruídos, agarrando minha arma, enquanto o sangue corria vertiginosamente por minhas veias. Eu estava quase na entrada do necrotério, cuja porta estava ligeiramente aberta. Avancei alguns centímetros para olhar lá dentro. Mais um passo. Minha respiração ficou presa, mas eu me recusava a ceder. Preparei-me para alguma coisa temerosa e ergui o pescoço em volta do batente da porta. Lampejos de uma época em que eu entrava furtivamente em um lugar onde não deveria varreram meus pensamentos. Fiz uma pausa, permitindo-me respirar mais uma vez. Este não era o caso do Estripador. Eu não estava prestes a descobrir seu degenerado laboratório.

Pelo jeito, eu nunca aprenderia a lição, não buscaria ajuda antes de mergulhar em águas turbulentas. Transformei meus nervos em aço e empurrei um pouco mais a porta. Eu poderia jurar que o meu coração corria na direção oposta.

Eu gritaria tão alto quanto me fosse possível e faria uso de meu atiçador de fogo. Depois sairia correndo.

Preparei-me para o pior quando olhei de relance lá para dentro. Duas silhuetas estavam grudadas uma à outra, em um canto escurecido, passando as mãos por seus corpos, como se estivessem... Fiquei ofegante.

"Eu... Eu sinto muito." Pisquei, completa e totalmente despreparada para o que eu estava vendo diante de mim. "Eu achei que..."

Daciana limpou sua boca carmesim com a mão livre, seu rosto ficando ruborizado enquanto ela soltava as saias que estava segurando em seu outro punho cerrado.

"Eu... Eu posso explicar."

PRÍNCIPE DRÁCULA
RASTRO de SANGUE

13. PEGAS NO FLAGRA

Depozit de cadavre, camere din turn
Necrotério, câmaras da torre do Castelo de Bran
3 de dezembro de 1888

"Eu... Eu sinto muito... Eu ouvi vozes e achei... Eu sinto muitíssimo." Gaguejei um pedido de desculpas, passando meu olhar dos cabelos bagunçados de Daciana para a mulher que ela estava beijando, suas mãos ainda entrelaçadas, e as saias, amarrotadas.

Arranquei o olhar de suas roupas amassadas, sem saber ao certo para onde dirigi-lo. Eu estava convicta de que a hóspede misteriosa não estava usando nada debaixo de sua saia. Aqueles olhos cor de pedra piscavam em resposta a mim...

"Ileana?"

O choque deve ter mexido com meu cérebro e me deixado mentalmente confusa para que eu não a tivesse notado de imediato.

"Eu... Eu não pretendia... me intrometer." Afundei os dentes no meu lábio inferior com tanta força que quase arranquei sangue; Ileana se encolheu. "Eu não vi... nada."

Daciana abriu a boca e depois a fechou.

"Eu..."

Busquei o que dizer, algo para quebrar a tensão que se enrolava em espirais ao nosso redor, estrangulando as palavras, mas eu não sabia por onde começar. Todas as minhas tentativas de pedir desculpas pareciam deixar Ileana ainda mais nervosa. Eu temia que, se tentasse pedir desculpas mais uma vez, ela poderia sair correndo desse aposento e nunca mais voltar.

Recuperada de sua própria surpresa por ter sido descoberta, Daciana de repente se endireitou e ergueu o queixo. "Eu não peço desculpas por nada, se é isso que você está querendo. Você tem algum problema com o nosso afeto?"

"É cla-claro que não!" Pisquei, horrorizada com a conclusão dela. "Eu nunca teria." Olhei de relance para os dois cadáveres que estavam em cima das mesas próximas, cobertos por mortalhas brancas. Esse era um lugar mórbido para beijos roubados, embora fosse o local menos provável para ser descoberto pelos ocupantes enxeridos do castelo. E teria sido perfeito... se eu não tivesse aparecido. Meu rosto ardia.

Eu estava paralisada, indecisa sobre como sair do necrotério. Ambas as moças me encararam, e depois fitaram uma à outra, e eu desejei que a porta se transformasse em uma boca gigantesca e me engolisse inteira. Maldita fosse a magia por não existir de verdade quando eu mais precisava de uma saída rápida. Meu corpo inteiro queimava de mortificação depois de ter sido pega espionando.

"Eu... eu vejo vocês duas amanhã", falei, sentindo-me a mais constrangida das pessoas vivas. "Boa noite."

Sem esperar por uma bronca, irrompi para o corredor e saí correndo na direção dos meus aposentos. Fechei a porta e pressionei minhas costas nela, cobrindo meu rosto em chamas com as mãos. Se Daciana ou Ileana quisessem continuar sendo minhas amigas, esta seria a coisa mais próxima de um milagre que o mundo já teria conhecido. Eu era tão ridiculamente tola por ser impelida pela sedução da curiosidade! É claro que não havia nenhum intruso aqui, matando colegas de classe. Jack, o Estripador estava morto. O assassino do trem não tinha nenhum interesse em caçar os estudantes da academia.

Estava na hora de aceitar isso e seguir em frente com a minha vida.

Com o lábio inferior espremido entre os dentes, eu tentava me colocar na situação delas. O escândalo que recairia sobre uma mulher não casada que fosse pega sozinha na companhia de um homem arruinaria sua reputação. Ser pega em uma situação romântica com outra moça... A sociedade, criatura feroz que era, não só as haveria de destruir como também sentiria prazer em dilacerá-las.

Andei de um lado para o outro em cima do pequeno tapete em meu quarto, dividida entre voltar para pedir desculpas e me trancafiar para sempre para morrer no meu embaraço e na minha vergonha.

Por fim, decidi arrastar-me para a cama. Eu *não queria* acabar interrompendo-as novamente, caso elas tivessem recomeçado a partir de do ponto em que eu rudemente as encontrei.

Uma nova onda de vermelhidão passou pela minha pele quando pensei no beijo delas. Era tão apaixonado. Elas pareciam estar perdidas nas almas uma da outra. Eu não conseguia evitar o pensamento de estar em uma posição similar com Thomas.

Nosso beijo na viela tinha sido muito bom, mas o perigo nos encurralara. Como seria a sensação de ter meus cabelos gentilmente presos em seu punho cerrado, minhas costas pressionadas junto a uma parede, com ele me envolvendo como as trepadeiras envolviam os tijolos?

Eu não sabia se o *para sempre* era o que eu queria, ou se eu algum dia seria o tipo de moça que se casaria. Mas certos sentimentos estavam se tornando... mais claros. Uma parte minha ansiava por passar os dedos não enluvados pelo rosto dele, conhecendo cada curva de seu corpo de um jeito íntimo. Eu ansiava pela pressão de seu calor enquanto sua casaca caía no chão. Eu queria saber como seria a sensação do corpo dele quando nossa amizade fosse banhada em óleo e depois fogo fosse nela ateado. Aquilo era *totalmente* indecente.

Bani tal imagem da minha mente e puxei as cobertas para cima.

Certamente minha tia Amelia me forçaria a frequentar a igreja em sua próxima visita, murmurando preces infinitas por minha moral em ruínas. Por mais horrível que eu me sentisse por perder para a minha curiosidade, um sorriso lentamente se espalhou em meu rosto no escuro. Essa era uma das primeiras noites em semanas em que eu estava caindo no sono embalada por pensamentos que não giravam em torno de estranhos e fracassados dispositivos elétricos, prostitutas mortas e corpos eviscerados.

Nesta noite eu adormeceria com a imagem de olhos com pontinhos dourados e uma boca travessa. E todas as formas maravilhosas com as quais eu poderia explorar aqueles lábios em aposentos escuros e vazios. Nossa paixão ardendo em chamas ainda mais reluzentes do que as estrelas no céu.

Que os Santos me arrastassem para o Inferno.

14. REUNIÃO OBRIGATÓRIA

Camere din turn
Aposentos da torre, Castelo de Bran
3 de dezembro de 1888

Eu estava acordada desde antes que o sol se dignasse a erguer-se no céu, andando de uma ponta a outra de meus aposentos, na frente da lareira.

Minhas saias de veludo eram de um azul intenso para combinar com meu humor em queda livre. Eu não sabia ao certo se Ileana viria para o café da manhã, e a ideia de perder uma amiga que eu tinha acabado de fazer havia me levado a trocar de luvas pela segunda vez. Eu andava para um lado, depois para o outro, com minhas saias farfalhando em sua própria irritação. Eu havia adormecido na noite passada pensando em mil maneiras de pedir desculpas pela minha intrusão quando eu visse as duas novamente.

Mas, nesta manhã, nenhuma daquelas maneiras parecia certa. Eu cobri o rosto e me forcei a respirar. Se estivesse em meu lugar, Liza teria sabido precisamente o que fazer. Minha prima tinha um dom para situações sociais — e para ser uma boa amiga. Eu me forcei a me sentar, tentando não voltar minha atenção ao relógio a cada segundo que se passava. A alvorada irromperia logo. E, com ela, o preço pela minha curiosidade seria pago. Talvez agora eu fosse finalmente ficar livre daquela maldita aflição.

Uma batida confiante à porta veio alguns instantes depois, e meu coração fez seu próprio clamor em resposta enquanto eu corria apressadamente pela sala e escancarava a porta.

Fui para trás, soltando um suspiro. "Ah, olá."

"Essa não era necessariamente a reação pela qual eu estava esperando, Wadsworth." Thomas olhou para baixo, para a casaca e as calças escuras, ambas com um caimento perfeito. O colete listrado também era bem elegante. "Talvez eu devesse ter escolhido o terno cinza. Eu fico esplêndido nele."

Espiei no corredor, meio que na esperança de que Daciana estivesse à espreita atrás dele, preparando-se para um ataque verbal em relação à minha curiosidade. Suspirei mais uma vez. O corredor estava vazio; apenas Thomas estava ali. Eu finalmente arrastei minha atenção de volta para ele.

"A que eu devo a honra de sua presença assim tão cedo pela manhã?"

Sem ser convidado, ele rapidamente entrou em meus aposentos e assentiu para o lugar. "Aconchegante. Muito melhor do que a imagem que eu tinha na minha cabeça de aposentos na torre e de belas donzelas precisando de... bem, você não é do tipo que precisa ser resgatada, mas eu diria que um pouco de entretenimento lhe cairia bem." Ele sentou-se no canapé, cruzando uma das pernas por cima da outra. "Minha irmã me informou da aventura que vocês todas tiveram na noite passada." Ele abriu um largo sorriso enquanto a cor assomava rapidamente ao meu rosto. "Não se preocupe. Ela estará aqui em cima logo, logo. Eu não queria perder a diversão desta manhã. Pedi para trazerem café turco aqui para cima."

"Eu nunca me senti tão desgraçada em toda a minha vida. Ela me odeia?"

Thomas teve a audácia de rir. "Pelo contrário. Ela adora você. Ela disse que você ficou em todos os tons de carmesim e adotou uma gagueira maravilhosa." Sua voz leve desapareceu, substituída por algo feroz. Eis um papel que eu não havia visto Thomas desempenhar: o de irmão protetor. "A maioria das pessoas teria olhado para elas como se estivessem erradas por colocar seu amor em prática. O que, naturalmente, é falso. A sociedade, como um todo, é inacreditavelmente obtusa. Se uma pessoa simplesmente se volta para outrem em busca de suas opiniões, perde a capacidade de pensar por si mesma de forma crítica. O progresso nunca seria feito se todos tivessem a mesma aparência, pensassem do mesmo jeito e amassem da mesma forma."

"Quem é você, e onde está o socialmente desajustado sr. Cresswell?"

Eu nunca tinha me sentido mais orgulhosa de meu amigo por sua determinação ao reprovar verbalmente as falhas da sociedade.

"Eu realmente lido com essas questões de uma forma um tanto apaixonada", disse Thomas, um pouco de leveza voltando à sua voz. "Suponho que fiquei cansado disso, de sermos todos governados por uns poucos seletos. Regras são restrições designadas por homens privilegiados. Eu gosto de tomar minhas próprias decisões. Todos deveriam ter os mesmos direitos. Além do mais", ele mostrou o lampejo de um sorriso diabólico para mim, "meu pai fica totalmente enfurecido quando eu falo desse jeito. Abala as crenças rígidas dele de um jeito deleitoso. Ele ainda precisa aceitar que o futuro será governado por aqueles que pensam e acreditam como nós."

Seguiu-se uma outra batida à porta. De alguma forma, eu consegui abri-la sem desmaiar de nervosismo. Daciana olhou hesitante para mim, e depois balançou a cabeça para o irmão.

"*Bună dimineaţa*. Todo mundo dormiu bem? Alguma coisa empolgante aconteceu?" Ela desferiu um sorriso jocoso para mim, e a tensão que formava um nó em meu peito se desfez.

"Eu sinceramente não tenho como pedir desculpas o suficiente", apressei-me em dizer. "Eu ouvi ruídos e pensei... Eu não sei, fiquei preocupada que alguém estivesse... sendo atacado."

Thomas ladrou uma risada. Ergui uma sobrancelha enquanto ele quase caía de seu assento. Eu nunca havia visto tal arroubo de emoção da parte dele antes. Daciana simplesmente revirou os olhos. Ele estava quase rouco quando se recompôs o suficiente para falar.

Se a risada sincera dele não fosse tão hipnotizante, eu o teria cutucado com o meu dedo. Ele estava certamente mais leve aqui — mais relaxado consigo mesmo e menos na defensiva — do que quando estava em Londres. Eu não podia deixar de ficar intrigada com esse lado dele.

"Eu gostaria de captar a expressão em seu rosto, Wadsworth. É o mais adorável tom de vermelho que eu já vi na minha vida." Quando eu pensei que ele haveria de se recompor, riu novamente. "Sendo atacada, com toda a certeza. Parece que você precisa trabalhar um pouquinho em sua corte, Daci."

"Oh, não me amole, Thomas." Daciana voltou-se para mim. "Eu e Ileana nos conhecemos faz um tempinho. Quando ela ficou sabendo que Thomas estaria na academia, ela se candidatou a uma vaga para vir trabalhar aqui. Era uma forma conveniente para que víssemos uma à outra. Eu sinto muito por ter assustado você. Deve ter sido terrível achar que algo sinistro estava acontecendo no necrotério. Especialmente depois dos assassinatos do Estripador."

Uma expressão adorável iluminou a face dela, e eu fiquei impressionada com a pontada de inveja que havia se agitado em minhas células. Eu queria que alguém demonstrasse tamanho desejo e anseio ao pensar em mim. Inspirei fundo e me recompus. Não alguém. Thomas. Eu o queria. Eu não me atrevia a olhar nem de relance na direção dele por temer que tais emoções indecentes estivessem transparecendo em meu rosto.

"Imagino que tenhamos ficado *um pouco* exaltadas demais na noite passada", disse Daciana. "Fazia um tempinho desde a última vez que tivemos uma noite inteira só para nós duas. É só que... eu a adoro de todas as formas possíveis. Vocês já olharam para alguém em algum momento e sentiram uma centelha na parte mais profunda de si mesmos? Ela faz com que eu deseje realizar coisas grandiosas. Mas essa é a beleza do amor, não é? Trazer à tona o melhor que temos dentro de nós."

Pensei naquela última parte por um instante. Embora eu concordasse plenamente que ela e Ileana fossem perfeitas juntas, eu também sentia que feitos impressionantes poderiam ser realizados se a pessoa escolhesse não ter um par. A proximidade de um par romântico não deveria impedir ou facilitar o crescimento interno.

"Eu realmente acredito que o amor seja algo maravilhoso", comecei a dizer devagar, não querendo ofender, "mas também existe uma certa magia em estar perfeitamente contente com a companhia de si próprio. Eu acredito que a glória esteja dentro de nós. E que ela é nossa para que a controlemos ou soltemos, de acordo com as nossas vontades."

Os olhos de Daciana brilharam em aprovação. "Você tem razão."

"Embora nós pudéssemos ficar conversando infinitamente sobre o amor", disse Thomas com uma falsa bufada, "seu encontro clandestino à meia-noite está me deixando com ciúmes."

Uma terceira batida à porta interrompeu Thomas antes que ele pudesse dizer alguma coisa inapropriada. Ele ficou em pé, uma expressão séria recaiu sobre ele como se tivesse ligado um interruptor para se resfriar. Embora sua irmã estivesse aqui, o fato de estarmos desacompanhados ainda seria malvisto.

Engoli o meu medo e falei. "Sim?"

"*Bună dimineața,* senh... Audrey", saudou Ileana, cujas bochechas estavam ficando levemente ruborizadas. "Eu..."

"Bom dia para você, Ileana", disse Thomas, ao meu lado. "Eu não sabia que você trabalhava aqui até minha irmã aparecer, toda com olhos de corça e animada. Eu deveria saber que ela não estava aqui para me abençoar com sua cintilante personalidade."

Para meu total espanto, Ileana abriu um largo e genuíno sorriso. "É bom ver você também." O sorriso rapidamente se dissipou de seu rosto. "Vocês dois precisam descer imediatamente. Reunião obrigatória. Moldoveanu está de mau humor. Vocês não deveriam se atrasar."

"Hummm", disse Thomas. "Isso será interessante. Eu tinha a impressão de que ele estava permanentemente de mau humor."

Daciana desmoronou no canapé, apoiando os pés cobertos pela seda na mesinha baixa. "Parece-me adorável. Por favor, cumprimente-o em meu nome. Se precisarem de mim, estarei aqui, estirada perto da lareira."

Thomas revirou os olhos. "Você parece um gato doméstico. Sempre tirando cochilos em lugares banhados pelo sol ou descansando diante do fogo." Uma inclinação marota dos lábios dele me levou a balançar a cabeça antes que ele abrisse a boca novamente. "Por favor, contenha-se e não faça suas necessidades nos móveis."

Thomas conduziu a mim e a Ileana para fora antes que Daciana pudesse lhe responder, e eu fiz o meu melhor para não rir com todas as coisas moralmente ofensivas que ela estava gritando em romeno para a porta fechada.

Na hora em que eu e Thomas entramos no salão do refeitório, Anastasia já havia se colocado entre Nicolae e o bruto do Andrei. Ergui as sobrancelhas em reação ao lugar que ela escolhera para acompanhar a reunião com seu tio. Era uma manobra ousada. Ela claramente não permitiria que Moldoveanu tivesse uma oportunidade de deixá-la de fora das intrigas do castelo. Eu imaginava que ficar confinada em seus próprios aposentos todos os dias seria insuportavelmente entediante.

Como tinha sido o caso ontem, as mesas estavam cheias com os mesmos pares. Eu me dei conta de que não sabia o nome de mais ninguém e resolvi que iria me apresentar no começo da noite. O rapaz de cachos ruivos estava sentado junto ao rapaz de pele escura. Os irmãos italianos estavam juntos, encurvados, estudando. E eu e Thomas estávamos momentaneamente incertos quanto a onde nos situaríamos.

Sem se deixar desanimar pelos olhares de esguelha que Andrei oferecia, uma animada Anastasia fez um movimento indicando para que nos sentássemos com eles. Nicolae ergueu a atenção de seu prato, olhando feio na nossa direção. Thomas ignorou-o e voltou-se para mim. Sentar junto com o príncipe parecia estar bem longe do que ele desejaria fazer, mas ele estava deixando que eu tomasse a decisão — uma oferta de paz depois da insistência de ontem para que voltássemos a Londres, um gesto que apreciei.

Embora eu não gostasse da ideia de me tornar a melhor amiga de Nicolae, não queria que permanecêssemos inimigos também. Se Anastasia tivera a firmeza de incorporar-se ao grupo contra os desejos de seu tio, eu poderia fazer o mesmo.

Nicolae mexia em um bolinho de carne, partindo-o em pedaços e empurrando-os pelo prato. Ele não comeu em momento algum. Uma parte minha ficou mais calma. Perder um ente querido não era fácil, e com frequência trazia à tona qualidades de que não nos orgulhávamos.

A raiva era uma muralha atrás da qual se ocultavam o luto e o pesar. Eu sabia disso por experiência própria.

Marchei até a mesa deles e me sentei.

"Bom dia."

"Bună dimineaţa", disse Anastasia, cuja voz alegre ecoava na sala quase vazia. Seu vestido era de um rubro intenso, apenas mais uma demonstração de sua força interior, cuidadosamente escolhido para surtir o máximo de efeito. Ela virou-se para Thomas, passando rapidamente os olhos por ele. "Você deve ser o companheiro de viagem bonitão."

Thomas sentou-se na cadeira ao meu lado, com uma expressão apática. "Com Audrey Rose, gosto de pensar em mim mesmo como sendo algo na linha 'companheiro de vida bonitão'."

Meu rosto ardeu com o uso possessivo que ele fez de meu nome de batismo, mas ninguém mais parecia ter notado isso. Andrei soltou uma bufada, e depois engoliu qualquer outra risada que pudesse sair quando seu olhar absorveu o assento vazio ao lado de Nicolae. Enquanto Anastasia conversava com Thomas em romeno, eu observava Andrei sutilmente, perguntando-me quão próximo ele teria sido de Wilhelm. Olheiras escuras marcavam seu rosto, fazendo com que eu imaginasse se ele havia recebido a notícia tão duramente quanto o príncipe. Isso não devia ser fácil para eles, que estavam aqui sentados quando deveriam estar vivenciando o luto de maneira devida.

Eu esperava que o diretor fosse dar a notícia de que nosso curso sofreria um atraso. Talvez ele fosse cancelar a turma do inverno e nos convidar a voltar no próximo período. Uma pequena parte minha ficou desolada só de pensar nisso. Nicolae continuava partindo seus bolinhos em pedaços, com o olhar fixo em algum lugar dentro de si e bem longe daqui.

Eu queria esticar a mão para ele e dizer algo reconfortante, algo que talvez ajudasse a mim mesma também, mas Moldoveanu entrou no salão do refeitório e o silêncio recaiu sobre a sala. Até mesmo Andrei se mexeu em seu assento, agitado, com uma ou duas gotas de suor pontilhando a fronte larga.

Moldoveanu perdeu pouco tempo com amabilidades. Começou a falar em romeno, devagar o bastante para que eu entendesse boa parte do que ele estava dizendo. As aulas começariam imediatamente. Nossas aulas seriam dadas em inglês, visto que era um idioma comum para todos os países ali presentes, mas as aulas também incluiriam seções em romeno, para aqueles que ainda não eram fluentes em inglês.

"A primeira aula de vocês será com o professor Radu", ele continuou a falar, em inglês. "O conhecimento básico de folclore pode ajudar quando vocês estiverem investigando uma cena em um vilarejo, onde a superstição pode passar por cima da lógica e da sensatez científica." Ele olhou de relance para cada um de nós, e eu me surpreendi ao ver que seu desdém estava direcionado ao grupo como um todo. Como se todos nós estivéssemos fazendo com que ele desperdiçasse seu precioso tempo. "Devido ao desafortunado falecimento de seu colega de classe, eu decidi convidar um outro estudante para ocupar o seu lugar. Ele chegará hoje."

Um relógio bateu as horas, alto o bastante para forçar o diretor a estreitar os lábios. Arrisquei um olhar de relance para Nicolae, cujo maxilar estava bem cerrado. Eu não conseguia nem pensar em como seria estar no lugar dele, ouvindo enquanto o diretor dispensava a morte de seu primo com tanta facilidade. Parecia altamente insensível convidar um novo estudante com tanta indiferença, como se Wilhelm houvesse simplesmente fugido e decidido não cumprir o curso.

Assim que as badaladas do relógio pararam, Moldoveanu nos encarou.

"Eu desconfio que alguns de vocês possam ficar... distraídos pelos eventos de ontem, o que eu entendo. A perda não é algo com que se lida levianamente. Nós teremos um velório ao pôr do sol em honra de Wilhelm. O professor Radu lhes passará mais detalhes. Ao término da aula, vocês devem se dirigir imediatamente até sua primeira atividade de autópsia no laboratório. Uma aula de anatomia dada por mim mesmo virá em seguida. Vocês estão dispensados."

Sem oferecer mais nenhuma palavra, o diretor deixou o salão, com os sapatos batendo contra o piso enquanto suas passadas extinguiam-se pelo corredor.

Vlad Ţepeş, por volta do século XVI.

PRÍNCIPE DRÁCULA

RASTRO *de* SANGUE

15. *VOIEVOD TRĂGĂTOR ÎN ŢEAPĂ*

Curs de folclor

Aula de folclore, Castelo de Bran

4 de dezembro de 1888

"O bosque que cerca o castelo está cheio de ossos."

O professor Radu não notou que metade dos alunos estava boquiaberta, de queixo caído, enquanto ele folheava as páginas de seu imenso livro de folclore. Ele estava lendo para nós como se fôssemos bebês acompanhados de suas amas-secas em vez de sérios estudantes de medicina. No momento, eu estava precisando fazer um grande esforço para não rir enquanto ele nos entretinha com histórias fantásticas de criaturas e príncipes imortais. Tudo que eu queria era pular essa aula e ir para o laboratório logo. Havia um cadáver esperando para ser explorado, e eu mal podia esperar para colocar meus novos escalpelos em uso. Apenas duas semanas haviam se passado desde a minha última autópsia com meu tio, ainda que parecessem duas décadas.

Eu precisava ver se conseguiria colocar minhas dificuldades de lado e estudar os mortos como eu costumava fazer. Ou se a forma como eu havia sido descuidada e aterrorizada pelas minhas assombrações anteriores me perturbaria para sempre. Eu não estava ansiosa para a aula de Moldoveanu, embora eu fosse excelente em anatomia.

Thomas mexeu suas longas pernas sob a carteira, chamando a minha atenção. Ele batia com a ponta de sua pena tão forte no tinteiro que eu temia que a tinta fosse derramar por todo o pergaminho. Mais outra batida e o vidro balançou de forma precária, até que ele o segurou e começou a bater de novo. Ele havia estado um tanto distante desde que saíra correndo para falar com Radu antes da aula, deixando tanto a mim quanto Anastasia confusas com sua saída rápida enquanto nos retirávamos do salão do refeitório.

"Vocês ouviram rumores sobre Vlad Ţepeş estar vivendo nesse bosque?", o professor Radu perguntou à classe de alunos semiadormecidos. Para falar a verdade, eu ficaria surpresa se alguém realmente acreditasse em tamanho absurdo. Sentada ao meu lado, Anastasia dirigiu a mim um grande sorriso intencional. Pelo menos eu não era a única na sala de aula que achava isso tudo uma bobagem sem tamanho.

Thomas virou o pescoço, arrastando minha atenção para ele uma vez mais. Ele estava quieto de um modo que não lhe era característico. Havíamos estudado juntos com meu tio no começo dos assassinatos do Estripador, e ninguém conseguia mantê-lo quieto então. Ele normalmente erguia a mão com tanta frequência que eu sentia uma vontade enorme de enxotá-lo da sala de aula. Eu me perguntava se estaria doente.

Tentei mirar seus olhos, mas ele fingiu não notar. Bati com minha pena no tinteiro, estreitando meu olhar. O dia em que Thomas Cresswell não notasse alguma coisa, e especialmente a minha atenção, seria um dia problemático de verdade. A inquietação esgueirou-se para dentro de meus pensamentos.

"Ninguém ouviu esses rumores?" Radu tropeçou e foi saltitando por um dos corredores e depois pelo seguinte, balançando a cabeça de um lado para o outro. "Eu acho bem difícil acreditar nisso. Ora, vamos. Não sejam tímidos. Estamos aqui para aprender!"

Andrei bocejou com insolência na primeira fileira, e o professor praticamente murchou diante de nossos olhos. Se eu mesma não estivesse horrivelmente entediada, teria sentido pena do homem mais velho. Devia ser difícil ensinar ficção e mitos para uma classe mais interessada em ciência e fatos.

"Tudo bem, então. Eu vou contar a vocês uma história quase fantástica demais para acreditar."

Nicolae mexeu-se em seu assento. Eu podia ver que ele estava tentando não ser tão óbvio quanto a ficar me observando, mas ele estava falhando consideravelmente em sua tarefa. Wilhelm, por mais desafortunada que tivesse sido sua morte, provavelmente havia falecido de alguma patologia médica rara. Não assassinato. E certamente não por causa de poderes místicos que teriam trabalhado para assassiná-lo em meu nome. Eu tinha esperança de que o príncipe não fosse espalhar rumores da minha suposta maldição; eu tinha meus próprios obstáculos a serem sobrepujados e já era o bastante.

"Os aldeões acreditam que os ossos encontrados no bosque próximo ao castelo sejam os restos mortais das vítimas de Vlad. Há quem diga que o túmulo dele está vazio. E há outros que dizem que foi enchido com esqueletos de animais. A família real recusa-se a permitir que o corpo ou o caixão sejam exumados para que se tenha certeza de alguma coisa. Supõe-se que isso se deva ao fato de que eles sabem precisamente o que haverão de encontrar. Ou, talvez, o que *não* haverão de encontrar. Há aqueles que acreditam que Vlad ergueu-se dos mortos, que sua sede de sangue teria desafiado a própria Morte. Outros, que é simplesmente uma blasfêmia profanar o local de descanso de um homem tão importante."

O professor Radu continuou falando sobre a lenda do suposto príncipe imortal. De como ele havia feito um pacto com o Diabo e, em troca de vida eterna, precisava roubar o sangue dos vivos e bebê-lo fresco. Soava como o romance gótico de John William Polidori, *O Vampiro.*

"*Voievod Trăgător în Țeapă,* ou, em tradução aproximada, O Senhor Empalador... Achava-se que ele bebia dos pescoços de suas vítimas ainda vivas, o que tinha como propósito inspirar o medo naqueles que buscavam invadir nosso país. Porém, a história diz que o método predileto dele era molhar o pão no sangue de seus inimigos e ingeri-lo desta forma mais... civilizada."

"Ah, sim", sussurrei para Thomas. "Jantar sangue é mais civilizado quando se mergulha o pão como se fosse um vigoroso ensopado invernal."

"Em vez disso, deviam chamar de precursor do canibalismo. Primeiro a pessoa bebe sangue, depois passa a saltear a carne de algum órgão", resmungou Thomas em resposta. "E em seguida vem o molho de sangue."

"Cientificamente improvável", sussurrou Anastasia.

"O que é improvável? Molho de sangue?", quis saber Thomas. "Não mesmo. É um dos meus prediletos."

Anastasia pareceu momentaneamente chocada antes de balançar a cabeça em negativa. "Ingerir sangue da forma insinuada por Radu levaria uma pessoa a ter ferro demais em seu sistema. Eu me pergunto se, em vez disso, ele se banhava no sangue, o que seria mais lógico."

"Que tipo de revistas você lê?", falei baixinho, voltando um olhar curioso para Anastasia.

Ela abriu um largo sorriso. "Há um número limitado de romances neste castelo. Eu me viro."

"Uma infelicidade para o querido e velho Vlad", disse Thomas em um sussurro alto. "A flatulência dele deve ter sido lendária."

Escondi um sorriso atrás da minha pena bem quando o professor quase tropeçou em seus sapatos de novo. Coitadinho. Seus olhos se iluminaram como se ele houvesse recebido um presente radiante na forma de Thomas, ofertado por Deus lá de cima. Que pena que Thomas não estava fazendo um comentário agradável sobre o assunto. Havia um limite para o tanto de fantasia que ele podia aguentar. Na verdade, eu estava impressionada que tivesse demorado tanto tempo assim para que ele se pronunciasse. Pelo menos Nicolae parecia estar se divertindo um pouco. Isso era bem melhor do que aquela horrível expressão vidrada que ele assumira desde a morte de seu primo.

"Alguém disse alguma coisa?", quis saber Radu, as sobrancelhas de taturana movendo-se na direção do céu.

Thomas tamborilava as mãos sobre suas anotações, apertando os lábios como se pudesse impedir seus comentários de saírem. Eu me empertiguei; as coisas pareciam estar ficando interessantes. Thomas era um gêiser prestes a explodir.

"Nós estávamos falando sobre flatulência."

Bufei de um jeito que uma dama não deveria fazer, então tossi para me livrar da risadinha bem na hora em que Radu virou-se para mim, os olhos brilhando, cheios de expectativa.

"*Scuzele mele*", falei. "Sinto muito, senhor. Nós estávamos dizendo que talvez Drácula se banhasse no sangue."

"Eu acredito que você esteja confundindo Vlad Drácula com a condessa Elizabeth Báthory", interpelou Radu. "Por vezes ela é chamada de Condessa Drácula, e dizia-se que ela se banhava no sangue das criadas que matava. Quase setecentas delas, se os relatórios estiverem corretos. Uma bagunça e tanto! Porém, mais uma boa lição."

"Senhor?" O menino de cachos ruivos falou com um sotaque irlandês. "O senhor acredita que os relatos históricos de que Vlad bebia sangue tenham sido confundidos com o folclore?"

"Humm? Ah, eu quase esqueci!" O professor fez uma pausa ao lado da carteira de Thomas, seu peito inflado de orgulho enquanto ficava cara a cara com Nicolae. "Nós temos um verdadeiro membro da família Ţepeş em nosso meio. Talvez ele possa lançar alguma luz sobre essas lendas. Será que o infame Senhor Empalador bebia sangue? Ou será que o mito nasceu das mentes fantasiosas de camponeses que necessitavam de um herói mais temível do que os invasores otomanos?"

O príncipe agora olhava fixo para a frente, o maxilar trincado. Eu duvidava que ele quisesse falar de quaisquer segredos da família Ţepeş, especialmente se os rumores diziam que seus ancestrais gostavam de deleites sanguinolentos. Eu o analisei com atenção, concluindo que não ficaria chocada se descobrisse que ele mesmo gostava de beber sangue.

"E quanto à *Societas Draconistrarum*?", Anastasia interrompeu, mirando Nicolae. "Ouvi dizer que eles combatem tais mitos. Você acredita que Vlad fosse de fato um *strigoi*?"

"Oh, não, não, não, minha querida", disse Radu, "eu não acredito em tais rumores. Vlad não era nenhum vampiro, por mais que a fábula em torno disso seja irresistível e convincente."

"Mas de onde vieram originalmente esses rumores?", perguntou Anastasia, pressionando-o. "Eles na certa nasceram de algum fato."

Radu mascou a parte interna de sua bochecha, parecendo considerar suas próximas palavras com mais cuidado do que antes. Eu ainda não havia visto nele essa expressão mais séria, e fiquei intrigada com a sutil mudança. Eu não achara que ele fosse capaz de ser nenhuma outra coisa além de disperso.

"Houve um tempo, durante épocas de guerra, em que os homens precisavam de explicações para tamanhas trevas e derramamento de sangue. Eles logo culpavam pelos seus problemas qualquer coisa que não fosse sua própria ganância. E então eles se sentaram e criaram vampiros, criaturas sinistras nascidas das profundezas contorcidas de seus corações sombrios, espelhando sua própria sede por sangue. Monstros são apenas tão reais quanto as histórias que lhes concedem vida. E eles só vivem pelo tempo em que essas histórias continuam sendo contadas."

"E os dragonistas deram início a tais lendas?", ela quis saber.

"Não, não. Não era minha intenção sugerir isso. Estou me emaranhando todo em meus mitos. Contudo, a Ordem do Dragão é uma história para outro momento." Ele se dirigiu a todos nós na sala de aula, parecendo voltar a si depois de deixar de lado suas divagações. "Para aqueles que talvez não saibam, eles foram uma sociedade secreta composta por uma seleta nobreza e são frequentemente chamados de *Societas Draconistrarum*, ou, em tradução aproximada, Sociedade dos Dragonistas. Eles lutavam para preservar certos valores durante os tempos de guerra e invasões. Sigismund, rei da Hungria, usou os cruzados como modelo quando fundou o grupo."

"Como diabos essas coisas estão relacionadas, senhor?", perguntou-lhe Nicolae, expressando seu desdém com o sotaque arrastado.

"A Ordem acredita que esta academia esteja ensinando rapazes — e moças, eu não me esqueci de você, srta. Wadsworth — a serem hereges! Eu ouvi dizer, em muitas ocasiões, que o povo do vilarejo acredita que, se Vlad estivesse vivo hoje, ele ficaria horrorizado com esta academia e seus ensinos blasfemos. A família dele era formada por cruzados da Cristandade, o que explica como eles se envolveram com a Ordem. Todos nós sabemos como a sociedade encara o ato de cortarmos e abrirmos os mortos para estudá-los, o corpo sendo um templo e tudo o mais. Total heresia."

Engoli em seco. Recentemente, a sociedade também havia se voltado contra meu tio, desprezando-o pela prática de exames de autópsia. Eles não entendiam os corpos que ele abria em sua mesa, nem as pistas que ele poderia angariar sobre suas mortes. Radu absorveu minha expressão perturbada e seus olhos ficaram arregalados.

"Oh! Por favor, não se preocupe, srta. Wadsworth. O sr. Cresswell me informou da natureza sensível do caso do Estripador e de seus efeitos desconcertantes sobre você. Eu, certamente, não quero perturbar sua frágil constituição, como me alertou o sr. Cresswell."

Por um longo instante, um ruído pungente soava dentro da minha cabeça. "Minha... *o quê?*"

Thomas fechou os olhos como se pudesse se distanciar completamente das revelações de Radu. De maneira fastidiosa, eu estava ciente de que meus colegas de classe agora estavam se contorcendo em seus assentos e me encarando, como se uma de suas peças prediletas estivesse sendo encenada e o herói estivesse prestes a cair.

"Oh, não há nada do que se envergonhar, srta. Wadsworth. A histeria é uma aflição comum em moças não casadas", prosseguiu Radu. "Eu tenho certeza de que se você não exigir demais de sua mente, você voltará a ficar emocionalmente apta em breve."

Alguns dos rapazes riram na hora, sem nem se dar ao trabalho de mascarar o deleite. Por dentro, o elo que me prendia a Thomas vibrava com raiva. O meu pior pesadelo estava ganhando vida, e não havia nada que eu pudesse fazer para sair dele.

"Audrey Rose..."

Eu mal conseguia olhar para ele, temendo irromper em lágrimas, mas eu queria que ele visse o vazio que se espalhava por dentro de mim. Ele havia me traído. Ele havia contado ao nosso professor que eu tinha sido afetada por um caso. Que minha *constituição* tinha sido prejudicada. Esse segredo dizia respeito a mim. E *não cabia* a ele compartilhá-lo. Era óbvio que ser leal comigo não significava nada para ele. Eu não conseguia acreditar, não depois que eu havia dito a ele para não interferir em minhas escolhas, que ele tinha partilhado informações pessoais sobre mim, pelas minhas costas.

Mais alguns colegas de classe deram risadinhas de mofa. O Grandalhão do Andrei até mesmo fingiu ter desmaiado de choque e precisou da ajuda do rapaz com sotaque irlandês. Meu rosto ardia de tão quente.

"Não se preocupem, classe. Eu não acho que todos vocês estejam condenados por causa da ciência que é realizada aqui", Radu continuou a falar, completamente alheio ao mal que havia libertado. "Mas é difícil fazer com que os aldeões larguem suas tradições. Tomem cuidado se forem até Brașov sozinhos. Oh... Eu acho que houve uma reunião em relação a isso..."

Um relógio soava as badaladas no pátio, sinalizando o abençoado fim dessa tortura. Joguei meu caderno de anotações e os utensílios de escrita dentro de uma bolsinha que eu havia decidido carregar. Eu não conseguiria sair da sala de aula rápido o bastante. Se eu ouvisse mais um comentário depreciativo sobre desmaiar ou histeria, eu certamente surtaria.

"Os alunos não têm permissão para andar fora dos arredores da academia sem supervisão!", gritou Radu acima do ruído de cadeiras sendo empurradas para longe das carteiras. "Não quero que ninguém seja sacrificado como herege. Isso seria muito ruim para o nosso programa! O velório será realizado ao pôr do sol, não se esqueçam disso."

Nicolae balançou a cabeça para o professor e passou por ele em direção ao corredor. Thomas parou diante de sua carteira, impedido de encurtar a distância entre nós pelos alunos que saíam correndo, a atenção cravada em mim. Eu não esperei que ele se aproximasse. Eu lhe dei as costas e andei até a porta o mais rápido que consegui.

16. PRÍNCIPE IMORTAL

Curs de folclor
Aula de folclore, Castelo de Bran
3 de dezembro de 1888

"Audrey Rose, por favor. Espere." Thomas tentou me alcançar no corredor logo ao lado da sala de aula, mas eu me movi rapidamente. Ele deixou o braço cair, pendendo ao lado do corpo. "Eu posso explicar. Eu achei..."

"Ah é? Você *achou*?", rebati, irritada. "Você achou que seria uma boa ideia me transformar em objeto de zombaria na frente de nossos colegas? Para me sabotar? Nós não tivemos ontem mesmo uma conversa similar a esta?"

"Por favor. Eu juro que em momento algum eu quis dizer..."

"Exatamente. Você nunca *quer* dizer nada!" Thomas cambaleou para trás como se eu o tivesse acertado com um golpe. Ignorei seu ar de quem estava magoado, baixando o tom de voz para um sussurro áspero enquanto Anastasia passava por nós nas pontas dos pés e descia o corredor. "Você só se importa consigo mesmo e prova isso diariamente por meio de suas malditas ações. Você guarda suas emoções e histórias para si. Então você sai por aí contando aos outros os *meus* segredos. Você tem alguma ideia de como isso é difícil para mim? A maior parte dos homens não me leva a sério porque eu uso saias, e então você vai lá e prova que eles estão certos! Eu não sou inferior, Thomas. Nenhuma pessoa é."

"Você não deveria..."

"Eu não deveria o quê? Tolerar que você pense que sabe o que é melhor para mim? Você está certo. Eu não tolero. Não entendo como você acredita ter o direito de falar por mim. De alertar os outros sobre a minha *frágil constituição.* Você deveria ser meu amigo, um igual. Não o meu guardião."

Algumas semanas antes, fiquei preocupada que meu pai fosse tirar Thomas e os estudos forenses de mim da mesma forma como meu irmão havia sido arrancado dos meus braços. Eu não suportava sequer a ideia de ficar sem ele. Eu não tinha como saber que Thomas me trairia com a desculpa de fazer o que era melhor para mim. Eu nunca teria previsto que seria *ele* quem haveria de destruir nosso vínculo.

"Eu juro que eu *sou* seu amigo, Audrey Rose", disse ele, soando sincero. "Eu estou vendo que você está com raiva..."

"Mais uma bela dedução feita pelo infalível sr. Thomas Cresswell", eu disse, incapaz de evitar a ironia. "Uma vez você disse que me amava, mas suas ações mostram uma verdade muito diferente, senhor. Eu exijo que sejamos iguais, e nada menos do que isso."

O futuro do qual eu não tinha certeza se queria ficou claro como cristal. Eu estava certa no que havia presumido. Não importava quanto Thomas fingisse ser diferente, ele ainda era um homem. Um homem que sentiria ter o dever e a obrigação de falar em meu nome e estabelecer regras, caso eu me casasse com ele. Eu sempre seria sabotada de alguma forma por sua "ajuda" impensada.

"Audrey Rose..."

"Eu me recuso a ser regida por qualquer coisa que não seja a minha própria vontade, Cresswell. Permita-me ser ainda mais clara, visto que obviamente você não entendeu o meu ponto antes: eu preferiria morrer como uma solteirona do que me submeter a uma vida com você e suas melhores intenções. Encontre outra pessoa a quem atormentar com seus afetos."

Ouvi Thomas chamando o meu nome enquanto corria pelo corredor e, às cegas, descia correndo por uma escadaria sinuosa. As tochas quase se apagaram quando passei apressada por elas, mas eu não me atrevi a parar. Eu corria e corria, enquanto descia também a escadaria em espiral, com meu coração estilhaçando-se a cada passo que eu dava para longe dele.

Eu nunca havia me sentido mais sozinha ou mais tola em toda a minha vida.

O corpo rígido que jazia na mesa de exames me trouxe mais conforto do que teria sido apropriado. Em vez de me censurar pelo comportamento indecoroso, desfrutei a sensação de total controle sobre minhas emoções. Eu nunca me sentia mais confiante do que quando tinha um escalpelo nas mãos e um cadáver me esperando, com sua carne aberta como a lombada de um livro novo, para ser estudado.

Ou, pelo menos, tinha sido assim até este momento. Esse teste era bem mais crucial para mim agora, especialmente depois da interferência de Thomas.

Eu me concentrei no corpo frio, com aspecto ainda decente por causa dos pedaços de tecido cuidadosamente posicionados. Meu coração agitou-se um pouco, mas eu o ordenei que se acalmasse. Eu não haveria de me desintegrar durante este exame. Se preciso fosse, eu permitiria que a teimosia e o ódio me mantivessem inteira.

"*Fii tare*", alguém sussurrou de um lugar ali perto, no anfiteatro cirúrgico. "Seja forte."

Ergui o olhar, procurando pela fonte. Provavelmente se tratava de zombaria, graças à declaração de Radu sobre a minha *constituição frágil*. Eu provaria a mim mesma, mais do que a qualquer outra pessoa, que eu era completamente capaz de realizar esta autópsia.

Segurei o escalpelo com firmeza, colocando minhas emoções de lado enquanto fitava o rapaz que estivera vivo ontem. Wilhelm não era mais o meu colega de classe. Ele era um espécime. E eu encontraria a força necessária para identificar a causa de sua morte. Traria paz à família dele. Talvez eu pudesse ajudar Nicolae a lidar com isso desta forma: eu poderia oferecer a ele uma resposta sobre como e por que seu primo havia morrido. Minhas mãos tremiam levemente enquanto eu erguia a lâmina.

Nosso professor, um jovem inglês chamado sr. Daniel Percy, já havia nos mostrado a maneira correta de fazer uma incisão de autópsia e ofereceu a um de nós a oportunidade de ajudar na investigação da morte do sr. Wilhelm Aldea.

Visto que eu já havia realizado tarefas similares, fui a primeira a me voluntariar para remover os órgãos dele. Eu suspeitava de que Thomas estivesse tão ansioso quanto eu para inspecionar o corpo, mas ele não me desafiou quando ergui a mão. Em vez disso, ficou sentado, de braços cruzados, e afundou os dentes em seu lábio inferior. Eu estava irritada demais com ele para apreciar a oferta de paz. Ele sabia que eu precisava fazer isso. Eu precisava sobrepujar meus medos ou então poderia muito bem fazer as malas. Se eu não conseguisse lidar com esta autópsia, jamais sobreviveria ao curso de avaliação.

"Classe, queiram tomar nota das ferramentas necessárias para suas autópsias. Antes de cada procedimento, é importante ter tudo de que vocês possam precisar em prontidão." Percy apontou para uma mesinha onde havia uma bandeja com objetos familiares. "Serra para ossos, faca para dissecção, tesoura enterótomo para abrir tanto o intestino delgado quanto o intestino grosso, pinça dente de rato e um cinzel de crânio. Temos também um frasco de ácido carbólico por perto. Os novos estudos são a favor da prática da esterilização. Bem, então, srta. Wadsworth, pode prosseguir."

Aplicando uma quantidade considerável de pressão, abri o esterno usando um par de costótomos. Meu tio havia me ensinado seu método no último mês de agosto, e, neste anfiteatro cirúrgico, cercada por três fileiras concêntricas de assentos que se elevavam pelo menos uns nove metros no ar — embora meus colegas de classe estivessem todos apinhados e agrupados no primeiro nível —, eu fiquei grata pela lição. A sala estava quase totalmente em silêncio, exceto por ruídos ocasionais de pés sendo movidos.

A partir da minha visão periférica, notei que o príncipe se encolhia. Percy havia oferecido a ele a opção de não estar presente nesta aula, mas ele recusara. Eu não fazia a mínima ideia do motivo pelo qual o próprio Moldoveanu não estava inspecionando o corpo, nem por que ele o havia entregado para que nós o estudássemos. Nicolae, no entanto, permanecia ali sentado, estoico. Ele havia optado por não abandonar o primo até que seu corpo fosse colocado para descansar. Eu admirava sua força, mas não conseguia conceber a ideia de acompanhar um procedimento desse tipo sendo realizado em um ente querido.

Agora eu não conseguia deixar de sentir seu olhar compenetrado sobre mim, afiado como a ferramenta que eu tinha em mãos, enquanto eu fazia jorrar os segredos da morte inesperada de seu primo.

Durante a sessão pré-laboratorial, eu havia descoberto que os irmãos italianos, o sr. Vincenzo e o sr. Giovanni Bianchi, eram gêmeos fraternos. Eles não estavam mais encarando, famintos, seus livros; agora, olhavam fixamente para o método que eu estava utilizando para conduzir minha autópsia. A intensidade de ambos era quase tão enervante quanto a maneira como eles pareciam comunicar-se em silêncio um com o outro. Olhei para meus outros colegas de classe por um breve instante. O sr. Noah Hale e o sr. Cian Farrell estavam igualmente intrigados. Meu olhar começou a vagar na direção de Thomas antes que eu me impedisse de fazê-lo. Eu não queria encará-lo.

Mantive a caixa torácica aberta e moldei minha expressão para que permanecesse inabalada conforme o odor das vísceras expostas começava a pairar no ar. Um leve cheiro de alho estava presente. Eu me distanciei das imagens de prostitutas assassinadas. Este corpo não havia sido profanado por um assassino hediondo. Seus órgãos não haviam sido estripados. Agora não era a hora de ter pensamentos que fossem além da mesa cirúrgica. Agora era a hora da ciência. Realizei cortes através dos músculos, revelando o saco em volta do coração.

"Muito bem, srta. Wadsworth."

O professor Percy andava em torno do anfiteatro cirúrgico, erguendo dramaticamente a voz. Ele era, em cada pedacinho seu, o artista atuando, um maestro conduzindo uma sinfonia até um crescendo. O som de sua voz alcançava as extremidades mais afastadas da sala como se seus graves fossem uma onda colidindo com a praia.

"O que nós temos aqui é o pericárdio, classe. Notem a forma como ele cobre o coração. Ele tem tanto uma camada externa quanto uma camada interna. A primeira tem uma natureza fibrosa, ao passo que a outra é uma membrana."

Estreitei os olhos. O revestimento do pericárdio havia secado. Eu nunca tinha visto uma coisa assim antes. Sem que me mandassem, peguei um vidro e uma seringa de metal da mesa e tentei extrair uma amostra de sangue do antebraço do falecido.

Puxando o êmbolo para trás, esperei pela densa consistência do sangue coagulado, mas a seringa continuou vazia. Um arquejo audível passou pelo semicírculo inferior do salão, ecoando como um coro que canta para uma alma no céu enquanto ela chega aos níveis superiores.

Percy indicou ferramentas e procedimentos, dessa vez em romeno.

Recuei um passo, com meu olhar passando pelo corpo quase desnudo, absorvida demais pelo mistério para que ficasse ruborizada. E foi então que eu notei: a ausência de livor mortis.

Abaixei-me mais para perto dele, tentando encontrar um resquício daquele acúmulo de sangue cinza-azulado que deveria estar presente. Sempre que uma pessoa falecia, seu sangue provocava manchas na parte mais baixa de seu corpo, sobre a qual ele estivera posicionado por último. Se ele tivesse morrido de bruços e depois fosse virado, a descoloração ainda estaria presente em sua barriga. Procurei por lividez em cada lado do corpo de Wilhelm, debaixo de seus braços e de suas pernas, e nada encontrei. Sua palidez era estranha até mesmo para um cadáver.

Havia algo muito errado com este corpo.

"Tudo bem", disse Percy, pegando uma seringa maior. "Às vezes é um pouco mais complicado remover uma amostra dos falecidos. Nada do que se envergonhar. Se não se importar..."

"Provavelmente é a constituição fraca dela", alguém murmurou, alto o bastante para que eu ouvisse, e dissimulou seu ato.

Dando um passo para o lado, eu permiti que Percy tivesse espaço para ele mesmo remover uma amostra, ignorando as risadas de zombaria dos meus colegas de classe. Eu virei a lateral da minha seringa, perguntando-me como diabos ela não havia removido nem mesmo um pouquinho do sangue de Wilhelm. O tamanho da agulha não deveria importar. Eu queria olhar de relance para Thomas, mas não cedi ao impulso.

"Interessante."

Percy pegou o braço esquerdo do falecido e lentamente enfiou a agulha na pele fina de seu cotovelo. Quando ele puxou o êmbolo, nenhum sangue subiu. O professor juntou as sobrancelhas e tentou o mesmo em um outro ponto. Novamente, a seringa estava vazia. Como previsto, ninguém zombou da inabilidade *dele* de tirar sangue.

"Hummm." O professor murmurou para si mesmo, tentando tirar amostras de cada braço. Ele falhou todas as vezes. Percy recuou, com as mãos nos quadris, e balançou a cabeça em negativa. Uns poucos cachos de cabelo ruivo caíram desordenados por sua face tal como as sardas espalhavam-se por seu rosto.

"Aprofundou-se o mistério desta morte, classe. Parece que o corpo está desprovido de sangue."

Eu me amaldiçoei por fazer isso, mas, dessa vez, não consegui evitar e busquei a reação de Thomas na multidão. Meu olhar flutuava de um rosto em choque para o outro, todos os alunos conversando entre si em tons ansiosos. Andrei apontou para o cadáver de seu falecido amigo, o terror entalhado em cada um de seus movimentos. Eu queria dizer a ele que o medo anuviaria seu bom senso, que isso somente complicaria e retardaria a nossa busca pela verdade, mas não disse nada.

Aquela era uma descoberta horrível.

Girei em um pequeno círculo, os olhos rastreando os arredores da sala em formato de torre, mas Thomas já tinha ido embora. Uma trêmula chama de tristeza iluminou-se dentro de mim antes que eu pudesse apagá-la. Era melhor assim. Eu precisaria aprender a parar de buscar conforto nele, o que, de qualquer forma, ele não estava preparado para me oferecer.

O príncipe inclinou-se sobre a barra de apoio, com os nós de seus dedos ficando brancos.

"Há marcas de *strigoi* no pescoço dele?"

"O quê?", perguntei, ouvindo, mas não entendendo aquela pergunta tão absurda. Eu me inclinei e virei a cabeça de Wilhelm para o lado. Havia dois pequenos buracos ali, com crostas de sangue seco.

Passei a mão por sobre meus cabelos trançados, sem pensar na caixa torácica que eu havia acabado de abrir. Tinha que haver alguma explicação que não apontasse para o ataque de um vampiro. *Strigoi* e *pricolici* eram apenas histórias. Histórias que não eram cientificamente plausíveis, por mais que o professor Radu houvesse nos enchido delas em sua aula de folclore local.

Contraí os ombros, dando a mim mesma permissão para trancafiar minhas emoções. Agora era a hora de adotar o método dedutivo de Thomas. Se não fora lobisomem nem vampiro o que havia mordido Wilhelm, o que teria sido, então? Folheei mentalmente páginas de cenários possíveis; tinha de haver uma explicação razoável para os dois pontos em seu pescoço.

Jovens simplesmente não caíam mortos e perdiam seu sangue devido à causas naturais, e eu não sabia de nenhum ser vivo que pudesse deixar aquelas... marcas de mordida. Balancei a cabeça. Marcas de mordida, até parece. Aquela era a histeria usando suas garras para entrar em minha mente. Um animal não poderia ter feito aquela ferida. Era muito perfeita. Limpa demais. Marcas de dentes não teriam sido assim tão precisas ao entrarem na carne.

Ataques de animais seriam brutais, deixando muitos indícios no cadáver: carne dilacerada, unhas quebradas, arranhões. Ferimentos de defesa teriam estado presentes em suas mãos, como meu tio havia ressaltado em casos de briga. Machucados.

Vampiros não eram mais reais do que os pesadelos. Então eu entendi.

As marcas poderiam ter sido feitas com algum instrumento usado em necrotérios. Embora eu não soubesse ao certo que métodos os agentes funerários usavam para extrair sangue.

"Há marcas de *strigoi* no pescoço dele?", Nicolae repetiu a pergunta, com exigência em sua voz.

Eu havia me esquecido por completo dele. Havia também algo mais em seu tom. Algo tingido de temor. Possivelmente até mesmo medo. Eu me perguntava o que ele sabia dos rumores que estavam sendo discutidos pelos aldeões. Que seu ancestral vampírico havia voltado do túmulo e estava sedento.

A manchete do jornal revisitou meus pensamentos. TERIA O PRÍNCIPE IMORTAL RETORNADO? Será que os aldeões secretamente ansiavam por seu príncipe imortal? Será que um deles tinha ido tão longe a ponto de armar essa morte, drenando seu sangue e deixando tudo isso à mostra? Eu não invejava Nicolae neste momento. Alguém queria que as pessoas acreditassem que Wilhelm havia sido assassinado por um vampiro. E não simplesmente qualquer vampiro — possivelmente o mais sanguinário de todos os tempos.

Sem nem olhar de relance, assenti em resposta à pergunta do príncipe. Um movimento quase imperceptível, mas era o bastante. Eu não fazia a mínima ideia de como seguir resolvendo este enigma. Como o sangue havia sido drenado de um corpo sem que ninguém o notasse?

Estivéramos no vilarejo por somente uma hora mais ou menos. Isso não seria tempo o bastante para realizar uma tarefa de tamanho porte. E, ainda assim, será que poderia ser possível para uma mão habilidosa? Eu não fazia a mínima ideia de quanto tempo demoraria para drenar todo o sangue de um corpo.

Uma onda de sussurros espalhou-se por todo o anfiteatro cirúrgico, e vários chegaram até o lugar onde eu estava no piso principal. Uns poucos calafrios me atingiram com pontadas enquanto me endireitava.

Parecia que os aldeões não estavam sozinhos em suas superstições; alguns de meus colegas de classe também estavam convencidos de que Vlad Drácula ainda vivia.

Querida Liza,

Como você ressaltou em várias ocasiões até agora — não que eu esteja mantendo um registro de tais coisas —, seus entendimentos em relação a questões de uma... natureza delicada são superiores aos meus. Especialmente ao tratar-se do sexo menos belo. (Estou brincando, naturalmente!)

Falando em termos claros, temo que eu possa ter magoado o sr. Cresswell de tal forma que até mesmo a bravata dele teria dificuldades de se recuperar. É só que... ele me leva totalmente à loucura! Ele vem sendo um completo cavalheiro, o que é ao mesmo tempo intrigante e enlouquecedor por si só. Em alguns dias, eu tenho certeza de que viveríamos tão felizes quanto a Rainha com seu amado príncipe Albert. Em outros momentos, eu juro que sinto minha autonomia sendo arrancada das pontas dos meus dedos enquanto ele insiste em me proteger.

Contudo, de volta ao problema em questão: eu reprovei severamente o sr. Cresswell. Ele havia informado a um de nossos professores que minha constituição não era lá muito robusta. O que não parece assim tão horrível, exceto que era a segunda vez que ele havia tentado interferir na minha independência. Audácia absoluta!

Nossos colegas de classe se divertiram bastante com isso, embora eu não fosse (e não seja) nem um pouco assim. Minha resposta enraivecida pode ter alienado os afetos do sr. Cresswell. Antes que você me peça detalhes sórdidos, eu expliquei — de forma um tanto cruel — que eu preferiria morrer sozinha a aceitar a mão dele em casamento. Caso ele pensasse em oferecê-la, quero dizer.

Por favor, ajude-me com qualquer conselho que você possa ter. Sou muito mais bem equipada para extrair um coração do que para encorajar um, pelo que parece.

Sua prima, com afeto,
Audrey Rose

Obs.: Como você está se saindo no interior?
Irá para a cidade em breve?

17. VELÓRIO NA NEVE

Peluza din fată
Gramados frontais do Castelo de Bran
3 de dezembro de 1888

Moldoveanu estava parado no meio de nosso pequeno grupo, e tanto seu manto preto quanto seus cabelos grisalhos flutuavam com o vento mordaz que chicoteava as montanhas enquanto ele recitava uma prece em romeno.

A neve e o gelo caíam constantemente, mas ninguém se atrevia a reclamar. Bem antes de Moldoveanu dar início ao velório, Radu havia sussurrado que chuva em funeral era um sinal de que o falecido estava triste. Eu estava grata por isso não se tratar de um funeral cerimonioso, mas não sabia o que interpretar do tempo e de como seu estado miserável pudesse ser um indicativo das emoções de Wilhelm na vida após a morte.

Minha mente e meus olhos vagavam enquanto Moldoveanu prosseguia com seu panegírico. Nosso mais novo colega de classe, e substituto de Wilhelm, era um rapaz chamado sr. Erik Petrov, vindo de Moscou. Parecia que ele havia nascido do gelo. Ele ignorava a mistura de chuva e neve que revestia seu cenho enquanto formávamos um círculo nos gramados frontais do castelo, com as velas tremeluzindo entre nossas mãos em concha. Além dos professores, estavam oito dos alunos do curso de avaliação, sem contar Anastasia. Thomas não tinha se dado ao trabalho de vir.

Para falar a verdade, eu não o havia visto desde que ele deixara a aula de Percy mais cedo. Devido à piora do tempo, Moldoveanu havia adiado nossa aula de anatomia para depois do velório, e eu me perguntava se Thomas faria o menor esforço de ir assistir a essa aula. Eu o afastei de meus pensamentos e me aninhei em meu sobretudo. Apesar disso, a neve encontrou um caminho para entrar sob meu colarinho. Pisquei para tirar os flocos de neve dos meus cílios, fazendo de tudo para impedir que meus dentes ficassem batendo. Eu não acreditava em fantasmas, mas sentia que era prudente não perturbar Wilhelm se ele de fato estivesse nos observando do além.

Anastasia mexeu-se, vindo mais para perto de mim, com o nariz de um vermelho vivo e brilhante.

"Este tempo é *groaznică*."

Assenti. Muito certamente o tempo era horrível, mas terrível também era a forma como Wilhelm havia perdido a vida. Um pouco de neve e gelo não era nada em comparação ao frio infinito em que o corpo dele agora residia. Nicolae tinha o olhar fixo no bosque, os olhos vidrados por lágrimas que não caíram. Segundo o infinito estoque de fofocas do castelo mantido por Anastasia, ele não havia falado com ninguém desde a descoberta de que o sangue de Wilhelm fora tirado de seu corpo, embora Andrei frequentemente tentasse interagir com ele, não disposto a deixar que o amigo sofresse sozinho.

Ainda que eu soubesse que há muitos lados em uma pessoa, e que se procurarmos o bastante nós os encontramos, era surpreendente quão terno Andrei podia ser, ainda que ele houvesse sido tão horrível com Radu. Ninguém era totalmente bom ou mau, um outro fato que eu havia aprendido durante o caso do Estripador.

Uma movimentação perto da beirada do bosque chamou a minha atenção. Não passava de um leve movimento, como se algo estivesse se esgueirando em meio às sombras. Imagens de olhos dourados e brilhantes e de gengivas pretas passaram como um lampejo pela minha mente. Eu me repreendi internamente. Não havia lobisomens cercando nosso grupo enlutado, esperando para lançar um ataque calculado. Assim como vampiros também não existiam.

Anastasia olhou de soslaio para mim, com os olhos arregalados. Ela também havia visto aquilo.

"Talvez Radu estivesse certo. Talvez haja *pricolici* à espreita na floresta. Alguma coisa está nos observando. Você consegue senti-lo?"

Os pelos da minha nunca se arrepiaram. Era estranho que ela tivesse pensado nos lobos também.

"*Alguém*, muito provavelmente."

"Este é um pensamento aterrorizante."

Anastasia tremia tanto que sua vela se apagou.

"Em vista da recente descoberta em relação à morte de Wilhelm", disse o diretor em um inglês com sotaque carregado, passando rapidamente das lembranças para os negócios, "ninguém tem permissão de deixar a academia. Pelo menos não até que tenhamos descoberto a causa de sua morte. Um toque de recolher também será colocado em prática para garantir a segurança de vocês."

Andrei trocou um olhar de relance com Anastasia, o que me surpreendeu.

"Alguma ameaça foi feita contra a academia?" O sotaque de Andrei era denso e forte. E caía muito bem nele.

Os olhos do diretor encontraram os olhares de cada um de nós; dessa vez não havia qualquer sinal de desdém em sua face. Se Moldoveanu estava sendo bondoso, então alguma coisa pior do que uma ameaça estava no nosso caminho.

"Estamos tomando medidas de precaução. Não foi feita nenhuma ameaça. Não diretamente."

Moldoveanu fez um sinal para que retornássemos ao castelo. Giovanni e Vincenzo foram os primeiros a subir correndo a escadaria de pedra e desapareceram lá dentro, ansiosos para pegar os melhores lugares na aula de anatomia. Eu sabia que também deveria me sentir animada ou nervosa em relação à aula. Aquelas duas vagas permanentes na academia pendiam diante de todos nós como se fossem ossos oferecidos a vira-latas famintos. E, ainda assim, meus pensamentos continuavam voltando-se para a floresta.

Virei-me, observando as sombras se moverem sob as árvores enquanto meus colegas de classe subiam as escadas. Eu me perguntava quem estaria lá fora, observando nosso pequeno grupo, possivelmente nos caçando como se fôssemos presas. Algo sinistro aconteceu com Wilhelm. Minha imaginação, por mais hiperativa que estivesse ultimamente, não havia conjurado vampiro algum para drenar todo o sangue do jovem.

Algum monstro vivo havia feito isso com ele. Eu tinha como objetivo descobrir como. E por quê.

"Quando eu chamar seus nomes, queiram identificar o osso para o qual eu estou apontando." Moldoveanu andava em frente à primeira fileira da sala de aula, as mãos atrás das costas como um militar. "Eu quero medir a proficiência de vocês no básico antes de passar para lições mais complexas. Entendido?"

"Sim, diretor", todos nós respondemos.

Eu notei que ninguém estava com preguiça ou caindo de sono nesta aula. Todos estavam empertigados em seus assentos, com tinta pingando de suas penas, preparadas para rabiscar pelas páginas em branco. Bem, todos com exceção de Thomas. Ele estava espichando o pescoço pelos arredores, tentando atrair minha atenção. Pressionei os lábios, ignorando-o. Ele havia causado danos suficientes durante a aula de folclore. Eu não desejava que aquela situação se repetisse aqui. Moldoveanu de forma alguma era tão complacente ou avoado como Radu.

"Audrey Rose", Thomas sussurrou quando o diretor entrou por um momento em um armário de suprimentos. "Por favor, permita-me explicar."

Em um lampejo, mostrei a ele meu melhor olhar de ódio como forma de aviso, cortesia de minha tia Amelia. Se ele arruinasse minhas chances de conseguir um lugar nessa academia, eu o mataria. Ele relaxou em seu assento, mas não tirou os olhos de mim. Continuei com a boca bem fechada, temendo soltar uma litania de xingamentos desagradáveis contra ele. Mantive o olhar cravado bem à minha frente, ignorando-o.

Um grande quadro-negro ocupava a parede atrás da mesa de Moldoveanu, cuja superfície escura era desprovida de quaisquer marcas. O diretor retirou um esqueleto do armário de suprimentos e colocou-o ao seu lado. Pegou uma varinha e começou a indicar cada parte do esqueleto que ele queria que identificássemos. Eu me remexi em meu assento, na esperança de não errar algo fácil. Thomas estava inquieto, e seu foco direcionado a mim queimava um buraco na minha concentração. Segurei minha pena, os nós dos meus dedos ficando brancos.

"Sr. Farrell, queira dizer o nome deste osso."

Eu me esforcei para guardar o meu revirar de olhos apenas para mim.

"Esse é o crânio, senhor."

O menino irlandês relaxou os ombros para trás, sorrindo como se tivesse descoberto a cura para alguma doença rara, e não apenas assinalado corretamente que aquela era uma caveira.

"Sr. Hale? O próximo, por favor."

"Clavícula, senhor."

A aula prosseguiu dessa maneira. A cada aluno era dado algo ridiculamente simples para nomear, e eu me perguntava se estivera errada em relação à dificuldade desta aula. Então Moldoveanu baixou a varinha abruptamente e voltou para o armário, de onde ele retornou com uma bandeja cheia do que pareciam ser ossos de frango em jarros repletos de líquido transparente. Cheirei o ar. Não era ácido carbólico nem formalina.

"Srta. Wadsworth, venha até a frente da classe, por favor."

Eu inspirei fundo, levantei-me e me forcei a entrar em ação. Parei ao lado do diretor, com a atenção fixa nos jarros que ele tinha em mãos, um dos quais ele me ofereceu.

"Observe e declare suas descobertas."

Ergui o jarro até o meu nariz e inalei. "Parece ser um osso de frango banhado em vinagre, senhor."

Moldoveanu assentiu brevemente. "E como a substância afeta o osso?"

Lutei contra a premência de afundar os dentes no meu lábio inferior. A sala de aula ficou repentinamente tão quieta que meus ouvidos zuniam. Os olhares de todos estavam fixos em mim, dissecando todas as minhas pausas e movimentos. Eu ponderava sobre a relevância do vinagre, mas minha atenção estava dividida.

Andrei soltou uma bufada. "Parece que ela está enjoada, senhor. Acha que a constituição dela está prejudicada?"

Meu rosto ardia enquanto a classe ria com a cutucada. O diretor nem mesmo piscou na direção deles, e definitivamente não me ofereceu nenhuma ajuda. Furiosa, comecei a retorquir e fui prontamente cortada por Thomas, que se levantou com tanta rapidez que derrubou sua cadeira.

"Já chega!", exigiu ele, com a voz mais fria do que a tempestade que assolava o exterior do castelo. "A srta. Wadsworth é mais do que capaz. Não zombem dela."

Se antes eu havia ficado mortificada, aquilo não era nada em comparação com o total embaraço em que eu me afogava agora. Moldoveanu recuou, encarando Thomas como se um lagarto de repente tivesse adquirido a habilidade de falar.

"Já chega, sr. Cresswell." Ele apontou para a cadeira virada no chão. "Se não consegue ficar sentado e quieto, então pedirei que saia da sala. Srta. Wadsworth, minha paciência está acabando. O que poderia acontecer com um osso no vinagre?"

O sangue ainda corria na minha cabeça, mas eu estava com raiva demais para me importar com isso. Ácido. Vinagre era um ácido. "Ficará mais fraco. Sabe-se que o ácido corrói o fosfato de cálcio, o que também torna o osso mais flexível."

Os lábios de Moldoveanu quase se torceram em um sorriso.

"Príncipe Nicolae, identifique quais juntas correlacionam-se a quais movimentos em nossos corpos", prosseguiu ele.

Voltei ao meu lugar, enfurecida porque Thomas havia mais uma vez me transformado em um espetáculo diante de nossos colegas. Intencionalmente ou não, ele estava fazendo um belo trabalho em prejudicar nossas chances no curso de avaliação. Durante o restante da aula, mantive os olhos presos a minhas anotações, com medo da próxima tolice que Thomas faria.

"Meu irmão me implorou para que eu falasse com você em nome dele."

Daciana arrastou a cadeira da escrivaninha no meu quarto de dormir e colocou-a em frente ao canapé. Anastasia haveria de se juntar a nós dentro de mais ou menos uma hora, mas, por enquanto, éramos apenas Ileana, Daciana e eu.

Havia uma bandeja de comida intocada na nossa frente. Eu quase tinha perdido o apetite. Fiz um movimento para que elas se sentassem no canapé e tombei na cadeira à frente. Eu não queria tecer comentários sobre a minha frustração com Thomas, mas Daciana não aceitaria meu silêncio.

"Ele está se sentindo péssimo. Eu realmente não acredito que ele pensou em como as ações dele seriam vistas. Thomas vê o mundo em equações. Um problema para ele tem uma solução. Ele não pensa em termos de emoções, mas ele está tentando. E está disposto a aprender."

Eu não me dei ao trabalho de ressaltar que, se ele estivesse tão interessado em aprender, então ele teria tomado nota na primeira vez que tivéramos uma conversa sobre o seu envolvimento em me informar o que eu *deveria* fazer. E *então* ele muito certamente não teria feito aquela cena na aula de anatomia.

Em vez de expressar minha exasperação, eu disse simplesmente: "Eu preciso de um tempo".

"Consigo entender a sua necessidade. Eu nunca o vi assim tão... afetado antes. Tudo que ele está fazendo é andar de um lado para o outro em seus aposentos. Você quer que eu transmita uma mensagem a ele antes de eu ir embora?"

Balancei a cabeça em negativa. Eu realmente apreciava a tentativa de Daciana de consertar nossa amizade, mas agora não era hora para isso. Eu não haveria de permitir que questões externas afetassem o que eu viera fazer aqui: melhorar minhas habilidades forenses e fazer por merecer um lugar na academia. Eu lidaria com distrações pessoais *depois* que tivesse garantido meu futuro com uma daquelas duas vagas aqui; eu não sacrificaria nem a mim nem a meus objetivos. Nem mesmo por Thomas. Isso não era algo que eu achava que alguém deveria fazer, muito menos uma mulher. O parceiro certo apoiaria e entenderia tal atitude, mesmo se ansiasse para que as coisas ficassem bem novamente.

Neste momento, eu precisava entender como nosso colega de classe havia perdido todo o sangue de seu corpo. Como isso havia acontecido em uma hora. E como seu cadáver havia sido jogado no meio do vilarejo sem nenhuma pista ou testemunha, embora eu supusesse que o diretor provavelmente já havia feito essas perguntas ao inspecionar a cena do crime.

Eu odiava o fato de que meu tio não fazia parte deste caso. Eu teria estado bem ao lado dele enquanto ele falasse com os investigadores, e não teria sido enviada de volta à academia para ficar esperando. Até mesmo o inspetor William Blackburn, com seus muitos segredos, havia me incluído na investigação durante os crimes do Estripador.

Ileana estava aninhada no colo de Daciana com as pálpebras semicerradas, enquanto Daciana passava os dedos por seus cabelos. Elas falavam sobre o lugar ao qual Daciana viajaria em seguida, que família ela visitaria. Suas vozes eram suaves, carinhosas, como se estivessem marcadas por uma pontinha de tristeza com a ideia de não verem uma à outra por um tempo.

A distração delas permitiu que minha mente vagasse de volta ao que eu havia observado no vilarejo. A forma como Wilhelm havia sido deixado lá. A falta de perturbação na neve ao redor do corpo dele. Era como se ele tivesse sido jogado de uma janela próxima...

Eu pulei da cadeira e fiquei andando de um lado para o outro diante do fogo. Alguma coisa se partia e se aglutinava dentro da minha cabeça, mas eu não conseguia entender os pedaços que se juntavam.

"Está tudo bem?", perguntou Daciana.

"Peço desculpas", falei. "Só estou pensando."

Ela sorriu e voltou a falar baixinho com Ileana.

Eu me lembrei da silhueta que achei que tivesse visto na janela acima do que havia se tornado a cena de um crime. A veneziana que batera contra a parede, chamando a minha atenção para cima. Era estranho que venezianas tivessem sido deixadas abertas durante a tempestade. Menos estranho se aquele fosse, na verdade, o lugar de onde o corpo houvesse sido jogado.

Alguém bateu à porta, alarmando a todas nós em nossos respectivos lugares. Ileana e Daciana separaram-se rapidamente. Anastasia entrou como se estivesse dançando valsa, acenando para Ileana e abrindo um largo sorriso para mim antes de inspecionar Daciana com atenção. Eu não esperava que ela fosse aparecer tão cedo, embora eu estivesse aprendendo rapidamente que Anastasia ditava seus próprios passos na dança da vida.

"Você é a irmã do bonitão?

Daciana estreitou os olhos. "Se você está se referindo a Thomas, então, sim. E você é...?

"Eu sou a moça que espera roubá-lo para si." Anastasia jogou a cabeça para trás e riu. "Estou brincando! Sua expressão foi maravilhosa." Ela fez um movimento na minha direção. "Sem querer ofendê-la, Audrey Rose."

Daciana franziu os lábios. Eu só podia imaginar o que ela ansiava por dizer. Eu sabia quão abalada eu havia ficado com a franqueza de Anastasia a princípio. Anastasia sabia o que queria e não era tímida ao afirmá-lo. Um traço admirável para uma moça criada pelo estrito diretor.

"Eu acho que descobri onde Wilhelm foi morto", falei, na esperança de quebrar a tensão.

Rapidamente contei a elas sobre a veneziana, a janela aberta e a sombra da silhueta. Não deixei nenhum detalhe de fora sobre o estado do corpo ou o único conjunto de pegadas que dava para a viela adjacente. Como se quem quer que o tivesse jogado do edifício o tivesse examinado antes de sair andando.

Anastasia havia ficado totalmente imóvel. Ileana tocou em uma cruz que ela havia puxado de dentro de sua blusa bordada, e Daciana levantou-se e serviu-se de um pouco de vinho de uma garrafa que ela havia trazido sorrateiramente para cá.

Assim que terminei de atualizá-las quanto aos fatos, Daciana colocou sua taça de lado, a preocupação entalhada em seu cenho. "Se ele foi jogado de uma janela, alguns de seus ossos não teriam sido fraturados?"

Encolhi um dos ombros. "Possivelmente. É algo a ser investigado mais a fundo, porém, eu não vi nenhuma indicação inicial de ossos quebrados ou machucados. A queda não foi tão alta assim, e se ele já estivesse morto..." Eu não terminei a declaração. Parecia que Ileana ia vomitar.

"Bem, eu creio que alguém precisa descobrir quem é o proprietário daquela casa", disse Daciana. "Apesar de tudo, essa é uma pista muito intrigante. Vocês deveriam contar isso ao diretor."

Anastasia soltou uma bufada.

"Ela não deveria fazer uma coisa dessas. Deveríamos investigar isso por conta própria. Se meu tio for informado a respeito das suspeitas, ele descobrirá os segredos e não os partilhará." Ela apertou minhas mãos nas suas. "Essa pode ser nossa oportunidade de mostrar a ele quão valorosa você é. *Te rog*. Por favor, não conte a ele essa teoria. Deixe-me ajudá-la. Então ele verá que as moças são capazes de tais feitos. Por favor."

Engoli minha resposta inicial. Ela poderia muito bem estar certa. Se contássemos para Moldoveanu, seríamos forçadas a ficar para trás enquanto ele prosseguiria com a investigação. E então o que aconteceria? Ele não dividiria sequer o mínimo detalhe conosco. Nem mesmo reconheceria nosso papel na ajuda com o caso. E depois havia a questão de não termos permissão para deixar a academia; ele certamente usaria isso como desculpa para fazer com que não avançássemos com ele.

"Por ora vamos guardar essas informações conosco", falei. "Mas devemos planejar uma investigação no vilarejo em breve."

Daciana e Ileana trocaram olhares preocupados de relance, mas fingi não notar. Tanto eu quanto Anastasia precisávamos disso.

Anastasia beijou minhas bochechas, sorrindo triunfante para Daciana. "Você não vai se arrepender disso!"

Porém, enquanto eu dava boa-noite e me despedia de minhas amigas, desejando tudo de bom a Daciana na próxima parada de sua grande viagem, eu não conseguia evitar o sentimento de que Anastasia estava mortalmente errada.

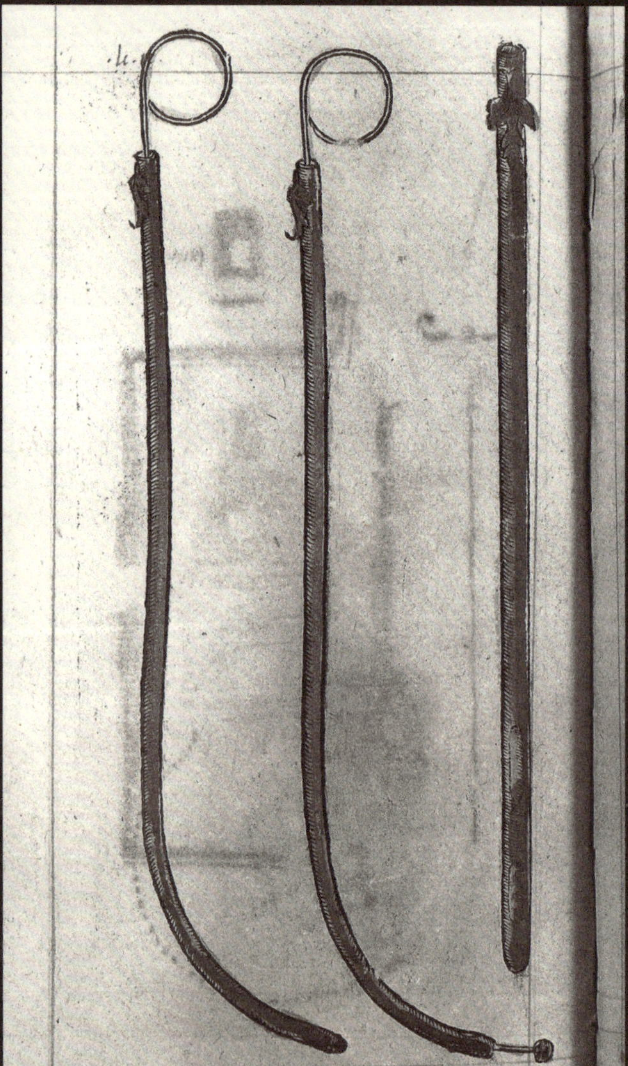

Cânulas e sondas.

18. O MELHOR MÉTODO PARA REMOVER SANGUE

Camere din turn
Aposentos da torre, Castelo de Bran
4 de dezembro de 1888

Chamas que pareciam dragões rugiam contra a grade da lareira na pequena sala de estar de meu dormitório vazio. Eu observei cada uma delas, meio que hipnotizada, com meu tomo de medicina pressionado em minhas pernas, quase fazendo com que elas formigassem. Em nossa parte da Romênia, havia dragões por todo canto. Nos candeeiros por toda a extensão do castelo. Nas tapeçarias dos corredores. Nas esculturas do vilarejo e nas insígnias das carruagens. Eu sabia que *Dracul* era traduzido como *dragão*, e presumia que as imagens fossem simplesmente uma homenagem a dois temerosos líderes, Vlad II e Vlad III.

Fiz uma nota mental para perguntar ao professor Radu se isso também tinha alguma coisa a ver com a misteriosa Ordem do Dragão. Talvez os dragões tivessem pistas. Eu não sabia ao certo do quê, mas me parecia um bom caminho a ser investigado. Talvez a Ordem estivesse por trás da morte de Wilhelm. Talvez a Ordem tivesse como alvo membros da nobreza ou de famílias que não mais defendessem seus valores cristãos.

Suspirei. Isso era ir longe demais. Eu não sabia nem mesmo se a Ordem ainda existia. Tudo talvez não passasse de rumores dos camponeses e histórias contadas para fazer com que as pessoas se comportassem mesmo depois que seu amado — ainda que brutal — príncipe tivesse perdido a cabeça para os turcos.

Mexi as pernas na esperança de recobrar a sensação nos dedos dos meus pés. Meu livro de práticas mortuárias era do tamanho de um grande gato doméstico, mas era uma companhia bem menos agradável do que a de um felino. Ele não ronronava e tampouco nos convidava de forma desdenhosa a fazer um carinho atrás de suas orelhas. Em vez disso, o livro oferecia informações e fotos que eu achava perturbadoras.

Os diagramas eram em preto e branco e mostravam exatamente como remover o sangue do corpo e como costurar e fechar a boca — o que exigia uma ligadura do queixo pelas gengivas e pelo septo — para propósitos funerários. Uma ilustração até mesmo aconselhava o uso de geleia de petróleo para evitar que as pálpebras se abrissem.

Os familiares, sofrendo o luto, provavelmente teriam um colapso diante da visão dos olhos ou dos maxilares de seus entes queridos se abrindo enquanto o sacerdote lhes fazia a passagem da morte para o céu. Eu mesma não gostaria de testemunhar tal coisa. Uma língua seca seria algo horrendo, uma lesma escura deixada por horas sob o sol do deserto. Era melhor deixar isso para a imaginação.

Eu havia visto cadáveres o suficiente no laboratório de meu tio para saber que a maioria das pessoas preferiria ser poupada de tais imagens, especialmente quando se tratava de pessoas que elas amavam. Parei de me demorar em pensamentos sobre aqueles que eu havia perdido, passando para o próximo capítulo do livro. As páginas eram grossas e ásperas nas bordas. Era um belo tomo, apesar do assunto que ele abordava.

Espontaneamente, imaginei Thomas sentado comigo, ressaltando detalhes que a maioria nunca teria notado enquanto estudávamos os livros. Embora eu tivesse me permitido lançar umas olhadelas na direção dele, eu o havia evitado na aula de folclore do professor Radu, assim como durante o exercício de anatomia de Moldoveanu. Ele não parecia estar bem em nenhuma dessas aulas. Dispensando essa linha de pensamento, voltei a me concentrar no livro. Eu não tinha tanta familiaridade com as práticas mortuárias como tinha com autópsias, então peguei o livro emprestado de uma das bibliotecas no caminho para os meus aposentos depois da aula.

Segundo os agentes funerários, a inserção de uma cânula — um longo tubo — na artéria carótida para forçar os líquidos a saírem por meio da gravidade era a melhor forma de remover sangue e outros fluidos corporais.

Os agentes funerários então moviam os fluidos para fora, massageando os pés dos falecidos na direção dos corações que não mais batiam. Parecia-me um tremendo de um trabalho a ser realizado enquanto as pessoas passeavam de um lado para o outro em uma tarde cheia nas ruas de Braşov. Eu poderia apostar que teria havido grande quantidade de perturbação na neve em volta do corpo de Wilhelm. Com certeza um pouco de fluido depois da extração do sangue. O corpo precisaria ter sido movido depois desse procedimento. Simplesmente, não havia maneira pela qual ele poderia ter passado por tudo isso no local onde fora encontrado. Eu ainda acreditava piamente que a casa com a veneziana solta poderia conter pistas.

Eu estava ficando cada vez mais convencida de que práticas de necropsia haviam sido usadas para drenar o sangue dele; contudo, isso não respondia à pergunta de como ele havia morrido. Se ele tivesse sido assassinado, teria algum tipo de ferimento externo. Um estrangulamento teria deixado sinais óbvios, como hemorragia petequial no branco dos olhos e descoloração em volta do pescoço. Seu corpo não tinha nada disso. Com exceção das *supostas* marcas de mordida, eu não conseguia me lembrar de nenhuma evidência concreta que mostrasse que ele havia sido morto.

Eu tinha minhas dúvidas de que ele teria ficado ali parado, sem resistir, e permitido que alguém drenasse o sangue de seu corpo, então as marcas de "mordida" provavelmente não eram a causa de sua morte. Não me parecia fora de questão acreditar que poderiam ter dado opiáceos a ele. Talvez aquele tipo de toxina tivesse causado sua erupção cutânea.

Enquanto minha mente voltava a vagar sobre a estranheza do corpo do meu colega de classe, meu coração exigia que Thomas viesse discutir isso comigo imediatamente. Falei para o meu coração esquecer sua súplica.

Eu resolveria esse mistério sozinha. Mesmo sabendo que eu era capaz de realizar essa tarefa, não conseguia negar o vazio que preenchia o espaço ao meu redor. Daciana já estava viajando pelo continente, e Anastasia não podia vir aos meus aposentos por causa de um livro que ela estava estudando. Ela disse que o tal livro poderia ser útil para o caso de Wilhelm. Ileana estava ocupada com suas tarefas, e eu me recusava a colocá-la em uma posição de perigo só porque eu me sentia solitária.

Onde está você quando mais preciso de sua companhia, prima?

Eu ainda esperava uma resposta à carta que enviei a Liza, na esperança de que ela pudesse me oferecer algum conselho, muito necessário, sobre a minha questão com Thomas. O romance era para ela o que a ciência forense era para mim, e eu desejava que ela estivesse aqui agora para me ajudar a navegar nessa tormenta de emoções.

Eu odiava me sentir assim tão distraída durante um momento crucial. Por mais que eu não parasse de ordenar a meu cérebro que formulasse teorias científicas, ele teimosamente retornava a Thomas e à inquietação que eu sentia. Eu precisava resolver a situação, mesmo que fosse apenas para que eu pudesse me concentrar. E eu sabia que esse não era exatamente o verdadeiro porquê de eu querer resolver tal questão. Eu sentia falta dele. Até mesmo quando eu ansiava por estrangulá-lo. Eu não gostava nadinha disso, mas era bem mais preferível do que os outros pensamentos invasivos que eu vinha tendo.

Como se estivessem esperando por uma convocação, meus sentidos foram dominados por lembranças do mais hediondo assassinato do Estripador. A forma como o corpo da srta. Mary Jane Kelly havia sido dilacerado... Eu me interrompi bem nesse ponto.

Fechei o livro e me dirigi para a minha cama. Amanhã eu acordaria e começaria de novo, renovada e bem-disposta. Amanhã eu lidaria com as consequências de nossa briga. Por ora, cuidaria de minhas feridas. Thomas estava certo: eu precisava curar a mim mesma antes que pudesse lidar com qualquer outra coisa — ou qualquer outra pessoa.

Virei as cobertas, prestes a deslizar para dentro de sua quentura, quando alguém bateu à porta de meu quarto. Fiquei sem fôlego. Se o sr. Thomas Ridículo Cresswell estivesse me visitando a essa hora indecente, *especialmente* depois de seu comportamento repreensível...

Com meu coração traiçoeiramente agitado, abri a porta com tudo, a reprovação morrendo na minha língua.

"Oh! Você não é de jeito nenhum quem eu achava que fosse!"

Anastasia estava vestida totalmente de preto e havia uma inclinação diabólica em seus lábios. "Diga-me, quem você achou que estaria aqui a essa hora?" Ela segurou minhas mãos e nos girou pelos arredores em uma valsa desajeitada. "Certamente não o bonitão do sr. Cresswell... hummm? A intriga! O escândalo! Eu devo admitir que invejo sua vida secreta."

"Anastasia, você só pode estar brincando! São quase dez horas da noite!" O sorriso que acompanhou minha fala não foi nada favorável. "O que diabos você está fazendo fora da cama?" Analisei suas roupas mais uma vez, lembrando-me de um tempo em que eu também trajei um vestido de luto. "Para falar a verdade, parece que eu deveria perguntar aonde você está planejando ir às escondidas, não?"

"*Nós* estamos prestes a investigar a cena da morte de Wilhelm." Ela entrou aos pulinhos em meu dormitório e tirou umas poucas vestimentas escuras de meu baú. "Ande logo. A lua está cheia e o céu está praticamente límpido. Temos que ir até Braşov esta noite. Meu tio me disse que mandou chamar guardas reais; eles chegarão amanhã, e andar por aí sorrateiramente será difícil com a presença deles." Ela deu uma olhada para mim por cima do ombro. "Você ainda está interessada em procurar aquela casa, não está?"

"É claro que estou." Assenti, tentando não considerar as criaturas no bosque. Monstros eram somente tão reais quanto nossas imaginações. E a minha estava decidida a povoar o mundo com o sobrenatural. "Não deveríamos esperar até a luz do dia? Pode haver lobos caçando lá fora."

Anastasia bufou. "O professor Radu está apenas enchendo sua cabeça com preocupações. Mas se você estiver com muito medo..." Ela deixou que a provocação e o desafio pairassem entre nós. Balancei a cabeça em negativa, e os olhos dela encheram-se de orgulho. *"Extraordinar!"* Ela jogou as roupas escuras para mim. "Se tivermos sorte, talvez nos deparemos com o príncipe imortal. Um passeio à meia-noite com o encantador Drácula me parece um deleite."

"Um deleite *mórbido*, você quer dizer."

Coloquei meu vestido preto e prendi um manto com forro de pele em volta dos meus ombros. Antes de partirmos, apanhei um alfinete de chapéu na minha penteadeira e prendi-o em meus cabelos. Anastasia sorriu para mim, confusa, mas não me fez perguntas. Ainda bem. Eu não queria dizer isso em voz alta, mas eu definitivamente não desejava que nos deparássemos com alguém sedento por nosso sangue.

Na verdade, eu preferiria nunca colocar os olhos no Príncipe Drácula.

Anastasia estava certa; o céu estava claro, pela primeira vez sem nuvens ou neve, e a lua se encontrava tão brilhante que não precisaríamos de lamparinas ou lampiões. O luar reluzia no cobertor de neve, cintilante, com alguns pontinhos de luz.

A temperatura, por outro lado, estava ainda mais fria do que o laboratório no porão de meu tio, onde inspecionávamos os cadáveres. Nos apressamos ao longo do caminho desgastado que conectava a academia ao vilarejo lá embaixo; nossa procissão seguia silenciosa na maior parte do tempo, exceto pelos ocasionais sons da natureza, de nossas saias se arrastando pela neve acumulada, e de nossas respirações fumegando entre baforadas. Mantínhamos a caminhada em um ritmo brutal, na esperança de nos afastarmos do castelo o mais rápido possível.

Sombras moviam-se acima de nossas cabeças enquanto os galhos das árvores rangiam e gemiam. Tentei ignorar os pelos arrepiados ao longo do meu pescoço e a sensação de estar sendo atentamente monitorada. Não havia nenhum lobo ali. Nem éramos seguidas por caçadores imortais e ferozes. Ninguém para deleitar-se em mutilar nossas carnes e rasgá-las em pedaços irreconhecíveis. O sangue agitava-se na minha cabeça.

Pela segunda vez naquela noite, uma lembrança horrenda do cadáver da srta. Mary Jane Kelly passou pela minha mente, como acontecia com frequência quando eu imaginava algo realmente brutal. Jack, o Estripador havia destruído o corpo dela de tal maneira que seus restos mal lembravam algo humano.

Fechei os olhos por um momento, ordenando a mim mesma que permanecesse calma e firme, mas a sensação de estar sendo observada persistia. A floresta era encantadora durante a luz do dia, mas, à noite, era assustadora e traiçoeira. Eu jurei que nunca deixaria meus aposentos rumo à escuridão novamente.

Lobisomens e vampiros não existem. Não há ninguém caçando você... Vlad Drácula está morto. Jack, o Estripador também está morto. Não há nenhum...

Um galho estalou em algum lugar ali perto, caindo com um baque oco no chão, e meu corpo inteiro ficou entorpecido. Tanto eu quanto Anastasia tivemos um sobressalto, e seguramo-nos uma à outra como se pudéssemos ser dilaceradas por uma força malévola. Ficamos ouvindo em silêncio, esforçando-nos para ver se captávamos algum outro som. Tudo estava calmo. Exceto meu coração, que galopava como se estivesse sendo perseguido por criaturas sobrenaturais.

"A floresta é tão perversa quanto o Drácula", sussurrou Anastasia. "Eu juro que há alguma coisa aqui fora. Você está sentindo?"

Ainda bem que a minha mente não era a única a conjurar imagens de monstros famintos que nos seguiam até o vilarejo. A pele na minha nuca formigava conforme o vento ficava mais intenso.

"Eu li estudos que dizem que os instintos humanos ficam ampliados em momentos de pressão", falei. "Nós nos sintonizamos com o mundo natural para sobrevivermos. Tenho certeza de que estamos apenas sendo bobas agora, embora as lições de Radu pareçam muito mais plausíveis sob um manto de escuridão."

Notei que minha amiga não fez mais comentários, mas ela também não me soltou até chegarmos em segurança a Braşov. Conforme eu havia esperado, o vilarejo estava silencioso, com todos os moradores dormindo profundamente dentro de suas casas pintadas em tons pastel. Um uivo solitário ecoou ao longe, sua nota fúnebre encontrando um outro cantor mais adiante. Logo um coro de lobos perturbava o silêncio da noite.

Eu puxei para cima o capuz de meu manto e olhei de relance para o castelo que mantinha guarda acima de nós, escuro e taciturno sob a luz prateada da lua. Alguma coisa estava ali fora, à espera. Eu podia sentir sua presença. Mas o que estaria nos caçando? Homem ou fera? Antes que eu pudesse me perder em preocupações, conduzi Anastasia até o local onde o corpo de Wilhelm havia sido descartado.

"Ali." Apontei para a casa adjacente à cena do assassinato e para a janela, cujas venezianas estavam agora bem fechadas e em seu lugar. "Eu juro que a veneziana estava solta da última vez que estive aqui."

Anastasia encrespou os lábios e prestou atenção na casa escura. Eu me senti ridícula, ali parada no meio da noite, enquanto a realidade me atingia em cheio. Eu não podia ter certeza de que a veneziana realmente estivera solta, nem de que eu havia visto uma silhueta observando a multidão da janela. Até onde eu sabia, poderia ter sido mais um fantasma criado pela minha imaginação. Parecia que a histeria era o gatilho para cada uma das minhas crises.

"Eu peço desculpas", falei, fazendo um movimento na direção da construção perfeitamente comum. "Parece que eu me enganei, no fim das contas. Viemos até aqui para nada."

"Nós podemos muito bem nos certificar de que não há nada a ser visto", disse Anastasia, puxando-me em direção à porta da frente. "Descreva o que aconteceu novamente. Talvez haja algum ponto de partida ali."

Uma ideia lentamente tomou forma enquanto eu fixava minha atenção na porta, a cabeça inclinada para um dos lados. Tirei o alfinete de chapéu dos meus cabelos, sabendo que eu estava prestes a cruzar uma fronteira moral que nunca antes eu havia considerado cruzar. Mas Anastasia estava certa; tínhamos vindo até aqui, havíamos nos arriscado a incorrer na ira de Moldoveanu, colocando em risco meu lugar na academia, e ainda teríamos que voltar para os nossos aposentos no castelo depois de evitar lobos e diretores rosnantes.

Mas, fossem quais fossem as consequências, eu não poderia voltar para a academia sem saber. Meu coração estava acelerado, dessa vez não por medo, mas pela animação que eu sentia. O que era, de fato, bem perturbador.

Dei um passo para a frente e segurei a maçaneta com uma das mãos, enfiando o alfinete na fechadura, forçando-o e tentando girá-lo até que ouvi um belo clique.

"Audrey Rose! O que você está fazendo?!", disse Anastasia com a voz escandalizada, o olhar atento à nossa volta. "As pessoas provavelmente estão dormindo aí dentro!"

"É verdade. Ou pode ser que a casa esteja abandonada."

Eu agradeci em silêncio ao meu pai. Quando estivera tomado pelo láudano no ano passado, ele com frequência perdia as chaves, forçando-me a aprender a arte de abrir fechaduras. Antes dessa noite, fazia um tempinho que eu não pensava em usar meu alfinete de chapéu para tais propósitos. Coloquei o objeto de volta nos meus cabelos e fiz uma pausa, esperando ser descoberta enquanto a pulsação rugia dentro das minhas veias.

De uma forma ou de outra, resolveríamos pelo menos um mistério esta noite. Eu tinha visto alguém olhando fixamente por aquela janela... ou não. O que significava que havia pistas a serem encontradas... ou não.

Em todo caso, eu não podia mais continuar correndo das sombras. Orientei meu corpo a relaxar. Estava na hora de abraçar a escuridão e me tornar mais temível do que qualquer príncipe vampiro que estivesse caçando na noite. Mesmo se isso significasse que eu teria que sacrificar um pouco da minha alma e dos meus princípios.

"Só há uma maneira de ter certeza", sussurrei, antes de cruzar o limiar nas pontas dos pés e desaparecer no escuro.

19. UMA DESCOBERTA MUITO CURIOSA

Locuință necunoscută
Residência desconhecida, Brașov
4 De dezembro de 1888

Não havia nenhuma lareira acesa dentro da casa minúscula, e o ar estava quase tão gélido quanto do lado de fora. O gelo subia pelos vidros da janela e escalava minha espinha enquanto eu seguia em direção ao solitário raio de luar que entrava na casa. Até mesmo na quase completa escuridão eu podia ver que a moradia estava arruinada. Havia uma cadeira tombada, papéis espalhados pelos arredores, gavetas reviradas. Parecia que alguém, ou mais de uma pessoa, havia revirado o lugar.

Anastasia inspirou o ar com pungência atrás de mim.

"Veja! Aquilo é... *sânge?*"

Eu me virei e encarei a grande mancha cor de ferrugem no tapete. Calafrios desceram lentamente pelo meu corpo. Eu tive a horrível sensação de estarmos paradas sobre o exato lugar de onde o corpo de Wilhelm havia sido removido à força. Meu coração batia com o dobro da velocidade normal, mas forcei-me a seguir investigando como se eu fosse Thomas Cresswell: fria, objetiva e capaz de interpretar as pistas deixadas para trás.

"É sangue?", Anastasia perguntou novamente. "Pode ser que eu vomite se for sangue."

Antes que eu pudesse responder, minha atenção pousou em um jarro quebrado. Com cuidado, peguei um caco do vidro e pus o dedo sobre uma mancha de um rubro escuro. Esfreguei-a, notando a viscosidade.

Minha pulsação latejava por todo o corpo; ainda assim, provei o líquido seco, bem confiante do que haveria de encontrar. Anastasia curvou os lábios quando abri um grande sorriso para ela.

"É algum tipo de suco", limpei a mão em meu manto, "e não sangue."

Minha amiga ainda me encarava como se eu tivesse ultrapassado algum limite indecente demais até mesmo para fazer algum comentário a respeito. Procurei em mim mesma e encontrei aquela excitação ainda sob a superfície, como uma corrente elétrica fazendo com que eu me sentisse mais viva do que já havia me sentido em eras.

"O que você acha que aconteceu aqui?"

Dei uma olhada ao redor do local novamente. "É difícil inferir algo com certeza até que encontremos alguma fonte de luz."

Puxei as cortinas da janela, permitindo que o luar penetrasse na casa. Anastasia cruzou a sala rapidamente e pegou uma lamparina a óleo que não tinha sido destruída no caos. Com um rápido sibilar, a luz amarela preencheu o espaço, e uma história trágica se desdobrou diante de nós.

Garrafas de bebidas alcoólicas enchiam o chão na minúscula área da cozinha, separada da sala principal. Algumas estavam quebradas e todas estavam vazias. A julgar pela falta de odor, nada havia vazado das garrafas, o que me levou a deduzir que alguém andara bebendo, e muito.

Em uma segunda inspeção, a sala que eu achei que tivesse sido saqueada provavelmente só tinha sido revirada por quem quer que houvesse consumido desenfreadamente todas aquelas bebidas alcoólicas. Talvez a pessoa estivesse procurando mais uma garrafa para beber e ficara enraivecida ao não encontrar nenhuma. Anastasia localizou uma outra lamparina antes de inspecionar os outros cômodos.

Peguei uma fotografia, surpresa por encontrar tal item em uma casa como esta, e ofeguei. Na foto, a mesma moça do desenho na loja de vestidos, dada como desaparecida, sorria para um bebê. O marido dela posava orgulhosamente atrás de ambos. Será que ela estivera bebendo todo aquele álcool? E se ela estivesse embriagada e caminhando pelo bosque sozinha...

Anastasia voltou, brandindo um livro. A cruz na capa indicava se tratar de um tomo religioso. "Não há ninguém no quarto, mas isso me pareceu intrigante."

"Você não vai levar isso, vai?"

Olhei de relance para o livro enquanto ela folheava as páginas; provavelmente se tratava de uma espécie de texto sagrado. Os olhos de Anastasia se arregalaram enquanto ela balançava a cabeça. Eu coloquei a fotografia de volta em seu devido lugar e gesticulei em direção à porta.

"Nós deveríamos ir embora", falei. "Foi errado entrar aqui assim, eu não creio que este lugar tenha algo a ver com a morte de Wilhelm."

"Ou talvez tenha a ver, sim" Anastasia ergueu o livro novamente. "Eu acabei de me lembrar onde foi que vi esse símbolo antes."

"Parece-me uma leitura pesada para antes de dormir."

Em um sobressalto, desviei os olhos do livro de anatomia ao qual tinha meu nariz praticamente grudado. Um dia inteiro havia se passado desde a minha aventura com Anastasia, e não muita coisa havia acontecido. Thomas e eu ainda não tínhamos nos falado, Radu estava envolvido com as lendas de vampiros, como sempre, e Moldoveanu estava decidido a fazer com que o tempo que eu passasse no castelo fosse o mais miserável possível.

Abri um sorriso tímido quando Ileana colocou na mesa uma bandeja coberta e depois se empoleirou na beirada do canapé. O que quer que estivesse naquela travessa tinha um cheiro absolutamente divino. Meu estômago rugia, concordando que estava na hora de comer, enquanto eu colocava meu livro em cima da mesa.

"Eu pedi que a cozinheira preparasse algo especial. Chama-se *plačintă cu carne şi ciuperci.* É como uma torta de carne com cogumelos, só que com massa de pão achatado."

Ela puxou a tampa de prata da travessa e, como que trazendo o ar com um movimento dos dedos, sentiu o aroma da pilha de tortas do tamanho da palma da minha mão. Havia meia dúzia delas, mais do que o bastante para nós duas. Olhei de relance ao meu redor, procurando por um garfo e uma faca, mas notei apenas guardanapos e pequenos pratos ali. Eu fiz que ia pegar uma das tortas, então me detive, com a mão pairando sobre elas.

"Nós...?"

"Vá em frente." Ileana fingiu pegar uma delas e dar uma mordida. "Pegue e coma uma. A menos que seja impolido demais. Comer com as mãos sempre me pareceu algo comum. Eu não pensei nisso. Não tem problema nenhum levá-las de volta para a cozinha, caso você prefira alguma outra coisa."

Eu ri. "Não tenho nenhum problema em comer com as mãos, para falar a verdade. Quando eu era mais nova, nós costumávamos comer pão achatado e *raita* com as mãos."

Dei uma mordida na torta e fiquei maravilhada com as nuances de sabor da carne, perfeitamente temperada e com cogumelos picados em cubinhos que derretiam feito manteiga na minha língua. A camada externa do pão tinha bolhas tostadas com sabor de defumação. Foi preciso uma enorme força de vontade para não revirar os olhos nem gemer em puro êxtase.

"Isso é delicioso."

"Eu achei que você fosse gostar. Eu trago uma cesta inteira delas quando venho visitar Daciana. O apetite dela é quase tão imenso quanto o do irmão." O sorriso de Ileana esvaneceu-se um pouco, adquirindo um quê enviesado. Eu imaginei que ela estivesse triste porque Daciana tinha partido. "Não deixe que os modos delicados dela a enganem. Ela é feita de aço. Eu a vi terminar uma cesta inteira de tortas diante de uma mesa repleta de nobres. Eles ficaram escandalizados, mas Daciana não se importou nem um pouquinho com isso."

Sua cara fechada fora substituída por uma expressão de grande orgulho, e eu não consegui deixar de sorrir. Eu imaginava se ela e Daciana haviam se conhecido na casa de algum nobre onde Ileana houvesse trabalhado, mas não queria ser intrometida e perguntar. Sua história pertencia apenas a elas, que a compartilhariam apenas quando e se quisessem.

"Eu mesma provavelmente poderia acabar com a bandeja inteira na frente da rainha e não me arrependeria de ter comido nenhum pedacinho dessas delícias."

Nós comemos em um silêncio amigável, e eu bebi do chá que Ileana também havia trazido. Ela me explicou que os romenos não bebiam chá com frequência, mas que ela estava se adaptando à minha preferência inglesa pela bebida. Fiquei grata pela companhia.

Anastasia me enviara um bilhete dizendo que ficaria em seus aposentos lendo o misterioso livro religioso. Ela acreditava que o símbolo na capa pertencia à Ordem, mas eu estava cética em relação à possibilidade de que a mulher desaparecida do vilarejo houvesse feito parte do antigo bando de cavalheiros.

Parti meu terceiro pão recheado em pedaços, pensando em como Nicolae havia feito a mesma coisa uns poucos dias antes. Eu me perguntava se ele havia comido desde então ou se continuava a se alimentar de seu pesar. Para me impedir de ter esses pensamentos eu decidi, de repente, pedir conselhos a Ileana.

"Eu... Eu me sinto incerta quanto à possibilidade de considerar um futuro com Thomas por causa de nosso recente desacordo", falei devagar. "Incomoda você... saber que um futuro com Daciana poderia ser impossível?"

"Eu não tenho como prever o que o futuro trará quando o amanhã pode não vir. As coisas mais diversas podem acontecer. Deus pode decidir que Ele se cansou de nós e pode recomeçar tudo do zero." Ela varreu com a mão os guardanapos da bandeja, observando enquanto eles caíam sem cerimônia no chão. "Sim?"

Sorvi um golinho do meu chá, ponderando sobre o que ela havia dito enquanto o intenso sabor de ervas descia pela minha garganta. "Com certeza é prudente planejar-se para diferentes possibilidades em relação ao futuro. Uma pessoa não deve sempre ter alguma espécie de meta à qual perseguir, mesmo que o caminho a ser tomado seja desconhecido?"

"Você deveria seguir seu coração. Esqueça o resto." Ileana levantou-se e recolheu os pratos e os guardanapos usados. "Thomas é humano e cometerá erros, mas desde que ele peça desculpas e seja algo com que você consiga viver... Vale a pena amá-lo hoje. Também vale a pena perdoá-lo. Nunca se sabe quando ele pode ser tomado de você."

Uma pontada de medo desceu por minha espinha. Eu não queria considerar tais ideias. Thomas e eu estávamos temporariamente em conflito, e viveríamos o suficiente para resolver as nossas diferenças.

"Você e eu somos uma dupla bem séria em uma noite de tempestade, Ileana. Entre meu livro mortuário e esta conversa, eu mal posso esperar para ver como será o restante da noite."

O grande sorriso no rosto de Ileana foi substituído por uma expressão mais ponderosa. "A família de Wilhelm chegará pela manhã para levar o filho para casa para ser enterrado. Eles estão bastante enfurecidos porque o corpo foi... profanado."

"Como você sabe disso?"

"Criadas não devem ser ouvidas nem vistas enquanto tomamos conta do castelo e de seus ocupantes, mas isso não quer dizer que não vemos nem ouvimos as coisas. E as fofocas. O salão das criadas está sempre zunindo com algum novo escândalo. Venha. Eu vou lhe mostrar algumas passagens secretas. Se você quiser, pode passar sorrateiramente pelos corredores vazios. É minha parte predileta deste trabalho."

Acompanhei Ileana até a lavanderia, onde ela retirou uma chave de seu avental e prosseguiu na direção de um armário alto em um canto, ao qual anteriormente eu prestara pouca atenção. Ali dentro havia uma porta que dava para um minúsculo corredor que, por sua vez, terminava em uma escada circular. Eu ficava intrigada só de pensar em corredores ocultos. Ao que parecia, nossa propriedade no interior, a Thornbriar, tinha todo um labirinto contido dentro de suas paredes. Se o Castelo de Bran tivesse ao menos uma fração daqueles lugares escondidos, seria um deleite para mim. Havia algo de mágico em andar por onde a maioria das pessoas nunca iria, ou sequer pensaria encontrar alguém.

Depois de trancar a porta do corredor secreto, Ileana desceu pelas escadas com a facilidade de um espectro flutuando pelo éter. Eu tive que me esforçar para não soar como um elefante caindo em meio aos arbustos enquanto seguia ruidosamente atrás dela. Eu nunca tinha pensado em mim mesma como sendo uma pessoa barulhenta, mas os passos incomumente silenciosos de Ileana me deixaram envergonhada. Nós descemos, voltas e mais voltas, até sentir minhas coxas queimarem. Assim que chegamos ao nível principal, Ileana andou diretamente até uma ampla coluna.

Balancei a cabeça. Eu havia caminhado por aqui várias vezes antes e nunca havia notado que aquilo que eu presumia serem apenas pilastras guiando os alunos para dentro do salão principal, na verdade, davam para uma entrada estreita na lateral. Em momento algum

Ileana interrompeu suas passadas certeiras enquanto desaparecia no interior do corredor escuro; a passagem percorria a parte de trás das imensas tapeçarias que ladeavam o salão.

Uma sensação estranha aninhou-se em meu âmago. Quando eu havia passado sorrateiramente pelos corredores, na noite em que saí dos aposentos de Anastasia e acabei indo visitar Thomas, eu poderia ter jurado que tinha sido observada. E isso podia muito bem ser verdade. Estremeci só de pensar.

"Seja o mais silenciosa possível. Não devemos conversar nem fazer barulho aqui. Moldoveanu é implacável quando se trata de quebrar as regras do castelo."

Em silêncio, guardei mentalmente cada detalhe. Havia mais tapeçarias penduradas nesse lado do corredor secreto, sobressalentes, eu presumia, armazenadas aqui até que se fizessem necessárias.

Andávamos tão rapidamente que eu tive que segurar minhas saias para não tropeçar nelas enquanto se enrolavam nas minhas pernas, mas não rápido o bastante para que eu não notasse as cenas representadas nas tapeçarias. Pessoas sendo empaladas, gritando de dor e terror, adornavam uma delas. Em outra, havia uma floresta repleta de mortos, com sangue escorrendo das bocas empaladas das vítimas. Uma outra ainda mostrava um homem servindo-se de um banquete, com vinho — ou sangue, era difícil dizer — espalhado pela superfície da mesa. Aquilo lembrou Radu mencionando que Vlad Drácula mergulhava o pão no sangue de seus inimigos.

Calafrios perfuravam minha pele. Entre o corredor parcamente iluminado e as obras de arte, eu não estava no melhor dos meus humores. Havia um peso em volta do meu peito que me empurrava para trás. Este castelo sinistro parecia inalar o meu medo com deleite. Minha pulsação ficou acelerada.

Ileana parou de repente e, se eu não estivesse me forçando a olhar diretamente para a frente, teria feito com que nós duas caíssemos estiradas no chão.

Franzi as sobrancelhas, notando que a cor estava sendo drenada da face dela. Ileana ergueu o queixo, as mãos ocupadas com a bandeja vazia.

"Moldoveanu."

"O quê...? Onde?"

"Shhhhh. Ali." Ela apontou para uma parte da tapeçaria em que um pedaço do tecido havia sido cuidadosamente recortado. Eu nunca teria percebido se não soubesse para onde olhar. Presumi que as criadas fizessem uso daquilo como um meio de verificar os corredores principais antes de adentrá-los. Uma sensação pavorosa espiralava-se por minha coluna como uma cobra. Eu não gostava da ideia de que as paredes tinham olhos. "Através da tapeçaria."

Me aproximei, tomando cuidado para não agitar o pesado tecido que nos mantinha invisíveis para Moldoveanu. Eu rezava para que as tábuas do assoalho não fossem ranger, denunciando minha presença, e para que ele não pudesse ouvir as batidas estrondosas do meu coração.

O diretor estava tendo uma discussão bastante acalorada com alguém, embora parecesse que ele dominava a conversa. Falava em romeno com tanta rapidez que eu tinha dificuldade para acompanhar o que ele dizia.

Havia um espelho turvo pendurado na extremidade mais afastada do corredor, oferecendo-me a visão de uma pontinha da expressão dele. Dava para ver o brilho de seus longos cabelos grisalhos tal qual o movimento cortante da lâmina de uma guilhotina, enquanto ele movia a cabeça de um lado para o outro. Eu nunca havia visto um homem assim tão severo, em todos os sentidos da palavra.

Ileana traduziu baixinho o que ele disse: "Eu tenho o meu trabalho a fazer e você tem o seu. Não ultrapasse esse limite".

Eu me esforcei para ver em volta de Moldoveanu, mas ele estava bloqueando completamente a outra pessoa com suas longas vestes pretas e com os punhos cerrados na altura de seus quadris.

"Temos motivos para acreditar que isso acontecerá de novo. Aqui." A voz grave e masculina do companheiro dele me pegou de surpresa. Havia alguma coisa nela que me soava um tanto familiar. "Os membros da família real receberam... mensagens. Ameaças."

"De...?"

"Desenhos. Morte. *Strigoi*."

Moldoveanu disse algo que nem eu nem Ileana conseguimos ouvir.

"Os aldeões estão nervosos", prosseguiu a outra voz masculina. "Eles sabem que o corpo estava sem sangue. Eles acham que o castelo e o bosque são amaldiçoados. O corpo do trem também está causando... alarme."

Cobri a boca, abafando o som da surpresa que borbulhava, querendo sair. Eu já não precisava ver com quem Moldoveanu estava falando. Eu conhecia aquela voz, mesmo que a tivesse ouvido apenas uma vez antes. Eu havia visto aqueles olhos afiados, capazes de cortar uma pessoa ao meio.

Dăneşti, o guarda real do trem, deu um passo e saiu de trás do diretor, alisando seu uniforme com a insígnia da coroa. Seu olhar pousou por um instante no lugar onde estávamos escondidas, fazendo com que minha pulsação quase rastejasse, de tão lenta. Ileana nem mesmo respirou até que ele voltasse a mirar o diretor. Ele se empertigou, com todos os seus ângulos apontados para o homem mais velho da maneira mais ameaçadora possível.

"Não nos decepcione, diretor. Precisamos daquele livro. Se aquelas câmaras não forem desarmadas, a família real fechará a academia."

"Como eu já informei a sua majestade", grunhiu Moldoveanu, "o livro foi roubado. Radu só tem algumas páginas dele em sua coleção, e não é o bastante. Se você deseja revirar o castelo de cima a baixo, vá em frente. Eu lhe garanto que não encontrará o que não está mais aqui."

"Então que Deus tenha piedade de seus alunos."

20. UMA DECISÃO INFELIZ

Coridorul Servitorilor
Corredor das criadas, Castelo de Bran
5 de dezembro de 1888

Dăneşti girou nos calcanhares e eu comecei a seguir em frente, mas Ileana bloqueou minha rota de fuga enquanto o diretor descia pelo corredor, como uma sombra atrás do jovem guarda.

"Não faça isso", ela sussurrou, mantendo um braço estirado. "Moldoveanu não pode saber que estávamos ouvindo a conversa deles."

"Como posso fingir que nada aconteceu? Eles estavam falando sobre Wilhelm Aldea. Por qual outro motivo a guarda real estaria aqui?" Minha mente ficou a mil com os pedacinhos de informação que eu havia ouvido. Se os membros da família real haviam recebido ameaças, isso explicaria o medo que Nicolae tinha mostrado depois de descobrir que o sangue de seu primo havia sido drenado. Talvez outros membros da nobreza houvessem recebido ameaças similares. O que fazia com que eu me perguntasse do que mais o príncipe poderia saber ou suspeitar. "Se alguém assassinou Wilhelm, o príncipe Nicolae pode ser o próximo."

"Você não sabe disso. Talvez ele estivesse falando sobre alguma outra pessoa." Ileana estreitou os lábios, como se impedisse a si mesma de dizer a coisa errada. "O guarda pode simplesmente estar aqui porque Moldoveanu é o médico legista oficial da coroa."

"Ele é? Como ele consegue ser o diretor da academia e, ao mesmo tempo, trabalhar para a família real?"

Ileana deu de ombros. "Tudo que eu sei é que se Moldoveanu descobrir que nós o estávamos espionando, essa história vai acabar muito mal. Para nós duas ou somente para mim. Eu não posso me dar ao luxo de perder este emprego. Eu tenho uma família da qual cuidar. Meus irmãos precisam de mim."

Se existisse uma ameaça verdadeira para a academia ou para os alunos, o diretor não tinha o direito de esconder essa informação. Confrontá-lo seria a coisa certa a fazer. Exceto que... Meu foco voltou-se para a expressão de súplica no rosto de Ileana. A preocupação estava entalhada em suas feições pétreas.

Eu suspirei. "Certo. Não contarei a ninguém sobre o que ouvimos."

Ileana apertou minha mão uma vez e começou a caminhar pelo corredor secreto. Esperei um pouco antes de seguir em frente. "Mas isso não quer dizer que eu não vá tentar descobrir por que Dăneşti está aqui. E sobre que livro ele estava falando. Você ouviu alguma coisa sobre as câmaras perigosas que ele mencionou? Ou sobre qualquer câmara que poderia precisar ser desarmada?"

Ela voltou a cabeça com tudo. "Você reconheceu o guarda?"

"Thomas e eu tivemos o prazer de conhecê-lo no trem." Fiquei hesitante, espiando pela tapeçaria e verificando o corredor para ter certeza de que ambos os homens tinham ido embora. "Ele removeu o corpo de um homem que havia sido assassinado ali. Nós oferecemos ajuda, mas ele não estava atrás de nossos serviços em particular. Bem, Thomas ofereceu ajuda. Mas ele parecia estar bastante irritado."

Ileana me encarou por um instante, pasmada. "Minha presença é necessária nos níveis inferiores. O necrotério principal também fica naquele andar." Ela foi abalada por um tremor. "Amanhã tentarei encontrar você na sua sala para o café da manhã." Ela ergueu o queixo na direção do corredor, com a bandeja fazendo barulho em suas mãos. "Veja se há alguém antes de entrar aí. Ah", ela hesitou por um instante, "se você optar por ir até o necrotério a essa hora, deve fazer isso sozinha. Ninguém vai até lá depois que escurece. Talvez você encontre algumas respostas."

Antes que eu tivesse tempo de responder, Ileana desceu correndo o corredor secreto e virou em uma esquina, desaparecendo de vista. Esfreguei minhas têmporas. Esses tinham sido os dias mais estranhos da minha vida. Dois assassinatos vastamente diferentes e com a promessa de mais assassinatos a caminho, além de todas as intrigas do castelo. Eu sinceramente esperava que as próximas semanas fossem ser mais calmas, embora eu duvidasse que esse seria o caso, já que provavelmente um assassino andava à espreita nos arredores da academia.

Censurei a mim mesma com severidade. Não fora exatamente isso o que Dăneşti havia dito.

Verifiquei mais uma vez o buraco na tapeçaria antes de entrar de fininho no corredor, conforme minha mente girava com novas informações e perguntas. Qual seria toda a verdade por trás do que Dăneşti e Moldoveanu estavam discutindo? Depois da minha onda inicial de adrenalina, me dei conta de que havia presumido que eles estivessem falando de Wilhelm. Em momento algum eles haviam mencionado a vítima de assassinato pelo nome. Eu não conseguia imaginar um outro corpo sem sangue que tivesse deixado os aldeões preocupados. E, depois, o estranho assassinato no trem que se parecia com aquele do vilarejo...

Parei abruptamente, com uma ideia se erguendo por entre os recônditos de meu cérebro e tomando forma. Será que Dăneşti havia trazido a vítima do trem até aqui para ser estudada? Isso faria sentido, pois aonde mais o guarda real levaria um cadáver que precisava de uma análise forense? Com certeza a uma das mais prestigiadas academias de toda a Europa. Academia esta que ficava apenas a meio dia de distância de carruagem da cena do crime. A academia onde trabalhava o médico-legista oficial da coroa.

Se o guarda estava envolvido com essa questão, havia uma possibilidade de que a vítima também estivesse ligada à coroa de alguma forma. Talvez fosse por esse motivo que ele não havia deixado o corpo na cena do crime. Eu não ouvira nenhum rumor sobre o assassinato no trem, o que me levava a acreditar que a família real não havia revelado ao público a identidade do indivíduo.

Os jornais teriam soltado essas informações de forma explosiva com suas trombetas manchadas de tinta. Será que isso queria dizer que Wilhelm e a primeira vítima estavam viajando juntos? Eu imaginava que fosse possível, embora o método de assassinato fosse significativamente diferente, mas, no fim das contas, poderia haver um elo entre os dois homens.

Meu coração batia freneticamente contra sua jaula de ossos. Eu não sabia ao certo como tudo isso estava conectado, mas eu sabia em meu interior que essa conexão existia. De alguma forma. Três assassinatos. Dois métodos não relacionados entre si. Ou será que o método de assassinato havia evoluído com a prática, desde aquela primeira vítima que chegou às manchetes?

Meu tio tinha um jeito estranho de se colocar na mente de um assassino, e eu tentava emular sua metodologia. Uma vítima fora posicionada e arranjada como se *fosse* um vampiro. A segunda havia sido assassinada como se *por* um vampiro. Por quê?

Se eu pudesse examinar o corpo do trem, talvez soubesse mais a respeito disso. Será que foi por esse motivo que Ileana havia me dito onde ficava o necrotério? Graças às fofocas, ela sabia de segredos que o castelo guardava firmemente... como quem estava lá esperando ser aberto e inspecionado em busca de pistas.

Ileana disse que o necrotério estaria vazio, mas se o diretor ou Dăneşti se deparassem comigo, minhas perspectivas de terminar este curso poderiam ser arruinadas. Eu deveria voltar direto para os meus aposentos e estudar para as aulas de amanhã.

A indecisão brincava com as minhas emoções, tentando-me e me provocando para que eu escolhesse outro caminho. Eu voltei a pensar em minha conversa anterior com Ileana, sobre nossos amanhãs nunca estarem garantidos. Nós realmente não sabíamos que escolhas poderiam surgir em nossos momentos. Que oportunidades poderiam vir em nossa direção. Eu me encontrava caminhando diligentemente em uma direção que não levaria ao meu quarto.

Os cadáveres eram mantidos em dois lugares dos quais eu tinha conhecimento: um deles era o necrotério que ficava no nível inferior, como Ileana havia dito, e o outro era na torre, próximo aos meus aposentos. Eu daria uma olhada rápida dentro de cada gaveta mortuária e veria se estava certa quanto ao fato de a vítima do trem estar ali. E então eu decidiria o que fazer.

Eu caminhava rapidamente, com o queixo erguido, na esperança de parecer que eu estava em uma missão aprovada pelos funcionários do castelo. Eu tinha a sensação de que, se eu parecesse tão culpada quanto me sentia por dentro, minha aventura audaz terminaria antes mesmo de alçar voo.

Eu não podia, em sã consciência, ficar sentada e ser uma participante passiva na minha vida. Se um assassino andava rondando os corredores da Academia de Medicina e Ciências Forenses, eu não esperaria até que houvesse mais um corpo a ser inspecionado. Se o assassino estivesse atrás da linhagem do Empalador, o príncipe Nicolae poderia ser o próximo.

Parei de repente, ofegante. Tinha que ser isso. A ironia de alguém caçando o sangue de um homem que se supunha bebê-lo era incrível. Mas fazia sentido. Eu continuei descendo pelo corredor, a mente a mil com tantos pensamentos contidos nela. Eu desejava que Thomas não houvesse complicado a nossa amizade. Eu queria partilhar minhas teorias com ele, conversar sobre elas.

Fiz uma pausa novamente, considerando minhas opções. Talvez eu *devesse* falar com Thomas agora e pedir desculpas pela maneira como eu reagira. Então nós poderíamos entrar sorrateiramente no necrotério e... Segurei minhas saias e continuei seguindo em frente. Eu iria até o necrotério sozinha, e só depois partilharia minhas descobertas com Thomas. Eu precisava saber que era capaz de lidar com o fato de estar perto dos mortos sem companhia.

Um lampejo de movimento chamou a minha atenção e eu me virei, com uma explicação já se formando na minha língua, e me deparei com um corredor vazio. Nem uma única coisa fora do lugar. Esperei e prendi a respiração, certa de que se alguém houvesse entrado furtivamente em uma alcova, com certeza faria algum tipo de som que me alertaria quanto à sua presença. Nada.

Inspirei profundamente e depois soltei o ar, mas isso não fez com que minha pulsação diminuísse. Eu estava vendo coisas que não existiam novamente. Eu me amaldiçoei pelas assombrações do meu passado, desprezando a mim mesma por ter tanta dificuldade em separar a fantasia da realidade. Ninguém estava me perseguindo. Nenhum experimento científico estava sendo realizado em mulheres assassinadas. Esta não era uma viela arenosa em Whitechapel, cheia da música dissonante dos pubs ali perto. Não havia nenhuma silhueta encapotada em um manto deslizando pela noite.

Se eu continuasse repetindo essas coisas para me reconfortar, eu acabaria incorporando-as à minha memória celular. Passaram-se apenas umas poucas semanas desde que meu mundo fora estilhaçado. Eu ainda estava me curando. Eu conseguiria passar por isso. Apenas precisava de tempo.

Eu me virei, meio que esperando ficar cara a cara com o que quer que eu achava que tivesse visto, mas o corredor branco ainda estava mortalmente silencioso, exceto pelo som dos meus próprios passos, agora apressados, na madeira do assoalho. Eu me movia tão rapidamente quanto me atrevia a fazê-lo, atiçada pelos candelabros que apontavam seus dedos luminosos para mim como se estivessem me acusando de alguma transgressão.

Cheguei até o fim do próximo corredor e parei diante de uma espessa porta de carvalho sinalizada com uma placa onde se lia MORGĂ. Não havia janela nem qualquer outra forma de espiar ali dentro e ver se o necrotério estava vazio. Eu teria que me arriscar. Minha respiração acelerou-se enquanto eu esticava a mão para a maçaneta, e então eu recolhi os dedos, como se tivesse sido picada por algo. A lembrança dos sussurros de máquinas movidas a vapor me assombrava. Porém, eu não ouvia nada girando nem se revolvendo atrás dessa porta. Ouvi de novo mesmo assim. Eu precisava ter certeza.

O silêncio era sufocante; nenhum som podia ser ouvido. Inspirei o ar pelo nariz, exalei-o pela boca, permitindo que meu peito subisse e descesse em um ritmo constante. Eu era uma estudante aqui na academia. Se houvesse alguém no necrotério, eu poderia inventar um motivo válido para entrar nessa sala. Não era como se tivessem nos dito que só poderíamos entrar aqui durante a luz do dia e acompanhados de um professor.

Com isso em mente, me preparei. Essa não era a casa de meu pai, onde eu tinha que andar nas pontas dos pés em meio a salas proibidas. Não era como se eu fosse realizar uma autópsia neste momento.

Fechei a mão ao redor da maçaneta, sentindo o aço frio sob a proteção das minhas luvas finas. Lembrei a mim mesma de que, quanto mais cedo eu acabasse com isso, mais cedo eu poderia ir atrás de Thomas. Considerando tudo, virei a maçaneta e segui adiante aos tropeços, enquanto a porta se abria do lado oposto. Meu coração quase parou. Olhei de relance para o chão, esquecendo-me de esconder o tremor enquanto me preparava para a ira do diretor Moldoveanu.

"Eu só ia catalogar...", comecei a dizer, e então olhei para cima e me deparei com Ileana, que tinha os olhos arregalados. O diretor, ainda bem, não estava em nenhum lugar ali por perto. A mentira na minha língua desintegrou-se. "O quê...? Eu achei que você estivesse se dirigindo até as cozinhas..."

"Eu... Eu tenho que ir. Conversamos depois?"

Sem falar mais nenhuma palavra, ela saiu correndo pelo corredor, sem sequer olhar para trás. Fiquei ali parada com a mão junto ao peito, recompondo-me. Eu odiava Moldoveanu por forçá-la a cuidar de uma sala cheia de cadáveres quando ela claramente se sentia desconfortável perto deles. Ileana fora criada no vilarejo e provavelmente crescera com suas superstições em relação aos mortos.

Forçando-me a colocar de lado a raiva que eu sentia do diretor, segurei a maçaneta de novo, recusando-me a sair depois de ter chegado tão longe, e entrei.

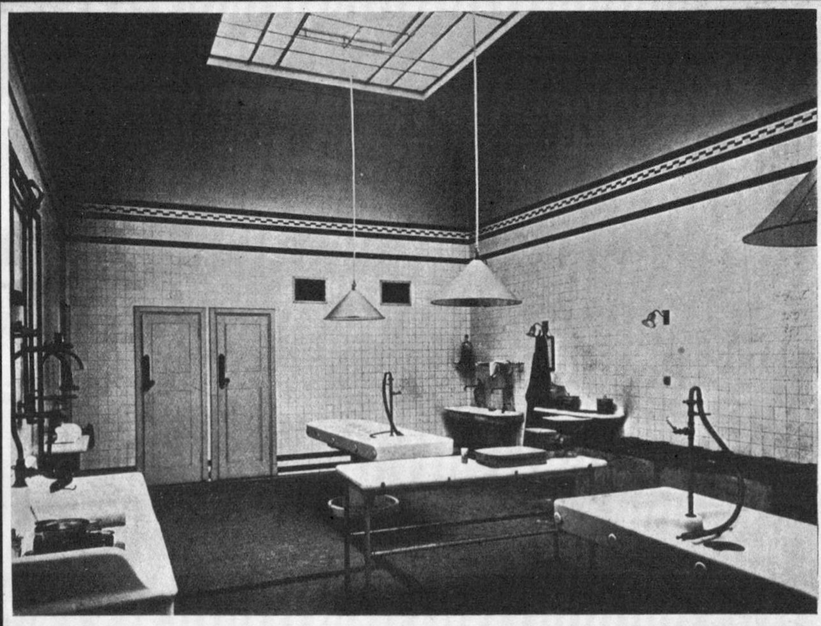

Setor de patologia: sala de autópsias. H.V. ASHLEY & WINTON NEWMAN. Arquitetos.

Royal Free Hospital, Londres:
o interior da sala de autópsias no
setor de patologia. Impressão, 1913.

PRÍNCIPE DRÁCULA

RASTRO *de* SANGUE

21. REABRINDO VELHAS FERIDAS

Morgă

Necrotério, Castelo de Bran

5 de dezembro de 1888

Olhei ao redor com cautela. Uma parede de gavetas mortuárias de metal e três longas mesas me saudaram. Candeeiros a gás sibilavam baixinho perante a intrusão, embora um deles estivesse apagado. Uma mesa de exames continha um corpo, coberto da cabeça aos pés por uma mortalha de lona. Ignorei o formigamento que descia por minha coluna, causado pelo medo. Eu não podia permitir que outro acesso de ansiedade interferisse minha missão.

Notei as baforadas da minha respiração formarem nuvens no ar congelante, e fiquei aliviada ao ver que a sala não continha qualquer ser vivo. Eu me movi em direção ao cadáver tão rapidamente quanto minhas saias me permitiam. Eu esperava que fosse a vítima do trem. Tê-lo encontrado assim tão rápido tornaria as coisas infinitamente mais fáceis.

Fiquei parada acima da mortalha, repentinamente hesitante para desmascarar quem quer que estivesse ali. Uma sensação familiar de temor pesava tanto em meus pensamentos quanto em meus braços. Eu poderia ter jurado que o lençol havia se movido. Apenas uma vez. Tinha sido quase imperceptível, mas era um movimento mesmo assim. Uma lembrança começou a romper a barreira que eu havia construído em torno dela, mas forcei-a a voltar. Não aqui. Não quando o relógio estava trabalhando contra mim.

O laboratório de Jack, o Estripador estava destruído. Cadáveres não voltavam à vida. Minha mente maldita um dia entenderia esse fato.

Sem desperdiçar mais do meu tempo precioso com coisas absurdas, eu arranquei a mortalha, e o mundo se partiu debaixo de meus pés. Meus joelhos se curvaram enquanto eu absorvia as feições pacíficas. Os longos cílios que se estendiam em direção às maçãs do rosto definidas. Os lábios carnudos levemente abertos, desprovidos de seu costumeiro sorriso afetado.

Thomas jazia ali, imóvel como uma estátua.

"Isso não é real."

Fechei os olhos e os mantive apertados. *Não era* real. Eu não sabia ao certo o que era isso, uma ilusão trazida por severa histeria, talvez, mas era impossível que eu estivesse vendo a verdade. Eu contaria até cinco, e então esse cadáver não estaria mais ali, sendo substituído pelo corpo de algum outro rapaz que houvesse perdido a vida cedo demais.

Isso era fantasia. Talvez eu realmente *fosse* como um dos desafortunados personagens de Poe, levada à loucura por meses de perda e preocupação. Este corpo apenas se parecia com Thomas. Quando eu abrisse os olhos, veria quem ele realmente era. E então eu iria correndo até os aposentos dele e brigaria com o meu melhor amigo. Eu o agarraria pelas lapelas e pressionaria meus lábios nos dele, não me importando com o fato de que seria inapropriado. Eu diria a ele repetidas vezes o quanto eu o adorava, até mesmo quando eu desejava estrangulá-lo.

Enquanto eu contava até cinco, novas imagens estiravam seus dedos pela minha mente.

Eu vi Thomas abrindo uma centena de sorrisos diferentes. Cada um deles como um presente concedido apenas a mim. Eu vi todas as nossas querelas. Todos os nossos flertes, mascarando sentimentos que nenhum de nós estava preparado para confrontar. Uma lágrima deslizou pela minha bochecha, mas eu a deixei cair. Havia um vazio que irradiava do meu interior, consumindo-me mais a cada respiração que ficava presa em seu abismo.

"Por favor." Eu caí em cima de seu peito como se minhas lágrimas pudessem despejar ali a minha força vital. "Por favor, não o leve de mim também. Traga-o de volta! Eu faria qualquer coisa..." Qualquer coisa mesmo, ética ou não, para brigar com ele de novo.

"Qualquer coisa?"

Meu coração parou. Eu me afastei do corpo, pronta para surtar com o intruso quando braços se cruzaram como largas asas ao meu redor. Ofeguei, indo bruscamente para trás quando a bile começou a subir queimando pela minha garganta. Isso não poderia estar acontecendo. Os mortos não voltavam à vida...

Thomas torceu a boca naquele maldito sorriso dele, e tudo dentro de mim ficou entorpecido. A temperatura parecia ter caído vários graus. Fechei a boca com tudo para impedir meus dentes de baterem uns nos outros, embora meu corpo tremesse violentamente.

"Se eu soubesse que o caminho para o seu coração era por meio da morte, eu teria feito isso eras atrás, Wadsworth."

Toquei no meu colarinho, tateando o tecido enquanto eu tentava puxá-lo do meu pescoço. Se apenas eu pudesse respirar mais fundo...

"Você está... Você não está..."

Cambaleei para o lado, as mãos contra o meu peito. A sala girava em círculos cruéis. Apertei e fechei os olhos por um instante, mas foi pior; eu continuava vendo imagens das quais eu não podia escapar. Thomas sentou-se ereto, afastando a mortalha de seu corpo perfeitamente intacto, o cenho franzido de preocupação. Fiquei observando enquanto ele estendia as pernas para fora da mesa de exames e se levantava.

Ele estava bem. Não estava morto. Em momento algum esteve morto. A sala de repente não estava nem um pouco fria, mas escaldante. Eu jurava que o teto estava ficando mais baixo, jurava que as paredes me encurralavam em um canto, onde eu certamente ficaria sufocada nesta maldita tumba. Inalei golfadas de ar, mas não era o bastante. Eu pensei em todos os corpos que já estavam naquelas gavetas fechadas. Todos esperando para que eu me juntasse a eles.

Meu peito subia e descia. Thomas não estava morto. Não como minha mãe e meu irmão. Ele não havia voltado como um monstro morto-vivo. Ele não era nenhum *strigoi*. Eu me curvei, colocando a cabeça entre os joelhos, amaldiçoando o ar por ser denso demais para que eu respirasse devidamente, enquanto o sangue latejava em minhas veias. Mantive os olhos cerrados, e aquelas assombrações persistiam contra a minha vontade. Minha mente estava tentando me matar. Vampiros e seres imortais eram mito, não realidade.

Ninguém poderia cruzar a fronteira da morte e voltar. Nem mesmo o sr. Thomas Cresswell.

"Audrey Rose, eu sinto muito." Thomas estirou as mãos na minha direção, conciliador, gentil. "Foi um horrível estratagema para fazer com que você falasse comigo. Nada além disso. Eu... Eu sou um amigo terrível. Em momento algum eu pretendia... Você precisa de ar. Vamos lá para fora. Por favor. É que... eu implorei para que Ileana de alguma forma trouxesse você até aqui, para que pudéssemos conversar. Então eu vi a mesa e pensei... Por favor, permita-me levá-la para tomar um pouco de ar. Eu peco desculpas. Eu não pensei..."

"Você... Seu calhorda!"

Fui aos tropeços para o canto, com o rosto ardendo, pegando fogo, as lágrimas escorrendo de meus olhos fechados. Aquele vácuo em meu âmago já não estava vazio, mas cheio de emoções furiosas e abrasadoras demais para que fossem suprimidas. Thomas tinha estado lá naquela noite. Ele havia testemunhado tudo aquilo. Deitado ali, fingindo-se de morto, como se o mero *pensamento* dele cruzando o limiar da morte não fosse minha ruína final. Eu cerrei os pulsos e me dei conta de que havia umas cem mil coisas sobre as quais eu poderia perguntar aos gritos. Mas apenas uma para a qual eu precisava de uma resposta.

"Como você pôde ficar ali, deitado, fingindo-se de morto?", exigi saber. "Você sabe. Você *sabe* o que aconteceu naquele laboratório. Eu não posso..." Fiquei ali parada, com as mãos tremendo, inspirando alto o bastante para que minha respiração pudesse ser ouvida. Thomas deixou sua cabeça cair em suas mãos e não disse nenhuma palavra. Ele mal se moveu. Passaram-se alguns segundos, a ponto da raiva começar a se contorcer pelo meu corpo novamente, buscando algo a que atacar.

"Fale agora ou nunca mais me procure, Cresswell. Como você pôde fazer isso? Sabendo que é o que me assombra dia e noite. Minha mãe deitada naquela mesa. Aquela eletricidade."

Então eu solucei e chorei mais intensamente, as lágrimas fluindo pela minha face enquanto eu revivia o horror daquela noite. Esta, *esta* memória era o que eu não conseguia superar. Que eu não conseguia parar de ver cada vez que eu ficava diante de um corpo. Minha mãe, uma vez bela e então completamente destruída. Desfigurada pela morte. Com tubos entrando em seu corpo parcialmente apodrecido.

Os espasmos de seus dedos, as mesmas mãos que uma vez me abraçaram, apodrecidas e parcialmente esqueléticas. Tufos de seus longos cabelos muito pretos espalhados como lixo no chão.

Uma nova onda de enjoo abalou o meu sistema. Aquela era uma coisa que eu nunca, jamais *poderia* esquecer. E ter agora as imagens adicionais de Thomas deitado em uma mesa de exames? Minha respiração saía estremecida. Por fim, eu me forcei a olhar para cima e fitei o rapaz que com tanta facilidade podia deduzir o impossível e, ainda assim, deixava de notar o simples e o óbvio diante dele.

"Eu estou tão perto de me estilhaçar, Thomas", falei, o corpo tremendo. "Tão perto de me perder. Eu nem mesmo sei se consigo continuar estudando medicina forense."

Thomas piscou como se eu tivesse falado tão rápido e de forma tão obscena que seu cérebro não havia captado as minhas palavras. Ele abriu a boca e então a fechou, balançando a cabeça. Seu olhar estava tão terno quanto seu tom quando ele finalmente encontrou as palavras certas.

"Você está sofrendo com o luto, Audrey Rose. Esse sofrimento não é igual a estilhaçar-se. Você está se reconstruindo depois de algo... destrutivo. Você está voltando mais forte." Ele engoliu em seco. "É nisso em que você acredita? Que você seja irreparável?"

Limpei o rosto com o punho da manga de meu vestido. "Por que você se deitou naquela mesa? Eu preciso da verdade desta vez."

"Eu... Eu pensei..." Thomas mordeu o lábio. "Eu pensei que confrontar seu medo pudesse ser benéfico. Que poderia... ajudá-la, de modo que você... tenha seu melhor desempenho. Nós só temos mais umas poucas semanas. A concorrência ficará feroz. Eu achei que você apreciaria minha iniciativa."

"Essa é a coisa mais idiota que eu já ouvi sair de sua boca. Você não pensou no que isso poderia fazer comigo?"

"Eu achei que você fosse ficar um pouco... irritada, mas muito satisfeita. Imaginei você... rindo, para falar a verdade", disse ele. "Mas eu realmente não pensei nisso a fundo. Eu vejo como poderia tê-la ajudado de uma forma mais... produtiva. Talvez essa seja a hora de lhe oferecer um suporte emocional."

"Oh? Só *agora* você está deduzindo que está na hora de eu receber um apoio emocional? Como você pode achar que eu riria de uma coisa dessas? Perder você... Isso seria, de longe, a coisa menos divertida que eu poderia imaginar."

O olhar dele exibiu um lampejo de travessura em uma hora bem errada. "Você está finalmente confessando que eu sou insubstituível em seu coração, então? Já passou da hora de você admitir isso, se quer saber."

"Como?"

Fiquei ali parada, quase boquiaberta, piscando. Ele não estava levando isso a sério. Eu iria matá-lo. Eu o cortaria em milhares de pedacinhos e os daria para os lobos gigantes à espreita no bosque comerem. Ergui o rosto e poderia ter jurado que um rosnado saíra rasgando pela minha garganta. Mesmo que eu não emitisse som algum, minha expressão deve ter revelado a promessa de sangue derramado.

"Foi uma piada! Ainda não é hora para leviandade, estou vendo agora." Thomas cambaleou para trás, balançando a cabeça. "Você teve um choque e tanto... Culpa minha, naturalmente. Mas..."

Andei até ele, meus olhos estreitos enquanto eu aproximava minha boca da dele. Etiqueta e decência, e todo aquele absurdo da sociedade polida com que eu supostamente deveria me importar, foram esquecidos. Coloquei as mãos no peito dele e o empurrei na direção da parede, encurralando-o. Embora eu mal precisasse tocar nele para mantê-lo no lugar, Thomas parecia bem contente com nossa posição atual.

"Por favor, Audrey Rose. Eu sou um caso perdido e não tenho como pedir desculpas o suficiente." Thomas esticou a mão para tocar no meu rosto, suas mãos estavam quase alcançando minha pele quando ele parou, dando-se conta do olhar de raiva que eu dirigia a ele.

"Não me trate como se *você* soubesse o que é melhor para mim." Fiz uma pausa, tentando desatar meus próprios sentimentos e determinar por que eu havia tido uma reação assim tão intensa. "Meu pai tentou me enjaular, proteger-me do mundo exterior, e essa é a minha primeira experiência verdadeira com a liberdade, Thomas. Eu finalmente estou fazendo as minhas próprias escolhas. O que é ao mesmo tempo aterrorizante e emocionante, mas eu preciso saber que sou capaz de enfrentar algumas batalhas sozinha. Se você realmente quer me ajudar, então simplesmente esteja presente. Para quando eu precisar de você. Isso é tudo que eu peço. Chega de experimentos para tentar me ajudar a lidar com o meu trauma. Ou falar com os professores sobre meu estado emocional ou minha constituição. Você me sabota quando faz isso. Eu não tolerarei tais ações."

"Eu sinto muito em relação a isso também, Wadsworth." O profundo arrependimento em seu olhar me dizia que ele estava falando sério. "Você é e sempre foi minha igual. Eu estou tão envergonhado por ter agido de uma forma que fez com que você sentisse o contrário." Ele inspirou fundo. "Será que você... Ficaria tudo bem se eu explicasse?"

"Há mais coisas por trás dessa idiotice?"

Eu o encarei sem piscar. Thomas havia feito muitas coisas ridículas antes, mas essa, de longe, tinha sido a pior. Ele deveria saber que não se tratava somente de reabrir uma ferida recente — isso estava dilacerando tanto a própria ferida quanto a minha alma, de uma só vez. Permiti que o gelo revestisse todo o meu ser.

Ele soltou o ar, estremecendo, como se pudesse sentir a frieza sendo emanada de mim.

"Na minha cabeça, quando pensei em como você se sentiria ao me encontrar aqui de tal forma, eu achei que você fosse... rir. Sentir-se aliviada porque seus piores medos teriam se provado falsos. Que a única coisa que você tinha a temer eram minhas horríveis tentativas de ajudá-la." Ele ergueu a mão até sua testa. "Eu não estou sabendo lidar com a dedução do óbvio. Parece-me exatamente o que é agora: a pior ideia do mundo. Eu disse que eu não tenho nenhuma fórmula em relação a você. Eu também não tenho nenhuma compreensão acerca das mulheres, eu acho. Ou talvez sejam as pessoas, de modo geral, que eu não entenda. Eu posso ver como meu senso de humor nem sempre reflete a ideia das pessoas em geral."

Os músculos das minhas bochechas queriam se contorcer com o imenso eufemismo, mas eu não tinha energia o bastante para sorrir.

"É só que... às vezes, quando estou com medo ou perdido, eu tento encontrar o humor. Quebrar a tensão. Rir sempre me ajuda, e eu estava com esperanças de que isso também pudesse ajudar você. Eu realmente sinto muito, Audrey Rose. Eu estava completamente errado ao discutir seu estado emocional com Radu."

"Sim, estava."

Thomas assentiu. Por um instante, parecia que ele poderia a qualquer momento desmoronar e cair de joelhos, mas ele continuava firme como um soldado. "Meu erro idiota não teve nada a ver com falta de fé em você. Eu simplesmente não confiava que *Radu* não fosse ficar incessantemente lhe fazendo perguntas sobre Jack, o Estripador. Eu o imaginava machucando você sem querer, e eu sabia que desejaria matá-lo se isso acontecesse. Eu sei que você não precisa ser protegida, mas, ainda assim, eu travo uma batalha interna por querer fazê-la feliz."

Ele fez uma pausa, parecendo ter ainda mais coisas a me dizer.

"Na aula de Radu... Depois de tudo aquilo, eu continuava vendo seu rosto. A luz se esvanecia e aquele vazio desolador voltava. Parecia que estávamos de volta ao laboratório na noite em que ele morreu. E a pior parte? Eu sabia que era algo que eu poderia ter impedido. Se eu tivesse me esforçado mais nas minhas tentativas. Se eu não estivesse aterrorizado com a ideia de perder você." Thomas cobriu a própria face, a respiração irregular. Desta vez, lágrimas escorriam por seu queixo. "Eu não sei como consertar isso, mas eu prometo que vou melhorar. Eu..."

"Não havia nada que você pudesse ter feito naquela noite", falei em um tom gentil.

Isso era algo que eu mesma sabia fazia um tempo, mas que não impedia minha mente de retornar àquela cena e reprisá-la repetidas vezes em busca de um final diferente para a história. Estiquei a mão e, com ternura, peguei a mão de Thomas na minha. Eu ainda estava chateada com ele, mas minha raiva diminuía ao enxergar a situação em perspectiva. Ele ainda estava vivo. Nós poderíamos deixar isso para trás e poderíamos crescer. Nem o tempo nem a morte ainda nos haviam comprometido.

Ele engoliu em seco, sua garganta latejava enquanto olhava para baixo, para nossas mãos unidas.

"Por favor, perdoe-me."

"Eu..."

Uma tábua do assoalho rangeu sob nós. Eu me afastei dele, testando a área com meu peso. Soava como se tivesse dobradiças, e que estas precisavam de um bom óleo. Eu estava certa de que tinha visto o contorno de uma porta. Eu rezava para que não fosse mais uma ilusão. Thomas não parecia tê-la notado; seu foco pousava somente em mim, e sua expressão estava velada, ainda que esperançosa.

Eu me dei conta de que ele estava esperando pela minha resposta a seu pedido de desculpas.

"Se você jurar que nunca, jamais, falará em meu nome sem o meu consentimento, então eu perdoo você", falei, sabendo muito bem que eu o teria perdoado de todas as maneiras. Ele ficou radiante, e tive que me esforçar para não o envolver em meus braços. Pigarreei e apontei para a porta. "Eu tenho uma teoria que estou tentando provar. E acredito que o alçapão em cima do qual estamos pisando seja a nossa primeira pista."

Thomas me fitou por mais um instante, então voltou sua atenção para a porta. Se estivéssemos um pouco mais para trás seria mais fácil vê-la, ainda assim, definitivamente, havia uma porta oculta dentro do necrotério.

"Eu ouvi Moldoveanu e Dăneşti conversando sobre o desarmamento de câmaras, embora eu não tenha muita certeza do que eles queriam dizer com isso. Eles disseram que precisavam encontrar algum livro para localizarem essas câmaras", falei. A animação substituiu minhas emoções sombrias de antes enquanto eu olhava para o alçapão, contemplando-o. "Acredito que descobrimos uma dessas câmaras antes deles."

"É bem possível." Thomas se aprumou. "Poderia se tratar de um velho túnel que dá para o bosque. Vlad usava este castelo como uma fortaleza. Eu tenho certeza de que havia muitas maneiras para uma saída estratégica, se fosse preciso. Esta provavelmente não passa de um palácio de aranhas agora. Eu preferiria não macular este terno."

Eu funguei de uma forma um tanto quanto dramática. "Isso me fede a desculpas, Cresswell. Você tem medo de aranhas?"

Ele tamborilou os dedos nos braços, com a expressão pensativa. "Eu não sinto que comprometo minha dignidade ao admitir que as odeio."

Sorri. Nós dois estaríamos encrencados, então. Eu esperava que não fôssemos nos deparar com nenhuma criatura de oito patas. O impulso magnético da curiosidade era demais para que eu resistisse. Tateei ao redor das tábuas de madeira do assoalho em busca de um mecanismo que as soltasse. O espaço abaixo de nós poderia estar acabado e cheio de teias de aranha, ou poderia mostrar ser regularmente cuidado, levando-me a acreditar que alguém teria conhecimento dele.

E, caso alguém tivesse conhecimento dele, talvez estivesse cheio de pistas. Se Dăneşti estava procurando por câmaras ocultas, eu queria saber por quê. Ergui o olhar para Thomas.

"Você não vai me ajudar?" Ele mordiscou o lábio e eu quase vi aquele tom carmesim novamente. "Sério? Você acha que essa ideia é pior do que aquela em que você se fingia de morto e quase me matava de susto?"

"Faz sentido." Ele batucou os dedos nos lábios, considerando. "Se eu acabar sendo devorado por aranhas vorazes, pelo menos serei lembrado por algo além da minha boa aparência."

Ele abriu um largo sorriso enquanto eu revirava os olhos, então andou até o candeeiro apagado. Fiquei observando enquanto ele o estudava por um momento, e depois o torceu para o lado. Incrivelmente, o alçapão girou para dentro, revelando uma escadaria úmida e bolorenta. Ergui os olhos com incredulidade, e Thomas ficou radiante.

É claro. O candeeiro quebrado era uma pista tremendamente óbvia agora.

"Devo impressioná-la com meus poderes de dedução? Aquele era o único candeeiro que não estava aceso na sala, levando uma pessoa a acreditar que de fato havia uma passagem secreta..."

"Agora não, Cresswell. Venha dar-me uma mãozinha aqui. Eu quero ver o que Vlad Drácula estava escondendo aqui embaixo. E o que Dăneşti anda buscando."

22. AQUELAS ASAS DESPROVIDAS DE PENAS

Pasaj secret
Passagem secreta, Castelo de Bran
5 de dezembro de 1888

Se a quase completa escuridão não fosse um aviso suficiente para voltar atrás, então o doce e enjoativo fedor de decomposição que nos envolveu deveria ter sido.

"Que adorável!" Thomas torceu o nariz. "Nada como o aroma de um cadáver inchado para fazer com que entremos no clima de aventura."

Estávamos parados no limiar do alçapão, com nossos olhares voltados para baixo, para o que parecia ser um cenário funesto. Pedras cinzentas cercadas por teias de aranha e outros detritos estendiam-se diante de nós, abrindo seus dentes lascados o bastante de forma a permitir a entrada nas entranhas do castelo. Eu fiz o melhor que pude para respirar pela boca.

"Pense nisso como se fosse simplesmente uma fruta madura pronta para explodir."

Fui varrida pelo olhar de Thomas, cujas sobrancelhas estavam erguidas em apreciação.

"Você é morbidamente encantadora."

"Precisamos andar logo. Não quero ficar aqui por muito tempo." Assenti na direção do alçapão. "Deveríamos fechá-lo?"

Thomas olhou para a passagem secreta e depois para a porta principal, a resignação se assentando em suas feições. Ele suspirou. "Eu tenho a sensação de que vamos nos arrepender disso, mas sim.

Desça alguns degraus e eu vou nos trancar aqui dentro, junto com os corpos mortos e as aranhas. No escuro."

Peguei minhas saias, grata por elas não serem tão volumosas como normalmente eram, e desci um degrau de cada vez, estremecendo à ideia do que poderia ficar preso na bainha do meu vestido. Eu me sentia aterrorizada com o que estaria causando o fedor e esperava que se tratasse apenas da carcaça de um animal que houvesse entrado no castelo. Eu não apreciava a ideia de encontrar restos mortais de humanos.

Thomas, cujos sapatos encontravam todas as formas imagináveis de arranhar as pedras enquanto ele fazia manobras para colocar o alçapão no lugar, bufou atrás de mim. Devido às experiências anteriores, eu sabia que ele era mais do que capaz de se mover pela noite com uma furtividade inumana. Trinquei os dentes, ignorando o bater dos sapatos de Thomas enquanto ele pisava duro, descendo os degraus depois de mim. Talvez ele ainda estivesse abalado por causa de seu plano imbecil de se fingir de morto.

Uma pedrinha desceu pulando pelos degraus, fazendo com que nossa chegada fosse ouvida pelo mundo inteiro. Eu parei de me mexer, minha pulsação rugia como uma onda quebrando em minhas veias. Não poderíamos ter certeza de que estávamos sozinhos aqui embaixo, e eu não queria ser expulsa da academia assim tão rápido. Especialmente quando havia tantas perguntas não respondidas sobre o que exatamente estava acontecendo aqui.

Thomas murmurou alguma coisa baixo demais para que eu entendesse.

"Fique quieto." Lancei um olhar de esguelha para ele por cima do ombro, embora estivesse escuro demais para que eu o visse com clareza. Sua silhueta estava envolta em uma luz dourada por causa do brilho da luz que vazava por uma fenda no alçapão. Lutei contra um tremor urgente. Sempre houvera algo em relação a ele que era... perturbador, de um modo intrigante. Especialmente quando estávamos escondidos no escuro.

"Eu mal posso esperar para ver se isso é tão bonito quanto o cheiro que exala."

"Sério? É impossível para você ficar calado?"

O sibilar de um fósforo sendo aceso foi a única resposta dele.

Thomas sorriu com afetação para a vela que ele estava tentando manter acesa, cuja luz mal passava de um tremeluzir no escuro opressor. Não me dei ao trabalho de perguntar onde ele havia encontrado aquele toco de cera. Talvez o houvesse guardado em seu fraque. Ele se inclinou para mim, falando baixinho o bastante para que eu quase não ouvisse suas palavras. Contudo, ele não deixou de notar a intensidade da minha respiração quando seus lábios roçaram de leve meu pescoço, fazendo minha pele formigar com o contato. Eu senti que ele sorria com a boca nos meus cabelos.

"*Você é o mais belo rapaz que já conheci na vida*", disse ele.

Apertei os olhos, tentando discernir algum machucado ou alguma imperfeição nele. Não havia nada fora do comum que eu pudesse notar em Thomas. Apenas dois olhos de um castanho dourado que me encaravam, divertindo-se. "Você bateu a cabeça, não foi? Ou tomou algum tônico estranho?"

"Você quer o meu silêncio." Thomas abriu um grande sorriso e depois, aos pulinhos, rodeou-me após descer as escadas. "A frase que acabei de falar é o código para quando você quiser que eu fale novamente. Eu prometo que não direi uma sílaba que seja até que você destrave estes lábios com essas palavras."

"Ah, se eu tivesse essa sorte!"

Mantendo sua promessa, ele foi descendo sorrateiramente as escadas sem ao menos respirar alto demais. Se eu já não soubesse que Thomas estava ali comigo, e não pudesse ver o fraco tremeluzir da luz que ele segurava, eu nunca teria descoberto que ele estava apenas a poucos passos à minha frente. Ele certamente sabia se mover como um espectro quando queria.

Sua silhueta dissolveu-se nas sombras que nos cercavam. Tomando cuidado para usar da mesma cautela que ele, desci com a atenção aguçada, visto que a última coisa de que eu precisava era quebrar uma perna aqui embaixo.

Asas batiam ao longe, e o som era como o de dois pedaços de couro se golpeando em uma sucessão frenética. Ignorei a forma como meu coração ansiava por alçar voo e flutuar de volta para o topo das escadas. Imaginei que aqueles fossem os morcegos que o diretor havia mencionado na noite em que chegamos.

Quatro cadáveres fétidos eram uma coisa, mas *morcegos*... Um tremor vibrou em meus ossos. Morcegos, com seus rostos de roedores e asas membranosas, faziam meus nervos estremecerem.

Isso era completamente irracional. Eu era bem tolerante com ratos. E não tinha problema algum com pássaros. Mas aquelas asas desprovidas de penas, com veias espalhando-se ao longo delas como galhos na árvore da vida... Eu poderia viver sem isso.

Quando chegamos ao fim das escadas e entramos em um corredor que parecia ter sido talhado na pedra bruta da própria montanha, eu questionei a minha necessidade de descobrir segredos contidos debaixo do necrotério em um castelo com um passado tão ameaçador.

A condensação escorria da pedra, embora não houvesse aqui quem enxugasse a tristeza desse túnel miserável. Pelo menos não alguém que gostaríamos de encontrar sem que tivéssemos uma arma. O vento uivava pela passagem, erguendo os pelos dos meus braços.

Soltei um xingamento, esquecendo-me de ficar calada. Thomas virou-se, com uma expressão divertida no rosto, mas fiz um movimento para que ele continuasse andando. Eu precisaria mandar fazer uma espécie de coldre para carregar o escalpelo, assim eu poderia amarrá-lo ao meu corpo e fazer uso da perigosa lâmina sempre que fosse preciso. Eu me perguntava se a costureira da cidade conseguiria fazer um acessório como esse.

Da mesma forma como era possível fazer um cinto, com certeza um coldre poderia ser feito. Eu estava tentando ganhar tempo de novo e sabia disso. Eu esperava sinceramente não sermos atacados por nenhum morcego. Havia muitas coisas que eu conseguia aguentar... mas imaginar suas garras ficando presas nos meus cachos, enquanto eles guinchavam e arrancavam mechas dos meus cabelos...

Limpei as mãos nas minhas saias, desejando que eu tivesse pensado em trazer um manto, embora, é claro, eu não houvesse planejado ir a qualquer lugar que não fossem os corredores das criadas. Era muito mais frio aqui embaixo, tão longe das muitas lareiras do castelo. Como se tivesse colhido a dedução da escuridão, Thomas ficou cara a cara comigo abruptamente, oferecendo-me seu casaco.

"Obrigada, mas você pode ficar com ele por ora."

O casaco era tão longo que eu tropeçaria nele.

Ele assentiu e continuou seguindo em frente. Eu me apressei atrás dele, conseguindo ignorar as asas que batiam e ecoavam na úmida passagem à frente.

Puxei Thomas até que ele parou. Na extremidade mais afastada do longo túnel de pedra em que estávamos, uma única tocha bruxuleava. Embora a luz lembrasse um sol afundando no horizonte, não havia absolutamente nenhuma calidez em seus míseros raios. Se uma tocha estava acesa, alguém devia estar embaixo, ou tinha estado bem recentemente.

Minha respiração formou uma nuvem diante de mim, como um espectro revelando um presságio. Thomas fez um sinal para que eu fosse na frente. As paredes pareciam ficar mais próximas de nós agora, a montanha nos esmagando de ambos os lados. Passamos por umas poucas portas, algumas das quais estavam manchadas de preto, enquanto outras eram de um carvalho escuro, todas elas quase indistinguíveis das paredes da caverna até que nos deparássemos com elas por acaso.

Tentei empurrar uma dessas portas, mas ela se recusou a ceder. Continuei descendo o corredor com a atenção fincada no menor dos movimentos. Eu não sabia ao certo o que faríamos se encontrássemos algo sinistro aqui embaixo. Eu tinha esperanças de que Thomas tivesse uma arma escondida onde quer que ele houvesse mantido a vela guardada.

Uma leve brisa soprou e, com isso, nossa vela apagou-se. O que eu mais queria era libertar os meus cabelos da trança e cobrir meu pescoço com eles. O ar nesta extremidade do túnel estava mais gélido do que nas escadas. Já não havia água pingando; agora, ela estava congelada em uma lâmina cintilante, beijando a face da rocha.

Thomas chegou até onde eu havia parado e apontou na direção de onde tínhamos vindo. Olhando para trás a partir deste ponto estratégico, eu podia ver que havíamos descido de forma constante, embora não parecesse durante a nossa caminhada. Nós também estávamos muito mais longe de nosso ponto de entrada do que eu havia pensado.

A escuridão pregava peças nos meus sentidos. Eu poderia ter jurado que ela nos sentia, que observava cada passo que dávamos às cegas, que se deleitava com nosso terror. Thomas afastou uma teia de aranha para longe antes que eu passasse por ela. Um gesto cavalheiresco, considerando o medo que ele tinha. Agradeci e lentamente continuei a descer pela passagem.

"Parece um parque de diversões com todos esses espelhos, não parece?", perguntei.

Transcorrido o tempo de umas poucas pulsações, Thomas simplesmente assentiu, com um grande sorriso travesso espalhando-se em sua boca. Então eu me lembrei de seu voto de silêncio.

"Quer saber de uma coisa?", perguntei. Ele ergueu as sobrancelhas. "Eu meio que gosto de você sem todos aqueles absurdos que vivem jorrando de sua boca. Você deveria ficar quieto com mais frequência." Permiti que meu olhar inspecionasse suas feições cinzeladas, satisfeita pelo anseio que iluminava os olhos dele quando minha atenção encontrou sua boca. "Na verdade, eu nunca quis tanto beijar você como quero agora."

Eu rapidamente me movi pela passagem, sorrindo para mim mesma enquanto Thomas ficava de queixo caído. Um pouco da leveza de que eu precisava para conter minha inquietação. Eu não queria pensar no que nós estávamos prestes a ver. A morte nunca teve um cheiro agradável, e, nesse momento, o odor sobrepujante fazia com que meus olhos lacrimejassem. A esperança de nos depararmos com a carcaça de algum animal estava diminuindo.

A menos que se tratasse de um animal um tanto grande, do tamanho de um ser humano.

Limpei a umidade dos cantos de meus cílios. Era assim que cheiravam os corpos quando não haviam sido enterrados longe o bastante debaixo da terra. Nós não havíamos lidado com decomposição em estado avançado com tanta frequência no laboratório de meu tio, mas as poucas vezes que fizemos isso deixaram memórias entranhadas em meu cérebro para a eternidade.

Aproximando-me da tocha solitária, distingui mais dois túneis que se bifurcavam em direções opostas. No ponto logo antes da bifurcação, contudo, havia uma robusta porta de carvalho situada em um dos lados. Gotículas de suor pareciam vazar da madeira porosa. Que estranho!

Inspirei fundo algumas vezes, deliciando-me com a forma como o frio agora me mantinha alerta. A passagem, aqui, era apenas larga o bastante para que um corpo a cruzasse por vez. Meus ombros estreitos quase rasparam nas paredes conforme avançávamos aos poucos em direção àquela porta ominosa e a qualquer que fosse o horror escondido atrás dela. Thomas se virou de lado para conseguir passar.

Ao olhar para baixo, fiquei surpresa ao encontrar lixo. O cheiro de morte cobria a maior parte de tudo, mas o guardanapo engordurado aos meus pés parecia ser consideravelmente recente. Engoli em seco, na esperança de que quem quer que houvesse depositado o lixo ali tivesse ido embora há muito tempo. Seria bem difícil sair correndo nessa passagem estreita sem que fôssemos pegos.

Fechei os olhos. Eu sabia que era forte o bastante para lidar com o que quer que estivéssemos prestes a descobrir. Porém, a parte do meu cérebro ainda afetada pelos assassinatos do Estripador estava enchendo minhas emoções com coisas absurdas novamente. Eu só precisava de um minuto. Então eu conseguiria me mover.

Thomas deu uns tapinhas em meu ombro, um movimento que indicava que ele queria passar. Balancei a cabeça em negativa. Para que isso acontecesse, ele teria que se espremer para passar por mim. Antes que eu pudesse protestar, ele me pressionou gentilmente contra a parede e deslizou diante de mim, tomando cuidado para não se demorar ao fazer isso.

Relutante, eu me afastei da parede, observando à medida que ele inspecionava os dois túneis. Enquanto ele estava ocupado, calculando sabe-se lá o quê, eu me concentrei na porta. Ele havia me distraído suficientemente de qualquer medo que estivera crescendo em mim, e ele sabia disso. Se eu não tivesse ficado grata com o resultado, eu o teria estapeado com minha luva por tomar tais liberdades ousadas em nossa atual situação, já que eu estava sem uma acompanhante.

Fiquei de frente para a porta mais uma vez. Uma cruz com chamas em cada extremidade havia sido queimada na madeira — muito tempo atrás, pela aparência desbotada dela. Havia um número romano, VII, entalhado abaixo da cruz. Passei os dedos ao longo do símbolo, e depois recolhi as mãos, surpresa com a calidez da superfície.

Talvez eu não estivesse tão livre assim das minhas ilusões como eu havia pensado. Seria melhor abrir a porta rapidamente, se é que ela fosse mesmo abrir. Quanto mais eu adiasse, o suspense quanto a quem ou o que haveríamos de encontrar ali só aumentaria em níveis exponenciais.

Respirando fundo mais uma vez, empurrei a porta com toda a minha força, notando novamente como a madeira parecia quente para um túnel tão frio. Isso não era cientificamente possível; entretanto, ignorei a vibração dos meus ossos, que vinha em forma de aviso. Para o meu assombro, a porta se abriu. Não ouvi, em momento algum, o ranger que eu estava esperando. Alguém obviamente havia tomado o cuidado de lubrificar as dobradiças de metal.

Enfiei a cabeça ali dentro, apenas uns poucos centímetros, confusa com o calor tropical que vinha em rajadas de dentro do espaço cheio de sombras, e apertei os olhos para enxergar melhor. A sala parecia não ser maior do que um pequeno banheiro, mas havia um monte escuro no chão, e montes similares ao longo das paredes altas.

Aquilo não fazia sentido: o que poderia estar cobrindo as paredes? E como é que estava tão perturbadoramente quente aqui dentro, sem uma lareira?

Como se em resposta para esta última pergunta, um vapor sibilou de uma fissura. Deveria haver uma fonte de calor em algum lugar ali perto, talvez uma fonte termal no interior da montanha ou algum tipo de mecanismo de aquecimento no castelo.

"Cresswell, entregue-me aquela tocha, por favor! Eu acredito que..." Alguma coisa quente e peluda bateu na minha cabeça. Estiquei a mão para cima, mas a coisa não estava mais lá. O sangue corria e latejava nos meus ouvidos e cada pensamento racional abandonava minha mente, conforme a massa negra se erguia inteiramente. "O que, em nome de...?"

Fui para trás com um solavanco, debatendo-me enquanto uma centena de morcegos guinchantes movia-se pelos arredores como uma imensa massa, mergulhando no ar. Dentes passavam de raspão em volta do colarinho de meu vestido, e depois deslizavam pelo meu pescoço. Agarrei-me ao último resquício de razão para impedir a mim mesma de gritar. Se eu desabasse agora, alguém nos encontraria. Eu precisava ser forte. Eu precisava não perder o foco. Eu precisava... lutar.

Minhas mãos encontraram asas que pareciam ser feitas de couro. Eu estapeava corpos que vinham do céu e ignorava o pânico crescente, enquanto o sangue escorria pelos meus dedos enluvados, espalhando-se pelo chão.

Estávamos sendo atacados.

23. *LILIECI VAMPIR* (MORCEGOS-VAMPIROS)

Pasaj secret
Passagem secreta, Castelo de Bran
5 de dezembro de 1888

Thomas foi parar ao meu lado em um átimo, brandindo a tocha da parede como se fosse uma espada em chamas. Ele não era o único capaz de manter o sangue-frio em face do perigo. Eu cataloguei todos os detalhes da sala e da cena, dentro do que me foi possível entre os ataques. O montinho no centro da sala era um corpo que jazia com o rosto voltado para baixo. Morcegos o cobriam como se estivessem fazendo um festim.

As saias indicavam que a vítima era uma mulher, cuja pele era mais branca do que a neve recém-caída nas partes que não estavam desfiguradas por marcas rubras de mordida. Sua imobilidade não deixava dúvidas de que ela havia falecido. Ninguém que ainda respirasse poderia permanecer tão imóvel com inúmeras criaturas rastejando por cima de si. Eu corri até o lado dela só para ter certeza.

"O que você está fazendo?", gritou Thomas da porta. "Ela morreu! Anda logo!"

"Um... momento", falei, vendo cabelos loiros debaixo de mechas escarlates. Podia ser ele quem estava segurando a tocha, mas eu estava determinada a coletar o máximo possível de informações.

Tentei procurar outros detalhes, mas vários morcegos mergulharam para cima de mim de uma só vez, rasgando a renda das minhas luvas, atraídos pelo sangue que já vazava das minhas feridas. Eu me arrastei para cima, saí da sala correndo o mais rápido que consegui e fechei a porta com um puxão. Thomas empurrou a tocha para cima dos atacantes que ainda restavam. Os olhos dele estavam selvagens enquanto os morcegos guinchavam estridentemente e mergulhavam em nossa direção mais uma vez.

Depois de ter feito com que o último dos morcegos voltasse de volta para a escuridão, ele pegou alguma coisa do meu ombro e jogou de lado.

"Está tudo bem com você, Wadsworth?"

Tínhamos acabado de ser atacados por um pesadelo infernal que se tornara realidade. Algo quente escorria pelo meu pescoço. Eu tinha mais cortes do que me atrevia a pensar no momento. Em vez de colocar tudo isso em palavras, eu ri. Com certeza, era algo com o qual nem Poe poderia ter sonhado.

Apesar do horror, eu me senti ruborizar com o calor da excitação. O sangue agitava-se nas minhas veias, aumentando a intensidade de meu coração, lembrando-me de como eu era poderosa. De como era maravilhoso estar viva.

"Eu achei que você não deveria falar de novo, a menos que eu dissesse a frase mágica, Cresswell."

Seus ombros se curvaram, deixando cair a tensão que ele vinha carregando. "Sermos atacados por morcegos-vampiros é uma desculpa boa o bastante para quebrar a minha própria regra." Ele franziu o cenho, olhando para o sangue que vazava pelas minhas luvas. "Além do mais, eu já sei que sou o rapaz mais bonito da sua vida." Um morcego que estava separado do bando mergulhou na direção dele, e eu o afastei com um tapa. "Esses morcegos não são nativos da Romênia."

"Eu não fazia a mínima ideia de que você também fosse um quiropterologista", falei, entediada. "É assim que você impressiona todas as jovens damas?"

Ele me analisou com interesse. "Bem, *eu* não fazia a mínima ideia de que você conhecia o termo científico para o estudo dos morcegos." Ele tirou seu longo fraque e o ofereceu para que eu o vestisse. Era quente e cheirava a café torrado e colônia fresca. Resisti ao desejo de inspirar seu cheiro reconfortante. "Seu cérebro é um tanto quanto atraente. Até mesmo diante de tudo isso." Ele acenou para a porta fechada, com seu grande sorriso esvanecendo-se um pouco. "De longe, o atributo de que mais gosto em você. Mas é verdade. Eu os estudei o bastante para reconhecê-los como o que são: morcegos-vampiros. Não faço a mínima ideia de quem desejaria criá-los."

Mesmo aninhada no fraque de Thomas, me permiti sentir um calafrio que estivera provocando minha carne. Este castelo era mais traiçoeiro do que eu havia pensado.

"Eu imagino com que outro tipo de encantadora vida selvagem nós haveremos de nos deparar ao descermos aqueles túneis."

Minha mente esbarrou em um detalhe da conversa entre Moldoveanu e Dăneşti. Eu descrevi toda a conversa para Thomas tão rápido quanto possível, com as palavras saindo aos tropeços. "Por que o livro do qual Dăneşti estava falando teria alguma coisa a ver com essas passagens? Você acha que ele contém pistas sobre o lugar para o qual todas as portas e túneis conduzem?"

"Talvez." Thomas dirigiu o olhar de mim para os dois túneis escuros atrás de nós. Uma vez na vida a expressão dele foi fácil de ser interpretada. Havíamos acabado de encontrar um corpo e fomos atacados por morcegos. Agora não era hora de sair vagando tão longe sob o castelo sem primeiro nos abastecermos com conhecimento e armas físicas. "Deveríamos fazer um pouco de pesquisa. Venha. Eu conheço o lugar perfeito para isso."

Havíamos voltado furtivamente para nossos aposentos e limpado quase todo o sangue de nossos rostos. Eu também havia devolvido o fraque de Thomas, não querendo atrair nenhuma pergunta ou atenção indesejada caso nos deparássemos com alguém a essa hora. Agora, em um corredor cheio de sombras na ala oeste do castelo, estávamos parados diante de duas portas de carvalho que exibiam entalhadas todas as espécies de feras, das míticas às mais familiares. Embora nenhuma placa tivesse sido afixada em honra a ele, mesmo assim, eu imaginava a indicação A BIBLIOTECA SANGRENTA DE DRÁCULA em letras góticas e espessas.

Tochas em suportes feitos de ferro estavam dispostas orgulhosamente em cada lado, convidando os visitantes a entrar e avisando-os para que se comportassem enquanto estivessem na biblioteca.

Avistei uns poucos morcegos voando no entalhe da porta e a abri. "Se eu nunca mais vir outra daquelas criaturas horripilantes, morrerei feliz."

Thomas riu baixinho ao meu lado. "Sim, mas a forma como você estapeou aquele morcego que estava me atacando foi tão valente. Uma pena que eu nunca mais testemunharei tamanha ferocidade. Talvez possamos caçar morcegos pelo menos uma vez por ano. Mas, então, teremos que libertá-los, naturalmente. Eles são adoráveis demais para que os machuquemos."

Fiz uma pausa antes de cruzar o limiar da porta. "Eles tentaram beber o nosso sangue, Cresswell. 'Adorável' dificilmente seria a palavra que eu usaria para me referir a eles."

Entrei com tudo na sala, e então parei, pousando uma mão em meu peito. A abóbada nervurada do teto, semelhante a uma catedral, fez com que eu pensasse em aranhas de pedra cujas longas pernas rastejavam paredes abaixo. As arcadas ogivais de pedra abrigavam corredores de livros.

Esta era, de longe, a maior das bibliotecas do castelo; aquela em que eu havia achado o livro sobre práticas mortuárias era bem menor. Couro e pergaminho e o cheiro mágico de tinta nas páginas sobrepujavam os meus sentidos. Candelabros de ferro forjado — que tinham o mesmo estilo das urnas no corredor — pendiam da teia de pedra cinza acima deles. Era sinistro e intrigante ao mesmo tempo. Uma parte minha desejava passar horas dentro de suas alcovas obscuras, e outra parte mal podia esperar para garantir uma arma. Qualquer coisa ou pessoa poderia estar escondida nesses recantos lúgubres.

Fechei os olhos por um instante. Enquanto cuidávamos de nossos cortes, Thomas e eu havíamos decidido retardar o ato de comunicar alguém sobre o corpo que havíamos descoberto. Deixar os restos mortais daquela pobre moça naquele lugar terrível ia contra todas as fibras do meu ser, mas eu não confiava em Moldoveanu. Ele provavelmente nos puniria ou nos expulsaria por explorarmos os segredos do castelo. Thomas também argumentou que, se o corpo dela fosse descoberto, isso poderia nos alertar quanto a quem mais tinha conhecimento dessas passagens. Relutante, concordei, mas sob uma condição: se o corpo dela não fosse encontrado até a próxima tarde, deixaríamos um bilhete anônimo.

Alguém espirrou a alguns corredores de distância, e o som ecoou na vasta câmara. Meu corpo ficou paralisado. Não estávamos fazendo nada de errado, e, ainda assim, eu não conseguia impedir minha pulsação de ficar acelerada só de pensar em encontrar alguém.

"Por aqui", Thomas sussurrou, guiando-me na direção oposta. Como se saindo de um transe, me movi para a frente, absorvendo a visão de cada corredor de livros, forçando o ataque feroz a sair de minha mente. Os corredores não eram compostos simplesmente por fileiras regulares: havia prateleiras do chão até o teto, repletas de tomos de todas as formas e tamanhos.

Livros grossos, livros finos, encadernação de couro e brochuras: eles estavam empilhados, juntos, como se fossem células compondo um corpo. Eu queria disparar por cada corredor para ver se eles terminavam em algum lugar.

Poderíamos passar o restante da eternidade e não ler todos os livros armazenados aqui. Por outro lado, em um dia normal, teria sido magnífico simplesmente ficar sentada com uma xícara de chá e uma coberta quentinha, e pegar novas aventuras científicas das prateleiras como se fossem petits-fours de tinta a serem saboreados.

Havia livros escritos em francês, italiano, latim, romeno e inglês.

"Eu não faço a mínima ideia de por onde começar", disse Thomas, alarmando-me e fazendo com que eu saísse da minha utopia dos livros. "Eles ao menos possuem seções classificadas por temas. Não é muito, mas é um começo. Você está...?" Ele acenou com uma das mãos na minha frente, com os lábios curvando-se para cima enquanto eu batia na mão dele para que ele a afastasse de mim. "Você está prestando atenção em alguma palavra do que eu estou dizendo, Wadsworth?"

Parei em um dos corredores, onde se lia ŞTIINŢĂ.

"Veja só essa seção de ciência, Thomas!"

Selecionei um periódico médico da estante mais próxima, folheando as páginas e maravilhando-me com os desenhos anatômicos. Um artigo de Friedrich Miescher chamou a minha atenção. O trabalho dele com a nucleína era incrível. E pensar que havia proteínas fosfóricas em nossas células sanguíneas que nós ainda tínhamos que nomear!

"Isso é o que eles deveriam estar nos ensinando. Não mitos folclóricos de vampiros relacionados a um homem que morreu há séculos. Você acha que é medicamente possível abrir meu crânio e enfiar as páginas ali dentro? Talvez a tinta se infiltre e crie uma espécie de reação de compostos."

De braços cruzados, Thomas apoiou-se em uma estante. "Estou estranhamente intrigado com essa ideia."

"Imaginei."

Balancei a cabeça, mas continuei caminhando pelo corredor. POEZIE. ANATOMIE. FOLCLOR. Poesia. Anatomia. Folclore. Luxuosas poltronas de couro estavam dispostas nos cantos, acompanhadas de mesinhas cujo propósito era servir de apoio para fazer anotações ou conter mais material de leitura. Foi necessário cada pedacinho da minha força de vontade para não ser distraída por um desejo irresistível de simplesmente me enrolar em uma delas e ficar lendo sobre práticas médicas até que a aurora se arrastasse pelo céu.

"Eu sei o que vou lhe dar de presente nesse próximo Natal", disse Thomas. Eu girei, com minhas saias se enrolando nas minhas pernas como se fossem um casulo de ébano. Os olhos dele brilhavam. "Periódicos médicos e tomos encadernados em couro. Talvez eu coloque aí no meio um novo e reluzente escalpelo também."

Eu sorri. "Eu já tenho alguns escalpelos. Ainda assim, ficarei feliz em aceitar todo e qualquer livro. Nunca é demais ter material de leitura. Especialmente em uma noite de outono ou inverno. Se você estiver se sentindo ainda mais generoso, poderia incluir chá. Eu amo as misturas e harmonizações mais singulares. Realmente cria um clima para os estudos médicos."

Thomas resvalou os olhos por toda a minha pessoa, contemplando-me pausadamente, até que eu finalmente pigarreei. Um pouco de cor surgiu em volta de seu colarinho.

"Audrey Rosehips."

"Como?"

"Mandarei fazer uma mistura especial de chá para você. Um pouco de rosa inglesa, talvez um pouco de bergamota. Uma pitada de algo doce. E definitivamente forte. Precisará de pétalas também." Ele sorriu. "Pode ser que eu tenha encontrado a minha verdadeira vocação. Este é um momento e tanto. Deveríamos comemorá-lo com uma valsa?"

"Venha, especialista em chás." Assenti na direção dos corredores que esperavam por nós, com o coração agitado de um jeito agradável. "Temos muito a investigar se esperamos encontrar algum livro com a planta do castelo."

"E seus muitos túneis secretos." Thomas fez uma mesura. "Depois de você, querida Wadsworth."

"Minha nossa! Você me assustou!"

O professor Radu surgiu do corredor adjacente, fazendo com que uma chuva de livros fosse parar no chão. Ele se lançou para pegá-los, como um pombo pegando migalhas com o bico.

"Eu estava procurando um tomo específico sobre *strigoi* para a aula de amanhã. Essa maldita biblioteca é grande demais para que se possa achar alguma coisa. Venho falando há eras para Moldoveanu que precisamos ter mais de um bibliotecário. Nunca encontramos aquele inútil do Pierre!"

Eu ainda acalmava meus nervos. Radu não tinha soltado sequer um pio, o que era um feito impressionante para um professor desastrado. Eu peguei um livro chamado *De Mineralibus* do chão e o entreguei a ele, notando o couro todo retorcido e a escrita antiga. "Aqui está, professor."

"Ah. Albertus Magnus. Uma de nossas próximas aulas." Ele fez uma pausa, com seus grandes olhos piscando atrás dos óculos enquanto ele adicionava o tomo ao punhado de livros que tinha nos braços. "Viram o Pierre? Talvez vocês o tenham mandado ir atrás de um livro para vocês. Eu não pretendia interrompê-los. Embora seja precisamente isso o que eu quero dizer. Mais bibliotecários, mais conhecimento. Por que Moldoveanu insiste em apenas um é..."

Radu estava tão transtornado que, sem pensar, começou a gesticular os braços, esquecendo-se dos livros que no momento os ocupavam. Thomas lançou-se para a frente e segurou a pilha antes que ela caísse em cima de nós.

"O maldito Pierre nunca está onde é preciso que ele esteja. Digam-lhe que eu encontrei meu próprio material, e que não foi graças a ele. Logo mais estarei fazendo tanto o trabalho dele quanto o meu próprio."

Radu saiu andando, murmurando algo para si mesmo sobre seu plano de aulas estar completamente bagunçado e sobre como ele ia falar com o diretor sobre múltiplos bibliotecários.

"Pelo menos ele não nos perguntou por que estávamos fora de nossos aposentos, desacompanhados, a essa hora", observou Thomas. "Pobre bibliotecário. Ele tem um trabalho e tanto. Cuidar de uma academia inteira e do Radu."

"Ele é fascinante." Fiquei olhando enquanto nosso professor dava de cara com uma coluna de pedra e se afastava dela, com os braços cheios demais para que ele gesticulasse selvagemente para o objeto inanimado. "Eu me pergunto como diabos ele conseguiu um cargo de professor aqui."

Thomas voltou sua atenção para mim novamente. "A família dele sempre esteve envolvida com o castelo. Há gerações, desde quando eu consigo me lembrar. A academia o mantém porque é tradição, e eles acreditam que os habitantes locais gostam de saber que um deles pode ascender nas escadas sociais."

Franzi as sobrancelhas. "Mas se isso for verdade... Então a família dele vem fazendo isso há centenas de anos. A academia não existe há tanto tempo assim."

"Ah. Permita-me fazer uma correção. Eu acredito que a família dele sempre esteve envolvida em *cuidar* do castelo. O cargo dele como professor é novidade para sua linhagem. Uma honra e uma inspiração."

"Por que não lhe foi oferecido o cargo de diretor? Isso certamente passaria uma mensagem mais positiva do que contratando o homem como professor de folclore."

Thomas deu de ombros. "Infelizmente, para Radu, eu tenho certeza de que a academia está errada. Eu duvido que a maior parte dos aldeões na nossa geração se importe tanto quanto se importavam aqueles no passado. Eles provavelmente pensam sobre ele o mesmo que pensam sobre o restante de nós aqui. Que somos blasfemos malfeitores que deveriam sentir vergonha de transformar este castelo sagrado em um lugar de ciência. Ah, veja."

Thomas apontou para uma seção isolada próximo a uma lareira flamejante. A princípio eu achei que ele estivesse sendo impróprio, sugerindo um lugar onde nós teríamos privacidade. Porém, uma vez na vida, ele estava focado em nossa missão. Havia uma placa, em inglês, orgulhosamente pendurada no fim do corredor: EDIFÍCIO E TERRENOS.

"Hoje pode ser nosso dia de sorte, afinal de contas."

Eu me pus a andar em direção ao imenso corredor de livros dedicados ao castelo, na esperança de que esta fosse mais uma daquelas vezes em que Thomas estava certo.

Morcego raposa-voadora de Tonga.
Gravura colorida por S. Milne e Turvey.

PRÍNCIPE DRÁCULA

RASTRO *de* SANGUE

24. ESTRANHAS ILUSTRAÇÕES

Camere din turn

Câmaras da torre, Castelo de Bran

5 de dezembro de 1888

Quando eu por fim subi as escadas, pouco antes da meia-noite, encontrei Ileana em cima de uma banqueta bamba, tirando o pó das estantes apinhadas de cacarecos na minha sala de estar.

Minhas botas — reluzentes como se tivessem acabado de ser polidas — estavam no peitoril da janela, mas eu não tinha energia para perguntar o porquê disso. Nossa grande investida na biblioteca principal para ver que informações poderíamos conseguir em relação a onde os dois túneis possivelmente davam havia sido infrutífera. As únicas coisas que nós havíamos descoberto eram que Radu era até mesmo mais desajeitado do que achávamos que fosse e que ele gostava de ler velhos textos alemães.

A seção de Edifício e Terrenos obviamente não tinha sido tratada com cuidado: havia livros de poesia e periódicos com histórias bobas relacionadas ao castelo e a área ao redor dele, mas nada de útil. Não que eu tivesse esperado que simplesmente entraríamos na biblioteca e sairíamos de lá com um livro que nem o diretor nem o guarda real conseguiam localizar.

Fechei a porta com um clique suave. Sem se virar, Ileana parou por um instante o que estava fazendo, a mão no ar com o pano coberto de poeira e a madeira rangendo sob seus pés. A sujeira na beirada de seu avental bordado fazia com que parecesse que ela estivera andando pela terra molhada. Eu não queria pensar que parte úmida do castelo ela havia sido forçada a limpar. Se fosse alguma coisa como a passagem em que estivemos, era um lugar decididamente deplorável.

"Eu... Eu sinto muito por antes", disse Ileana num rompante. "Thomas me pediu ajuda e eu não podia... Eu não podia... Eu não queria dizer não ao irmão de Daciana. Eu disse a ele que era uma ideia horrível, mas ele estava desesperado. O amor faz dos sábios uns tolos. Eu posso sair, se você não quiser falar comigo."

"Por favor, não se preocupe. Eu não estou chateada com você. Foi um dia longo, só isso."

Ileana assentiu e voltou a limpar cuidadosamente as estantes de livros. Eu tombei no canapé e esfreguei as têmporas na esperança de que um pouco de serenidade caísse do céu e se espalhasse pela minha alma como uma chuva purificadora. Se eu apenas estivesse chateada com a tentativa de Thomas de recuperar nossa amizade...! Ele fingindo-se de morto era algo que parecia ter ocorrido havia milênios. Nós tínhamos problemas muito maiores com os quais lidar.

Embora os morcegos fossem aterrorizantes, eu sabia que eles não eram os responsáveis pela perda de sangue de Wilhelm. Certamente ele teria arranhões discerníveis se esse tivesse sido o caso, o que me deixava ainda mais confiante quanto ao fato de que o sangue dele havia sido removido com equipamentos de necropsia.

Os ferimentos de mordidas nas minhas mãos ainda ardiam. Eu queria mergulhar na banheira, limpar a saliva de morcego que permanecia na minha pele e nunca mais pensar naqueles pequenos monstros imundos. Meu pai começaria a abusar de seu láudano novamente se algum dia descobrisse que me expus a tais criaturas potencialmente disseminadoras de doenças.

É claro que haveria alguém criando morcegos-vampiros em um castelo cujo mais infame morador se supunha ter se tornado um vampiro. Meu impulso inicial seria culpar o diretor, mas ser precipitada era o exato oposto do que meu tio teria me instruído a fazer. Chegar a uma conclusão apressada sobre a identidade do culpado, e depois fabricar evidências para confirmar tal conclusão, não levaria à verdade e à justiça.

"Você parece... Está tudo bem?", quis saber Ileana.

Embora eu houvesse prometido a Thomas que não falaria nada a ninguém sobre isso, decidi dividir nossa descoberta com ela. Talvez ela tivesse ouvido alguma coisa em relação às passagens com as outras criadas ou moradores do castelo.

"Nós encontramos um... corpo... um tanto... mutilado no necrotério. Bem, embaixo do necrotério. Havia um alçapão e..." Ileana ficou rígida. Eu falei mais rápido, na esperança de poupá-la de uma conversa muito longa sobre os mortos. "De qualquer forma, eu gostaria que tivéssemos deixado isso para lá. Era... difícil dizer se havia similaridades com qualquer outro caso em que estivemos envolvidos. E havia morcegos... banqueteando-se com o sangue. Eu não sei o que interpretar disso. Você não deve contar isso a ninguém. Não ainda, pelo menos."

"Morcegos estavam... bebendo sangue de um cadáver?" Com isso, Ileana se virou, piscando. Ela parecia estar tremendo o bastante a ponto de cair para trás com um ventinho qualquer. "Era um estudante? Você contou isso a alguém?"

Minha mente foi invadida por uma imagem do corpo branco como o luar, provocando-me ferozmente com cada detalhe vívido e cada laceração que ela devia ter sofrido antes de dar seu último e condenado suspiro. Balancei a cabeça. "Estava difícil discernir qualquer coisa que fosse. Eu só sei que era uma mulher por causa de sua roupa. Não tínhamos como inspecionar o ambiente com todos os... Com todo o bando de morcegos agitados. Vamos enviar uma carta anônima ao diretor, caso ela não seja encontrada até amanha à tarde. Achamos que a pessoa responsável pelo assassinato poderia acabar 'encontrando' o corpo dela, e decidimos que seria melhor esperar algumas horas."

Fechei os olhos, tentando esquecer os sons de asas batendo contra a minha cabeça, a sensação de garras afundando na minha carne macia. A morte dela não deve ter sido rápida. Eu odiava pensar em seu sofrimento enquanto eles bebiam seu sangue com vigor. Repetidas vezes.

Dentes afiados feito navalha, fatiando e mordendo. Como ela devia ter se sentido impotente à medida que sua força vital era drenada.

Eu me concentrei na lareira, perdendo-me nas chamas. Se eu permitisse que minha imaginação corresse tão livremente, com certeza haveria de vomitar.

"Você acha que a mesma pessoa que empalou aqueles outros dois é responsável por isso?" Ileana retorcia o pano de limpeza. "Ou será que há outro assassino em Braşov?"

Fui marcando mentalmente os fatos dos quais eu tinha conhecimento.

"Até agora, há dois corpos que foram empalados fora da propriedade do castelo: um no trem, e o outro divulgado nos jornais. Então temos o corpo desprovido de sangue de Wilhelm Aldea. E agora essa moça, que provavelmente morreu ao se tornar um festim vivo para os morcegos. A julgar pela ausência de rigor mortis, eu diria que ela... faleceu há pelo menos setenta e duas horas. Mas é difícil ter certeza."

Eu não mencionei a leve rigidez presente em seus membros, nem como a temperatura quente da sala poderia ter acelerado o processo. No verão passado, meu tio me fizera memorizar diferentes fatores que contribuíam para a aceleração ou o retardamento dos efeitos subsequentes da morte. Uma vez que a temperatura na sala estivera de moderada a quente, e o corpo dela estava em decomposição, provavelmente havia se passado um mínimo de vinte e quatro horas desde que ela dera seu último suspiro — embora eu situasse sua hora de morte como sendo algo em torno de três dias atrás, talvez quatro. O fedor era horrendo.

"É possível que ela tenha sido mais uma vítima do Empalador?"

Tirei minhas luvas, estremecendo com a visão dos pedaços destruídos da renda, enquanto arranhões e marcas de mordida eram revelados. "Eu gostaria de saber dizer", falei. "Dois dos corpos foram forjados para que parecessem que eles *eram vampiros*. E o outro servira de *banquete* aos vampiros."

Ao que parecia, esses crimes não foram todos cometidos pela mesma pessoa. Parecia que a mulher e Wilhelm haviam sido assassinados de maneiras diferentes das outras duas vítimas, e também diferentes entre si.

Eu não sabia ao certo se alguém havia forçado a mulher a entrar naquela sala. Talvez ela tivesse ido vagar por lá e teve o infortúnio de ficar presa. Estava um breu naquela câmara — ela poderia ter tropeçado ao entrar, ter sido atacada por morcegos famintos, e depois caiu, incapaz de fugir de seu inferno. Até que seu corpo pudesse ser inspecionado, havia muitas variáveis desconhecidas.

"Ou alguém anda se esforçando muito para simular crimes vampíricos", falei, libertando-me dos pensamentos sobre o cadáver destruído dela, "ou há dois assassinos em ação. Não sei... Quase como se um trabalhasse para superar o outro. Um que imita os métodos de um caçador de vampiros, o outro que imita os métodos de um vampiro de verdade. Eu não estou segura sobre em que acreditar. Ainda há muitas peças faltando. Se Wilhelm tivesse morrido por causa de morcegos, teríamos visto múltiplas feridas nele. Os morcegos eram bem selvagens."

Ergui as mãos, mostrando as mordidas que haviam secado e adquirido um tom de vermelho-rubi.

"O castelo é antigo, assim como os túneis que vocês encontraram", disse Ileana, dispersando sua atenção. "Talvez eles venham criando esses morcegos desde a época de Vlad."

"Talvez." Um pensamento realmente encantador. "Certo, eu acho que *alguém* os está criando. Thomas disse que eles são chamados de morcegos-vampiros, mas que são geralmente encontrados nas Américas. Eu não consigo, por mais que eu tente, imaginar como isso esteja relacionado, a menos que seja simplesmente um infortúnio."

"Talvez o Empalador tenha uma conexão com a academia", arriscou Ileana, cuja atenção estava focada no supostamente renascido príncipe imortal. "O primeiro assassinato ocorreu no vilarejo. Depois, o corpo de Wilhelm também foi encontrado lá. Se Dăneşti estiver certo sobre as ameaças que foram feitas contra a família real, então talvez o Empalador almejasse criar pânico com os dois primeiros assassinatos."

"Ou talvez ele estivesse praticando."

"Talvez ele esteja coletando sangue", ela sussurrou.

Meu próprio sangue congelou em minhas veias. Essa ideia cutucou a parte sensata da minha mente até que outras, mais ameaçadoras, brotaram para juntar-se a ela. Certamente era possível que um assassino estivesse vivendo sob este teto torreado, roubando sangue para seus próprios propósitos.

A teoria do meu tio a respeito de assassinos que se envolviam com seus crimes passou por um momento pela minha cabeça. Em uma academia composta por alunos e professores, quem teria mais a ganhar com os assassinatos? A menos que a motivação residisse simplesmente na emoção da caçada. Aquela compulsão sedenta por sangue era sempre o que mais me aterrorizava. Eu gostaria que meu tio estivesse aqui agora para discutir isso comigo. Ele sempre via além do óbvio.

Ileana havia ficado tão quieta que eu me alarmei quando ela se mexeu na banqueta e proferiu uma pergunta. "Você acredita que o Empalador exista?"

"Não no sentido literal", falei. "Eu tenho certeza de que uma pessoa bem humana está recriando métodos de morte que se tornaram famosos com Vlad Drácula. Eu não acredito, nem por um instante, que ele tenha se erguido do túmulo e que esteja caçando alguém. Isso é tão ridículo quanto completamente contrário às leis da natureza. Uma vez que alguém esteja morto, não há como reanimá-lo. Por mais que se deseje o contrário."

Eu não revelaria quão dolorosamente familiarizada eu estava com a verdade da minha última declaração. Dedos contorceram-se em minha memória, e eu afastei a imagem da minha cabeça.

"Alguns aldeões discordariam de você", disse Ileana, baixinho. "Alguns deles ficaram doentes nas últimas semanas. Uma moça desapareceu. Eles têm certeza de que a culpa é de um *strigoi*. Agora o corpo de Wilhelm foi descoberto, com o sangue faltando. Eles estão cientes do que isso poderia significar."

Comecei a tecer um comentário sobre o desaparecimento da moça do vilarejo, mas me impedi de prosseguir. Sentia vergonha de admitir que havia entrado furtivamente na casa dela. Eu acreditava que o seu caso fosse simplesmente desafortunado, provocado por um excesso de bebidas alcoólicas e desorientação no bosque. Nenhum vampiro nem lobisomem a havia apanhado em seu caminho.

"Você conhece alguém que gostaria de fechar a academia?", perguntei.

Pendurando o pano em um balde galvanizado, Ileana bateu em suas laterais, criando um som oco que ecoou e ricocheteou em meu crânio. Estreitei os olhos enquanto ela olhava de esguelha na direção da porta, e então engoliu em seco. Eu estava prestes a perguntar a ela o que havia de errado quando ela foi correndo até o canapé. Sacou do bolso de seu avental um livro com encadernação de couro, entregando-o a mim como alguém passaria adiante um penico fétido. Relutante, eu o peguei.

"Eu... Eu sei que é errado, mas eu encontrei um diário. Estava no quarto do príncipe Nicolae." Ergui o olhar, mas Ileana manteve o dela travado no livro e continuou, gaguejando. "Você se lembra de que eu lhe disse que as criadas não devem ser vistas nem ouvidas?" Assenti. "Bem, é muito fácil para alguns alunos de berço nobre se esquecerem de que nós existimos. Alguns deles acham que suas lareiras se acendem como que por um passe de mágica, e que os penicos de seus aposentos criam asas para jogarem seus dejetos fora."

"Eu sinto muito por as pessoas serem tão cruéis."

Os olhos dela eram como lascas de gelo antes que ela piscasse para livrar-se daquela expressão. "Eu não me orgulho de ter roubado o diário, mas eu ouvi o príncipe Nicolae mencionar alguma coisa sobre desenhos. Quando espiei dentro do diário, vi imagens horríveis. Aqui."

Abri o diário de couro, analisando uns poucos diagramas. Corações, intestinos, um cérebro humano e... morcegos. Crânios de morcegos com presas horrendas. Asas de morcegos com anotações e detalhes das pontas das garras. Cada página apresentava, orgulhosamente, uma nova seção da anatomia de um morcego. Mais uma vez, voltei minha atenção para Ileana, cujo olhar estava fixo em suas próprias mãos.

"Ele tem alguns espécimes em seus aposentos também."

"Por que a menção a estes desenhos a deixou perturbada?"

Ileana torceu as mãos. "Eu me lembrei do que Dănești e Moldoveanu haviam dito sobre as ameaças recebidas pela família real. Que havia desenhos."

Eu me sentei mais ereta, como se o movimento pudesse tornar o que ela havia dito mais palatável. Ondas de náusea reviraram-se em meu estômago. "Ele mesmo não poderia ter enviado tais ameaças..."

"Foi por esse motivo que eu olhei. Então vi os desenhos de morcegos e notei todos os esqueletos que ele tem no quarto... Eu não sei por que eu peguei o diário dele. Eu só...", ela deu de ombros, "eu achei que havia mais a ser visto. E então eu vi essa imagem, mais para o fim." Esticando a mão, ela virou as páginas até que encontrou o que estava procurando.

Minha respiração estancou com o restante do meu corpo. Uma moça com cabelos cor de ônix, olhos de um verde-esmeralda intenso e lábios escorrendo sangue exibia um sorriso atrevido.

Com o dedo, segui a linha do maxilar até os olhos felinos, então toquei na minha própria face.

"Eu não... Essa não pode ser eu. Ele não teria tido tempo de..."

Ileana virou a página. Nela, desenhada com grande esmero, estava a imagem de uma moça usando um avental sujo de sangue coagulado, com uma lâmina de autópsia pairando acima da carne completamente branca. Arranquei meu olhar da imagem. O cadáver era de um homem, e nenhum pano cobria sua forma desnuda. Uma onda de calor subiu às minhas bochechas.

Eu mal sabia que conclusão tirar dos desenhos grosseiros.

"Tem mais."

Ileana me mostrou uma imagem atrás da outra. Cada uma delas apresentava a mim mesma como uma bela criatura se deleitando em sangue e morte. A forma como o príncipe havia me capturado, era como se ele houvesse me transformado em um ser imortal, um pouco perfeita demais para que fosse humana. Um pouco fria demais e dura demais para este mundo frágil. As chamas na lareira tremeluziam selvagemente, e seu calor de repente tinha se tornado sufocante. Eu ansiava por escancarar as janelas, permitindo que o vento frio dos Cárpatos purificasse este espaço.

A imagem final me fez arquejar. Era difícil dizer exatamente quem era o homem, se era Thomas ou Nicolae, mas ele e uma outra Audrey Rose estavam lado a lado. O rapaz usava um terno feito de ossos, segurando uma caveira de marfim como se fosse um oráculo por meio do qual profecias seriam feitas. O corpete do meu vestido abraçava minha silhueta. A ilustração era maravilhosa, apesar do grande coração anatômico e do sistema circulatório que saía do meu peito em ramificações, espiralando-se pelos meus braços e descendo feito dedos em minhas saias.

As luvas pretas no desenho foram a próxima coisa a chamar a minha atenção. Rendas e espirais cobriam meus braços com tanta precisão que pareciam marcados permanentemente com tinta em minha pele. Ileana observou a imagem com atenção antes de apontar para o padrão em meus braços.

"Os braços do príncipe Nicolae são cobertos de tinta. Não são desenhos tão delicados quanto esses, mas eu já os vi quando ele enrola as mangas de sua camisa para cima."

Ergui as sobrancelhas. Que informação intrigante. Eu havia lido que muitos aristocratas haviam se tatuado no decorrer de anos anteriores. Uma vez que as revistas haviam anunciado como isso estava na moda, estimava-se que cerca de um entre cinco cavalheiros e damas de berço nobre possuía tatuagens escondidas em seu corpo. A popularidade das tatuagens também estava crescendo nas cortes reais. Fazia sentido que o príncipe pudesse ter incursionado nelas. Fazia aumentar a atmosfera de mistério que o cercava. Eu imaginava quantas moças ficariam mais do que deleitadas em tirar as camadas de roupas dele para dar uma espiada no que ele estava escondendo.

"O que ele tem tatuado?"

Ileana forçou-se a erguer-se do canapé, depois pegou o diário de volta e fez um movimento em direção à porta.

"Está tarde. Eu poli suas botas e as deixei para Moş Nicolae. Você deveria descansar um pouco, assim ele terá tempo para entregar seus presentes invernais." Ela sorriu em resposta à minha confusão. "Eu creio que sua versão de Moş Nicolae seja chamada de Papai Noel. Ele traz doces, como manda a tradição. Se ele balançar a barba e a neve cair, então o inverno pode realmente começar. Durma agora. Essa é a Noite Mágica. Talvez ele lhe deixe algum presentinho."

Dormir era a última coisa que eu pensava em fazer, especialmente quando um outro Nicolae poderia estar à espreita pelo castelo entregando "presentes", mas desejei boa-noite a ela. Pressionei os dedos nos olhos até que lampejos de branco passaram por eles como estrelas cadentes no céu. Em um único dia, eu achara que Thomas estava morto, encontrara uma passagem secreta, fora atacada por morcegos sanguessugas, descobrira mais um corpo, e agora ficara sabendo das ilustrações perturbadoras de Nicolae. O príncipe sombrio poderia muito bem ser a pessoa que procurávamos. Oportunidade não faltava para que ele mandasse ameaças ilustradas a membros da sua família.

Talvez fosse uma tentativa de garantir o trono para si mesmo.

Eu não consegui deixar de me perguntar se Nicolae também poderia ser o responsável pela morte de seu primo e, se eu continuasse a desenterrar seus segredos, temia que algo pior do que uma ameaça pudesse acometer a mim mesma em breve. Pensar no que a manhã haveria de trazer era o bastante para fazer com que minhas pálpebras ficassem pesadas, indo contra o que ditava meu bom senso. Removi minhas camadas de roupas e deslizei para baixo das cobertas geladas. A última imagem da qual eu me lembrava antes de cair na escuridão era a de uma mulher jovem e sobrenatural, com tatuagens espiraladas em seus braços, lábios torcidos em um grande sorriso feral enquanto os incisivos afundavam em seus próprios lábios cheios de sangue. Se o príncipe Nicolae realmente achava que eu era amaldiçoada, talvez ele tivesse feito aquela ilustração como uma forma de propaganda. Ele certamente havia me transformado na Princesa Drácula.

Eu esperava que ninguém tentasse enfiar uma estaca em meu coração.

Audrey Rose,

Se você está lendo isso, provavelmente você passou pelos meus aposentos. Eu peço desculpas por partir sem me despedir de você. Encontrei uma conexão entre a Ordem e os assassinatos. Eu disse a você que havia reconhecido aquele livro! Não confie em ninguém. Eu juro que voltarei dentro de uma semana com mais informações. Eu acredito que aquela moça tenha armado a cena na casa dela.

Fiz algumas investigações no vilarejo e descobri que o marido dela era a vítima que os jornais haviam noticiado! (Infelizmente, o filho falecera uns poucos meses antes.)

Tio Moldoveanu acredita que eu fui correndo para a Hungria para ajudar em uma questão pessoal urgente. Por favor, não afirme o contrário; não quero alarmá-lo, tampouco ser punida injustamente.

Não retorne ao vilarejo. Não é seguro. Há olhos por toda parte.

Anastasia

Obs.: Queime esta carta. Eu suspeito de que as criadas tenham o hábito de se familiarizar com os pertences pessoais.

PRÍNCIPE DRÁCULA
RASTRO *de* SANGUE

25. JARDIM DE CINZAS

Curte îngrădită
Pátio amurado, Castelo de Bran
13 de dezembro de 1888

Na tarde que se seguiu após descobrirmos os túneis, Thomas e eu havíamos enviado a Moldoveanu uma carta anônima com indicações de onde encontrar o cadáver. Não tínhamos ouvido nada a respeito do assunto por dias. Eu não fazia a mínima ideia se ele havia mandado alguém verificar o corpo, e não tinha tido uma oportunidade de esgueirar-me até lá eu mesma. Cada vez mais guardas pareciam estar infiltrados na academia quase vazia, determinados a nos manter bem trancafiados.

Frustrada, enviei outro bilhete. Eu sinceramente esperava que o diretor tivesse levado isso a sério. Eu odiava pensar que o corpo estava sendo deixado lá para apodrecer. Quaisquer pistas em potencial seriam perdidas para sempre. Isso sem falar na ideia de deixar uma pessoa naquele estado... Se eu não ficasse sabendo de nada até o começo dessa noite, jurei para mim mesma que haveria de arrastar o diretor lá para os túneis sozinha.

Em silêncio, coloquei um pedaço de bala na boca, agradecendo a quem quer que tivesse feito o papel de Moş Nicolae no castelo e distribuído as guloseimas. As balas — junto com a companhia de Ileana nos intervalos de seus deveres no castelo — tinham sido a parte mais agradável de uma longa semana. Anastasia ainda não havia voltado de onde quer que ela estivesse. Alguma coisa em relação à natureza apressada da carta dela não havia me agradado.

O que ela havia descoberto sobre a Ordem do Dragão? Ileana não achara que a saída de Anastasia era suspeita, e eu odiaria preocupá-la ao dividir meus receios.

No meio da semana, Radu havia conseguido embalar Vincenzo no sono enquanto nos enchia além da conta com mitos locais sobre corpos que eram queimados até virarem cinzas e, depois, ingeridos. Na sequência, havíamos todos nos revezado no anfiteatro cirúrgico de Percy, removendo órgãos e aprendendo sobre as complexidades da morte, cada um tentando ofuscar o colega e garantindo, assim, um lugar no curso de avaliação.

Durante as aulas de Percy, todos nos banqueteávamos com o conhecimento que nos era servido. Os detalhes sutis de assassinatos e seus muitos sinais identificadores, ou como interpretar a linguagem corporal em busca de uma confirmação definitiva da causa da morte... Eu adorava essas aulas e, aos poucos, sentia que estava ficando cada vez mais forte e segura em volta dos cadáveres, por mais que os pesadelos dos assassinatos do Estripador ainda espreitassem a superfície da minha mente.

As aulas de Moldoveanu eram sempre conduzidas com precisão, e, embora eu não gostasse de sua companhia, ele era excepcionalmente talentoso tanto em anatomia quanto em ciências forenses. Eu notei que ninguém se atrevia a falar quando não era sua vez, por medo de uma expulsão imediata.

Ninguém havia falado de Wilhelm ou sequer feito menção sobre seu falecimento prematuro depois que a família dele recolhera o corpo. Era como se o próprio tempo tivesse se levantado após um tombo e continuado em frente, como se não estivesse arranhado e machucado.

Thomas e eu havíamos tentado voltar a entrar sorrateiramente nos túneis em horas estranhas, mas nossas tentativas haviam sido frustradas por um contingente de guardas reais. Moldoveanu levou a sério nosso novo toque de recolher, colocando mais guardas em todos os corredores do que eu imaginava que havia na corte real da Romênia.

No final da semana, uma carta tinha chegado para mim, com carimbo postal de Londres. Uma nova camareira havia trazido a carta com a notícia de que Ileana ficaria encarregada de cuidar de outros deveres por um tempinho. Fiquei triste por perder a companhia noturna, mas a carta me entusiasmou. Eu sabia precisamente quem era o remetente e mal podia esperar para abri-la depois da aula. Radu continuava falando sem parar sobre o fato de que esta seria uma noite profana. O príncipe estalou os nós dos dedos, a cabeça de Andrei pendia e, ainda assim, os gêmeos, e até mesmo o taciturno Cian, estavam completamente fascinados por essa história em particular. Eu me remexi em meu assento, rezando para que os sinos soassem no relógio do pátio.

"De acordo com os rumores, isso tem como base a cultura romana", continuou a dizer Radu. "Um sacrifício é feito. Então os animais falam conosco. Se é por meio da nossa linguagem ou da deles, ninguém sabe ao certo." Ele ajeitou os óculos em seu nariz e espiou a classe. "Maldito sr. Hale. Onde está ele? Ele saiu mais cedo da aula?"

Noah estava desconfortavelmente inquieto e ergueu a mão. Radu passou direto por ele, com a atenção dividida entre os outros alunos e suas anotações.

"O sr. Hale está sentado bem ali, professor", disse Nicolae, com a fala arrastada. "Talvez o véu entre os mundos já tenha ficado tênue o bastante para que o senhor perca a noção da realidade."

Com o olhar duro, Radu voltou instantaneamente sua atenção para o príncipe. "Vocês todos devem fazer o possível para ficar trancados em seus aposentos esta noite. Os mortos vão se erguer e ir atrás daqueles que forem tolos o bastante a ponto de ficarem vagando lá fora. Espíritos habitarão aqueles com os quais eles não se banquetearem. Até mesmo príncipes são caçados."

O restante da aula seguiu da mesma maneira até que as badaladas do relógio finalmente nos liberaram das garras folclóricas de Radu. Eu me demorei no corredor do lado de fora da nossa sala de aula, mas Thomas estava envolvido em uma leve disputa com Radu sobre a origem do feriado, e isso era tão divertido de ver quanto esperar que uma folha de grama surgisse do chão no decorrer de vários dias. A carta que eu tinha no bolso estava prestes a queimar minhas saias. Eu precisava lê-la ou certamente entraria em combustão ali mesmo. Thomas assentiu em reconhecimento conforme eu me movia na direção do corredor.

Consegui sair sorrateiramente e me aninhar em um canto do pátio amurado do castelo; eu tinha um pouco de tempo antes da nossa próxima aula. Este era um lugar onde eu estava livre dos olhares curiosos de alunos, professores e de um indesejado exército de homens. Os guardas patrulhavam o telhado torreado, mas não andavam aqui embaixo, no pátio.

No conforto do lugar onde eu estava, liberei a tensão que me envolvia com uma torção de ombros, um de cada vez.

Havia um poço dos desejos orgulhosamente disposto no centro dos níveis feitos de pedras arredondadas. Era mais um pedacinho de beleza no árduo mundo invernal. Se alguém cortasse uma coluna coríntia na altura do capitel, ela chegaria quase a alcançar as folhas de acanto que embelezavam a parede externa do poço. Puxei o capuz de meu manto para cima, fazendo o meu melhor para manter o máximo possível de calor corporal enquanto a neve que caía com leveza se espalhava pela pedra. Eu havia começado a levar meu manto para a sala de aula, não sabendo ao certo quando Moldoveanu ou Radu poderiam querer dar uma aula ao ar livre.

Toquei no envelope e sorri. Pelas correspondências anteriores, eu sabia que Liza e minha tia Amelia estavam fazendo uma visita ao meu pai, preparando a casa para as festas de fim de ano que estavam chegando. Com a agitação do assassinato no trem, as aulas, a ida até a casa da mulher desaparecida e as misteriosas mortes de Wilhelm e da jovem mulher sob o necrotério, eu quase havia me esquecido completamente do Natal.

Thomas e eu havíamos decidido ficar em Bucareste durante nosso curto recesso de dois dias — a família dele tinha uma casa lá —, mas a ideia de não ver a minha família estava se provando difícil de superar. Eu nunca havia perdido um feriado com o meu pai. Conforme os dias se passavam, eu me perguntava o que eu deveria fazer. Uma viagem a Londres seria revigorante, embora fosse impossível fazer uma viagem como essa e não perder nenhuma aula. Eu não podia me dar ao luxo de ficar para trás, especialmente se eu esperava me sair melhor do que os meus colegas de classe e conseguir um lugar na academia. Ainda assim, uma parte minha ansiava por esquecer isso tudo e voltar de vez para casa. Meu estômago se revirava com essa ideia — meus colegas eram excepcionalmente talentosos, e eu não conseguia parar de me preocupar em relação a quem conseguiria ocupar essas duas vagas. Afastei o medo, concentrando-me em ler a carta de minha prima mais uma vez.

Liza havia mencionado anteriormente que ela e minha tia Amelia provavelmente ficariam lá por todo o inverno, fazendo companhia para meu pai na grande e vazia casa da praça Belgrave. Meu coração ficou apertado. Meu pai sofria com tudo o que tinha acontecido e sentia uma imensa culpa em relação a um dos assassinatos do Estripador. Em meio à orgia da matança, ele tinha sido encontrado pela polícia em um recanto de ópio no East End e fora firmemente encorajado a descansar em nossa propriedade no interior. Ele havia voltado há pouco para Londres, onde se deparara com a srta. Kelly durante uma busca por láudano. Ela dissera conhecer alguém que poderia providenciar, e meu pai dispôs-se a acompanhá-la até aquela maldita casa em Miller's Court.

Ele havia deixado a srta. Mary Jane Kelly viva, e não fazia a mínima ideia de que tinha sido seguido naquela noite. Jack, o Estripador vigiara seus passos, esperando para atacar.

Talvez Thomas estivesse certo: voltar para Londres, para casa, não seria uma ideia assim tão terrível. Poderíamos observar meu pai de perto, e meu tio ficaria muito satisfeito por nos ter de volta. E ainda assim... deixar a academia seria um fracasso e eu havia me esforçado demais para sair correndo agora. Eu desprezava o diretor, mas queria fazer por merecer meu lugar aqui. Eu não conseguia conceber o que eu faria se nem Thomas nem eu conseguíssemos entrar oficialmente na academia.

Um novo pensamento fez com que meu coração ficasse acelerado. Ao final das quatro semanas, e se apenas um de nós dois fosse aceito aqui? O mero pensamento de me despedir de Thomas era algo que me roubava o fôlego.

Sem desperdiçar nem mais um momento com devaneios tristes, abri o envelope que continha a carta da minha prima, ansiosa para devorar cada pedacinho de sua mensagem.

Minha queridíssima prima,

Permita-me ser bem franca. Considerando que li todos os romances da imensuravelmente talentosa Jane Austen, e como sou três meses mais velha do que você, obviamente tenho uma quantidade bem mais vasta de conhecimentos românticos. Não me considero uma poeta, mas venho flertando (bem desavergonhadamente, me atrevo a dizer) com um intrigante jovem mágico e escapologista que se apresenta em um circo itinerante, e, bem... vou lhe contar tudo sobre isso em uma outra hora.

De qualquer forma, estávamos falando sobre romance certa tarde, perto da lagoa, e ele declarou que o amor era parecido com um jardim. Não revire os olhos, prima. Não é decoroso. (Você sabe que eu a adoro!)

O conselho dele foi o seguinte: flores precisam de muita água e luz do sol para crescer. O amor também precisa de atenção e afeto, senão ele lentamente fenecerá nas mãos da negligência. Uma vez que o amor se foi, é tão frágil quanto uma folha totalmente seca. Você o recolhe, só para descobrir que se transformou em cinzas sob o seu toque antes cuidadoso, que se foi com um vento ligeiro, e para sempre.

Não vire as costas para um amor que poderia pular a barreira do tempo entre a vida e a morte, prima. Como a valente jornada de Dante na escuridão, o sr. Thomas Cresswell desceria a cada círculo do Inferno se você precisasse que ele o fizesse. Você é o coração que bate dentro da caixa torácica dele. Esse é um jeito um tanto macabro de dizer que vocês complementam um ao outro, embora isso não queira dizer que vocês não sejam inteiros quando estão sozinhos.

Ao contrário de minha mãe, creio que todas as mulheres deveriam se erguer sobre os próprios pés, sem a necessidade de alguém para segurá-las. Certamente, uma esposa que vale a pena ter é aquela que é segura de si mesma, não? Essa é uma discussão para um outro momento, tenho certeza disso. Voltando ao seu muito querido sr. Cresswell...

Há algo de poderoso nesse tipo de amor, algo que merece ser acalentado e cuidado, até mesmo quando suas brasas estiverem fracas e chegando perigosamente perto da escuridão. Eu imploro a você que converse com ele. Depois escreva para mim e me conte cada delicioso detalhe. Você sabe como eu adoro um grande romance!

Não permita que seu jardim abundante se transforme em cinzas, prima. Ninguém quer passear naquilo que resulta da negligência quando pode ser deslumbrado por um jardim exuberante e cheio de rosas.

Sua,

Liza

Obs.: Você considerou a possibilidade de voltar a Londres para passar as festas de fim de ano? É totalmente entediante sem você aqui. Eu juro que se Victoria ou Regina tentarem ficar nos dando ordens durante o chá, eu vou me jogar da Torre de Londres. Então, pelo menos, mamãe não ficará gritando comigo com sua voz estridente para que eu pratique, pratique, pratique para o meu baile de debutante. Como se a sociedade fosse me condenar por pisar para a direita em vez de para a esquerda durante a valsa!

Se meu futuro marido ficasse horrorizado com coisas tão triviais, então não valeria a pena tê-lo como marido. Ele seria o tipo de pessoa tola que eu deveria evitar a todo custo. Imagine o que aconteceria se eu falasse isso para a mamãe! Esperarei até que você esteja em casa para que possamos, juntas, ter o prazer de vê-la ficar vermelha como o diabo. Algo a ser aguardado ansiosamente.

Beijos e abraços.

L.

"Você se importaria se eu também me sentasse aqui fora?"

Ergui o olhar de relance para o sotaque americano, surpresa porque um dos meus colegas de classe estava travando conversa comigo. Eles costumavam conversar mais em grupos e — depois da péssima tentativa de Thomas de me ajudar falando para Radu sobre a minha constituição — aceitavam meu papel no curso de avaliação apenas quando absolutamente necessário. Para eles, eu não era uma ameaça e dificilmente seria digna de nota.

Noah sorriu. Parecia que suas feições tinham sido entalhadas no mais encantador ébano, intenso, rico e belo. Balancei a cabeça.

"De modo algum. O pátio é certamente grande o bastante para nós dois."

Seus olhos castanhos cintilaram. "É verdade."

Ele analisou a neve que caía um pouco mais forte, cobrindo como uma manta as pedras e estátuas expostas. Observei enquanto o olhar dele voltava-se, contemplativo, para o castelo. Os músculos em suas costas ficaram tensos quando Moldoveanu apareceu por um momento em uma das janelas, avançando pelo corredor a passos largos.

"Estou enganado ou o diretor é um camarada miserável?"

Eu ri imediatamente. "Eu me atrevo a dizer que ele é uma pessoa horrível, de modo geral."

"Mas ele é muito bom com a lâmina cirúrgica. Acho que não podemos ter tudo, certo?" Ele puxou o colarinho de seu sobretudo para cima e deu batidinhas para limpar os pedaços de gelo que agora se misturavam com a neve. Eles fizeram um zunido metálico e deslizaram pelo chão, um som que acompanhava de forma quase acalentadora o céu acinzentado. "Eu sou o sr. Noah Hale, a propósito. Embora você já saiba disso por causa da aula. Achei que estava na hora de me apresentar devidamente."

Assenti. "Você é dos Estados Unidos?"

"Sou. Cresci em Chicago. Você já esteve lá?"

"Não, mas espero viajar para lá algum dia."

"O que você achou da aula de Radu?", perguntou-me Noah abruptamente, mudando de assunto. "Sobre os rituais que supostamente ocorrem nesta noite? Você acredita que todos os aldeões farão um sacrifício e que estão convencidos de que os animais falam nossa língua nesta noite em especial?"

Encolhi os ombros, escolhendo minhas palavras com cuidado. "Não sei ao certo se essa aula foi mais estranha do que os mitos folclóricos relacionados a vampiros e lobisomens."

Noah olhou de esguelha para mim. "Como foi que uma moça como você se envolveu em todo esse...", ele fez um movimento indicando vagamente o castelo, "negócio de cadáveres?"

"Era isso ou bordados e fofoca", falei, permitindo que um tom de humor se insinuasse em minha voz. "Para falar a verdade, imagino que foi da mesma forma como qualquer um que veio a estudar esse tipo de disciplina. Quero entender a morte e as doenças. Quero oferecer paz às famílias durante tempos difíceis. Acredito que todos nós temos um dom especial para oferecer ao mundo. O meu acabou sendo a leitura dos mortos."

"Você não é nada mal, srta. Wadsworth. Não importa o que os outros digam."

Noah foi direto, mas eu não me incomodei com isso. Achei tão revigorante quanto o ar da montanha.

Um relógio anunciou as horas, um lembrete lúgubre de que esta breve leveza havia findado. Eu me levantei, colocando a carta de Liza nos bolsos de minha saia, e tirei a neve do corpete do meu vestido, onde meu manto ficara ligeiramente aberto.

"Você está animado com a aula? Estudaremos na sala de dissecação hoje."

"É uma aula das boas." Noah levantou-se e esfregou as mãos cobertas pelo couro uma na outra. "Todos nós receberemos um espécime hoje. Alguns dos rapazes fizeram apostas em relação ao desempenho deles."

"É mesmo?" Ergui uma sobrancelha. "Bem, então eu peço desculpas antecipadamente por fazer por merecer o primeiro lugar."

"Você certamente pode *tentar* conseguir o primeiro lugar", disse Noah. "Mas terá que lutar comigo por ele."

"Que vença o melhor."

"Eu adoro um bom desafio."

Noah tomou minha mão enluvada na dele e me deu um aperto de mãos. O gesto, por parte de um rapaz, de segurar minha mão não me ofendeu nem um pouco. Era um sinal de respeito, um sinal de que Noah agora pensava em mim como uma igual. Eu estava radiante conforme seguíamos lá para dentro.

Era precisamente para isto que eu vivia: a exploração dos mortos.

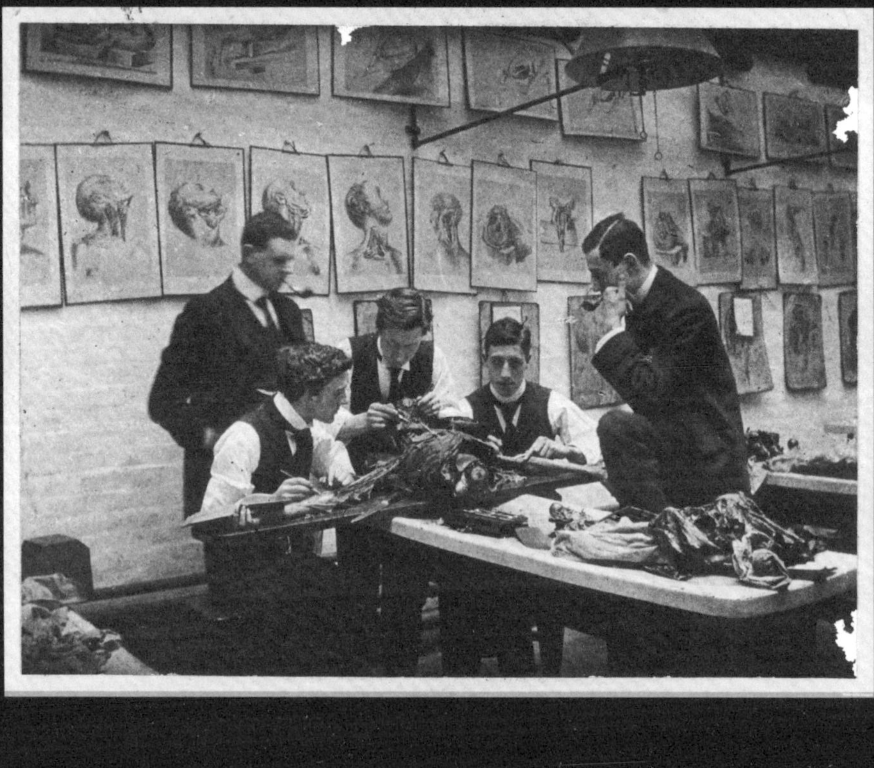

O interior de uma sala de dissecação: cinco alunos e/ou professores dissecando um cadáver, aproximadamente 1900.

PRÍNCIPE DRÁCULA

RASTRO *de* SANGUE

26. UM CASO MUITO INTRIGANTE

Camară de disecţie
Sala de dissecação, Castelo de Bran
13 *de dezembro de* 1888

"Qual é a finalidade de inspecionar os corpos daqueles que morreram sem nenhum sinal externo de trauma?"

O professor Percy parou ao lado do cérebro exposto do espécime diante dele, com o avental manchado de sangue em tom de ferrugem. Seus cabelos avermelhados e as costeletas da mesma cor estavam bem aparados, tão discordantes dos fluidos que maculavam suas feições sadias. Eu imaginava que meu tio também tinha sido assim quando ele fora um jovem professor. Esse pensamento me acalentou, apesar do odor acre da sala de dissecação.

"Por que os abrir quando claramente podemos ver que eles morreram de causas 'naturais'?", ele perguntou. "Hummm?"

Mãos ansiosas foram erguidas como se fossem fogos de artifício no ar, explodindo com a necessidade de responder e provar-se a si mesmos, preparados para serem mais brilhantes do que os colegas. O príncipe olhou de relance ao redor da sala, medindo e avaliando os concorrentes. Havia algo nele hoje. Essa era uma das primeiras vezes que eu o via demonstrar algo mais do que uma passageira centelha de interesse. Percy ignorou a todos, voltando sua atenção para um aluno que estava distraído.

"Sr. Cresswell? O senhor não pensa nada sobre este assunto?"

Thomas, de forma nem um pouco surpreendente, a apenas uma mão de distância de estar com a cara grudada em seu cadáver, ignorava a tudo e a todos, com exceção de seu escalpelo e o cadáver. Observei enquanto a linha na pele se partia sob sua lâmina como uma onda recuando na praia. Ele apanhou uma pinça dente de rato de sua bandeja, inspecionou-a, e depois procedeu com a tarefa de expor as vísceras, cantarolando alguma melodia um tanto animada e feliz, considerando-se o que ele estava fazendo. Talvez ele tivesse um pouco de paixão demais por seu trabalho. Percy não se deu ao trabalho de interrompê-lo. Ele logo aprendera que Thomas era uma força única quando estava no laboratório.

"Príncipe Nicolae?"

Forcei-me a encarar Nicolae, que mordia seu lábio inferior, a atenção totalmente voltada para o espécime que ele tinha diante de si.

"Precisamos provar que eles morreram de forma natural. A menos que os inspecionemos, não há nenhuma outra forma de ter certeza."

"Em parte isso é verdade. Mais alguém?"

Andrei girou seu escalpelo no ar como se fosse uma espada, e ele, o mais inepto defensor que o reino já havia visto. Noah, distraído pela trapalhada de Andrei, abaixou a cabeça rapidamente, desviando-se do golpe do tolo. Os gêmeos Bianchi não estavam melhores do que Thomas: seus olhares estavam totalmente pregados aos corpos diante deles, já fazendo incisões precisas com seus escalpelos. Tanto Cian quanto Erik levantaram as mãos, encarando um ao outro. Um dos rapazes era como o fogo e o outro era como o gelo; nenhum dos dois era agradável para ninguém que se expusesse a eles por um longo período de tempo.

"Para que possamos entender a doença e seus efeitos no corpo?", arriscou Erik.

"De vez em quando. Será que deveríamos sempre abrir os espécimes sem nenhum bom motivo, então?", perguntou Percy.

Cian quase tropeçou e caiu do assento em sua pressa de responder. "Não, senhor. Autópsias não são necessárias para todos. Apenas para aqueles que morrem sob circunstâncias suspeitas."

"Obrigado, sr. Farrell. Sr. Branković, tenha a bondade de baixar seu escalpelo. Ele não é uma arma. Você vai machucar ou mutilar alguém. Muito provavelmente a si mesmo. Mais alguém tem algo a acrescentar?"

Levantei a mão. Percy assentiu para mim, seu olhar firme. "Prossiga, srta. Wadsworth."

"Porque, senhor, no caso do falecido que tenho diante de mim, que claramente morreu na água, seria de se pensar que ele simplesmente se afogou ou que morreu de hipotermia. Conduzir uma autópsia é a única forma de ter certeza da causa de sua morte."

"Bom. Muito bom. E o que o estudo das entranhas dele nos dirá?"

"Isso nos alertará quanto ao *motivo* pelo qual ele pode ter caído na água. Pode ser que houvesse uma patologia preexistente, talvez ele tenha tido um ataque cardíaco. Ou um aneurisma."

"Ou talvez ele tenha bebido demais porque está fazendo um frio maldito", acrescentou Nicolae, atraindo as risadas nervosas de Noah e Erik.

Quando a atenção do príncipe se voltou para mim, um calafrio desconfortável escorreu pela minha espinha. Era difícil esquecer os desenhos que ele havia feito. Ou as ameaças ilustradas que haviam sido feitas à família real. À família *dele*.

"Príncipe Nicolae, guarde as piadas para fora da sala de dissecação. É de mau gosto. Srta. Wadsworth, muito bom. Um outro fator também poderia ser a ocorrência de um crime. É exatamente por isso que é importante inspecionar cada corpo de forma minuciosa. É impossível saber quais segredos descobriremos quando nos atrevemos a mergulhar em lugares... não tão agradáveis."

Thomas inclinou-se para perto de mim e sussurrou: "Ele é um pouco estranho, esse professor".

"Falou o rapaz que não notou seu nome ser chamado porque estava absorto demais em seu cadáver", sussurrei em resposta. "Percy não é mais estranho do que eu ou meu tio. Você só está com inveja porque sou a favorita dele."

Thomas voltou sua atenção para mim, mas antes que ele pudesse me surpreender com uma resposta, mergulhei minha lâmina na carne gélida do meu cadáver, ignorando os olhos protuberantes e de um azul intenso por causa da descoloração conforme eu talhava sua caixa torácica. Lutei com todas as minhas forças para enxergar o cadáver pelo que ele era, e não como algo a me encarar friamente, sofrendo diante da lâmina que eu tinha em mãos.

Seu torso estava inchado, assim como o restante do corpo, tornando difícil a identificação de suas feições. Engoli um pouco da repulsa, não disposta a me acovardar quando este cadáver precisava de respeito.

Fechei os olhos por um breve momento e então inspecionei seu coração, notando que tudo parecia normal até que dei a volta, fui até a cabeça e puxei uma pálpebra. Não havia nenhum sinal de hemorragia petequial nas partes brancas de seus olhos. Então este homem não tinha sido sufocado nem estrangulado antes de cair na água. Ele provavelmente tinha perdido a vida para as duras intempéries da montanha e para a hipotermia, e não para alguma causa sinistra. Não era a melhor forma de partir. Certamente também não a mais agradável. Eu esperava que ele não houvesse sofrido por muito tempo, embora ainda tivesse muito que aprender em relação à hipotermia e suas características.

Olhando ao redor da sala, notei que meu espécime não era o mais repulsivo deles. Nicolae tinha um cadáver que já passava do ponto, cujo torso estava inchado e esticado além da conta. Pequenas linhas preto-acinzentadas que pareciam vermes espalhavam-se por sua pele. Aquilo não era um bom sinal. Fiquei observando enquanto o príncipe assumia uma expressão pétrea, e então cortava o corpo. Seu corte, porém, fora profundo e rápido demais...

Larvas saíram da área do intestino na companhia de um terrível odor gasoso. Nicolae deu um passo para trás e limpou as larvas de seu cenho, com as mãos tremendo um pouco. Seu peito se expandia e se contraía, como se ele pudesse conter a repulsa com umas poucas respirações comedidas.

O silêncio recaiu sobre a sala feito uma maldição. Aquela era uma posição extremamente indigna para um membro da realeza, e, ainda assim, ele manteve o ar de superioridade, até mesmo com larvas em sua face. Erik fez uma pausa, por fim olhando de relance para cima, tirando os olhos de seu próprio cadáver. Ele absorveu a cena lentamente, piscando como se fosse um sonho terrível, até que soltou um guincho, jogando seu avental na direção do príncipe sujo.

Embora aquilo dificilmente fosse engraçado, eu quase me engasguei com a risada que engoli. Andrei foi incapaz de se conter sequer por um instante. Ele se dobrou ao meio, rindo tanto a ponto de começar a respirar com dificuldade. Erik bateu nas costas dele enquanto Andrei tossia e cuspia.

O rosto de Nicolae ficou ruborizado quando Noah, Cian e até mesmo os gêmeos Bianchi deram risada. Fosse por causa do horror de ver aquelas larvas ou pela incontrolável descontração trazida por aquela cena, uma risadinha finalmente se libertou de mim. O príncipe me encarava com frieza. Porém, em vez de soltar verbalmente os cachorros para cima de mim com algum comentário ofensivo, ele limpou a sujeira da própria face e riu. Rapidamente e de maneira contida, mas foi uma risada mesmo assim, o que pareceu estilhaçar a tensão que ele vinha carregando desde a morte de Wilhelm.

Thomas ergueu o olhar da mesa ao lado da minha com um sorriso se espalhando por seu rosto, embora ele tentasse domá-lo. "Estou sentindo uma repulsa suprema e, ainda assim, não consigo desviar o olhar."

Percy andou até a cena do ataque das larvas, sua boca era um traço sombrio de irritação. "Isso já é demais, classe. Este é um salão forense, não um bordel. Príncipe Nicolae, vá se lavar. Erik..." O professor entregou a ele um novo avental e apontou na direção de sua própria mesa de ensino enquanto se dirigia a todos. "Por favor, queiram sentar-se quietos e observar. Se isso é demais para a constituição de vocês, estão dispensados. Classe? Não deem risada durante um exercício científico sério. Tenham um pouco de respeito pelos mortos. Se isso for algo que nenhum de vocês é capaz de controlar, então eu recomendarei que nenhum de vocês chegue até o fim deste curso. Levamos nosso dever a sério nesta academia, e o executamos com grande dignidade. Mais um surto e todos vocês serão dispensados. Entendido?"

"Sim, professor", murmuramos em uníssono.

Acompanhamos Percy até uma mesa que continha um espécime coberto com uma mortalha. O medo de ser jogada para fora do curso de avaliação foi o bastante para apagar quaisquer risadinhas remanescentes. Sem cerimônia, Percy puxou o tecido para trás, revelando um corpo vagamente familiar. Um pouco de decomposição tornou difícil, a princípio, identificar quem seria, então...

Respirei fundo, trombando em Erik, que teve a audácia de zombar da minha reação como se ele não tivesse acabado de soltar um grito por causa das larvas.

"Desculpe."

Encarei a mulher loira sobre a mesa, com marcas de mordida espalhadas por sua carne, o sangue seco ressaltando cada ferida. Eu poderia ter jurado que o som das asas feito couro ecoava na câmara de dissecação. Um pano ainda cobria o rosto dela por motivos que eu não me atrevia a perguntar.

Thomas enrijeceu no lugar onde estava, perto da cabeça do cadáver, seu olhar procurando o meu e prendendo-o ao dele. Eu rezava para que nossas reações fossem lidas como resultantes da visão de uma mulher brutalizada, e não do reconhecido da vítima dos túneis. Algo desconfortável formigava entre minhas omoplatas, tentando-me a me virar e afugentar a sensação. Fechei os olhos com força. Se isso fosse outro fruto da minha imaginação...

Eu me remexi sutilmente e olhei de relance para trás. O diretor Moldoveanu entrou na sala e tamborilou um dedo em seu braço, sua atenção passando do corpo que estava sobre a mesa para a expressão tensa em meu rosto.

Eu fingi não notá-lo e me perguntava se Thomas estaria fazendo o mesmo. Olhei na direção dele, mas Thomas observava o príncipe com atenção. Presumi que ele estivesse tentando discernir se Nicolae já tinha visto esse cadáver.

Thomas finalmente notou a presença de Moldoveanu bem na hora em que o diretor se virou nos calcanhares e saiu. Ele não emitiu nenhum som; ainda assim, parecia que gongos soavam nos meus ouvidos com a partida dele.

"Esta mulher não identificada foi encontrada no necrotério antes da aula, em uma das gavetas dos cadáveres", disse Percy. "Quase todo o sangue foi drenado de seu corpo. Marcas de mordida estão presentes em grande parte do corpo. Parece que alguém a moveu até lá para mantê-la fria e desacelerar a decomposição. Temos um caso muito intrigante a desvendar, classe."

Percy não fazia ideia de quão certo ele estava.

27. ASAS DE COURO NEGRO

Camere din turn
Câmaras da torre, Castelo de Bran
14 *de dezembro de* 1888

Endireitei-me num átimo, piscando para afastar as imagens cheias de presas que meu subconsciente havia criado da escuridão.

O luar se alongava em faixas pelas cortinas feito regatos, formando uma poça no chão como uma cascata prateada. O frio entranhava-se nos lençóis ao meu redor, mas não havia sido o responsável por me acordar de meu sono. O suor revestia minha pele em placas, como que marcadas pelo orvalho; minha camisola havia se desamarrado de alguma forma, expondo mais da minha clavícula do que seria decente.

Ainda ofegante por causa do pesadelo com criaturas aladas que me mordiam, eu gentilmente sondei meu pescoço, meio que temendo que meus dedos fossem sair dali molhados de sangue.

Nada.

Eu estava completamente imaculada. Nenhum *strigoi,* nem morcegos ou demônios sedentos por sangue haviam se banqueteado enquanto eu me remexia na cama. Eu sentia apenas a minha pele, quente, macia e ilesa de qualquer outra coisa além do gélido ar invernal ou do escândalo que sua exposição causaria.

Apertei os olhos para ver na direção das sombras, a pulsação acelerada, em alerta máximo. O fogo na lareira do meu dormitório havia apagado não fazia muito tempo, a julgar pelas brasas que ainda piscavam.

Eu afundei na cama, mas apenas um pouco. Minha mente estava atordoada por estranhos pesadelos, mas eu poderia ter jurado que tinha ouvido vozes. Não era possível que *tudo* fosse produto de sonhos perturbadores. Eu havia sido visitada com menos frequência pelas minhas assombrações recentemente, ou pelo menos era o que eu achava. Agarrei as cobertas, aquietando meu coração frenético enquanto absorvia as silhuetas imóveis da minha penteadeira e do meu criado-mudo.

Esperei que as sombras se afastassem da parede e assumissem a forma do príncipe imortal, com suas asas serpentinas largas o bastante para fazer meu coração parar por completo. Porém, tudo estava miseravelmente silencioso. Nada de espíritos visitando o reino humano nesta noite supostamente malévola. Tinha que ser a alta altitude dos Cárpatos. Era evidente que a diminuição do oxigênio estava afetando o meu cérebro.

"Bobagem", concluí.

Caí de lado na cama, puxando as cobertas até o meu queixo. Longas mechas de cabelos soltos faziam minhas costas coçarem, arrepiando minha pele. Afundei mais na cama, até que minha cabeça estivesse praticamente coberta, oculta para o mundo exterior aos meus cobertores. Pesadelos eram para crianças.

Tolo Radu e seu folclore absurdo! É claro que não existia tal coisa, uma noite invernal que poderia convocar os mortos. Sempre haveria uma explicação científica a ser encontrada. Fechei os olhos, concentrando-me em como eu estava aconchegante em meu pequeno e aconchegante casulo. Minha respiração foi ficando mais lenta, minhas pálpebras, de repente pesadas a ponto de eu não tentar abri-las novamente. Senti que estava me esvanecendo rumo a um belo sonho. Sonho este em que Thomas e eu estávamos a caminho de Bucareste para passar as festas de fim de ano, e eu trajava um belo vestido que eu usaria para ir a um baile, longe dos assassinatos...

Tunc.

A adrenalina irrompeu em meu corpo na forma de ação.

Eu me lancei para fora do colchão, enfiei os pés nos sapatos e já tinha atravessado metade do meu quarto de dormir, os ouvidos zunindo com o esforço tão grande de tentar ouvir o que estava acontecendo. Não havia como confundir o som de alguém ou algo se movendo no corredor do lado de fora dos meus aposentos.

Peguei meu medo e o enfiei no bolso mais profundo da minha mente, ignorando a forma como ele chutava e arranhava enquanto era guardado.

Abstendo-me de colocar um vestido em prol da furtividade, lentamente abri uma fenda da porta do meu dormitório. Espiei a sala de estar; as brasas do fogo estavam quase apagadas ali também. Por algum motivo, minha nova criada não as atiçara antes de ir dormir. O intenso brilho cor de laranja não era o suficiente para que eu pudesse enxergar pelos arredores, o que também criava uma oportunidade para que eu não fosse vista por quem quer que estivesse à espreita por ali. Nuvens de respiração fria deslizavam para fora em intervalos irregulares.

Tunc-tunc.

Eu parei, as pernas abertas no limiar entre meu dormitório e a sala de estar. Tudo estava imóvel como um túmulo.

E então... uma ordem asperamente sussurrada em romeno: *"Linişte"*. Calado.

Tunc.

Depois de ter passado um tempo lidando com corpos no laboratório de meu tio, eu conhecia o som que os membros dos mortos faziam quando caíam no chão. Imagens de ladrões de cadáveres passaram por meus pensamentos. Eu não sabia por que eu os visualizava como figuras esqueléticas cujas mãos tinham garras nas pontas, com presas escorrendo sangue e asas que pareciam de couro, quando eles deveriam ser robustos para erguer o peso morto. E certamente humanos.

Prendi a respiração, temendo que até mesmo o menor suspiro fosse soar como um sino badalando e determinando o meu destino. Quem quer que eles fossem, eu não queria sua atenção sinistra em mim. Os humanos eram os verdadeiros monstros e vilões. Mais reais do que qualquer romance ou fantasia seriam capazes de inventar.

Instantes se passaram e os sussurros continuaram. Coloquei minhas juntas congeladas em movimento, andando tão rápida e silenciosamente pela pequena sala quanto eu me atrevia. Eu nunca tinha sido mais grata pelos esparsos móveis como naquele instante, enquanto me dirigia até a porta do corredor.

Me movi como um fantasma pela sala, hesitando assim que cheguei à porta. Talvez as histórias tolas de Radu estivessem certas. Esta era uma noite para assombrações, afinal de contas. Exceto que eu seria o espectro, correndo pelas cercanias sem ser vista.

Colocando meu ouvido junto à parede próximo à porta, fiquei ouvindo, forçando-me a permanecer fria e imóvel como mármore. Vozes sussurradas resmungavam baixo demais para que eu discernisse o que diziam. Era difícil dizer se ambas eram vozes masculinas ou se havia uma mulher envolvida também. Eu me colei na parede até que o meu rosto doesse com a pressão, mas eu ainda não conseguia entender o que aqueles gatunos que vagavam na noite estavam sussurrando. Soava quase como se fosse um cântico...

Recuei, a confusão me puxando para longe. Por que diabos as pessoas estariam entoando hinos desagradáveis na calada da noite era algo que estava além da lógica a essa hora. Talvez aqueles ruídos de há pouco fossem apenas o resultado de um encontro clandestino. Eu já não havia aprendido essa lição com Daciana e Ileana? Eu me virei, preparada para voltar marchando para a cama, e então parei.

Os sussurros ficaram mais altos, subindo como ondas que logo quebravam em um quase silêncio. Não se tratava de nenhum encontro clandestino e romântico na torre. Quando as vozes deixaram que o fervor de sua canção enigmática as distraísse, eu consegui reconhecer algumas poucas palavras, entoadas em romeno.

"Vermelho... floresta... alto... alguma coisa... almas... carne e... restos... alguma coisa... marfim... morte..."

Tunc.

O cântico parou como se uma guilhotina houvesse cortado fora a língua de quem quer que se atrevesse a falar palavras tão blasfemas nesta sagrada véspera invernal. Eu não queria dar nenhum crédito às superstições de Radu, porém, talvez houvesse alguma *outra* coisa em relação a esta noite.

A luz tremeluzia sob o batente da porta, pintando de dourado o chão e cobrindo meus pés. Não ousei me mover. Respirei silenciosamente, observando enquanto a luz se esvanecia pelo corredor, acompanhada pelos sons de alguma coisa sendo arrastada logo atrás. Pelo menos dois conjuntos de botas marchavam ritmicamente pelas escadas, com sua carga roubada fazendo *tuncs* ocos em seguida. A curiosidade alcançou o interior da minha mente, dificultando o pensamento lógico. Se eu não fosse logo atrás deles, eu os perderia no labirinto de corredores do castelo.

Ir sozinha me parecia uma ideia horrível, mas o que mais eu deveria fazer? Eu não poderia apenas fingir que algo inapropriado não estava acontecendo. Não havia tempo para descer correndo até os aposentos de Thomas e acordá-lo. Além do mais, ele dividia o andar com outros rapazes. Eu não poderia imaginar o escândalo que eu causaria ao arrastá-lo para fora de sua cama assim tão tarde da noite. Nós dois perderíamos nossos lugares na academia. E rumores de casos clandestinos certamente chegariam àqueles em Londres que pareciam obter poder com fofocas, comercializando-as como se fossem moeda corrente. Eu desejava que Anastasia tivesse voltado — ela certamente teria me ajudado com este dilema.

Mordi o lábio. Eu não achava que nosso assassino estava por trás deste roubo à meia-noite; eu não podia imaginar por que ele roubaria um corpo. Ele aprecia matar, e não roubar cadáveres. A indecisão continuava a brincar com a parte racional do meu cérebro. A parte que dizia que eu deveria acordar o diretor e deixar que ele lidasse com os ladrões. Eu podia imaginar a curva retorcida de sua boca quando eu o informasse do que eu havia ouvido. Seu sorriso de desdém afiado o bastante para perfurar minha pele e extrair sangue. Foi isso que me fez decidir.

Cruzei a sala correndo e peguei meu manto e um escalpelo, com as mãos tremendo tanto que quase o derrubei. Pelo menos eu dispunha de alguma forma de defesa. Se eu fosse correndo até Moldoveanu, ele surtaria com aquela intrusão no meio da noite e acharia que eu era uma mentirosa. Eu poderia até mesmo acabar como um dos ossos com que ele limpava os dentes. Eu preferia me arriscar com os ladrões de corpos e seus cânticos malévolos.

Entrei correndo no corredor e desci as escadas, captando o último lampejo de movimento antes de eles entrarem nos níveis inferiores, e parei, sem fôlego.

Aparentemente, eles estavam descendo até o subterrâneo com o cadáver roubado.

PRÍNCIPE DRÁCULA

RASTRO *de* SANGUE

28. LADRÕES DE CORPOS

Coridoare

Corredores, Castelo de Bran

14 de dezembro de 1888

Capuzes pretos estavam puxados por cima das cabeças dos ladrões de corpos, obscurecendo sua identidade nos corredores cheios de sombras, conforme eles seguiam seu caminho da torre em direção aos níveis mais inferiores. Meu próprio manto era de uma cor intensa de carvão, remanescente de noites banhadas por um meio luar e de vielas brumosas, e era perfeito para deslizar por espaços não iluminados. Fiquei grata por ter deixado a capa escarlate em Londres. Segurei com firmeza o meu escalpelo, pronta para empunhá-lo como se fosse uma espada, da mesma forma que Andrei havia feito mais cedo.

Os ladrões se moviam com a cautela constante daqueles que haviam feito isso muitas vezes no passado. Pausando e ouvindo antes de deslizarem para o próximo corredor. Enquanto eles rumavam até o nível inferior, sua procissão era silenciosa, exceto pelos sons do corpo raspando pelo chão enquanto eles o puxavam atrás de si. Não demorou muito para que eu entendesse que estávamos andando na direção do necrotério no porão. Pressionei-me junto a uma parede e permiti que toda uma litania de dúvidas passasse pela minha mente. Talvez esses *supostos* ladrões fossem apenas criadas movendo o corpo entre os necrotérios por ordem dos professores.

Afinal de contas, alguém tinha que transportar os cadáveres de um lugar para o outro. Eu nunca havia visto os cadáveres sendo carregados pelos arredores durante dias letivos. O cântico, por outro lado... Bem, era um pouco estranho. Mas não era uma evidência incriminatória de culpa. Para falar a verdade, enquanto eu estava ali parada, refletindo sobre tudo, eu não tinha total certeza de que eles até mesmo estivessem entoando um cântico. Talvez eles estivessem apenas cantando uma melodia para se distrair de seu trabalho. Se eles tivessem qualquer traço do temperamento arisco de Ileana, provavelmente não gostavam de estar em meio a cadáveres. Isso era algo de que a maioria das pessoas não gostava.

Dei um chute no tapete gasto pelos inúmeros pés que haviam passado por ele no decorrer de várias centenas de anos. Eu não podia acreditar que eu havia saído da minha cama por causa disso. Uma dupla de ladrões de cadáveres, até parece. Eu nunca haveria de me livrar das minhas ideias românticas.

Nem tudo que caía ruidosamente no meio da noite era um monstro. Estava claro que eu havia ouvido histórias demais de vampiros e lobisomens desde que chegara aqui. Tudo isso era obra da minha maldita imaginação. Em algum lugar, bem lá no fundo, eu queria que essas histórias fúnebres e estranhas fossem verídicas. Embora eu odiasse admiti-lo até para mim mesma, havia algo terrivelmente atraente na ideia de seres imortais. Talvez fosse o monstro dentro de mim que desejasse a existência de outros, especialmente aqueles encontrados apenas em histórias.

Arrastando seu pacote envolto em uma mortalha da melhor forma possível, as duas silhuetas viraram em uma esquina, desaparecendo de vista. Eu decidi me demorar ali um pouquinho mais. Eu poderia muito bem confirmar que eles estavam depositando este espécime no necrotério do andar inferior antes de subir aquelas escadas abissais da torre novamente. Olhei para a gigantesca samambaia no lado oposto do corredor, perguntando-me se eu deveria simplesmente me enrolar ali atrás dela e dormir até o amanhecer.

Uma porta fechou-se com um clique, e eu dei meia-volta em um canto, abrigando-me em uma alcova oculta por uma imensa tapeçaria. Não deveria demorar muito agora. Eu me agachei, cobrindo a camisola com meu manto para evitar que qualquer tecido claríssimo chamasse uma atenção indesejada. Eu não precisava que nenhuma criada no castelo ficasse sabendo das minhas escapadas no meio da noite. Escondi o escalpelo com a beirada do meu manto, lembrando--me de uma de minhas citações prediletas de Shakespeare: *Os instrumentos das trevas nos dizem verdades.*

Eu sentia os dedos dos meus pés formigando, um aviso de que eles ficariam entorpecidos em poucos instantes. Eu me mexi, na esperança de recobrar a circulação. Com certeza não era necessário demorar tanto assim para colocar um corpo em uma mesa ou em uma gaveta mortuária. Fui envolvida pela inquietação, até que eu mal conseguia respirar.

Fechei os olhos.

"É claro. É claro que este é o tipo de noite que estou tendo."

Eu não havia permitido que o pensamento de vê-los entrando nos túneis secretos passasse pela minha cabeça. Eu não faria isso, não *poderia,* não por livre e espontânea vontade, descer naquele maldito lugar sozinha. Só de pensar em seguir essas pessoas desconhecidas por aqueles túneis cheios de morcegos e outras criaturas odiosas já era o bastante para fazer com que eu considerasse voltar direto para os meus aposentos, com ou sem arma.

Contei meus batimentos cardíacos, que aumentavam cada vez mais, sabendo o que eu deveria fazer. Eu não tinha nenhuma arma de verdade. Nenhuma fonte de luz. E ninguém sabia que eu estava fora da cama. Caso algo acontecesse, era provável que eu jamais fosse encontrada. Moldoveanu certamente não enviaria alguém para me procurar.

Pensar nisso fez com que eu me endireitasse. Meu cérebro, confuso com o sono, não estava tão afiado quanto deveria. Onde estavam os guardas reais? Eles estiveram postados nos corredores e do lado de fora do necrotério todos os dias dessa semana. Era estranho que eu não houvesse encontrado nenhum deles ainda, embora talvez eles patrulhassem apenas as saídas e entradas principais a essa hora da noite. Fazia muito tempo desde que os alunos haviam se enfiado em suas camas, sonhando com vísceras e ciência. E os habitantes do necrotério não precisavam ser supervisionados. Ninguém além de mim era tomado por ilusões deles se erguendo.

Apertei bem meu manto, envolvendo-o no meu corpo como se fosse uma armadura, e deixei o santuário do meu esconderijo. Do canto, espiei em volta e soltei o ar devagar. Ninguém à vista. Aprumando minha postura, andei sorrateiramente pelo corredor. Antes que eu pudesse me convencer do contrário, virei a maçaneta e entrei no necrotério. Ele estava vazio e silencioso. Nada se encontrava revirado ou fora do lugar.

Exceto pelo alçapão, que estava levemente aberto — uma trilha de sedutoras migalhas de pão à qual eu não conseguia resistir e precisava seguir. O mesmo cheiro repulsivo de carne podre invadiu os meus sentidos enquanto eu andava nas pontas dos pés, descendo os degraus fraturados de pedra da escada e observando para ver se havia algum sinal de armadilhas.

Rezei para que nenhum morcego estivesse pairando nos túneis nesta noite. Nem aranhas. Eu poderia viver sem suas longas e finas pernas e seus olhos refletores. Lidar com cadáveres e ladrões e odores fétidos em lugares desgraçados era uma coisa. Morcegos e aranhas, em contrapartida, eram o meu limite.

Uma vez no túnel, me orientei na densa escuridão. Pisquei algumas vezes, ajustando meus olhos à falta de luz, e observei as formas mais escuras da dupla que se movia com rapidez, agora sem medo de fazer barulho nem de acordar os alunos ou os professores. Quantas vezes eles haviam feito isso? Certamente, parecia que essa era uma rotina com que estavam familiarizados.

Eu corri por uns poucos metros e então fiz uma pausa, esperando que a luz do lampião deles se apagasse, mas sem desaparecer completamente, enquanto eu voltava a me apressar, andando de uma sombra à outra, permanecendo atrás, longe o bastante para evitar ser notada.

Eles fizeram uma pausa em um cruzamento, segurando o lampião junto à parede, e tracejaram algo ali com as pontas dos dedos. Fiz uma estimativa aproximada da altura em que esse objeto estava na parede, na esperança de entender o que havia chamado a atenção deles depois que houvessem seguido em frente.

Continuando pelo túnel, um daqueles que Thomas e eu havíamos decidido não investigar na noite em que descobrimos o corpo da mulher, esperei que as sombras me abraçassem novamente. Uma vez que eu não mais podia ser vista, corri até o canto, tateando os arredores da áspera parede de pedra. O vento frio roçava na bainha da minha camisola.

Por um momento aterrorizante, imaginei aranhas subindo pelas minhas meias, e o sangue formigou em minhas veias. *Respire,* ordenei a mim mesma. Eu não podia me dar ao luxo de ter uma crise aqui embaixo, sozinha. Meus dedos roçaram em teias pegajosas e coisas que eu preferia não saber o que eram antes de deslizarem por entalhes profundos.

XI

Tateei ao meu redor, o olhar focado, mirando o túnel que estava quase completamente escuro, agora que os ladrões estavam próximo à extremidade oposta. XI. Isso era tudo que havia entalhado ali. Nenhuma outra letra. Colocando essa informação de lado, desci correndo até o próximo corredor, testemunhando as silhuetas encapuzadas fazerem a mesma coisa antes de seguirem em frente. Cada nova bifurcação no sistema de túneis trazia um novo conjunto de entalhes e uma nova onda de medo.

XXIII
VIII

Repeti os numerais romanos silenciosamente, na esperança de conseguir resgatá-los de minha memória para inspeção posterior, assim que eu retornasse aos meus aposentos. Seu significado agora era um mistério — que eu desvendaria em um outro momento.

Asas batiam ansiosamente, atraindo minha atenção para cima, em direção ao teto cinzento que me separava dos níveis superiores do castelo e também do ar fresco e dos céus estrelados. Concentrei-me no chão, forçando-me a permanecer calma enquanto o som se intensificava. Sem esperar que eu me transformasse em refeição, passei por ali às pressas, colocando um pé diante do outro, enchendo meus pensamentos com qualquer coisa que não fossem as criaturas que voavam acima de mim, nem o som da minha pulsação que me espancava a cabeça.

Os momentos escorriam feito um sangramento até que eu não soubesse ao certo se era noite ou dia, e o sussurro assombroso da perseguição aérea persistia. Eu odiava pensar neles voando em bando onde não pudessem ser vistos, esperando uma oportunidade para atacar. Fiquei tentada a encontrar uma tocha, e que se danassem as consequências de ser pega. Havia um limite de terror até o qual meu corpo era capaz de aguentar; eu temia que meu coração pudesse parar por completo de tanto ser usado.

"Andem logo, andem logo", apressei as figuras adiante, rezando para que chegássemos onde quer que estivéssemos indo sem sermos mordidos.

Parecia que nunca haveríamos de deixar esses malditos corredores. Continuamos descendo por tantas curvas e trilhas repetitivas que fiquei preocupada em nunca mais encontrar o caminho de volta. Ouvi alguma coisa sair correndo atrás de mim e fiquei paralisada. Rezando para que não se tratasse de um cadáver recém-acordado caçando uma refeição quentinha, apanhei as minhas saias e me forcei a seguir em frente, com meu olhar focado nos ladrões e no corpo.

Por fim, nos deparamos com um amplo trecho em que quatro túneis se encontravam. Uma das silhuetas vagava na frente, com sua luz tremeluzindo na caverna úmida como um vaga-lume, enquanto ela girava em um círculo lento. A escuridão se agigantava em cada canto, esperando para nos engolir inteiros.

Observei a pessoa com o lampião seguir adiante, ficando cada vez menor conforme se afastava. A câmara central inclinava-se no centro, criando uma pequena endentação onde uma lâmina prateada de água havia se formado. A luz do lampião refletia como um pequeno sol se pondo em um horizonte espelhado. Era estranhamente adorável para um lugar tão aterrorizante.

Era uma pena que as chamas suaves não eliminavam a friagem do ar ou o ácido ardente dos meus intestinos. Eu tinha a sensação de que não respiraria normalmente até que estivesse de novo em segurança, livre de morcegos. Esfregando os braços, lutei contra um tremor que ameaçava meu corpo inteiro e emaranhava-se por sob meus cabelos soltos.

Não era simplesmente a temperatura que estava congelante. Esses túneis, assim como o castelo, pareciam vivos de alguma forma, assombrados por espíritos e seres de outro mundo. Eu imaginava um milhão de olhos me encarando dos nichos sombrios. Animal ou humano; eu não sabia ao certo o que era mais assustador.

Era uma bênção que as silhuetas estivessem se movendo com um novo fervor. Depois de passarem energeticamente por mais alguns túneis úmidos, a luz prateada avançava devagar pelas paredes e pelos tetos do último túnel, indicando que havia uma saída nas proximidades. Uma coruja piava ao longe, com seu estranho chamado sendo respondido por outra. Permaneci na curva de um túnel mais ao longe, esperando que os ladrões cobertos por seus mantos desaparecessem noite adentro. O ar aqui era fresco e cheirava a pinho. Eu queria cair de joelhos e idolatrar o frescor a céu aberto, mas me mantive longe, esperando que os ladrões de cadáveres prosseguissem.

Não demorou muito para que os ladrões saíssem ao luar, arrastando seu prêmio atrás deles. Eu calculava cada passo meu, prestando atenção em quaisquer galhinhos ou folhas que pudessem ter sido soprados ali para dentro e que estalariam sob o meu peso. Eu mal respirei até conseguir chegar à barreira entre o castelo e o ar livre, passando as pontas dos dedos pelas ásperas paredes de pedra.

Espiando da boca do túnel, analisei o mundo congelado. Três galhos retorciam-se e rangiam, irritados com a intrusão quando o mundo humano deveria ter permanecido imóvel. Mantendo os olhos travados nas formas que se afastavam, desci furtivamente pelo caminho de terra, minha camisola tão pálida como o chão pontilhado pela neve abaixo de meu manto.

Lufadas de neve caíam do céu, luminosas e silenciosas. Calafrios mordiam os meus ossos através do algodão espesso, mas mantive meu olhar cravado nas sombras diante de mim, que avançavam pelo bosque com seu fardo misterioso caído entre eles. Não tinha como, de modo algum, voltar atrás agora, mesmo que a noite invernal houvesse de cortar minha roupa e chegar à minha pele ferida.

Ouvi as densas passadas de botas na terra congelada e recuei uns poucos passos. Uma sombra tremeluzia pelo céu, arrastando minha atenção para longe dos ladrões encapuzados. A lua tinha um meio sorriso, e sua expressão zombava daqueles que se atreviam a deixar suas camas quentinhas para transpassar os limites e adentrar a floresta de ossos de Vlad, o Empalador. Enrolei meu manto ainda mais apertado em torno de mim mesma.

Parando abruptamente à margem de uma bifurcação no caminho, as silhuetas pareciam estar discutindo sobre que direção tomar enquanto colocavam cuidadosamente o corpo amortalhado no chão. Apertei os olhos para enxergar melhor. Havia algo de estranho em relação à sua forma. Estava cheio de protuberâncias e cheirava a... não podia ser alho. Memórias da vítima do trem alcançaram o primeiro plano de minha mente. Poderia muito bem ser alho, embora eles tivessem que enfiar uma quantidade extraordinária do tempero no cadáver para que eu conseguisse senti-lo a essa distância. Meus sentidos eram bons, mas eu não era nenhum ser imortal.

Acompanhei enquanto eles pegavam o cadáver de volta e seguiam pela trilha. Se o corpo fora preenchido de alho, talvez um dos ladrões fosse o Empalador. Talvez ele estivesse trabalhando com uma outra pessoa. Como o corpo desprovido de sangue de Wilhelm, este poderia muito bem ser um outro ataque encenado de *strigoi*.

Hesitei. Seguir ladrões de cadáveres bosque adentro era uma coisa; ir atrás, às cegas, de alguém que poderia ter empalado duas pessoas era outra completamente diferente. O escalpelo que eu carregava não era páreo para os dois homens.

Um galhinho estalou e partiu-se atrás de mim.

Me virei lentamente, a pulsação rugindo em meus ouvidos.

Moldoveanu cruzou os braços, encarando-me como se eu o tivesse feito ganhar a noite. "O toque de recolher foi imposto a todos os alunos", começou. "Ainda assim, aqui está você, marchando floresta adentro como se fosse seu direito inato, srta. Wadsworth."

Eu meio que pensei em mandar que ele se calasse, mas mantive meu maxilar travado. Moldoveanu ergueu o queixo em direção a uma sombra que se retirava das imensas árvores perto do exterior do castelo. Meu pesadelo anterior ganhou vida na forma de um arrogante guarda real.

"Acompanhe-a até lá dentro. Lidarei com as ações disciplinares pela manhã", sentenciou.

Dăneşti deu um passo à frente, seu olhar cheio de ódio era potente o bastante para me fazer fraquejar. Uma mão áspera envolveu meu braço um instante depois, puxando-me para longe do limite da floresta. Encarei Dăneşti enquanto ele me arrastava para a frente, perguntando-me como diabos ele poderia ter sido encarregado da tarefa de vigiar o toque de recolher. Talvez ele tivesse sido rebaixado por ser tão desagradável.

"Espere!", gritei, contorcendo-me na tentativa de me soltar do aperto dele. Eu me debati até que fiquei cara a cara com o diretor. "Um corpo foi roubado do necrotério da torre. Dois ladrões encapuzados arrastaram o cadáver por aqui há poucos instantes. Esse é o único motivo pelo qual eu deixei os meus aposentos." Um músculo no maxilar de Moldoveanu se contorceu. "Veja por si mesmo. Eles estavam bem na minha frente. Eu acho que um deles pode ser o Empalador. O corpo tinha cheiro de alho. Eles estão..."

Pisquei para a floresta, que estava estranhamente quieta, como se estivesse prendendo a respiração, esperando pelo veredito de Moldoveanu. As corujas nem mesmo se atreviam a piar. Eu fitava à minha frente o rastro intocado por onde os ladrões haviam acabado de passar; nenhuma pegada estava visível conforme a neve caía com mais abandono.

Nenhum sinal das silhuetas que eu sabia que tinha visto, nem do corpo que eles haviam pegado. Era como se a floresta estivesse se purificando das transgressões, escondendo um crime que eu tinha certeza de que havia ocorrido.

"Diga-me. Sua imaginação sempre funcionou de forma tão... pitoresca? Talvez esses 'ladrões' de que você fala não passassem do pessoal da cozinha preparando a refeição matinal. Os depósitos de alimentos ficam por aquele caminho, srta. Wadsworth."

"Mas... eu juro..."

Eu já não tinha certeza de coisa alguma agora. Olhei de relance para onde Dăneşti havia se escondido, mas ele não os teria visto do canto do castelo. E, se os depósitos de alimentos ficassem lá embaixo, então ele poderia não ter prestado atenção às criadas que estivessem fazendo seus trabalhos.

O diretor nem mesmo se deu ao trabalho de olhar na direção que eu havia apontado. "Você está em um período de suspensão acadêmica até segunda ordem, srta. Wadsworth. Este tipo de comportamento errático pode ser aceitável em Londres, mas você verá que levamos as coisas um pouco mais a sério aqui. Mais uma palavra vinda de você e eu perderei a paciência que ainda me resta, e a mandarei para fora deste castelo de uma vez por todas."

Querida Liza,

Depois de ler sua última correspondência, eu pensei e repensei sobre ela por um bom tempo. Acredito que esteja certa, embora eu saiba que você provavelmente não tinha dúvidas quanto a isso.

Eu me dei conta de que estava magoada e com raiva. As ações equivocadas de Thomas nasceram não de uma falta de afeto da parte dele, mas sim de um mal-entendido em relação a como ele poderia oferecer o apoio correto a mim.
(O que claramente não inclui avisar professores sobre o meu estado emocional.)

No entanto, tenho outras preocupações. Preocupações sobre as quais tenho medo de falar. Por favor, queime esta carta assim que a tiver lido, e não conte a ninguém sobre seu conteúdo. Não consigo me livrar da sensação de estar sendo observada. Um aluno foi encontrado morto e um corpo não identificado foi descoberto aqui na academia em questão de semanas. Um deles não apresentava sinais externos de assassinato, e o outro havia falecido de... modos mais horrendos. Ainda assim, ambos os corpos haviam tido seu sangue completamente drenado. Uma coisa terrível sobre a qual falar; peço desculpas. Além disso, há quase uma semana não tenho notícias de uma amiga daqui e estou preocupada com ela.

Eu não conseguirei viajar para casa para passar as festas de fim de ano devido ao clima ruim e também à falta de tempo livre, mas escreverei com frequência para compensar. A família de Thomas tem uma casa em Bucareste e a irmã dele nos convidou para irmos a um baile lá, e eu não faço a mínima ideia do que vestirei em tal evento. Deixei os meus mais queridos vestidos em casa. É uma bobagem falar de tamanhas frivolidades quando há coisas muito piores acontecendo.

Tia Amelia voltou a considerar a ideia de mandar você em uma viagem pelo continente? A irmã de Thomas, a srta. Daciana Cresswell, prometeu escrever a ela em seu nome. Talvez você pudesse pedir que sua mãe reconsiderasse e lhe concedesse permissão para essa viagem como presente de Natal. Ou talvez ela fosse concordar que viajássemos para os Estados Unidos, não? Eu adoraria passar um tempo lá e visitar a vovó. Nós talvez poderíamos persuadir a minha avó a falar em nosso nome também. Você sabe como ela consegue ser convincente.

Peço desculpas por não acrescentar mais detalhes a esta carta. Eu tenho que ir correndo para a cama. A aula de anatomia é a primeira, logo pela manhã. É de longe a minha aula preferida (mesmo que o diretor seja um bruto horrendo). Que surpresa, não é mesmo?

Sua prima afetuosa,

AR

Obs.: Como está o meu pai? Dê a ele um abraço por mim, por favor, e diga-lhe que escreverei em breve. Eu sinto uma falta tremenda dele, e me preocupo que vá cair no encanto de seu láudano em minha ausência. Fique atenta quando ele se trancar em seu estúdio. Nada de bom provém disso.

PRÍNCIPE DRÁCULA
RASTRO *de* SANGUE

29. VISLUMBRES DE FITA PRETA

Camere din turn
Câmaras da torre, Castelo de Bran
14 de dezembro de 1888

A inquietação quanto à possibilidade de minha carta para Liza cair nas mãos de outra pessoa fez com que eu a entregasse logo pela manhã junto com correspondências de saída do castelo. Depois que retornei, fiquei observando, da entrada dos meus aposentos na torre, enquanto um intruso cruzava a sala de estar na ponta dos pés e seguia seu caminho na direção de meu quarto, como se tivesse todo o direito de fazer isso. Era realmente notável como ele se mostrava confiante enquanto fazia algo errado de inúmeras maneiras possíveis.

Eu não fazia a mínima ideia do que ele estava prestes a fazer, mas o patife provavelmente teria uma desculpa interessante. Visto que eu havia sido escoltada até os meus aposentos, eu ainda não tinha tido a oportunidade de discutir os eventos da noite anterior com ele. Ileana ainda não estava disponível para falar comigo, então enviei um bilhete a ele por intermédio da minha nova camareira, e havia dito para me encontrar depois que ele saísse da aula.

Na *biblioteca* principal.

Deveríamos ter nos encontrado dez minutos atrás e eu estava vergonhosamente atrasada, mesmo sem ter comparecido à aula de Moldoveanu, já que eu fora proibida de fazê-lo. Antes de escrever e entregar a minha carta, eu havia passado a maior parte da manhã lendo qualquer coisa que eu pudesse sobre o castelo, e perdi a noção do tempo.

Pigarreei, satisfeita, quando ele se virou, com as sobrancelhas tão erguidas que praticamente alcançavam seus cabelos.

"Oh, olá. Eu achei que você estivesse na biblioteca... Não é cortês mentir para seus amigos, Wadsworth."

"Será que eu devo até mesmo me atrever a perguntar por que você está se esgueirando pelos arredores de meus aposentos particulares, Cresswell?" O olhar dele voltou-se rapidamente para a porta de meu dormitório, calculando sabe-se lá o quê. Ele estava a apenas uns poucos passos da porta, menos ainda se ele usasse como vantagem o fato de ter longas pernas. "Ou devo fingir que você não está sendo o patife indecente que eu sei que você é?"

"Por que você não estava na aula?" Thomas alternou o peso de um pé para o outro. Havia um pacote de tamanho considerável parcialmente escondido atrás de suas costas. Fui para a sala de estar, espiando ao redor dele, mas ele dançou um passo para trás. "Oh, oh, oh", cantou. "Isso se chama 'surpresa', Wadsworth. Cuide de suas coisas e me deixe quieto. Você sabe que eu não a desprezaria por entrar no *meu* quarto. Sendo eu tamanho patife."

Fui mais para perto de onde ele estava, com os olhos estreitados. "Você entrou com tudo nos meus aposentos. Agora você quer que eu o deixe em paz para fazer algum tipo de travessura? Não me parece muito lógico."

"Hummm. Entendi o seu ponto."

Thomas lentamente recuou para dentro de meu quarto, enganchando o pé no limiar com supremo controle. Eu teria prestado mais atenção no propósito dele se eu não estivesse tentando ver o pacote convidativo que ele escondia. Vislumbres de fita preta amarrada em um laço ridiculamente grande demais me deixaram completamente intrigada.

"Quando você coloca as coisas dessa forma, é claro que eu não quero que você me deixe quieto", ele continuou falando. "Poderíamos nos divertir muito juntos."

O olhar dele voltou-se para contemplar a cama de solteiro, demorando-se ali para esclarecer suas intenções. Eu havia me esquecido completamente de minha próxima pergunta, e, enquanto Thomas se mexia, pude ver um papel pardo cobrindo a caixa inteira. Grande o bastante a ponto de poder acomodar um corpo. Avancei alguns centímetros mais para perto dele, com a curiosidade girando selvagemente na minha cabeça. O que diabos poderia ser aquilo? Mantive minha atenção na caixa, na esperança de conseguir uma pista.

"Embora", ele disse ainda, devagar, "eu preferisse ficar rolando em algo um pouco mais... adequado ao meu tamanho."

Eu parei de me mexer. Quase parei de respirar enquanto suas palavras afastavam minha curiosidade em relação ao pacote. Eu não podia imaginar como seria isso: deitados na cama juntos, nos beijando descontroladamente... e...

Thomas abriu um sorriso afetado, como se ele soubesse precisamente a direção que meus pensamentos errantes haviam tomado e estivesse satisfeito porque eu não o havia jogado pela janela. Ainda.

Com o rosto ardendo, apontei para a câmara atrás de mim. "Saia do meu quarto, Cresswell. Você pode deixar a caixa no canapé."

Ele estalou a língua. "Peço desculpas, doçura minha, mas você realmente deveria agir de imediato ao interpretar minha linguagem corporal. Eu vi que você notou onde pus o pé. Uma coleta de detalhes bastante decente, devo admitir. Que pena que você deixou que aqueles pensamentos escandalosos a distraíssem. Embora eu dificilmente possa culpá-la por isso."

"Notei onde você... Thomas!"

Antes que eu pudesse avançar para cima dele e atacá-lo, ele fechou a porta com o maldito pé. Eu tentei usar a maçaneta, mas ele já havia girado a chave, se trancando ali dentro. Eu ia matá-lo!

"Para uma jovem tão modesta", provocou Thomas, de trás da porta, "você certamente tem um intrigante número de roupas de baixo de renda. Eu vou ficar imaginando todos os tipos de coisas impróprias quando você estiver costurando o próximo corpo na aula do Percy. Você acha que isso faz de mim uma alma corrompida? Talvez eu devesse ficar preocupado. Na verdade, talvez seja você quem deva ter medo."

"Cresswell! Você já se fez entender, agora tenha a bondade de sair. Se o diretor descobrir essa impropriedade enquanto estou em período de suspensão acadêmica, eu serei expulsa!"

Eu soquei a porta, dando um pulo para trás quando ela se abriu com um rangido. Todo o humor havia sido removido da expressão de Thomas enquanto ele inclinava a cabeça para o lado, encarando-me.

"Período de suspensão acadêmica? Que tipo de travessura eu perdi, e o que, exatamente, essa suspensão significa?"

Eu me recostei na parede, repentinamente exausta da noite anterior. Eu mal havia dormido, revirando-me na cama como se isso pudesse me ajudar a discernir o que eu achava que tinha visto. Será que realmente havia duas pessoas entoando um cântico no corredor? Será que eles realmente roubaram um corpo, ou seria aquele fardo que eles estavam carregando simplesmente alimentos, como Moldoveanu sugerira? Eu não confiava mais em mim mesma.

Thomas imitou minha posição, reclinando-se junto ao batente da porta, e eu contei a ele todos os detalhes de que eu conseguia me lembrar, sabendo que ele encontraria significado em qualquer coisa que eu pudesse ter deixado de falar, levando em consideração a forma como ele com frequência via as coisas de maneira única. Falei da minha aventura com Anastasia no vilarejo, e sobre a descoberta do possível envolvimento da jovem mulher desaparecida com a Ordem do Dragão. Eu até mesmo contei a ele sobre as minhas suspeitas em relação às ilustrações de Nicolae e como isso poderia possivelmente se conectar com a morte do primo dele. Mas eu não o informei de que eu também havia sido desenhada no diário do príncipe. Isso eu não queria compartilhar com ele por vários motivos.

Quando terminei de falar, Thomas mordiscava seu lábio inferior até parecer que ficaria machucado. "Eu não ficaria surpreso se Nicolae fosse o responsável por enviar aquelas ameaças", opinou ele. "Mas o *motivo* por trás disso é um pouco obscuro. Eu terei que observá-lo na sala de aula. Captar algum movimento involuntário ou alguma pista."

"Independentemente disso", continuei, "eu tenho uma teoria de que alguém está caçando a linhagem de Vlad. Querendo passar alguma mensagem. Para qual propósito, eu não sei ao certo. Dois dos assassinatos parecem ter sido obra de um caçador de vampiros. O outro assassinato definitivamente tem as marcas de um ataque de vampiro. O príncipe Nicolae poderia estar em perigo. A menos que *seja* ele quem esteja enviando as ameaças. Qual é o elo comum entre as vítimas? E como a mulher do túnel se encaixa nisso tudo?"

"Tecnicamente, Nicolae não é um dos descendentes de Vlad." Thomas fitou diretamente os meus olhos, mas eu podia ver que ele estava em um outro continente. "Ele faz parte da linhagem dos Dăneşti. As famílias Dăneşti e Drăculeşti foram rivais por muitos anos. Eu diria que alguém tem como alvo a Casa dos Basarab, ambas as ramificações da família. Ou talvez uma linhagem familiar esteja sendo retratada como os vampiros, e a outra, como os caçadores."

"Sendo assim, Dăneşti, o guarda, é parente do príncipe Nicolae?", perguntei. "Tenho um pouco de medo de perguntar como você é assim tão versado na história de uma família medieval."

"Há algo que eu venho querendo contar a você." Ele inspirou profundamente. "Eu sou o herdeiro de Drácula."

Fiquei grata por já estar apoiada na parede. Eu o encarei, tentando desvendar a confusão que girava ao redor de uma declaração assim tão simples. Eu não poderia ter ouvido direito. Thomas esperou sem dizer mais nenhuma palavra, tenso enquanto aguardava minha resposta.

"Mas... você é inglês."

"E romeno, lembra? Por parte de mãe." Ele me ofereceu um sorriso hesitante. "Minha mãe era uma *cel Rău,* descendente do filho de Vlad, Mihnea."

Eu revirei aquela informação na minha cabeça, escolhendo minhas próximas palavras com cuidado. "Por que você não mencionou a linhagem de Drácula antes? Este é um tópico um tanto intrigante."

"'Cel Rău' quer dizer *O Malévolo.* Eu não estava morrendo de vontade de expor isso. Na verdade, sua amiga Anastasia me encurralou na outra semana e me acusou de trazer a maldição do sangue para a academia. Ela disse que o último homem herdeiro remanescente de Drácula não deveria ter vindo a este castelo, a menos que eu tivesse um grandioso plano de assumir o trono, ou algum outro absurdo do gênero."

Ele baixou o olhar para o tapete, encolhendo os ombros. Meu coração acelerou. Eu me dei conta de que Thomas acreditava naquele apelido tolo. Pior, ele acreditava que *eu* haveria de pensar isso dele também. Tudo por causa da família na qual ele havia nascido. Eu não fazia a mínima ideia de como Anastasia descobrira a verdade sobre a linhagem dele, e não me importava com isso no momento. Toquei no cotovelo dele, encorajando-o gentilmente a olhar para mim.

"Você tem certeza de que a tradução não é *O Tolo*?" Ele nem mesmo abriu a pontinha de um sorriso. Algo se contorceu em meu âmago.

"Se você é malévolo, eu sou igualmente malévola. Se não for pior. Nós cortamos os mortos, Thomas. Isso não nos torna malditos. Foi por isso que você não me contou antes? Ou você estava com medo de que seu título principesco fosse mudar meus... sentimentos?"

Ele lentamente ergueu o olhar; pela primeira vez na vida, Thomas não escondeu suas emoções. Antes que ele respondesse, eu vi a profundidade de seu medo esboçada em sua face. Toda a postura forjada e a arrogância se foram. E no lugar, ficou um rapaz cujo mundo parecia estar se partindo ao seu redor e não havia nada que ele pudesse fazer para salvar a si mesmo. Ele cairia de um penhasco tão alto que toda a esperança de sobrevivência teria perecido antes que ele tivesse chegado ao chão.

"Quem a culparia por não falar comigo de novo? O monstro sem sentimentos que descende do próprio Diabo. Todo mundo em Londres adoraria isso. Um verdadeiro motivo para meu repreensível comportamento social." Thomas passou a mão pelos cabelos. "A maioria das pessoas acha difícil ficar perto de mim na melhor das circunstâncias. Eu fiquei, se for para ser honesto, horrorizado com a possibilidade de que você visse o que todo o restante das pessoas vê. Não é que eu não confie em você. Eu sou egoísta e não quero perdê-la. Eu sou herdeiro de uma dinastia banhada em sangue. O que eu poderia oferecer a você?"

Havia mil coisas nas quais precisávamos nos concentrar. A possibilidade de que o Empalador impostor estivesse perto da academia; o número crescente de assassinatos; nosso colega de classe suspeito... E, ainda assim, quando fitei os olhos de Thomas e vi a agonia por trás deles, eu só consegui pensar em uma coisa. Eu me movi mais para perto dele, com o coração acelerado a cada passo que eu dava em sua direção.

"Eu não vejo um monstro, Thomas." Fiz uma pausa e deixei alguns centímetros entre nós. "Eu vejo apenas o meu melhor amigo. Eu vejo bondade. E compaixão. Vejo um rapaz que está determinado a usar sua mente para ajudar os outros, até mesmo quando ele fracassa miseravelmente nas questões emocionais."

Os lábios dele se enviesaram, mas eu ainda vi a preocupação subjacente em seu semblante. "Talvez possamos continuar falando de todas as formas como eu sou maravilhoso..."

"O que eu quero dizer é que eu vejo você, Thomas Cresswell." Coloquei uma das minhas mãos enluvadas no rosto dele na mais leve insinuação de um toque. "E eu acho que você é verdadeiramente incrível." Pausei. "Às vezes."

Ele permaneceu perfeitamente imóvel por uns poucos e tensos instantes, com sua atenção deslizando pelas minhas feições, medindo minha sinceridade. Mantive a expressão aberta, permitindo que a verdade se revelasse.

"Bem, eu *sou* encantador." Thomas deslizou as mãos na frente de seu colete, e a tensão foi se esvanecendo com o movimento. "E um príncipe. Você deveria desmaiar. Embora o Príncipe Drácula seja o oposto bem gótico do Príncipe Encantado. Um pequeno detalhe, na verdade."

Eu ri com gosto. "Você não é tecnicamente de uma família destituída? Você é um príncipe sem um trono."

"Príncipe Encantado Deposto não soa tão bem assim, Wadsworth", apontou Thomas, bufando em uma falsa exasperação, embora eu pudesse ver o brilho em seus olhos agora radiantes. "Sou encantado mesmo assim."

Um tipo diferente de centelha apareceu no olhar dele enquanto este viajava lentamente até a minha boca. Muito cuidadosamente, ele deu um passo para a frente e inclinou meu queixo para cima. Eu me dei conta — mesmo em meio aos altos e baixos, e aos erros — que tê-lo ao meu lado enquanto o mundo enlouquecia ao nosso redor não seria uma forma terrível de viver a vida. Meus olhos tremeluziram e fecharam-se, preparados para um segundo beijo... que não veio. As mãos de Thomas de repente se foram, e minha pele instantaneamente sentiu falta de sua calidez.

"Que inconveniente!" Ele se empertigou, assentindo para a porta, e recuou um passo. "Temos visita."

A criada para quem, mais cedo, eu tinha pedido que entregasse o bilhete a Thomas ficou tão intensamente ruborizada que era possível enxergar até de onde eu me encontrava, conforme ela ia entrando nos meus aposentos. Não era a primeira vez que eu desejava que Ileana voltasse. Eu sentia a premência de me derreter inteira no chão, tendo certeza de que ela havia notado a tensão entre mim e Thomas, mesmo que agora estivéssemos separados por uma distância respeitável.

Ela ergueu os baldes de madeira que estava carregando em resposta. E murmurou pedidos de desculpas, metade em romeno, metade em inglês, mas eu entendi.

"Não, não, está tudo bem. Você não estava interrompendo nada", falei, movendo-me na direção da porta, que agora estava aberta.

Eu não queria que ela presumisse algo errado. Ou certo. O escândalo de ter Thomas em meus aposentos sem uma acompanhante da minha parte já era o bastante para me arruinar caso a notícia vazasse. Será que essa moça calada algum dia faria uma coisa dessas? A forma como ela se demorou no perímetro dos aposentos, não conseguindo muito bem me olhar nos olhos, era o suficiente para incitar o pânico. Fiz o melhor para me comunicar em romeno. "Nós estamos a caminho da biblioteca. Por favor, diga a Ileana que eu adoraria falar com ela mais tarde."

A jovem criada manteve a cabeça abaixada ao assentir. "*Da, domnişoară*. Certamente direi isso a ela caso eu a veja."

Eu senti a atenção de Thomas vagando na direção da nova criada, mas não queria atrair mais nenhuma atenção para nossa situação inapropriada. Eu sorri para a moça e andei com Thomas o mais rapidamente quanto me atrevi até a biblioteca. Tínhamos um caso a resolver. Agora, munida do conhecimento acerca da linhagem de Thomas, eu temia que Nicolae pudesse não ser o único que corria perigo, se minhas suspeitas estivessem corretas e os descendentes de sangue de Vlad fossem mesmo os alvos. Se esse fosse o caso, talvez Thomas estivesse correndo ainda mais perigo por ser o herdeiro de Drácula.

Se um ramo da árvore genealógica estava sendo empalado e o outro estava tendo seu sangue drenado, nenhum dos dois estava a salvo.

PRÍNCIPE DRÁCULA

RASTRO *de* SANGUE

30. OLHANDO COM MAIS ATENÇÃO

Bibliotecă

Biblioteca, Castelo de Bran

14 de dezembro de 1888

“Não conseguiu ficar longe de mim, não foi?” Noah olhava radiante de trás de um grande tomo, aprumado a uma pequena mesa. “Por que você não estava na aula de anatomia?”

“Nosso amigo em comum pode ter me encontrado do lado de fora do castelo depois do toque de recolher.”

Noah balançou a cabeça e deu risada. “Eu espero que o que quer que a tenha atraído lá para fora tenha valido a pena. Aquele homem é mais aterrorizante que qualquer vampiro que esteja assombrando a academia.” A seriedade rapidamente substituiu a leviandade em seu tom. “Você tem sorte de que Moldoveanu a tenha encontrado na noite passada. Aquela criada não foi tão afortunada assim. Alguma coisa a pegou.”

Thomas e eu piscamos um para o outro, e o temor acumulou-se em minhas veias. Eu não tinha visto Ileana a manhã toda. Na verdade, fazia quase dois dias que eu não a via.

“Que criada?”, perguntei, meu estômago se contorcendo. “Qual era o nome dela?”

“Uma das moças que tinha sido designada aos aposentos do príncipe Nicolae e de Andrei. Moldoveanu e aquele guarda estão questionando ambos agora mesmo. Cancelou as aulas tanto de Percy quanto de Radu esta tarde e tudo o mais. Devemos voltar aos nossos aposentos até as três horas." Noah olhou para nós. "Eu consideraria dar ouvidos ao diretor hoje. Eu, Erik e Cian vamos nos trancar para estudar. O corpo daquela criada foi completamente drenado. Prefiro manter o meu sangue correndo em minhas veias."

"Você não acredita realmente que um vampiro a tenha atacado, acredita?"

Noah deu de ombros. "Importa se era um vampiro de verdade ou não? De qualquer forma, ela está morta e seu sangue se foi."

Eu não fui capaz de segurar meus pensamentos de forma rápida o bastante. Se tanto essa criada quanto a moça dos túneis haviam sido assassinadas, talvez eu estivesse errada em presumir que os alvos fossem apenas os membros da família real. A moça do vilarejo não tinha nenhuma conexão aparente com a realeza, e eu ainda não acreditava que ela fosse membro da Ordem, apesar do bilhete sombrio de Anastasia.

"Como você sabe que o sangue dela foi drenado?" Thomas cruzou os braços sobre o peito. "Alguém viu o corpo? Onde foi encontrado?"

"Depois da aula de anatomia, os gêmeos a encontraram no corredor do lado de fora da ala de ciência. Parece que eles estavam voltando às pressas para seus aposentos para almoçar. Foi então que eles encontraram o corpo dela. Disseram que ela estava mais pálida do que Wilhelm. Nada de livor mortis." Noah engoliu em seco. "Ela também não tinha nenhum sinal externo de trauma. Nenhum machucado óbvio além de duas perfurações no pescoço. *Strigoi* podem ser mito, mas quem quer que esteja matando essas pessoas não parece saber ou se importar com isso."

"Creio que o assassino esteja usando algum equipamento de necropsia", falei. "O diretor tem um inventário dos equipamentos da academia?"

"Não sei. Mas, se ele possui tal inventário, tenho certeza de que ele já investigou isso." Noah fechou o livro que estivera lendo e olhou para o bibliotecário, que tinha entrado e sentado atrás de uma grande mesa. Ele varreu cada um de nós com os olhos, sorrindo em cortesia. Noah baixou o tom de voz e inclinou-se para a frente. "Embora eu duvide que ele vá nos dizer se algum equipamento estiver faltando. Moldoveanu realmente não é do tipo que divide nada. Se alguém entrou furtivamente na academia e roubou um instrumento que esteja sendo usado nos assassinatos..." Ele ergueu um dos ombros. "Não seria algo muito positivo para as pessoas ficarem sabendo. A academia ficaria arruinada."

Enquanto considerávamos as novas informações, o bibliotecário olhou nos meus olhos e sorriu. *"Bonjour"*, disse. "*Je m'appelle* Pierre. Posso ajudá-los a encontrar alguma coisa?"

"Não, obrigado", disse Noah, colocando sua bolsa no ombro. "Vejo vocês dois na aula. Quando tivermos aula. É possível que esse curso de avaliação seja cancelado. Ao menos é o que dizem os rumores." Ele balançou a cabeça, um movimento marcado pela decepção. "Eu viajei uma longa distância para chegar até aqui e, com vampiro falso ou não, eu ainda não vou desistir de fazer por merecer uma daquelas vagas. Como eu disse, eu, Erik e Cian estaremos estudando mais tarde... Vocês dois são bem-vindos para se juntar a nós se quiserem."

"Obrigada."

Sorri. Era uma oferta gentil, mas de jeito nenhum eu teria permissão para permanecer em uma sala cheia de rapazes durante uma noite inteira, por mais inocente que fosse o motivo. Eu podia ver minha tia Amelia fazendo o sinal da cruz só de pensar na minha reputação.

Thomas despediu-se de Noah e inspecionou o bibliotecário com uma precisão microscópica. Ele era um homem esguio, com cabelos castanhos e cacheados, e que usava um macacão grande demais para ele.

"Onde poderíamos encontrar um livro sobre a Ordem do Dragão, marcado, de alguma maneira, com numerais romanos?"

Pierre uniu as pontas dos dedos abaixo do queixo para refletir e pareceu calcular as possibilidades antes de se levantar.

"Por aqui, por favor."

Havia uma pilha de livros espalhados sobre quase todos os centímetros do corredor onde Pierre havia nos instruído a procurar. O bibliotecário me lembrava um caranguejo-ermitão, relutante em sair muito de sua concha antes de voltar para suas profundezas. Eu suspeitava de que ele se escondia de Radu sempre que ouvia sua aproximação.

Thomas fechou mais um tomo surrado, espirrando com o punhado de poeira lançado no ar. Sem se deixar deter por isso, ele selecionou um outro livro. Fazíamos a mesma coisa havia horas, sentados em silêncio, espirrando e analisando cada periódico velho. Deveria haver centenas deles só aos meus pés. Estávamos mais determinados do que nunca a fazer alguma conexão e juntar essas pistas aparentemente aleatórias. Havia alguém bem talentoso na tarefa de colocar pistas falsas no caminho.

"Vamos fingir que estamos no laboratório de meu tio, Cresswell."

Thomas ergueu o olhar de relance, divertindo-se. "Eu deveria colocar óculos e murmurar para mim mesmo, então?"

"É sério. Eu começarei oferecendo meus pensamentos e minhas teorias em relação ao assassino, tudo bem?"

Thomas assentiu, embora eu pudesse ver que ele desejava ser o primeiro a desempenhar o papel de meu tio. Se lhe fosse dada a oportunidade, ele teria ido correndo até seu quarto e teria vestido um casaco de tweed.

"Eu acredito que nosso assassino tenha um bom conhecimento das práticas forenses, assim como de levantar suspeitas longe de si", falei. "O modo como os crimes foram praticados sugere um planejamento meticuloso, ou mais de um único assassino. O que nos leva de volta à Ordem do Dragão e seu possível envolvimento com os crimes. Mas por que eles? Por que eles haveriam de armar crimes vampíricos?"

Thomas balançou a cabeça em negativa. "Eles existem há séculos, e, pelo pouco que sei, houve muitos assassinatos em seus escalões."

"Talvez eles tenham matado a moça desaparecida do vilarejo para usar a casa dela, dada a proximidade com o castelo. Ou talvez a morte dela tenha natureza ritualística."

Thomas considerou por um momento. "Mas por que a Ordem do Dragão iria querer caçar alunos da academia? Se eles foram criados para proteger a linhagem real, por que destruir membros dela?"

"Eu consigo pensar em uma explicação razoável", falei. "E se eles forem tradicionalistas que querem levar o herdeiro do Drácula de volta ao trono? Talvez eles estejam abrindo caminho lentamente por meio de qualquer um que tenha alguma possibilidade de chegar ao trono, seja parente distante ou não."

Thomas ficou lívido. "Essa é uma boa teoria, Wadsworth. Mas vamos ver o que mais podemos descobrir sobre eles."

Voltamos a retirar os livros que conseguíamos encontrar das prateleiras, a associação com a Ordem tornada óbvia por suas múltiplas insígnias e cruzes. O símbolo deles era um dragão enrolado em si mesmo, e um tema recorrente era uma cruz com chamas. Havia algo de familiar aí, mas eu não fazia a mínima ideia de onde eu tinha visto isso antes.

Continuei pensando sobre a morte mais recente. Se meus colegas de classe, com suas mentes voltadas para a ciência, estavam começando a temer os vampiros, eu não podia imaginar o que pensariam os aldeões supersticiosos uma vez que ficassem sabendo que outro corpo sem sangue havia sido encontrado. E no castelo de Vlad Drácula, ainda por cima.

"Essa é uma tarefa impossível." Eu me levantei, limpando a frente do meu vestido simples. "Como é que vamos descobrir quem está na Ordem agora?"

"Os numerais romanos não foram feitos em um dia, Wadsworth."

Soltei um suspiro tão profundo que praticamente precisei de um divã sobre o qual desmaiar. "Você realmente acabou de proferir esse trocadilho abismal?"

Eu não esperei pela resposta dele, temendo que fosse tão excepcional quanto a última. Vaguei até o outro lado, rumo ao corredor que indicava POESIA.

"Talvez devêssemos investigar os depósitos de comida essa noite", ele disse, me assustando ao se esgueirar por trás de mim. "E então poderíamos provar se Moldoveanu estava mentindo", ele prosseguiu.

"Ah, sim. Vamos sair furtivamente pelos arredores lá fora. Eu tenho certeza de que o diretor seria bem bondoso se me pegasse no flagra outra vez, fazendo exatamente aquilo que ele me avisou para não fazer. Isso se o assassino vampírico ou o grupo cavalheiresco marginal não estiverem vagando pelos corredores do castelo e nos pegarem primeiro, é claro", retruquei. Thomas bufou, mas eu ignorei sua desaprovação. "Você acha que nosso diretor sabe precisamente quem está matando os alunos e as criadas? Que talvez ele seja o responsável por isso? Eu não quero me arriscar a ser expulsa se estivermos errados."

"Creio que ele seja óbvio demais", disse Thomas. "Mas eu não estou assim tão convencido de que ele ignore por completo as estranhas ocorrências no castelo. Eu me pergunto se ele simpatiza com a Ordem. Embora eu não acredite que ele seja um membro dela. Ele não tem um título de nascimento. Na realidade, creio que eu e você tenhamos sido distraídos por outras verdades."

"Então você está sugerindo que a Ordem não está de modo algum envolvida?" Minha mente se revirava com várias novas ideias enquanto eu removia a Ordem do Dragão da equação. "Poderia muito bem ser alguém *se passando* por eles. Talvez seja por isso que não estejamos conseguindo descobrir uma verdadeira conexão com a Ordem. E se de fato eles não tiverem nenhum papel nesse caso?"

"Eles podem simplesmente ser uma elaborada distração criada pelo assassino."

"Isso explicaria como você não conseguiu deduzir nem formar uma teoria daquele seu jeito mágico." Estreitei os olhos. "Você não interpretou marcas de desgaste em botas nem sacrificou alguma coisa aos deuses da matemática para resolver o caso, não é?"

"Pode ser difícil acreditar nisso", disse Thomas, a voz repentinamente grave, "mas eu ainda preciso me conectar com os meus poderes psíquicos. Contudo, tenho perguntas e suspeitas que não posso ignorar."

"Você me intrigou. Prossiga."

Thomas inspirou fundo, estabilizando-se. "Por onde tem andado Anastasia? Eu receio que nós dois venhamos ignorando fatos. Fatos estes que podem estar sendo ofuscados por serem tão óbvios."

Meu sangue formigava em minhas veias. Thomas estava sendo exageradamente cauteloso. Não seria a primeira vez que ele me dizia para suspeitar daqueles que eram mais chegados a nós, e, apesar de tudo, uma parte minha sabia que Anastasia tinha segredos. Na verdade, se eu fosse ser realmente honesta comigo mesma, eu sabia que Ileana também tinha seus segredos. E eu conhecia mais uma pessoa que tinha protegido segredos...

Tranquei minhas emoções, não permitindo que a devastação anuviasse mais nada do meu bom senso. Deste ponto em diante, eu não me cegaria deliberadamente diante da verdade, tampouco manteria minhas suspeitas apenas para mim mesma, por mais que o meu coração tivesse que arcar com os custos.

"Eu também não vejo Ileana há dois dias. Desde a noite anterior à que o corpo foi retirado do necrotério da torre."

Thomas assentiu. "E...? O que mais? O que mais não se encaixa direito?"

Eu voltei a pensar em todas as vezes que tínhamos falado sobre *strigoi*. Sobre como Ileana mudava de assunto antes que Anastasia pudesse fazer mais perguntas. Como ela ficara supersticiosa em relação aos corpos.

"Ileana é de Braşov. O vilarejo onde ocorreu o primeiro assassinato."

"Ela também sabe que o sangue de Vlad Drácula corre nas veias de minha irmã."

Eu sabia que isso não era possível em termos médicos, mas eu jurava que tinha sentido meu coração parar de bater. Pelo menos por um instante. Encarei Thomas, sabendo que nossos pensamentos estavam vagando para a mesma conclusão horrível.

"Você sabe onde Daciana está agora?", perguntei, a pulsação acelerada. "Que cidade ela estaria visitando em seguida?" Thomas balançou lentamente a cabeça. Uma sensação ainda mais sombria repuxava o meu âmago. "Você tem certeza de que ela deixou o castelo? E quanto ao convite para o baile?"

"Daci gosta de se planejar; ela provavelmente teria feito alguma anotação sobre isso com antecedência. O convite poderia ter sido enviado pelo correio por qualquer um." Lágrimas prateadas se amontoaram nas beiradas dos olhos de Thomas, mas ele rapidamente piscou para se livrar delas. "Eu não a vi sair em sua carruagem em momento algum. Ela saiu furtivamente com Ileana. Eu não quis me intrometer. Achei que elas quisessem ter um pouco mais de tempo sozinhas."

O corpo roubado do necrotério da torre... seria de Daciana? Eu mal conseguia respirar. Thomas já havia perdido a mãe; perder uma irmã era algo tão próximo de uma ferida mortal quanto alguém poderia aguentar. Eu forcei meu cérebro a sobrepor o pesar e a conectar quaisquer pontos ou pistas. O que nós sabíamos sobre os últimos dias ou as últimas horas de Daciana no castelo?

Então eu entendi.

"Eu sei exatamente onde precisamos ir." Fiz que ia segurar na mão dele e então parei. Até mesmo atrás das paredes do castelo, a impropriedade de minha ação não passaria despercebida. Como se meus medos o tivessem convocado, o bibliotecário passou por nós com os braços cheios de livros.

"Venha", falei. "Eu tenho uma ideia."

Saímos da biblioteca e analisamos os amplos corredores. Nada de camareiras, criadas ou guardas. Não que nós teríamos notado as camareiras de imediato — elas poderiam estar escondidas atrás das tapeçarias no corredor improvisado. Gesticulei para que Thomas me seguisse para dentro daquele corredor secreto, e nos movemos rapidamente e em alerta. Nossas atenções estavam preparadas para notar quaisquer movimentos ou sons.

O ar estava particularmente frio; as lareiras nos corredores haviam se apagado até nada sobrar, e as tochas não tinham sido acesas. Era como se o castelo estivesse bloqueando suas próprias emoções, caindo naquela calma gélida. Eu esperava que uma tempestade não estivesse prestes a irromper ao nosso redor.

Alguns cantos agora pareciam até mesmo mais sinistros; eram lugares que poderiam abrigar qualquer um que desejasse fazer o mal. Mantive os olhos abertos para detectar qualquer lampejo de movimento ali. Passamos por um pedestal com uma serpente, e eu estremeci. Qualquer um poderia estar abaixado atrás dele, esperando para nos atacar.

Ileana era pequena o bastante para desaparecer em meio aos artefatos em exibição. Thomas acompanhava o meu olhar, mas mantinha sua expressão neutra. Eu queria saber se esta era a primeira vez que ele havia estado nas passagens das criadas, mas não me arriscaria a falar em voz alta. Não ainda.

Botas surradas andavam ao longo dos tapetes no corredor principal. Nós ficamos paralisados, com as costas pressionadas em uma das grandes tapeçarias. Eu não me atrevi a olhar para qualquer que fosse a cena de tortura da qual havíamos nos escondido. A julgar pelos passos pesados, eu achava que havia pelo menos quatro guardas ali. Eles não falavam. Os únicos sons de sua chegada e partida eram o *clunc, clunc, clunc* de suas passadas ritmadas.

Eu mal respirei até que o som de suas botas desaparecesse. Ainda assim, Thomas e eu permanecemos imóveis pelo tempo de mais algumas pulsações. Eu me desgrudei da parede e verifiquei ambos os lados. Sairíamos do corredor secreto logo, logo.

Ainda bem que conseguimos encontrar o caminho em direção aos aposentos de Anastasia sem sermos vistos. Parecia que todos haviam seguido o aviso do diretor e estavam bem trancafiados em seus quartos.

Pressionei o ouvido junto à porta da câmara de Anastasia, tentando escutar algo por um instante antes de abri-la. A lareira não tinha sido acesa, mas um feixe de luz do sol entrava pelas cortinas abertas. Tudo estava exatamente da forma como eu me lembrava da última vez que Anastasia havia estado aqui.

"Por que estamos nesta câmara, Wadsworth?"

Escrutinei o cômodo. Parecia que o livro que Anastasia havia pegado da casa da mulher desaparecida tinha um dos símbolos da Ordem. E se esse fosse o caso, talvez...

"Veja."

Cruzei o aposento e ergui o livro da mesa. O título estava escrito em romeno: *Poezii Despre Moarte,* "Poemas de Morte". Eu tinha ficado tão distraída com a ideia da moça desaparecida se perdendo no bosque que não tinha me dado ao trabalho de ler o título antes.

"Quando Anastasia e eu entramos naquela casa, ela disse que havia uma conexão entre este livro e a Ordem." Ergui o tomo para que ele o visse. Havia uma cruz queimada na capa, com cada um de seus lados ardendo em chamas brutas. "A princípio eu achei que ela estivesse enganada, que não havia nenhum motivo lógico para que a mulher desaparecida do vilarejo estivesse conectada a uma ordem cavalheiresca composta por nobres. Foi claramente um erro da minha parte."

"Todo mundo comete erros, Wadsworth. Não há vergonha alguma nisso. É a forma como a pessoa os conserta que importa." Thomas folheou rapidamente o livro. "Hummm. Eu acredito que..."

"Está na hora de vocês irem para seus próprios aposentos. Vocês não têm motivo algum para estar aqui." Thomas e eu ficamos tensos com a intrusão e com a voz grave. Dăneşti ficou parado no batente da porta, seu corpo ocupando todo o espaço. Parecia que este castelo estava cheio de pessoas que podiam se mover pelos arredores sem fazer barulho algum. "Todas as atividades dentro do castelo foram canceladas até o amanhecer. Ordens de Moldoveanu. O diretor decidiu manter as aulas de amanhã sob uma condição: todos serão escoltados para a aula e depois de volta a seus respectivos aposentos."

De alguma forma, Thomas havia escondido o *Poezii Despre Moarte*, e então ergueu as mãos. "Muito bem. Vá na frente."

Eu não me atrevi a ficar procurando demais pelo livro que agora estava escondido. Eu não queria que Dăneşti o tirasse de nós, ainda mais se aquele acabasse por se revelar exatamente o tomo que ele vinha caçando. Depois de deixar Thomas em seus aposentos, o guarda me viu entrar em meu quarto e então fechou a porta atrás de mim. As chaves retiniram, e, antes que eu soubesse o que ele havia feito, eu estava trancafiada em meus aposentos na torre. Fui correndo para o quarto de banho e verifiquei a porta que dava para a escadaria secreta. Estava aferrolhada pelo lado de fora.

Eu não dormi bem naquela noite. Fiquei andando de um lado para o outro como se eu fosse um animal planejando sua fuga. Engaiolada até que alguém me libertasse.

PRÍNCIPE DRÁCULA
RASTRO *de* SANGUE

31. INTRIGA DA AUTÓPSIA

Amfiteatrul de Chirurgie al lui Percy
Anfiteatro Cirúrgico de Percy, Castelo de Bran
15 *de dezembro de* 1888

O príncipe Nicolae parecia mais pálido do que o cadáver que Percy estava cortando quando entregou a pinça dente de rato ao professor e tossiu, desviando o olhar da incisão. Era um comportamento estranho para o normalmente destemido príncipe. Talvez ele estivesse ficando gripado.

Certamente, não poderia ser o corpo quase irreconhecível lá dos túneis que o estava deixando doente. Embora Percy houvesse revelado o corpo durante nossa aula dois dias antes, Moldoveanu o recolhera antes que qualquer um de nós pudesse inspecioná-lo melhor, e o havia liberado para a classe apenas naquela tarde.

Nosso diretor tinha ficado estranhamente quieto e contemplativo durante a aula anterior, parecendo ter a mente presa em algum outro lugar. Eu me perguntava se a família real o estaria pressionando para que ele resolvesse os assassinatos por meios forenses ou para que achasse alguma conexão entre eles, do contrário, ele perderia sua posição tanto como médico-legista real quanto como diretor. Também era possível que sua perturbação não tivesse qualquer relação com o cadáver. Talvez ele estivesse preocupado com o real paradeiro de Anastasia. A essa altura, ele já teria concluído que ela não estava na Hungria. Eu não podia imaginar o que mais poderia estar lhe causando tal preocupação.

Percy colocou sua lâmina em uma bandeja, deixando a incisão em Y incompleta. A maior parte das feições da moça havia sido arruinada por morcegos famintos, de modo que o rosto dela estava coberto por uma pequena mortalha — uma bondade para ela, ou para nós. Eu não acreditava que Percy nos pouparia da exposição à brutalidade da profissão que escolhemos. A morte nem sempre vinha de forma pacífica, e precisaríamos nos preparar para quando ela travasse sua guerra.

"O pulverizador carbólico, por favor."

Percy esperou que Nicolae fumigasse o anfiteatro cirúrgico. Nosso professor empenhava-se, da mesma maneira que meu tio, para evitar a contaminação de uma cena, embora outros eruditos ainda dissessem que tais medidas eram desnecessárias ao estudar cadáveres. Eu nunca tinha visto um dispositivo como um pulverizador carbólico antes e mal podia esperar para contar a meu tio tudo sobre isso. Ele com certeza haveria de encomendar um para seu próprio laboratório.

Nicolae mirou, pulverizando a sala com uma boa quantidade de névoa. Espirais cinzentas passavam pelo ar, cheirando a um antisséptico pungente que fazia meu nariz coçar.

"Conseguimos permissão da família para realizarmos a autópsia..."

Algo em relação à declaração de Percy me perturbou, mas minha mente voltou a vagar na direção de Ileana enquanto o professor prosseguia com nossa lição. Eu não conseguia descobrir quais seriam suas motivações em relação a quaisquer dos assassinatos, mas isso não queria dizer que ela não estivera envolvida neles. Na verdade, eu já não acreditava que ela estivesse trabalhando sozinha. Anastasia não havia voltado à academia dentro do que prometera. Eu me perguntava se ela também não havia cumprido, de alguma forma, um papel nos crimes. Apesar de ocuparem diferentes posições sociais, ela e Ileana eram amigas. Ambas haviam desaparecido no intervalo de uma semana. Eu, inicialmente, havia acreditado no bilhete de Anastasia sobre a investigação da cena na casa no vilarejo. Agora eu não estava tão certa disso.

Talvez eu tivesse chegado perto demais de descobrir os segredos delas e elas tivessem fugido. Eu havia aprendido que confiar naqueles que pareciam inocentes só levava a corações partidos e devastação. Os monstros podiam exibir sorrisos amigáveis e, ao mesmo tempo, exalar a alma podre do Diabo nas fendas mais escuras de si mesmos. Voltei a pensar nas vezes em que todas nós estávamos na companhia umas das outras em meus aposentos, e uma nova ideia foi forçando sua entrada em minha mente. Se Anastasia e Ileana estivessem trabalhando juntas, então, talvez, cada encontro e cada ação tivessem sido um ato bem pensado. Elas poderiam ter feito um roteiro de suas reações, guiando-me, propositalmente, pelo caminho errado.

"Srta. Wadsworth, você está acompanhando?"

Voltei para o presente em um estalo, o rosto ardendo enquanto olhava em volta do anfiteatro. Os gêmeos Bianchi, Noah, Andrei, Erik... Todos eles tinham a atenção fixa em mim, até mesmo Thomas.

"Peço desculpas, professor. Eu..."

Moldoveanu entrou a passos largos no anfiteatro cirúrgico, as mãos apertadas em punhos nas laterais de seu corpo. Suas vestes eram exatamente da mesma cor que sua cortina de cabelos grisalhos, e elas pendiam tão severamente quanto a expressão que ele exibia para mim. "Quero trocar algumas palavrinhas em particular com você", disse. "Agora."

Andrei riu baixinho e sussurrou alguma coisa. Erik também riu enquanto eu passava por eles. O pensamento de pisar no pé dele com meu salto foi o bastante para me distrair da ideia de realmente fazer isso. O olhar de Cian encontrou-se com o meu, e ele me ofereceu um sorriso hesitante. Era uma demonstração e tanto de apoio, considerando que o rapaz irlandês mal reconhecia minha existência no passado. Noah deve ter falado bem de mim para ele.

Desci as escadas, apoiando-me nas paredes do anfiteatro cirúrgico, e saí no corredor onde o diretor me esperava, batendo os pés para fazer os segundos passarem como se fossem baratas que ele estivesse matando.

"Quando foi a última vez que você falou com a criada Ileana?"

Meu coração socava o peito. Parecia que Thomas e eu não éramos os únicos que achavam o comportamento dela suspeito.

"Acho que foi há dois dias, no começo da noite do dia treze, senhor."

"Você *acha*? A atenção aos detalhes não é crucial para um aluno de ciências forenses? Que outras coisas você poderia deixar passar que seriam prejudiciais para um caso? Eu deveria tirá-la do curso agora e poupar nosso tempo e energia."

Fiquei com os pelos arrepiados diante de seu tom de voz. Era áspero até mesmo vindo dele.

"Eu estava sendo cortês, senhor. A última vez que a vi foi no dia treze. Estou certa disso. Eu estou com uma nova camareira desde então. Ela me informou que Ileana está trabalhando em algum outro lugar no castelo, embora eu já não acredite que isso seja verdade. Talvez o senhor devesse falar com ela e ver o que ela pode estar escondendo sobre o paradeiro de Ileana."

Moldoveanu me inspecionou com o olhar apertado de alguém que estuda um espécime em um microscópio. Pressionei os meus lábios, eu não podia mais garantir que não haveria de ser ríspida por ele demorar tanto assim para voltar a falar.

"E o que exatamente você acredita que seja a verdade sobre Ileana?"

"Eu creio que ela saiba alguma coisa sobre o assassinato do sr. Wilhelm Aldea, senhor." Eu hesitei antes de falar sobre minha próxima preocupação, apreensiva com a possibilidade de que, se Anastasia voltasse ilesa, ela haveria de me matar quando ficasse sabendo que eu havia traído sua confiança. "Eu... Eu também me pergunto se ela sabe o paradeiro de Anastasia. Anastasia deixou um bilhete para mim... implorando para que eu não lhe contasse aonde ela havia ido, mas em momento algum me apresentou mais detalhes sobre isso."

Moldoveanu flexionou a mão na lateral de seu corpo, o único sinal externo de quão furioso ele estava. "Ainda assim, você não se deu ao trabalho de me informar de suas suspeitas. Você se lembra de alguma coisa fora do comum nos últimos dias? Algo substancial para confirmar o que você está dizendo?"

Havia a questão das duas pessoas que eu tinha certeza de ter visto arrastando um cadáver pelo bosque. Eu já havia contado isso a ele, e ele zombara de mim. Eu não estava prestes a me sujeitar a mais escrutínios.

"Não, senhor. Apenas uma sensação de que há algo errado."

"Uma sensação. Também conhecida como descoberta não científica. Que previsível para uma jovem mulher ser regida por suas emoções em detrimento do pensamento racional."

Inspirei o ar lentamente, deixando que a ação acalmasse as chamas da minha própria irritação. "Eu acredito que tanto a ciência quanto o instinto sejam importantes, senhor."

O diretor curvou o lábio para longe de seus incisivos. Era realmente notável que um homem pudesse ter dentes tão animalescos. Eu estava começando a me perguntar se não seria uma patologia médica que teria de ser verificada, quando ele estalou a língua junto àquele grupo de dentes que eram verdadeiros instrumentos de perfuração.

"Já falamos com sua nova camareira. Ela foi dispensada de seus deveres. Eu sugiro que você fique longe de Ileana caso a veja de novo. Pode retornar à sala de aula, srta. Wadsworth."

"Por quê? O senhor acredita que ela tenha alguma coisa a ver com o desaparecimento de Anastasia? O senhor procurou nos túneis?"

A expressão que o diretor me ofereceu não foi menos do que uma indução ao terror. Se eu achava que os dentes dele eram intimidantes, aquilo não era nada em comparação ao ódio infinito contido em seu olhar gélido.

"Se você fosse uma moça sábia, ficaria fora daqueles túneis e de quaisquer câmaras localizadas neles. Ouça meu aviso, srta. Wadsworth." Ele olhou de relance para dentro do anfiteatro cirúrgico, o olhar pousando no cadáver. Eu poderia ter jurado que havia um lampejo de tristeza ali, antes de voltar novamente seus olhos cheios de fúria para mim. "Ou você pode ser a próxima a se encontrar sob a lâmina de Percy."

Com isso, ele girou nos calcanhares e saiu marchando, as solas de couro de seus sapatos estapeando o chão. Parecia que eu tinha cobras serpeando em meus intestinos. De alguma forma, fiz meu caminho de volta até o anfiteatro cirúrgico e afundei em meu assento. Fiz os movimentos de tomar notas, mas minha mente estava partida ao meio.

Eu precisava saber como a moça que estava sobre a mesa de dissecação de Percy havia falecido, se não fora apenas por causa do estrago dos morcegos. No entanto, eu também precisava resolver o mistério do paradeiro tanto de Ileana quanto de Anastasia. Thomas me observava por cima do ombro a cada poucos instantes, seus lábios espremidos de preocupação.

As próximas palavras de Percy penetraram em meus pensamentos agitados. "Claramente, a srta. Anastasia Nádasdy sucumbiu aos ferimentos que sofreu."

Todos os pensamentos foram lançados da minha cabeça como se a água de um lavatório tivesse sido descartada. Fiquei encarando

Percy, piscando para me livrar da descrença. Ele não podia estar querendo dizer... Meu olhar passou do professor para o cadáver que jazia diante de si. Ele puxou a mortalha do rosto dela. Pequenas engrenagens fizeram cliques e giraram em minha mente, sibilando quando essa nova informação se encaixou em seu devido lugar. *Anastasia* era a jovem que tinha sido atacada na câmara do túnel por morcegos-vampiros?

A terra parecia rimbombar sob meu assento. Chamas erguiam-se do meu âmago, que depois enfrentou um inverno. Pisquei para afastar as lágrimas, incapaz de impedir que algumas escorressem pelas minhas bochechas. Eu não me importava nem um pouco se alguém da classe zombasse da minha demonstração de emoção. Fitei o corpo sem realmente o ver, tentando forçar a imagem a fazer sentido. Anastasia. Absorvi a visão de seus cabelos loiros, mas não conseguia suportar a ideia de inspecionar seu rosto em decomposição de maneira muito atenta.

Minha amiga estava morta. Isso não podia estar acontecendo novamente. Parecia que meu peito estava afundando devido ao peso que o comprimia. Como eu podia ter pensado que ela fosse culpada pelos assassinatos? Quando foi que eu me tornei tão desconfiada? Eu ansiava por sair correndo da sala e nunca mais estudar um outro corpo enquanto eu vivesse. Thomas não era o maldito, mas eu. Todas as pessoas de quem eu me aproximava morriam. Nicolae havia dito isso na viela. Ele estava certo.

Em meio às lágrimas, olhei de relance para os nossos colegas de classe. Todos estavam chocados. Lá se foram os alunos ferozmente competitivos, sedentos por conhecimento e batalhando por aqueles dois preciosos lugares na academia. A ciência precisava de frieza para avanços exploratórios, mas nós ainda éramos humanos. Nossas mentes poderiam ser feitas de aço quando fosse preciso, mas nossos corações batiam com compaixão. Nós ainda nos importávamos profundamente com as pessoas e vivenciávamos o luto e o pesar.

Thomas virou-se em seu assento, sua atenção pousando em Nicolae e depois em mim. Meu amigo parecia perturbado, mas estava concentrado o bastante a ponto de procurar por comportamentos suspeitos. Eu quase havia me esquecido das ilustrações do príncipe e do papel que elas poderiam ter desempenhado em tudo isso. Andrei trincou o maxilar, lançando um olhar assassino para seu amigo, embora sua garganta subisse e descesse com as lágrimas que ele obviamente estava contendo. Quão peculiar!

"As marcas correspondem a mordidas de pequenos mamíferos", comentou Percy, baixinho. "Alguém quer se arriscar a tentar adivinhar o que poderia ter atacado essa jovem?"

Contive a respiração junto com o restante do anfiteatro cirúrgico. Nem eu nem Thomas nos atreveríamos a responder — nem mesmo a olhar de relance um para o outro — embora tivéssemos visto exatamente como Anastasia havia morrido. A pergunta era: quem mais na classe saberia? Se alguém mais estivesse agindo ao lado de Ileana, saberia qual era a causa da morte e a manteria em segredo.

Percy contemplou cada aluno, esperando que alguém quebrasse o pesado silêncio.

"Cobras?", perguntaram por fim Vincenzo e Giovanni, em uníssono.

"Aranhas venenosas?", acrescentou Cian.

"Boas possibilidades, mas não", disse Percy, cuja expressão estava se tornando cada vez menos esperançosa. "Alguém mais deseja compartilhar uma ideia?"

Nicolae mal olhou para o corpo, sua atenção estava atada ao pulverizador carbólico que ele tinha em mãos. Ele o rolava de um lado para o outro, então pressionou o fecho para liberar o conteúdo, alarmando a todos nós com um fluxo de borrifo antisséptico, cuja névoa era tão agourenta quanto o tom que ele usou.

"Morcegos", ele murmurou. "Esses machucados são característicos de um tipo de morcego que dizem infestar este castelo."

Percy bateu palmas uma vez, e o som fez com que todos nós nos sobressaltássemos em nossos assentos.

"Excelente, príncipe Nicolae! Notem os espaços entre as marcas de dentes. Eles indicam espécimes maiores também. Imagino que eles devam ter se alimentado dela por um tempinho, embora seja provável que ela tenha perdido a consciência em algum momento."

Engoli com dificuldade, meu estômago se revirando com a imagem. Se eu não mantivesse minhas emoções bem afastadas e trancafiadas, eu haveria de me desfazer, pedaço por pedaço. Eu me concentrei em respirar. Se eu pensasse na minha amiga, em como ela era vibrante quando viva, eu não seria nem um pouco útil em sua morte. Ainda assim, mesmo tendo um pouco de prática no controle dos sentimentos, meu coração era só cacos estilhaçados. Eu não podia suportar mais perdas. Estava tão cansada de constantemente me despedir daqueles com quem eu gostaria de ter me aventurado pela vida. Limpei a umidade nas minhas bochechas e funguei.

Erik e Cian xingaram. Eu sabia que eles não eram capazes de ser o Empalador nem de trabalhar com Ileana. Bondade e compaixão fundiam as células deles. Eu havia visto Erik ajudar Nicolae ao jogar um avental para o príncipe, disposto a ajudar quando alguém precisava de um amigo.

Mas o príncipe e sua obsessão por morcegos? Isso parecia coincidência demais para ignorar.

"Tudo bem", disse Percy, "quem gostaria de fazer a próxima incisão?"

Cian e Noah olharam um para o outro e lentamente levantaram as mãos. Eu admirava a capacidade que eles tinham de ir além do horror, mas eu não conseguia me forçar a usar a lâmina no corpo de minha amiga. Eu não me importava se isso custaria o meu lugar na academia; pensar na porcaria da competição me parecia algo frio, embora eu soubesse que Anastasia me daria uma bronca por eu me sentir derrotada. Ela esperaria que eu seguisse adiante.

Fortalecida por esse pensamento, eu me sentei direito, reta como uma flecha, na primeira fileira do anfiteatro cirúrgico de Percy, sabendo que não havia absolutamente nada que eu pudesse oferecer a Anastasia além da minha disposição de vingar sua morte. Thomas inclinou-se para a frente em seu assento, mas não levantou a mão.

"Sr. Hale", disse Percy. "Queira vir assumir seu lugar, por gentileza."

Noah arrumou seu avental e pegou o escalpelo de Percy, fazendo um belo trabalho ao limpá-lo com ácido carbólico antes de posicioná-lo sobre a carne imóvel. Meu tio teria ficado orgulhoso dele. Eu me obriguei a observar a incisão em Y que ele fez no peito sem vida de Anastasia. Mantive a respiração constante, não permitindo que minha pulsação ficasse a mil. Precisávamos descobrir com certeza se os morcegos eram realmente a causa da morte dela, ou se algo mais sinistro havia posto um fim em sua vida antes.

Meu olhar vagou até as mãos dela. Não havia muitas feridas de defesa. Eu achava difícil acreditar que alguém tão enérgica quanto

Anastasia simplesmente ficaria deitada e cederia à Morte sem batalhar com todas as suas forças. Anastasia lutava para ser tratada com igualdade, lutava para provar seu valor para o tio. Uma lutadora como ela não desistiria durante a batalha suprema. Pensar nisso fez com que meu ânimo melhorasse, encorajando-me a seguir em frente.

"Observem a forma como o sr. Hale está separando as costelas. Cortes muito bem definidos."

O professor Percy entregou o costótomo a nosso colega de classe e pegou o escalpelo novamente. Eu me encolhi um pouco ao ver as vísceras expostas, mas me lembrei de que essa não era mais Anastasia — tratava-se de uma vítima que precisava de nós. Um leve cheiro de alho foi espalhando-se pelo anfiteatro enquanto Percy andava de um lado para o outro na sala de cirurgia. Antes que eu pudesse fazer a minha pergunta, Noah forçou o maxilar dela a abrir-se. Não havia nada de incomum ali. Thomas arriscou-se a olhar de relance na minha direção, e sua expressão era difícil de ser interpretada.

Noah foi descendo pelo cadáver, inspecionando a cavidade abdominal. Ele aproximou-se o bastante do corpo para sentir o cheiro dos órgãos e conteve uma leve vontade de vomitar.

"Um odor de alho está presente nos tecidos corporais e na boca, senhor, embora não haja nenhum sinal da substância nela. A inspeção do conteúdo de seu estômago pode revelar mais coisas."

Percy parou de caminhar e curvou-se para que ele mesmo examinasse o corpo. Ele inspirou o cheiro em pequenos intervalos enquanto se movia, cheirando desde sua boca até seu estômago. Ele balançou a cabeça e dirigiu-se para a classe.

"No caso da ingestão de substâncias tóxicas, vocês notarão um forte cheiro nos tecidos estomacais. Que é precisamente o que eu notei aqui. O odor de alho é sobrepujante perto do estômago da vítima. Alguém sabe de algum outro sinal associado com envenenamento acidental ou intencional?"

Vincenzo levantou a mão com tanta violência que quase bateu na barra de apoio do anfiteatro. O irmão dele o agarrou pelo braço, equilibrando-o.

"Sim, sr. Bianchi?"

"Mais... hum... muco estará evidente", disse ele, com seu sotaque italiano forte enquanto procurava pelas palavras certas para se expressar. “Como uma forma de defesa natural do corpo contra... um... ataque estranho.”

“Excelente”, disse Percy, pegando as pinças dente de rato e passando-as para Noah. “Onde mais poderíamos encontrar indicativos de veneno?”

Cian pigarreou. “O fígado é também um bom lugar a ser verificado.”

“De fato é.”

Percy fez um movimento para que Noah removesse o órgão em questão e entregou a ele uma bandeja para que depositasse o espécime ali. Eu sabia como era a sensação de enfiar as mãos a fundo na cavidade abdominal de alguém e voltar com um fígado que fazia um leve barulho de gorgolejo entre os dedos. Era difícil lidar com o peso disso apenas com as pinças. Noah não demonstrou emoção alguma, embora suas mãos não estivessem assim tão controladas. O fígado deslizou para a bandeja, manchando-a com um líquido cor de ferrugem. Engoli minha repulsa.

Percy ergueu a bandeja e andou lentamente pelo renque de estudantes, permitindo que cada um de nós tivesse a oportunidade de inspecionar o órgão de nossos assentos na primeira fileira.

“Observem a cor. Amarelo é comumente encontrado depois de exposição a...”

Meu coração acelerou-se junto com os meus pensamentos. “Arsênico.”

Percy ficou radiante, com a bandeja contendo o fígado orgulhosamente exposta diante de si como se ele estivesse nos servindo chá em porcelana fina.

“Muito bem, srta. Wadsworth! Tanto o odor de alho como a presença de tecidos amarelados no fígado são indicativos de um possível envenenamento com arsênico. Agora, antes que alguém chegue a alguma conclusão precipitada, é válido notar o seguinte: arsênico é encontrado em muitos itens do dia a dia. As moças costumavam misturar essa substância aos pós para se manter jovens em aparência.”

Juntei as mãos, minha mente se revirava com essa nova informação enquanto eu voltava a pensar na primeira vítima que havíamos encontrado na Romênia: o homem no trem. Sua boca fora enchida de alho, mas o cheiro estava sobrepujante demais para ser o resultado de uma quantidade tão pequena da substância orgânica. Eu deveria ter investigado aquilo mais a fundo. O assassino claramente usara alho de verdade para mascarar o delator cheiro de arsênico.

Eu me concentrei em respirar corretamente. *Inspire. Expire.* O fluxo constante de oxigênio alimentava o meu cérebro. Eu pensei nos sintomas de Wilhelm. Em quão rapidamente ele passara de um saudável jovem de dezessete anos a um cadáver que jazia sob a minha lâmina no laboratório. Totalmente anormal.

Nenhuma causa de morte havia sido registrada no caso de Wilhelm. A falta de sangue em seu corpo servira como distração. E foi também uma boa distração. Eu ficara tão preocupada com a ideia de provar cientificamente que a existência de vampiros era impossível que em momento algum cheguei a verificar seu fígado. Percy também havia deixado que o óbvio arrastasse sua atenção para longe e não inspecionou outros órgãos.

Pensei em outros sintomas de envenenamento com arsênico. Descoloração da pele ou erupção cutânea. Vômitos. Tudo isso havia estado presente, esperando que alguém somasse os sintomas. Uma simples equação matemática, nada além disso.

Quem quer que houvesse planejado esses assassinatos o havia feito de forma brilhante. Nem mesmo Thomas havia encontrado o fio que atava tudo isso. O culpado provavelmente sabia que Thomas não ficaria tão afiado quanto normalmente era; o temor de que sua linhagem fosse exposta representaria um empecilho com o qual ele não estava acostumado. Minha cabeça girava. Esse assassino era mais perspicaz do que Jack, o Estripador.

Nós não havíamos examinado o corpo da criada, ainda que, aparentemente, ela também não apresentasse nenhum sinal externo de assassinato, segundo os irmãos Bianchi. Não ficava difícil deduzir que ela também havia sido envenenada.

Anastasia. Wilhelm. O homem do trem. Supostamente não guardavam relação entre si por causa do que pareciam ser diferentes causas de morte. Empalamento e perda de sangue. Apenas distrações provocadoras, criadas depois da morte ou próximo a ela com o propósito de inflamar emoções em uma comunidade altamente supersticiosa.

Nós não tínhamos mais de um assassino. Nós tínhamos alguém dotado de conhecimento sobre venenos e da oportunidade de oferecê-lo a cada vítima. Engoli em seco. Quem quer que tivesse feito isso era inteligente e paciente. Havia esperado um bom tempo para executar seu plano. Mas, por que agora...?

"Srta. Wadsworth?"

Voltei sobressaltada ao presente, as bochechas ardendo. "Sim, professor?"

Percy analisava-me com atenção enquanto colocava a linha em uma grande agulha de Hagedorn.

"Seus pontos foram exemplares no outro dia. Você gostaria de ajudar a fechar o cadáver?"

A classe mal respirou. Uma grande diferença das risadas de mofa e do desdém dos primeiros dias. Nós agora estávamos conectados através da perda e da determinação.

Por ora.

Olhei para a moça que tinha sido minha amiga e me levantei.

"Sim, senhor."

32. POÇÕES E VENENOS

Curs de folclor
Aula de folclore, Castelo de Bran
17 de dezembro de 1888

Havia guardas parados do lado de fora da sala de aula, os olhos fixos no nada e, ainda assim, alertas o bastante para atacar a qualquer momento, embora Radu não prestasse atenção alguma neles. Ele prosseguia com sua aula de folclore como se o castelo não estivesse sendo infestado por guardas reais e alunos desaparecidos ou assassinados. Ou ele era extraordinariamente talentoso em parecer inabalável, ou ele realmente estava perdido em sua própria imaginação, preso em algum lugar entre o mito e a realidade.

Dois dias haviam se passado desde a descoberta de que Anastasia era a vítima dos túneis, e o diretor praticamente estava com um enxame de guardas no castelo. Eu não sabia dizer se eu ficava mais assustada ou confortada com a presença deles.

“Em virtude das recentes descobertas, nossa próxima aula será sobre Albertus Magnus, o filósofo e cientista. Reza a lenda que ele era o melhor alquimista que já existiu. Alguns acreditam que ele tinha magia. *Magie*.” Radu folheou as páginas de um velho livro que ele havia pegado na biblioteca alguns dias antes, *De Mineralibus*. “Ele estudou a obra de Aristóteles. Excelente, ele era um homem excelente. Dizem que foi ele quem descobriu o arsênico.” Noah ergueu bravamente a mão, e Radu deu um pulinho cheio de deleite. “Sim, sr. Hale? Tem algo a dizer sobre o tópico e a lenda do sr. Magnus?”

"Eu entendo a discussão sobre o arsênico por causa dos assassinatos, senhor, mas como isso se relaciona ao folclore romeno?"

Radu piscou várias vezes, abrindo e fechando a boca. "Bem... É fundamental entender certas lendas que envolvem o assunto da lição de hoje: a Ordem do Dragão. Durante seu auge, a Ordem se saía muito bem em lugares como a Alemanha e a Itália. Alguns acreditam que a ascensão em seus escalões de nobreza se devesse à prática secreta de envenenar lentamente seus alvos."

Ergui uma sobrancelha, intrigada. Arsênico era conhecido como "pó da herança" na Inglaterra, assim chamado por causa de seu uso por homens nobres que queriam obter um título mais rapidamente do que a morte natural permitiria.

"Você está sugerindo que a Ordem era um grupo de nobres alquimistas assassinos?", perguntou-lhe Cian. "Eu achei que eles deveriam lutar contra aqueles que eram vistos como inimigos da Cristandade."

"Ora, ora, ora! Alguém andou fazendo um pouco de pesquisa! Estou impressionado, sr. Farrell. Muito bom." Radu inflou o peito e andou para cima e para baixo pelos corredores. "Depois que Sigismund da Hungria morreu, a Ordem tornou-se vastamente importante neste país e nos países vizinhos. Menos nas regiões ocidentais da Europa. Os otomanos estavam invadindo, ameaçando os *boyars*... er, sim, sr... Farrell?"

"O que são exatamente os *boyars*, senhor?"

"Oh! Os *boyars* eram os membros do mais alto escalão da aristocracia sob a regência dos príncipes da Valáquia. Eles estavam lutando para ver quem nomeariam para príncipe, e nosso sistema de regência estava desesperadamente corrupto."

"O título de príncipe não deveria ser passado adiante para o próximo na linhagem familiar?", perguntei.

Andrei soltou uma bufada, um gesto um pouco apático para seus padrões usuais, mas eu o ignorei. Ele poderia conhecer as regras particulares de seu país, mas eu não, e não tinha vergonha alguma de perguntar.

Radu balançou a cabeça em negativa. "Não era assim que as coisas eram feitas durante os tempos medievais. Aqueles de nascimento ilegítimo podiam reivindicar o título de príncipe. Na verdade, quase todos que tivessem nascido de sementes Dăneşti ou Drăculeşti eram legitimados quando os *boyars* os indicavam ao trono. Eles não precisavam ter sangue puro para governar; eles simplesmente precisavam do poder de um exército feroz. Muito diferente do que aquilo com que vocês estão acostumados em Londres. Isso com frequência levava a parentes matando uns aos outros pelo direito de governar."

Não tão diferente assim da Inglaterra nesse sentido, para falar a verdade.

"Os escalões da Ordem estavam cheios daqueles que se opunham às brigas internas e à corrupção", observou Erik, com seu proeminente sotaque russo. "Eu presumo que eles tivessem medo de perder sua cultura para forças invasoras."

"*Ai dreptate.* Você está certo. Os membros da Ordem, ainda que nunca se referissem a si mesmos por nenhum nome como parte de seu sigilo, uniram-se, lutando por sua liberdade e por seus direitos. Reza a lenda que eles eram ferozes, assumindo a incumbência de erradicar ameaças tanto internas quanto vindas de fora do reino. Na verdade, existem histórias que sugerem que eles queriam unificar o país ao eliminarem a luta interna nas duas linhagens reais."

Thomas e eu nos encaramos. Meus sentidos ficaram atiçados com essa revelação. Era precisamente com isso que eu havia ficado preocupada. Ergui a mão.

"Oh! Sim, srta. Wadsworth? O que você tem a acrescentar à discussão? Eu mal consigo expressar quão satisfeito estou com o interesse de todos vocês na aula de hoje. Está sendo muito mais animada do que nossa aula sobre os *strigoi.*"

"Quando você diz 'família real', neste caso está se referindo à Casa dos Basarab, correto? E não à atual família real da corte?"

"Outro belo detalhe. A atual família real, a dinastia Hohenzollern-Sigmaringen, não está de forma alguma relacionada à Casa dos Basarab. Para nossos propósitos, quando eu disser 'família real', estou falando da linhagem de Vlad Drácula e seus ancestrais. Eu gosto de manter nossas lições focadas em lendas que cercam a história do nosso ilustre castelo medieval. Em geral, lidamos com a linhagem dos Drăculeşti. A última regência dos descendentes de Vlad Drácula foi nos anos 1600. As pessoas foram levadas a acreditar que todos os seus descendentes diretos se foram." A atenção dele voltou-se na direção de Thomas. "Contudo, ainda há aqueles na Romênia que se lembram da verdade."

"A Ordem ainda funciona nos dias de hoje?", quis saber Cian, inclinando-se para a frente, apoiado em seus cotovelos. "Há novos membros?"

"Há..." Radu fez uma pausa no meio da resposta e coçou a cabeça. "Não por um tempinho. Creio que eles tenham começado a sumir por volta da mesma época em que a família Basarab perdeu o principado. Embora haja uma família que reivindique descender daquela linhagem — na verdade, eles são *boyars* aqui hoje em dia. Ora, ora. Antes que cheguemos longe demais, eu tenho alguns velhos poemas aqui que mostram a habilidade e a astúcia da Ordem. Arsênico não era o único truque que eles usavam para se livrar de seus inimigos."

Ele passou dois pedaços de pergaminho a cada um de nós. Garatujados neles estavam poemas em romeno, que ele prontamente traduziu para o inglês.

"Oh! Eu simplesmente adoro este. Eu me lembro da primeira vez que os meus pais me apresentaram... Bem, deixa para lá. Hu-hum."

As damas em prantos, os homens às lágrimas
Dizem adeus, descendo a estrada
A terra se move, as covas se abrem
Profundas na terra, no inferno ardem
Fria e profunda, a água vai transbordar
Uma vez ali dentro, você não vai durar

O sangue congelou-se nas minhas veias. As palavras não eram exatamente as mesmas, mas eram notavelmente similares ao cântico cujos trechos eu ouvi do lado de fora de meus aposentos. Thomas estreitou os olhos, sempre em sintonia com minhas emoções e suas variações, e reclinou-se em seu assento.

"Com licença, professor", disse ele. "Qual é o título deste poema?"

Radu piscou várias vezes, e suas sobrancelhas cerradas ergueram-se com os movimentos. "Nós chegaremos a esse ponto em um instante, sr. Cresswell. Este poema foi copiado de um texto muito especial e sagrado, conhecido como 'Poemas de Morte'. *Poezii Despre Moarte.* O texto original está desaparecido. Um acontecimento muito estranho e também uma infelicidade."

Eu senti a atenção de Thomas em mim, mas não me atrevi a olhar nos olhos dele. Nós *estávamos* em posse do próprio livro que Dăneşti estivera procurando. Como o livro tinha estado em posse da mulher desaparecida do vilarejo era ainda um outro mistério a ser adicionado à nossa crescente lista.

Os irmãos Bianchi rabiscaram anotações em seus diários. Parecia que, para eles, esta aula havia acabado de se tornar mais intrigante com a menção da morte. Eu mal podia conter minha própria empolgação. O falatório incessante de Radu teria valido a pena, afinal de contas.

"E esse texto era sagrado para a Ordem?", eu perguntei.

"Sim. O conteúdo desse livro foi usado pela Ordem do Dragão como uma espécie de... bem... foi usado para livrar o castelo daqueles que eram percebidos como inimigos durante os tempos medievais. Isso é algo de que você se lembra, sr. Cresswell? Como um dos membros remanescentes — e quase secreto, eu acredito — daquela casa, sua família teria tido mais conhecimento sobre esse texto, eu imagino. Sua educação deve ter sido excepcional."

Foi sutil, mas eu não deixei de notar o leve aperto na coluna de Thomas. Nossos colegas de classe mexeram-se com desconforto em seus assentos, com a revelação enervante até mesmo para aqueles que estudavam os mortos. Não era de se admirar que Thomas não quisesse partilhar sua ancestralidade. Esconder suas ligações com Vlad Drácula o poupava do desprezo injustificado.

Radu aparentemente havia feito uma pesquisa sobre a linhagem matriarcal de Thomas. Que intrigante. Meu corpo zunia com o alerta. Radu era muito menos inocente do que parecia.

Thomas ergueu um dos ombros, assumindo os ares de alguém que não ligava a mínima para o tópico da conversa ou para a tensão que agora recaía sobre a sala. Ele transformou-se em um autômato desprovido de emoções, vestindo uma armadura contra julgamentos. Nicolae fitava com ódio sua folha de pergaminho, não se dignando a olhar para aquele primo muito, muito distante. Eu imaginava que ele soubesse quem Thomas realmente era e que não houvesse dividido esse conhecimento com ninguém.

"Não posso dizer que o poema me soa nem um pouco familiar", disse Thomas. "Ou particularmente interessante. Embora eu realmente acredite que se ele fosse usado para cima dos inimigos de alguém, poderia muito bem matá-los com o passar do tempo. Mais um verso desse livro e eu mesmo poderia cair morto de tédio."

"Não, não, não. Isso seria uma grande infelicidade! Moldoveanu não ficaria feliz se eu causasse a morte de um de seus alunos." Radu bateu com uma das mãos sobre a boca, os olhos esbugalhados. "Mas que uso infeliz das palavras de minha parte neste momento. Depois do pobre Wilhelm, Anastasia, e, agora, Mariana."

"Quem é Mariana?", quis saber Thomas.

"A criada que foi descoberta na outra manhã", disse Radu.

Ele selou os lábios um no outro, observando os irmãos Bianchi gemendo em seus assentos. Eu havia me esquecido de que nossos colegas de classe haviam descoberto o corpo dela. Estudar a morte e deparar-se com cadáveres fora do laboratório não eram a mesma coisa, e encontrar corpos era algo simplesmente difícil de superar. Eu conhecia muito bem os efeitos de tal descoberta e como eles demoravam para ir embora.

"Talvez isso seja o bastante para a aula de hoje."

Analisei a segunda página da poesia, sugando o ar para dentro de meus pulmões com tanta força que senti uma pontada. Eu precisava de mais algumas respostas antes que a aula terminasse.

"Professor, o poema que o senhor leu se chama 'XI'. Nenhum dos poemas parece ter outro título além de numerais romanos. Por que isso?"

Radu olhou de relance para a classe, mordendo o lábio. Depois de um instante, ele empurrou seus óculos sobre o nariz.

"Pelas informações que coletei, a Ordem usava isso como um código. Reza a lenda que eles marcavam passagens secretas debaixo deste mesmo castelo. Atrás das portas marcadas com um determinado numeral havia... bem... havia todos os tipos de dispositivos desagradáveis ou armadilhas por meio das quais seus inimigos pereceriam."

"Pode nos dar exemplos?", pediu-lhe Erik, primeiro em russo, e, depois, em inglês.

"É claro que sim. Eles aparentavam ter morrido de causas naturais, embora a forma como tinham encontrado seu fim dificilmente seria natural. Há rumores de que Vlad, um membro da Ordem, tal como o pai dele, enviava membros da nobreza lá para baixo do castelo, com a promessa de que eles haveriam de encontrar ali algum tesouro. Em outras vezes, enviava *boyars* corruptos àquelas câmaras para que lá se escondessem, dizendo que havia um exército fora das muralhas do castelo e que eles deveriam se proteger. Eles seguiam as instruções dele, entrando nas câmaras marcadas e encontrando a morte. Então ele poderia fazer com que as mortes deles passassem por acidentes infelizes para outros *boyars*, embora eu tenha certeza de que eles suspeitassem que não fosse esse o caso. Ele tinha uma reputação e tanto por cortar a corrupção de seu país utilizando-se de modos avassaladores."

Thomas estreitou os olhos, sua mira agora fixa em Radu como se fosse um vira-lata faminto diante de um osso. Eu sabia precisamente o que aquela expressão significava.

"Mas e quanto à poesia?", perguntei. "O que ela significava para os membros da Ordem?"

Radu apontou para o pergaminho com seus dedos curtos e grossos, tomando cuidado para não manchar a tinta.

"Vejamos este daqui", disse, antes de traduzir o texto do romeno para o inglês novamente.

XXII
Branco, vermelho, verde e maldoso
O que assombra essa floresta permanece duvidoso
Dragões, ao alto, rondam o céu e as frestas
E obstruem a passagem de almas funestas
Coma esta carne e beba este sangue
Deixe na banheira o restante
Branco como marfim, brilhante como a sorte
Siga este caminho e encontrará a morte

"Alguns acreditam que este poema se refira a um local de encontro secreto da Ordem. Na floresta, onde eles realizavam ritos de morte para outros membros. Outros acreditam que se refira a uma cripta que fica debaixo do castelo apenas porque, uma vez que visitantes inocentes se metessem a percorrer seu interior, eram ali trancados pela Ordem até que apodrecessem e morressem. O caminho da morte. Ouvi aldeões dizerem que os ossos deles foram transformados em um local sagrado."

"Que tipo de local sagrado?"

"Oh, aquele onde sacrifícios são feitos para o Príncipe Imortal. Mas não se deve confiar em tudo que se ouve. A parte dos dragões rondando os céus é, claro, metafórica. Em tradução simples, isso quer dizer que a Ordem se move furtivamente, protegendo o que é deles. Sua terra. Seus regentes escolhidos por Deus. Seu modo de vida. Eles são transformados em criaturas ferozes que comem a pessoa inteira e deixam seus ossos. E isso quer dizer que eles matam a pessoa e a única coisa que sobra dela são seus restos mortais."

"O senhor suspeita de que a Ordem do Dragão mantenha os túneis até os dias de hoje?", eu quis saber.

"Minha nossa, não! Não creio que seja o caso", disse Radu, rindo um pouco alto demais. "Embora eu não possa afirmá-lo com certeza. Como mencionei antes, a Ordem formou-se primeiramente inspirada nos cruzados. De fato, Sigismund, rei da Hungria, posteriormente se tornou o Sagrado Imperador Romano."

Antes que Radu pudesse desatar a falar sobre os cruzados, eu disparei outra pergunta. "Exatamente que métodos de morte os túneis continham?"

"Oh, vejamos, srta. Wadsworth. Algumas passagens continham morcegos. Algumas estavam repletas de aracnídeos. Dizia-se que lobos haviam caçado em outras passagens. Reza a lenda que a única maneira de escapar da câmara de água é oferecendo um pouco de sangue a um dragão." Ele abriu um sorriso cruel ao pensar nisso. "Eu não creio que as criaturas seriam capazes de sobreviver no subsolo sem uma fonte de comida ou cuidados. Se as passagens existem ainda hoje, provavelmente são inofensivas, embora eu não sugira ir atrás das coisas que este livro sinaliza. A maioria das superstições tem alguma base em fatos. Sim? Pegue o caso dos *strigoi,* por exemplo; deve haver alguma verdade por trás desses rumores."

Eu queria ressaltar que as lendas relacionadas aos *strigoi* provavelmente eram o resultado de não enterrar os corpos a uma profundidade grande o bastante no solo durante o inverno. Os cadáveres ficavam inchados de gases e eram empurrados para fora de seus túmulos; as bases de suas unhas se retraíam, fazendo com que suas mãos parecessem garras, assustadoras e vampíricas em aparência, mas não na prática. Para os incultos, muito certamente pareceria que seus entes queridos estavam tentando sair de seus túmulos. Contudo, a ciência provava que isso era um mito.

O relógio do lado de fora badalou, assinalando o fim de nossa aula. Os guardas não perderam tempo em marcar sua presença ali.

Peguei os pedaços de pergaminho que Radu havia nos dado e os enfiei em meu bolso.

"Obrigada, professor", falei, observando-o com atenção. "Eu gostei bastante dessa aula."

Radu estalou a língua. "O prazer é meu. Eu agora tenho... São realmente três horas da tarde? Eu tinha esperança de chegar até as cozinhas antes de me retirar para os meus aposentos. Estão preparando pãezinhos doces enroladinhos, são meus favoritos. Estou indo!"

Ele apanhou um punhado de diários de cima de sua mesa e desapareceu porta afora.

Eu havia me virado para Thomas, preparada para conversar sobre tudo que havíamos descoberto e discutir o possível envolvimento de Radu nos crimes, quando Dăneşti acenou da entrada. Ele abriu um grande sorriso para Thomas, provocando meu amigo de uma forma que eu sabia que ele não resistiria.

"*Să mergem*. Nós não temos o dia todo."

Thomas inspirou fundo. Ele suportava provocações apenas até certo limite. Antes que eu tivesse tempo para reagir, ele abriu aquela maldita boca dele.

"Cachorrinhos fazem o que lhes mandam fazer. Eles não têm nada a fazer além de sentar e esperar e implorar pelas próximas ordens de seu mestre."

"Eles também mordem quando provocados."

"Não finja que me acompanhar para lá e para cá não é o ponto alto de seu dia miserável. Que pena que você não fez o mesmo por aquela pobre criada. Embora eu seja muito mais belo de olhar", disse Thomas, passando a mão por suas mechas escuras. "Pelo menos eu não estou mais correndo o risco de ser apanhado por um vampiro... Você está ocupado demais me admirando. Que lisonjeiro. Obrigado."

O grande sorriso de Dăneşti ficou absolutamente letal.

"Ah. Eu vinha esperando por isso." Ele falou em romeno, e mais quatro guardas entraram em nossa agora vazia sala de aula de folclore. "Acompanhem o sr. Cresswell até a masmorra pelas próximas horas. É preciso que mostrem a ele a *ospitalitate* romena."

Prezada Wadsworth,

Eu finalmente fui libertado do inferno úmido que eles dignificam com o nome de "masmorra". Agora estou sentado em meus aposentos, contemplando a possibilidade de escalar as muralhas do castelo para me divertir. Ouvi os guardas falando e me parece que essa noite pode ser nossa melhor chance para nos esgueirarmos até o bosque e procurarmos por quem quer que tenha sido arrastado para lá pelos túneis naquela noite.

Ao contrário de nosso prezado diretor, eu não creio que você tenha inventado aquele cenário, e estou preocupado com o fato de que talvez tenhamos errado em relação à possibilidade de Ileana estar envolvida nisso, criminosamente falando. Ela pode muito bem ser mais uma vítima, mas só há uma maneira de saber ao certo.

Se você não receber mais notícias minhas, é porque estou me esgueirando pelos corredores a caminho de seus aposentos.

Sempre seu,
Cresswell

33. INFERNO ÚMIDO

Camere din turn
Câmaras da Torre, Castelo de Bran
17 de dezembro de 1888

Que rapaz dramático! Se Thomas já estava em seus aposentos escrevendo um bilhete para mim, isso queria dizer que ele havia passado somente um curto período de tempo na masmorra. Terminei de escrever a minha resposta e dobrei o papel, adicionando um pouco de cera vermelha e pressionando-a com meu sinete de rosa, que combinava com meu nome.

"Por favor, queira levar isso para Thomas Cresswell." A nova camareira ficou me encarando. Tentei novamente, na esperança de que meu romeno estivesse correto. Minha mente estava em vários lugares ao mesmo tempo. "*Vă rog... daţi-i... asta lui* Thomas Cresswell."

"Da, domnişoară."

"Obrigada. *Mulţumesc*."

"Precisa de ajuda para se preparar para dormir?"

Olhei de relance para o meu vestido simples e balancei a cabeça em negativa. "Não, obrigada. Eu consigo me virar sozinha."

A criada assentiu, pegando o bilhete e colocando-o debaixo da tampa de uma bandeja que ela estava carregando. Ela saiu de meus aposentos e eu rezei para que ela o entregasse sem que os guardas notassem o que ela estava prestes a fazer.

Andei de um lado para o outro ao longo do tapete em meus aposentos, minha mente tropeçando e repassando cada detalhe do dia. Eu mal sabia por onde começar a desemaranhar esse novo fio. Radu ou Ileana poderiam ser o assassino. Radu, por seu conhecimento acerca de venenos. Ileana, por sua habilidade de colocá-los nas refeições.

Porém, com pouca cultura, será que ela teria o entendimento de como administrar uma substância como o arsênico? E será que Radu teve alguma oportunidade de administrá-lo aos alunos? E, por outro lado, Thomas acreditava que Ileana poderia ser uma vítima... O que deixava Radu como o principal suspeito. Eu ainda tinha a sensação de que Ileana estava envolvida de alguma forma. Eu não conseguia explicar como, mas eu sentia.

Eu havia tirado os trajes de montaria do meu baú e não sentia falta do volume das saias enquanto continuava andando em meu quarto com a nova roupa.

No entanto, quem mais além de Ileana saberia que Thomas se sentiria perturbado pela vergonha de sua linhagem? Como alguém aqui o conheceria bem o bastante para usar isso contra ele e frustrar seu método geralmente extraordinário de deduções? Ileana pode ter conseguido alguma informação com Daciana; talvez ela a estivesse usando esse tempo todo. Eu parei de andar de um lado para o outro. Isso não me pareceu muito certo também; um amor tão poderoso não poderia ser facilmente fingido. O que me levou de volta ao nosso professor.

Não havia pesquisas que Radu pudesse ter feito que fossem desenterrar os segredos da personalidade de Thomas. Ou talvez este fosse apenas um momento de boa sorte, um afortunado e inesperado presente. Uma ideia ainda melhor: o assassino poderia ser alguém com quem nós não tivéssemos nem mesmo interagido. Um calafrio deslizou pela minha coluna. Imaginar um assassino sem rosto, que não somente era habilidoso como também abençoado com sorte, era especialmente assustador.

Meia hora havia se passado, e ainda nenhum sinal de Thomas. Eu me sentei à minha escrivaninha e peguei uma pena do tinteiro. Eu havia prometido ao meu pai que lhe escreveria, e eu ainda nem lhe enviara sequer um bilhete decente. Fiquei encarando o pedaço de pergaminho em branco, não sabendo ao certo o que revelar.

Eu não poderia discutir os assassinatos. A bênção e o encorajamento de meu pai para seguir minha carreira na medicina forense tinham limites. Se ele tivesse ficado sabendo sobre o corpo que havíamos encontrado no trem, ele teria me trazido de volta para Londres imediatamente.

Um fraco barulho de pés sendo arrastados puxou minha atenção para a janela. Parecia que um animal havia passado correndo pelo telhado. Meu sangue formigava por todo o meu corpo.

Levantei da cadeira e examinei o mundo coberto de neve lá fora, preso na escuridão. Com o coração trovejando em meu peito, eu esperava ver uma face hedionda me fitando de volta, com olhos leitosos, sem piscar. Nada disso aconteceu. Provavelmente era um bloco de neve ou gelo caindo do telhado. Ou um pássaro procurando abrigo da tempestade. Soltei um suspiro e voltei a me sentar diante da escrivaninha. Eu nunca haveria de parar de criar vilões a partir das sombras.

Rolei a pena entre os meus dedos, tentando pensar em qualquer outra coisa que não fossem monstros e vampiros e pessoas especializadas em venenos. Eu quase havia me esquecido novamente de que estávamos na época do Natal. Uma época de alegria, amor e família. Era difícil lembrar que existia vida além da morte, do medo e do caos.

Mirei a fotografia de meu pai e minha mãe, permitindo que lembranças gentis removessem o gelo de minhas partes mais frias e científicas. Eu me lembrei de como meu pai fazia com que a cozinheira preparasse uma cesta cheia de guloseimas, e então brincava de esconde-esconde conosco no labirinto em Thornbriar.

Ele ria livremente e com frequência na época; eu nunca havia me dado conta de como eu sentiria falta dessa parte dele até que ela se fora junto com a mamãe. Ele estava lentamente emergindo daquele nada desolado que sucede a perda de um pedaço de sua alma, mas eu me preocupava com a possibilidade de que ele fosse cair em antigos padrões agora que estava sozinho. Desse ponto em diante, jurei escrever para ele com frequência, para mantê-lo engajado com os vivos. Nós dois estávamos suficientemente cercados por morte.

Segui o antigo conselho de meu irmão e me esqueci dos assassinatos e mortes por uns poucos instantes, permitindo-me lembrar que a vida era bela até mesmo durante as horas mais sombrias. Pensei na magnificência deste país, na história por trás de sua arquitetura e de seus regentes. Na bela linguagem de seu povo, na comida e no amor envolvido ao prepará-la.

Querido pai,

O reino da Romênia é realmente encantador. Uma das primeiras coisas em que pensei ao ver o Castelo de Bran e seus pináculos foram aquelas histórias infantis que o senhor e mamãe costumavam ler para mim antes de dormir. As telhas nas torres são cortadas de tal forma que me lembram escamas de dragões. Eu meio que espero que um cavaleiro venha cavalgando em seu corcel a qualquer momento. (Embora nós dois saibamos que provavelmente eu vá pegar o cavalo dele emprestado para mim mesma e sair buscando um dragão para matar. Se ele realmente for um cavaleiro e um cavalheiro, tenho certeza de que ele não se importaria com isso.)

Os Cárpatos estão entre as montanhas mais grandiosas de todo o mundo, pelo menos de acordo com o que vi delas. Eu mal posso esperar para admirar esta terra durante a primavera. Imagino que as montanhas cobertas de gelo sejam irrompidas pelo verde. Creio que o senhor iria gostar de passar férias aqui.

Eles têm uns salgados divinos de carne, recheados com deliciosos cogumelos e todo tipo de maravilhosos sucos e temperos.

Eu os tenho comido quase todos os dias até agora! Para falar a verdade, minha barriga está roncando só de mencioná-los. Devo levar um pouco para casa quando for visitá-lo.

Espero que você esteja bem em Londres. Sinto muita falta do senhor, e tenho uma fotografia sua aqui para a qual eu frequentemente digo boa-noite. Antes que me pergunte, direi que o sr. Cresswell tem sido um perfeito cavalheiro. Ele assumiu seu dever a sério e é um acompanhante bem irritante. O senhor teria orgulho dele.

A irmã dele, a srta. Daciana Cresswell, nos convidou para um baile de Natal em Bucareste. Se o tempo permitir, será adorável. Eu realmente gostaria de poder voltar para casa para uma visita no ano-novo. Queira expressar meu amor à tia Amelia e a Liza. E cuide delas e de você mesmo.

Escreverei novamente em breve. Estou aprendendo muito aqui na academia e não tenho como lhe agradecer o bastante por permitir que eu estude fora.

Sua amada filha,
Audrey Rose

Obs.: Como está meu tio? Eu realmente espero que você tenha continuado a vê-lo e a convidá-lo para a ceia. Pode ser muito direto da minha parte dizer isso, mas me atrevo a fazê-lo: vocês precisam um do outro, especialmente durante esta época difícil. Feliz Natal, querido pai. E que venham muitas coisas boas neste ano-novo. 1889! Eu não posso acreditar que já esteja chegando. Existe algo revigorante e maravilhoso em relação ao começo de um ano completamente novo. Eu espero que ele traga consigo a promessa de novos começos para todos nós. Ele deverá...

Tunc. Tunc.

A tinta espalhou-se pelas últimas palavras na página, minha cuidadosa caligrafia agora arruinada. Eu me afastei da mesa tão rapidamente que minha cadeira caiu no chão. Havia alguma coisa no telhado. Mesmo sabendo que era loucura, imaginei uma criatura que parecia humana, que tinha acabado de sair do túmulo, o cheiro de terra recém-revirada envolvendo os meus sentidos, suas presas à mostra, prontas para drenar o sangue de meu corpo.

Corri até o meu baú de suprimentos para a realização de autópsias, apanhando a maior das serras de ossos que consegui encontrar e segurando-a diante de mim. Em nome da rainha, o qu...?

Shrrrrrt. Soava como se aquela mesma coisa estivesse descendo com suas garras pelo telhado vermelho. Mais uma vez, a imagem de um *strigoi* dominou minha consciência. Uma criatura humanoide com carne acinzentada e morta, e garras pretas das quais escorria o sangue de sua última refeição, arranhando o caminho até os meus aposentos para se empanturrar mais uma vez. Uma parte minha queria sair em disparada pelo corredor e gritar, chamando os guardas.

Tunc. Tunc. Tunc.

Meu coração socava o peito, batendo com o dobro de sua velocidade normal. O que quer que estivesse no telhado estava usando botas de solado espesso. Imagens de vampiros e lobisomens deram lugar aos mais perturbadores pensamentos sobre humanos perversos. Humanos que haviam assassinado com sucesso pelo menos cinco vítimas.

Recuei na direção do meu criado-mudo, sem em momento algum tirar os olhos da janela, e abaixei minha serra para apagar a lamparina a óleo. A escuridão caiu, deixando-me invisível para quem quer que estivesse rastejando lentamente pelo teto.

Esperei e observei, a respiração estrangulada pelo forte aperto do terror. A princípio, tudo que eu vi foi a neve caindo mais densa pela minha janela. Os sons de algo raspando e das passadas pesadas foram substituídos por uma espécie de barulho de alguma coisa escorregando.

Então aconteceu de uma vez.

Uma sombra negra como carvão eclipsou o mundo coberto de neve lá fora. Fez chacoalhar o peitoril da minha janela com uma força tremenda, o minúsculo trinco quase não se segurou no lugar. O medo paralisou minhas pernas. Quem quer que estivesse lá fora estava a poucos segundos de estilhaçar o vidro ou o frágil fecho.

Testei o peso da serra e dei um pequeno passo para a frente. Depois, mais um. As reverberações do ataque no painel da janela aumentaram minha pulsação, que já estava acelerada. Cheguei ainda mais perto da janela, ouvindo o fantasma que tentava se segurar, tateando e... xingando.

Uma mão enluvada socou o painel. Joguei a serra de lado e movi-me rapidamente, soltando a dobradiça da janela, e o segurei como se a vida de nós dois dependesse disso.

34. ACIDENTE NOTURNO

Camere din turn
Câmaras da torre, Castelo de Bran
17 de dezembro de 1888

"Você perdeu totalmente a noção?"

As longas pernas de Thomas chutavam selvagemente, tentando acertar a beirada do telhado enquanto eu segurava seu sobretudo com mais força do que eu sabia que tinha.

"Pare de se debater, você vai perder a força e me levar com você."

Ele soltou uma mistura de bufada com risada. "O que exatamente você sugere, Wadsworth?"

"Impulsione-se para a frente enquanto eu o puxo."

"Que... tolice... da... minha... parte... entrar... em... pânico. Enquanto estava pendurado... a poucos centímetros... da morte certa."

Precisei fazer algumas manobras, mas consegui enganchar minhas mãos sob os braços dele, e depois usei meu corpo inteiro para cair para trás, puxando-o pelo peitoril da janela na minha direção. Caímos no assoalho, causando todos os tipos de barulhos enquanto batíamos com nossos membros e cabeças no chão.

Rajadas de neve entraram nos meus aposentos em espirais raivosas. Thomas rolou para longe de mim e ficou estirado ali, fitando o teto, a mão apertada em seu torso enquanto arfava. Seu sobretudo preto estava quase totalmente ensopado. Eu me forcei a ficar em pé, os braços tremendo descontroladamente por conta tanto da adrenalina quanto do terror, que percorriam meu corpo em torrentes perversas, e fechei a janela.

"O que, em nome da rainha, você estava pensando? Escalar um telhado de pedra... durante uma nevasca! Eu..." Cerrei as mãos em punhos para impedi-las de tremer no frio. "Você quase caiu do telhado, Thomas."

"Eu disse a você que eu estava me preparando para escalar o castelo." Uma mecha molhada caiu por cima de seu cenho enquanto ele erguia o pescoço. "Talvez um pouco de mimo ou parabéns seja pertinente. Isso foi um tanto heroico da minha parte, ir contra tudo para entrar no seu quarto. Eu não preciso levar uma reprimenda."

"*Heroico* não é o termo que eu usaria." Soltei um suspiro. "E não dê respostas atravessadas. É deselegante."

Thomas sentou-se direito, com aquele maldito sorriso grande e torto na boca. "Eu e Daci costumávamos sair de fininho de nossos aposentos e subir no telhado quando éramos crianças. Isso deixava nossa mãe totalmente louca. Ela costumava ser a anfitriã de alguns jantares entediantes na ausência de nosso pai, e espionávamos os nobres que os frequentavam." Ele ergueu-se do chão, limpando seu sobretudo com uns poucos movimentos de seus dedos enluvados. "Mas eu não me lembro de nenhuma de nossas saídas que envolvesse uma nevasca... Um pequeno descuido."

"Realmente." Respirei fundo. Apenas Thomas poderia fazer algo assim tão enfurecedor, como praticamente cair e morrer diante dos meus olhos, e depois me oferecer uma história de seu passado para aplacar minha ira. "Sua mãe sempre oferecia eventos quando seu pai estava longe?"

A leveza se apagou de sua expressão. "Nosso pai quase nunca viajava conosco para Bucareste. Ele não acreditava na celebração de nossa amaldiçoada ancestralidade." Thomas andou a passos largos até o meu armário e remexeu nas minhas coisas. "Nós deveríamos nos apressar. A tempestade só está começando."

Fiquei grata pelas meias grossas enfiadas nas minhas botas enquanto caminhávamos com dificuldade na neve. Estava pesada e molhada, e grudava com toda a sua abundância na parte de baixo do meu manto. Antigamente, eu adorava as noites invernais. O silêncio que encapsulava a terra, a centelha reluzente de gelo brilhando ao fulgor da lua. Mas isso era quando eu ainda estava enfiada e segura na minha casa em Londres, com uma caneca de chá, uma lareira vibrante e um livro aninhado no meu colo.

"Foi para cá que você os viu trazerem o corpo, certo?"

Thomas apontou na direção do caminho que adentrava o bosque, continuando a pequena trilha situada nos fundos da propriedade do castelo onde havíamos desembocado. Assenti, batendo os dentes enquanto a neve se misturava com a chuva. Era uma noite miserável para uma aventura ao ar livre, mas não tínhamos o luxo de esperar por melhores circunstâncias. Se Daciana ou Ileana haviam sidos pegas, talvez fôssemos encontrar uma pista aqui fora — uma rápida verificação dos necrotérios não havia dado em nada, embora encontrar alguma coisa no escuro, com a neve cobrindo tudo, também me parecesse uma tarefa impossível de ser levada a cabo.

Paramos na entrada da floresta, o luar lançando longas e finas sombras das árvores na nossa direção. Dedos com garras... Meu imaginário me perturbava.

Thomas inspecionou o chão em cada uma das margens da trilha, seu corpo tremia levemente enquanto o vento se acelerava. "Parece-me intacto", disse ele. "Creio que conseguiremos entrar um pouco... Ver se nos deparamos com alguma coisa que seja. Talvez procurar pelos depósitos de alimentos que Moldoveanu disse que ficavam aqui. Então voltaremos ao castelo e entraremos novamente pelo caminho por onde viemos, pelas cozinhas."

O vento chicoteava as mechas de cabelos nas minhas tranças, mas eu estava com frio demais para remover as mãos de dentro do meu manto. Eu estava bem certa de que esta era a noite mais fria já conhecida pelo mundo. Quando não respondi, Thomas se virou. Ele absorveu a visão das lágrimas que escorriam por minhas bochechas, o vento fazendo com que meus próprios cabelos batessem no meu rosto, e lentamente se aproximou de mim. Sem nenhuma insinuação ou flerte, ele colocou os cabelos atrás das minhas orelhas com seus dedos trêmulos.

"Eu sinto muito que o tempo esteja tão miserável aqui fora, Wadsworth. Vamos nos apressar e voltar lá para dentro."

Ele fez que ia me ajudar a voltar na direção do castelo, mas afundei meus calcanhares congelados onde estavam.

"N-Não. Não. Vamos v-ver o que tem lá-á fora."

"Eu não sei se..." Ele estirou as mãos para cima, rendendo-se, enquanto eu voltava para ele o lampejo de um olhar cheio de determinação. "Se você tem certeza..."

Absorvi os próprios calafrios dele e a vermelhidão de seu nariz. "Você consegue f-ficar aqui fora um p-pouco mais?"

Ele assentiu, embora estivesse hesitante. Reuni minhas forças e me dirigi bosque adentro, com Thomas vindo atrás de mim. Galhos de abetos cobertos de neve pendiam baixos, fazendo coisas estranhas com o som ao nosso redor. Era como se alguém estivesse segurando luvas de lã contra minhas orelhas, embora, ao mesmo tempo, eu parecia conseguir ouvir por quilômetros em cada direção. Eu me concentrei no som de algo sendo esmagado pelas botas de Thomas enquanto ele acelerava os passos para me acompanhar. Pedacinhos de neve caíam em blocos, espatifando-se no chão.

Não havia qualquer som de animal. Ainda bem que tínhamos essas pequenas dádivas. Provavelmente estava frio demais até mesmo para que os lobos rondassem por aqui. A trilha continuava pelo que pareciam muitos quilômetros, embora fossem apenas algumas dezenas de metros até chegarmos a uma bifurcação. O caminho à direita parecia mais largo, como se alguém houvesse se dado ao trabalho de cortar árvores menores e arbustos. Imaginei que era ali que ficavam os depósitos de comida.

A trilha que dava para a esquerda, no entanto, estava repleta de arbustos grandes demais e que pareciam espinhosos. Folhas afiadas e espinhos transmitiam um alerta para qualquer um que considerasse tomar aquela rota. Reprimi o ímpeto de sair correndo na direção oposta. Aquela sensação familiar de estar sendo observada por alguém ancestral e ameaçador penetrava na área entre minhas omoplatas.

Eu sabia que Drácula não era real, mas certamente parecia que seu fantasma assombrava esse bosque. A pele na minha nuca formigava enquanto surgiam na minha mente imagens de *strigoi* insinuando-se pela floresta, esperando para atacar. Precisei de um momento para acalmar meus nervos. Eu não tinha desejo algum de explorar um trecho que a Natureza queria tanto guardar para si. Especialmente não à noite, durante uma nevasca, enquanto havia um assassino de verdade aqui perto. Podia ser covardia, mas pelo menos nós sobreviveríamos para caçar por mais outro dia. Fiz um movimento em direção ao caminho mais desgastado; a neve caía cada vez mais rápido.

"Vamos verificar a outra t-trilha durante o dia. Vamos ver se os depósitos de comida ficam ali embaixo." A única resposta foi o silêncio, pontuado pelo som de neve caindo. Eu girei, o manto me rodeando como as saias de uma bailarina. "Thomas?"

Nada. Tudo ao meu redor permanecia estranhamente silencioso, exceto pelo zumbido em meus ouvidos. Apressei-me a seguir na direção do caminho à direita, notando o único conjunto de pegadas ao longo de sua extensão. Maldito Cresswell. Separar-se de mim durante uma nevasca no meio da floresta era mais uma de suas ideias fabulosas. Eu o xinguei baixinho por todo o tempo que levei para passar, aos chutes, pela neve. Depois de mais alguns passos largos, me deparei com uma pequena estrutura de pedra que se aninhava entre dois penedos maiores. Na verdade, não passava de uma cabana.

As pegadas de Thomas desapareciam ali dentro. Eu jurei que daria a ele um pedaço de meu...

De repente, ele saiu com tudo da pequena construção, quase quebrando a porta enquanto a batia para fechá-la. Antes que eu pudesse perguntar o que diabos estava acontecendo, um alto rosnado ondulou em meio à neve que caía, seguido por um longo e pesaroso uivo.

Meu corpo inteiro ficou arrepiado enquanto vários outros gritos rasgavam a noite.

"Cresswell!"

Thomas girou, as mãos ainda segurando a maçaneta da porta. Seguiram-se arranhões e bufadas, e o som de patas golpeando freneticamente a madeira, um som aterrorizante na noite até então silenciosa.

"Wadsworth... Vou contar até três, então você corre!"

Não havia tempo para discutir. Thomas fez a contagem rápido demais para que eu pudesse protestar. Antes que ele dissesse "três", eu tinha saído correndo. Enquanto eu corria aos esbarrões sobre montes de neve e galhos, eu nunca tinha me sentido tão grata por deixar minhas saias para trás e usar uma calça.

Atrás de mim, Thomas veio com tudo pelo bosque, gritando para que eu não me virasse para trás, para que continuasse correndo. Ignorei os uivos que vinham em resposta, embora agora eu pudesse ouvir outras criaturas pulando pela neve atrás de nós. Não diminuí minha velocidade. Não pensei em como o ar gelado queimava meus pulmões conforme eu o inalava. Não me concentrei no suor frio que revestia minha pele nem na trilha aparentemente infinita de volta para o castelo. E eu *definitivamente* não imaginei lobos do tamanho de elefantes vindo com tudo pela floresta, seguindo nossos passos e prontos para arrancar nossos braços e pernas e os espalharem pelos arredores.

Eu desejava que Moldoveanu e Dăneşti estivessem monitorando o bosque novamente, mas não tínhamos tanta sorte assim. Irrompemos pela floresta, correndo tão rápido quanto permitiam o tempo péssimo e nossos corpos.

Thomas segurou minha mão, uma corda de resgate na tormenta de terror. Latidos e rosnados vinham dos arbustos, os lobos estavam agora a poucos metros de distância de nós. Eu achei que meu coração fosse parar a qualquer momento. Nós íamos ser atacados. Era impossível correr mais rápido do que eles. Nós estávamos...

O som de um tiro explodiu às margens do bosque.

Thomas me jogou no chão, protegendo-me com seu corpo. Ergui a cabeça por cima do ombro dele, observando enquanto dois lobos grandes voltavam para dentro do bosque. Cada pedacinho de mim estava congelado, mas eu só conseguia me concentrar no surto de adrenalina. Alguém havia atirado nos lobos. Seríamos os próximos?

A neve pontilhava meus cabelos e minhas roupas. Thomas se impulsionou para longe de mim, lentamente analisando a área. Notei o rápido subir e descer de seu peito e a forma como ele tinha ficado tenso, esperando por mais algum ataque. Ele pegou minha mão e me ajudou a me levantar.

"Ande logo. Não estou vendo ninguém, mas definitivamente há alguém aqui fora."

Procurei por uma sombra ou silhueta do atirador. Não havia nada além da fumaça que permanecia no ar e o cheiro acre de pólvora. Dessa vez, quando estremeci, não tinha nada a ver com o gelo que escorria pela minha coluna. Nós saímos correndo na direção da luz amarela das cozinhas, sem olhar para trás até que estivéssemos em segurança lá dentro e Thomas houvesse fechado a porta com um chute. Eu caí junto a uma longa mesa de madeira, por pouco não atingindo uns montinhos de massa de pão que crescia.

"Quem você...?"

A porta se abriu ruidosamente e uma silhueta um tanto bruta batia com os pés no chão para tirar a neve de suas botas, trazendo um arcabuz dependurado nas costas. Thomas e eu apanhamos facas no balcão. A silhueta moveu-se para a frente, ignorando as peças de cutelaria agora voltadas para ele. Com um movimento rápido, seu capuz foi jogado para trás. Radu piscava para nós.

"Sr. Cresswell. Srta. Wadsworth." Ele tirou o arcabuz de seu ombro e reclinou-se junto a uma mesa de cavalete, em cima da qual havia uma tigela de ensopado cujo vapor ainda saía de seu interior, e um pedaço de pão partido em pedaços. "Eu os avisei sobre o bosque. Hummm?" Radu puxou uma banqueta e sentou-se, enfiando goela abaixo a refeição noturna. "Voltem correndo para seus aposentos. Se Moldoveanu descobrir que vocês saíram do castelo, vocês desejarão que os lobos os tivessem alcançado primeiro. Perigoso. Muito perigoso o que vocês fizeram. Há *pricolici* por toda parte."

Thomas e eu nem mesmo trocamos olhares enquanto pedíamos desculpas e saíamos correndo em direção à porta.

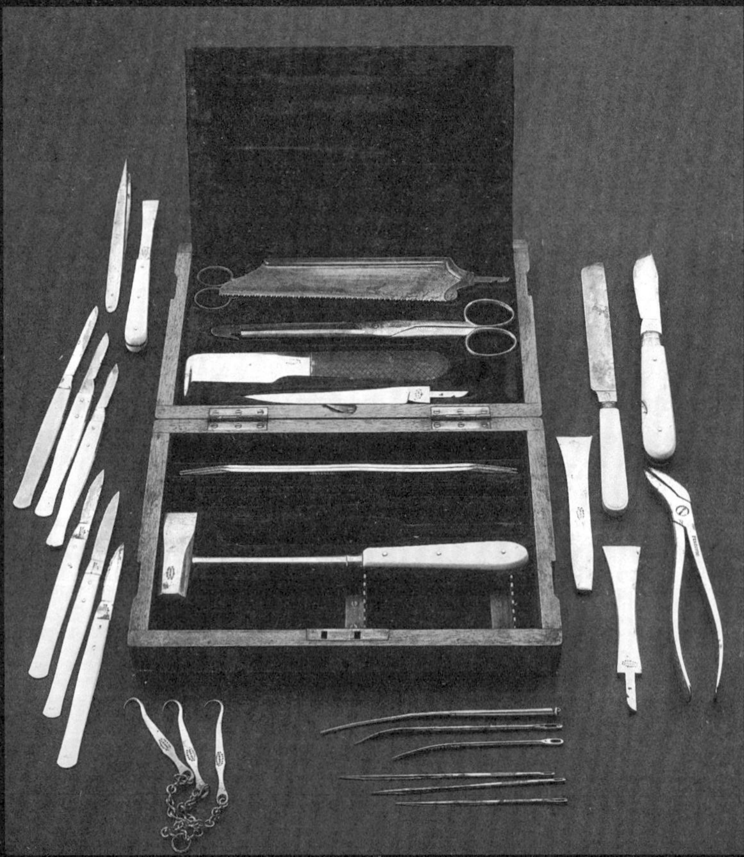

Kit de autópsia,
aproximadamente 1800.

PRÍNCIPE DRÁCULA
RASTRO de SANGUE

35. SEM SANGUE

Amfiteatrul de Chirurgie al lui Percy
Anfiteatro Cirúrgico de Percy, Castelo de Bran
21 de dezembro de 1888

"Eu vou ministrar a aula de hoje no lugar do professor Percy." Moldoveanu apontou para os gêmeos Bianchi. "Se vocês ainda quiserem realizar a tarefa, sugiro que venham até a mesa de operação."

Sem a necessidade de mais estímulos, os gêmeos desceram correndo até o palco cirúrgico e assumiram seus lugares. Mesmo que nossa academia aparentemente estivesse sendo atacada, ainda havia a questão do curso de avaliação e aqueles dois atraentes lugares pelos quais todos nós estávamos lutando.

Giovanni fez um trabalho excepcional ao criar uma superfície firme por onde sua lâmina deslizaria. Seu gêmeo lhe entregou uma faca de dissecção depois que ele havia aberto o corpo da criada assassinada, a Mariana. Com cuidado, ele removeu o fígado dela, notando a mesma descoloração que estivera presente no cadáver de Anastasia. Giovanni usou a longa faca para extrair uma amostra e colocá-la em uma lâmina. Parecia uma coisa horrível que uma ferramenta médica fosse chamada de faca e tivesse por propósito ser entalhada em espécimes, e não em delícias comestíveis.

Cian havia se oferecido para conduzir a autópsia, mas os gêmeos insistiram em fazê-la. Visto que ambos haviam descoberto o corpo da criada, eles sentiram que seria seu dever disponibilizar assistência em sua morte. Uma sensação inquietante estava presente no anfiteatro conosco; era difícil estudar os corpos desprovidos de sangue. O fato de que era Moldoveanu quem conduzia esta aula não ajudou a dissipar a atmosfera pesada que pairava sobre nós. A expressão dele estava mais dura do que a de costume, um escudo adicional que ele usava desde a descoberta dos restos mortais de sua protegida. Eu havia desejado oferecer minhas condolências a ele antes da aula, mas a ameaça em seu olhar conteve minha língua.

"Excelente técnica." Moldoveanu ajustou seu avental. "Assim como os outros cadáveres, este também está sem sangue, como tenho certeza de que todos vocês podem ver. Por qual motivo, se vocês fossem se arriscar a dar um palpite, vocês acham que o assassino está coletando o sangue das vítimas?"

Noah foi o primeiro a erguer a mão. "Os jornais locais estão dizendo que o Senhor Empalador voltou. Os aldeões estão em pânico. Eu acho que se trata de alguém que gosta do medo. Morte e assassinato não são a parte gratificante, mas, sim, a histeria que os cerca."

"Uma teoria interessante. Uma vez que tenha sido retirado, onde você acha que eles estão descartando o sangue, então?"

Noah franziu o cenho. "Há um rio perto do vilarejo. Talvez eles estejam jogando o sangue lá."

"Talvez." Moldoveanu ergueu um dos ombros. "Vejamos quem está adiantado em suas leituras dos textos de anatomia. Quanto sangue há no corpo humano? Alguém...?"

"Uns quatro litros... talvez... um pouco mais... dependendo do tamanho da pessoa", disse Erik.

"Correto. Por volta de quatro litros." Moldoveanu deu a volta em torno do corpo, pousando sua atenção em cada um de nós. "Uma quantidade considerável de sangue para ser transportada pelo vilarejo. Embora isso não seja impossível, certo?"

"Mas poderia ser muito arriscado", acrescentou Noah. "Mesmo se fosse carregado em um balde de madeira, existiria a possibilidade de vazar pelas laterais. Além do mais, se alguém notasse, os aldeões poderiam alertar uns aos outros."

"Tem razão. Embora seja aparentemente um excelente lugar para se depositar o sangue, o rio apresenta uma ameaça grande demais para esse assassino em particular. Ele me parece o tipo de pessoa que não deseja ser impedida. Ele é cuidadoso. É bem provável que venha planejando tudo isso há um bom tempo. Eu acredito que ele tenha um histórico de atos violentos, começando na infância. Por mais que os outros digam que essa informação seja irrelevante, eu acho que considerar o histórico do perpetrador seja uma ferramenta útil."

Moldoveanu estimulou os gêmeos a prosseguir com a autópsia. Giovanni removeu um pedaço do estômago, cujo conteúdo seria examinado em busca de sinais de arsênico, embora um familiar odor de alho já pairasse no ar. Olhei ao redor da sala; cada um dos alunos estava cuidadosamente fazendo anotações, sua concentração mais intensa sob o olhar vigilante do diretor.

Tentei pensar nas conversas que tivera com Anastasia, convencida de que deveria haver algum indício do que ela havia descoberto em relação à cena da casa da mulher desaparecida. Eu odiava pensar nela incursionando pelo vilarejo adentro sozinha e encontrando sua perdição. Mas eu nem mesmo sabia se ela havia conseguido chegar tão longe. Que eu saiba, ela nunca chegou a passar dos túneis onde seu corpo havia sido encontrado. Será que o assassino seria alguém presente nesta sala, e, em caso positivo, quem teria sido capaz de se livrar de tanto sangue assim tão rapidamente?

Com discrição, inspecionei Andrei e Nicolae, que falavam baixinho um com o outro em romeno. Eles poderiam estar trabalhando juntos, embora eu tivesse aconselhado a mim mesma a não restringir meu foco exclusivamente a eles e deixar de notar outras pistas.

Minha atenção vagou para os gêmeos Bianchi. Eu me lembrava de Anastasia comentando sobre como eles ignoravam suas tentativas de puxar conversa. Seria um deles a pessoa pela qual ela estaria intrigada? Se descartar o sangue era arriscado demais para que um único indivíduo fizesse isso, será que isso apontava para a possibilidade de que os dois estivessem trabalhando juntos? Eles eram muito bons nas práticas forenses e provavelmente tinham amplos conhecimentos sobre venenos. Talvez também não fosse uma coincidência o fato de que eles haviam descoberto o corpo da criada.

Olhei de relance na direção de Thomas. Ele já estava me observando, com a cabeça inclinada para um dos lados como se lesse os meus pensamentos. Nós não sabíamos o que entender do comportamento de Radu na outra noite, e devido aos guardas patrulhando os corredores, não pudemos conversar depois. Tínhamos sido afortunados por conseguir chegar até nossos aposentos sem sermos pegos.

Eu ainda não conseguia acreditar que Radu havia nos salvado de lobos predadores na calada da noite, e depois voltara a seu ensopado como se nada daquilo tivesse acontecido. Seu comportamento era previsível em sua imprevisibilidade, embora eu ainda achasse difícil imaginá-lo matando estudantes ou qualquer outra pessoa.

"Eu receio que este seja todo o tempo que temos para a aula de hoje. Em virtude dos eventos recentes, decidi que esta é a última aula de vocês antes do recesso do Natal", declarou Moldoveanu, enquanto o relógio badalava as horas. "As aulas começam novamente no dia vinte e seis. Não testem a minha paciência; eu não gosto de atrasos."

PRÍNCIPE DRÁCULA
RASTRO *de* SANGUE

36. CASA DOS BASARAB

Foaier
Vestíbulo, Castelo de Bran
22 de dezembro de 1888

Na manhã seguinte, Thomas e eu nos encontramos no vestíbulo do castelo, prontos para embarcar em nossa jornada a Bucareste. Noah e Cian haviam se despedido de nós antes de desaparecerem no salão do refeitório, e eu agora estava perdida em pensamentos, temendo que Daciana não fosse estar lá para nos receber quando chegássemos. Thomas havia escrito para ela imediatamente depois de nossas suspeitas iniciais em relação a Ileana, mas Daciana não havia respondido. Se ela estivesse ferida, ou pior... Eu não podia me permitir pensar assim.

Thomas se remexia quase toda hora, sua atenção grudada na pequena janela ao lado da porta. Nossa carruagem deveria chegar a qualquer momento. Fechei os olhos, fazendo o melhor possível para ignorar a lembrança do cadáver de Anastasia. Havia tantos arranhões e marcas de mordida que tinha sido difícil reconhecê-la. A lembrança daqueles morcegos cobrindo seu corpo... Uma repentina onda de calor sobrepujou os meus sentidos. Eu precisava sair no frio antes que fosse vomitar.

Passei correndo por Thomas e escancarei a porta, tomando imensas golfadas de ar gélido. Lá fora, o aroma de pinho misturava-se com o cheiro das lareiras que rugiam lá dentro. O sol coberto por nuvens mal havia estirado seus braços pelo horizonte, e a temperatura estava fria o bastante a ponto de criar pingentes de gelo que pareciam presas cercando a entrada principal. A neve caía em um ritmo constante.

O frio estabilizou a temperatura do meu corpo, permitindo que o arroubo de enjoo passasse.

"Está tudo bem com você?" Thomas estava parado ao meu lado, o cenho franzido de preocupação.

Assenti. "O ar está ajudando."

Ele voltou a atenção para o caminho coberto de paralelepípedos, embora parecesse perdido em sua própria mente. Nós dois estávamos enrolados em nossos mantos mais quentes, enfiados em camadas e mais camadas de tecido pesado para lutarmos contra a tempestade invernal. O manto de Thomas era preto como alcatrão, com pelos da mesma cor em volta do colarinho. Ele fitava o nada, o maxilar travado. Eu não conseguia imaginar os pensamentos que percorriam sua mente.

A fim de aquecer as mãos, enfiei-as no regalo que eu trazia junto com minhas vestes, pendurado no pescoço.

"Não importa o que descobrirmos, conseguiremos sobreviver a isso. Nós somos um time, Cresswell."

Thomas bateu os pés e soprou calor em suas mãos cobertas com o couro, o vapor erguendo-se como a névoa londrina ao seu redor. "Eu sei."

Uma frieza familiar assentou-se nas feições dele. Este era o Thomas Cresswell que eu, a princípio, conhecera em Londres. O rapaz que não permitia que nada nem ninguém se aproximasse demais. Aquele que, depois eu vim a perceber, também sentia profundamente demais. Liza sempre esteva certa, mais até do que havia imaginado. Thomas usava a distância como uma barreira para não ser magoado. Ele não era frio e cruel... Não chegava nem perto dos parentes com os quais temia ser comparado. Ele era vulnerável e sabia precisamente onde ficavam seus pontos mais fracos. Para ajudar aqueles que amava, ele dilaceraria o mundo.

"Thomas. Eu..."

Uma brilhante carruagem preta parou diante de nós, seus cavalos tão altos e orgulhosos quanto o motorista que abriu a porta com um floreio exagerado. Thomas me ofereceu a mão e me ajudou a entrar no coche antes de se sentar diante de mim. Enquanto ele conferia os tijolos quentes aos meus pés, tentei ignorar a sensação de agitação causada por estarmos sentados em um espaço tão apertado sem uma acompanhante.

"O que você estava dizendo, Wadsworth?"

Sorri. "Nada. Isso pode esperar."

"Com o que você está tentando lidar aí? Algum temor profundamente arraigado ou...?" Seus poderes de percepção entraram em ação imediatamente. Um grande sorriso preguiçoso estirou-se por sua face, substituindo a intensidade da expressão anterior. Ele sentou-se, confortável e relaxado, e depois deu uns tapinhas no pequeno espaço ao seu lado no assento. "Bucareste fica a várias horas de distância. Não vamos falar sobre questões sérias ainda."

Eu o inspecionei, mas não disse nada. Meus pensamentos voltaram ao meu desconforto. Era um tanto quanto escandaloso estarmos viajando sem uma acompanhante, mas a sra. Harvey já havia deixado Braşov e precisávamos confirmar se Daciana estava em segurança em Bucareste. O decoro e até mesmo as nossas reputações tinham que ser colocados de lado pelo bem maior. Ainda assim, eu sabia que meu pai podia não ver as coisas da mesma maneira, caso viesse a saber disso. Reclinei-me e me forcei a parar de pensar nessas coisas preocupantes.

Saímos ribombando, deixando o castelo gótico em sua posição autoritária em meio às montanhas. Fiquei observando enquanto ele desaparecia lentamente atrás de espirais de neve. Imaginei que o olhar cheio de ódio e gelo da fortaleza tivesse alcançando nossa carruagem, tentando em vão nos arrastar para trás. Eu não conseguia superar a forma como um edifício feito de pedra podia assumir qualidades humanas. Qualidades monstruosas, na verdade.

Deixei minhas mãos caírem em meu colo, meu sorriso esvanecendo-se com o gesto. "Eu pesquisei um pouco sobre a Casa dos Basarab na noite passada."

Thomas desviou o rosto, estudando-me com sua visão periférica, o que me impediu de interpretar por completo a reação dele. "Isso me parece terrivelmente entediante. Minha mãe contratou uma governanta para mim e Daciana, e parte de seus gloriosos ensinamentos incluíam a memorização da árvore genealógica da família Basarab, que era nossa também. Mais ramificações e espinhos do que uma floresta inteira de arbustos selvagens, com Daci e eu sendo os únicos frutos. Você tem certeza de que não prefere ficar aninhada aqui comigo? Seria tremendamente melhor do que ficarmos discutindo esse assunto. Eu gostaria muito de não pensar em nada relacionado ao titio Drácula."

Thomas ficou inquieto em seu assento, o que eu aprendera ser um sinal da existência de segredos que ele não estava revelando. Seus tiques e peculiaridades eram sutis, mas eu tinha sido uma pupila estudiosa. Eu me sentei mais para a frente, o coração socando o meu peito diante da intriga.

"Siga meu raciocínio. Como você disse, há muito tempo, a Casa dos Basarab dividiu-se em duas famílias conflituosas. Uma linhagem era a dos Dăneşti, e a outra, a dos Drăculeşti. Sua família e a família do príncipe Nicolae são de duas ramificações diferentes. Ele tem o sangue dos Dăneşti, e você, dos Drăculeşti. Tecnicamente, Wilhelm Aldea e o guarda real também têm sangue real, todos ligados a Nicolae. Certo?"

Thomas abriu as cortinas, a boca teimosamente fechada. Uns poucos instantes se passaram enquanto a carruagem se arrastava por uma passagem coberta de neve. Quando ele relaxou no assento e soltou o ar, eu sabia que ele havia decidido responder às minhas perguntas.

"Sim. Todos nós somos descendentes da Casa dos Basarab, embora isso tenha sido há muitas gerações. Eu não sei ao certo onde fica o guarda Dăneşti na árvore genealógica, mas eu presumo que ele tenha parentesco com Nicolae e Wilhelm de alguma maneira. Tecnicamente, eu sou parente de Vlad Drácula, e Nicolae, não."

"Você acha que isso opera a seu favor? E... a favor de Daciana?"

Thomas deixou que o veludo deslizasse de volta ao lugar, encobrindo a janela, exceto por uma minúscula faixa pela qual a luz passava, filtrada, tingindo de dourado uma beirada de seu maxilar.

"Você está sugerindo que minha irmã pode não estar morta?"

"Não sei ao certo o que pensar." Mordisquei o lábio, sem ter certeza de como proceder. "É estranho que Ileana, provavelmente uma inculta camponesa do vilarejo, soubesse da linhagem histórica de uma casa deposta? Isso tudo é tão complicado. *Você* descende dela, e é difícil até para você mesmo entender isso. Será que ela haveria de entender as complicações das famílias medievais, mesmo que fossem tão infames?"

"O que você está sugerindo?"

"E se alguém estiver usando Ileana...? E se a Ordem do Dragão, de alguma forma, a forçou a entrar no plano deles? Como descobriríamos quem é membro? Quem seria bem versado em linhagens de sangue? Por que estão assassinando apenas os membros do clã Dăneşti, ainda que também estejam matando membros da classe inferior?" Inspirei profundamente, forçando-me a colocar em palavras minha maior preocupação. "Até agora, nenhum membro da sua linhagem foi assassinado. Daciana pode muito bem estar em Bucareste, sã e salva. Ou... E se... E se ela nem mesmo estiver desaparecida? Pelo menos não desaparecida por meios criminosos. Quem é a Ordem, Thomas? O que eles querem, afinal? Será que eles estão protegendo sua irmã, sua linhagem? Como a atual família real se encaixa nisso tudo? Será que Radu estava enganado? Estarão todos eles relacionados à sua família?"

"A atual família real não tem relação alguma com nenhum dos lados da Casa dos Basarab." Ele se inclinou para a frente, os olhos em ebulição. "Você acredita que eles estejam...?"

A carruagem parou abruptamente, o coche avançou com brusquidão antes de voltar para trás. Nosso cocheiro chamou alguém em romeno, e seu tom não estava tão alegre quanto sua expressão estivera momentos antes. Aproximei o rosto da janela gélida, mas não conseguia ver com quem o cocheiro estava falando. A chuva caía do céu praticamente em lâminas congeladas.

O olhar de Thomas não estava focado na janela quando eu me virei; estava preso na maçaneta da porta, que lentamente foi torcida para um dos lados. Calafrios deslizaram pelo corpete do meu vestido. Nosso cocheiro gritou alguma coisa que parecia um xingamento em romeno. Sem um pensamento consciente, eu me lancei até o outro lado do assento e segurei a maçaneta, mas não tinha peso o suficiente para impedir a porta de ser escancarada.

Um rosto contorcido enfiou-se no nosso coche; suas sobrancelhas estavam brancas com a neve, as bochechas, de um tom carmesim por causa do vento fustigante.

Dăneşti mostrou o lampejo de um sorriso de deleite que não chegava até seus olhos. "Ninguém deixa a propriedade, por ordens da família real."

Thomas colocou sutilmente as pernas na minha frente, criando uma leve barreira entre mim e o guarda. "Você não pode nos deter aqui. O diretor já nos deu permissão para partirmos."

"O príncipe Nicolae não estava em seus aposentos quando o buscamos para escoltá-lo à sua casa. Até que ele seja encontrado, nós barraremos todo mundo."

Sem proferir mais nenhuma palavra, Dăneşti bateu a porta. Fiquei observando em silêncio enquanto guardas montados em cavalos flanqueavam nossa carruagem. Nós fomos guiados de volta para a academia, a floresta implacável oscilava com excitação conforme nos aproximávamos dela.

Minha mente revirava essa nova revelação. Nicolae não era parente dos atuais rei e rainha, então por que a corte estava entrando em pânico com seu desaparecimento? Se o príncipe realmente tivesse desaparecido, então ele não poderia estar trabalhando com Ileana nem ser um membro da Ordem. O que queria dizer que um outro alguém munido de um amplo conhecimento das linhagens estava fazendo isso. Seria Daciana aquela que nós estávamos realmente caçando? Será que ficáramos cegos novamente?

Talvez ela não estivesse sendo mantida presa contra sua vontade nem sendo protegida. Talvez fosse ela quem estivesse orquestrando a coisa toda. Se famílias aristocráticas eram membros da sociedade secreta, como Radu havia dito em relação às origens da Ordem, então ela poderia muito bem estar envolvida. Mas... será que eles permitiriam uma jovem mulher em seus escalões?

O vento uivava como se estivesse sentindo dor, e o som fez com que os pelos nos meus braços e no meu pescoço ficassem arrepiados. Eu não conseguia deixar de pensar que estávamos sendo escoltados de volta para a nossa perdição. O castelo de Vlad Drácula estava vivo e tomado por um anseio malévolo enquanto estacionávamos em frente à fortaleza.

Parecia que a academia mal podia esperar para afundar os dentes em nós.

PRÍNCIPE DRÁCULA

RASTRO *de* SANGUE

37. UMA SALA CHEIA DE SUSPEITOS

Sală de mese
Salão do refeitório, Castelo de Bran
22 de dezembro de 1888

Velas tremeluziam nervosamente nos candelabros que pendiam acima de nossas cabeças enquanto esperávamos, em um silêncio tenso, por uma atualização sobre nosso confisco forçado.

Nas cozinhas, alguém estava fazendo fornadas de alguma coisa com canela, e o cheiro flutuava pelas grades, agradável demais apesar da tempestade — literalmente enfurecida lá fora e figurativamente enfurecida dentro das paredes do castelo. O diretor Moldoveanu estava parado perto da porta do salão do refeitório, vestido com um manto de sombras e sussurrando algo com Dăneşti, Percy e Radu. Nosso professor de folclore ficava cheirando o ar, sem dúvida distraído com o aroma de seus adorados pãezinhos doces. Moldoveanu estalou os dedos com uma expressão quase letal, enquanto Radu murmurava um pedido de desculpas.

Procurei pelo bibliotecário nos arredores do aposento, mas Pierre estava notavelmente ausente. O que era estranho, considerando que haviam nos dito que todo mundo no castelo deveria estar presente nessa reunião.

Olhei ao longo de cada uma das mesas, escrutinando meus colegas. Vincenzo e Giovanni já não estavam com seus periódicos médicos abertos diante de si. Eles estavam sentados juntos, sem dizer uma palavra, com os ombros tensos. Erik, Cian e Noah especulavam baixinho sobre o desaparecimento de Nicolae, com sua atenção voltando por um momento para o diretor. Ninguém sabia o que entender da situação.

Ignorei o peso morto em meu peito, aquela pesada sensação de perda que senti quando vi a cadeira vazia de Anastasia. Eu ainda não conseguia acreditar que minha amiga se fora para sempre. Que alguém houvesse destruído uma luz tão brilhante. Eu não tinha dúvida alguma de que, se tivesse vivido, Anastasia teria dominado o mundo.

E será que ela havia sido assassinada por isso? A linhagem dela não tinha parentesco com Drácula nem com a Casa dos Basarab. Eu ainda não fazia ideia se ela havia conseguido em algum momento chegar onde quer que estivesse planejando ir, ou se havia sido assassinada antes de investigar sua nova pista, e o fato de não saber estava me deixando louca.

Eu gostaria de ter podido falar com ela antes que ela partisse. Eu nem desconfiava do que ela poderia ter descoberto sobre a Ordem que se tornaria sinônimo de uma sentença de morte.

Lentamente, a raiva foi entrando em mim como se fosse óleo, substituindo aquele poço vazio de tristeza enquanto eu encorajava o fogo a acender a ação dentro de mim. Eu odiava assassinatos, e tudo que eles tiravam das vítimas e também das pessoas deixadas em seu rastro, em meio ao luto. Eu não permitiria que outra pessoa morresse no castelo. Não mais estudantes ou amigos seriam levados e extintos como se nada fossem. Eu estivera cega antes, e não permitiria a mim mesma qualquer engano ao identificar a pessoa responsável. Bloquearia todas as emoções, menos uma: a determinação.

Se não fosse Ileana, Daciana ou Nicolae, então quem seria?

Olhei ao redor da sala, sem saber ao certo se o assassino estaria entre nós, vestindo a máscara da preocupação e escondendo seu júbilo interno.

O professor Radu capturou minha atenção mais uma vez. Ele secava as gotículas de suor em sua testa, assentindo com entusiasmado demais para o que quer que o diretor estava dizendo. Será que os desvarios e sua imaginação atuante em relação ao folclore eram mais do que um mero interesse em história? Ele conhecia detalhes sobre a Ordem do Dragão e ambas as linhagens reais da Casa dos Basarab. Talvez ele tivesse ficado entediado de seguir apenas transmitindo histórias sobre *strigoi* e seres sobrenaturais caçando nos bosques. Será que o amor e a admiração que ele sentia por Vlad Drácula o haviam colocado em seu próprio caminho sombrio? Qualquer coisa era possível.

E então havia Dăneşti. Ele gostava de seu papel de distribuir punições. Seria essa a marca de uma pessoa que havia passado de disciplinador a assassino? Eu não tinha como saber ao certo.

Procurei por outras estranhezas, não mais aceitando o valor aparente de ninguém. Andrei estava sentado sozinho ao final de uma longa mesa, com a atenção fixa em um dos nós da madeira, que ele ficava cutucando. Lá se fora a curva arrogante de seus lábios e a postura de ombros eretos pelos quais eu o reconhecia. Agora ele estava dobrado em si mesmo, como se não conseguisse mais encontrar energia para sentar-se direito.

Cutuquei Thomas com o pé e depois me inclinei para a frente, com os lábios quase roçando a orelha dele. Notei o leve estremecer que isso lhe provocou, e ignorei minha pulsação que falhou em resposta.

"O que você acha disso?", falei, indicando Andrei. "Isso tudo é por causa de Nicolae?"

"Hummm." Thomas estudou-o por alguns instantes, seu olhar afiado absorvendo cada movimento ou a falta dele. Ele tamborilava os dedos na beirada de nossa mesa. "Sua preocupação não parece estar totalmente relacionada a Nicolae. Note a corrente em volta do colarinho dele e o pingente pendendo dela. Aposto que se trata de um cacho de cabelos. Ele anda preocupado desde o aparecimento da srta. Anastasia Nádasdy em nosso laboratório. Creio que ele esteja em luto por ambos, mas está sofrendo pela morte dela em particular. É possível que ele ansiasse por garantir uma união com ela."

"Ela havia mencionado que admirava alguém. No entanto, ela achava que ele não havia notado os afetos dela. Você acha que ele poderia estar envolvido com a morte dela? Todo mundo em torno dele está morto ou desaparecido. Será que isso é coincidência?"

Thomas considerou a hipótese. "Definitivamente é uma possibilidade. Embora pareça que Andrei seja aquele tipo de cão que ladra alto e raramente morde. Eu tenho a sensação de que, quem quer que tenha pegado Nicolae, tinha motivos mais profundos. Se é que ele foi mesmo pego..."

"Então você acha que ele não está desaparecido?"

"Até onde sabemos, ele poderia estar escondido. Ileana pode muito bem ser aquela que *ele* capturou e com quem fez coisas horrendas. Nós ainda não sabemos por que ele criou aquelas ilustrações. Ou como ele sabia que os machucados em Anastasia foram feitos por morcegos. Ele mal olhou para ela. É bem impressionante que ele tenha identificado aqueles machucados assim, sem qualquer esforço."

Uma ideia surgiu como uma centelha do atrito entre duas rochas. "Se você fosse o culpado e quisesse se esconder, aonde iria primeiramente?"

"Depende de qual fosse o meu crime. Se fosse por ter pensamentos indecentes ou loucuras lascivas, eu iria direto para os seus aposentos para ser punido."

"Sério", falei em tom de reprovação, verificando sutilmente por cima do meu ombro para ter certeza de que o comentário dele não fora ouvido por Percy ou Radu. "Nós precisamos encontrar uma maneira de voltar a entrar nos túneis. Eu garanto que lá nós haveremos de encontrar o príncipe desaparecido."

Os guardas lotaram o salão do refeitório, suas espadas batendo umas nas outras como garras de dragões. O diretor Moldoveanu marchou até a frente do salão, com seus longos cabelos prateados ondulando para trás feito a capa de um general.

"É preciso que todos vocês permaneçam aqui até que localizemos o príncipe Nicolae. Para manter um senso de normalidade, vocês continuarão tendo aulas. Todos serão escoltados para as salas de aula e para fora delas. As refeições serão enviadas diretamente a seus aposentos particulares. Ninguém deve deixar suas câmaras e nem este castelo até que a família real declare o contrário. Qualquer um que for pego desobedecendo essas ordens enfrentará sérias acusações." Ele varreu as mesas com o olhar, pausando-o em mim de forma a produzir ênfase, enquanto ia andando a passos largos até a porta e a empurrava para abri-la. "Vocês todos estão dispensados. Os guardas os escoltarão agora."

Os gêmeos Bianchi empurraram seus assentos para trás lentamente, seguidos de Andrei, Erik, Cian e Noah, e os bancos de madeira arranharam o chão em um grave protesto. Não fazia sentido algum a família real nos manter trancafiados na academia quando podia haver um assassino em algum lugar dentro de suas paredes. A menos que eles quisessem manter contida a notícia do desaparecimento de Nicolae.

Especialmente se eles soubessem de alguma coisa em relação a ele da qual nós ainda não tínhamos ciência.

Se ele era o Empalador a quem os jornais faziam menção, então talvez eles estivessem tentando mantê-lo afastado do restante do reino. Para proteger seus cidadãos à custa de perder outros poucos. Ou talvez eles estivessem tentando impedi-lo de voltar sua atenção para o trono deles.

Dăneşti e vários outros guardas ladravam ordens para que nos mexêssemos com rapidez, e suas mãos se demoravam em suas armas. Nenhum de nós falou nem mesmo uma palavra enquanto éramos conduzidos para fora do salão e entrávamos nos corredores. Parecia que Thomas e eu teríamos que encontrar alguma outra maneira de nos comunicarmos. Eu rezei para que ele não fosse tentar escalar o castelo novamente.

Depois de ser escoltada até os meus aposentos como se eu fosse uma prisioneira qualquer, a primeira coisa que notei foi um envelope preso com uma adaga na porta do meu banheiro. Meu guarda não tinha recebido a tarefa de procurar por nada nos meus aposentos, e havia saído prontamente depois de me depositar na torre.

Eu puxei o papel da porta, notando que a adaga se parecia com algo que eu não conseguia muito bem definir. Sua empunhadura era uma serpente com esmeraldas no lugar dos olhos. Onde eu tinha visto esse desenho antes?

Revirei minhas lembranças da minha chegada na Romênia e parei. No trem. A vítima do lado de fora do meu aposento estivera em posse de uma bengala com uma joia similar a esta. Como aquilo se relacionava a este caso era mais um mistério a ser resolvido depois. O pergaminho e o que quer que ele contivesse era a minha primeira preocupação. Hesitei por um segundo antes de rasgar o envelope da mensagem. Ali dentro, a mensagem era simples: um numeral romano desenhado com sangue.

XI

Meus joelhos cederam. A princípio, meus pensamentos racionais foram lavados pelo dilúvio de emoções que ameaçavam me arruinar. Quem quer que tivesse deixado este bilhete havia tentado imitar as cartas que Jack, o Estripador escrevera com sangue. Escorreguei até cair no chão perto da banheira, com a pulsação a mil enquanto me recompunha. Esse era um tiro que mirava diretamente as minhas partes mais frágeis, mas eu não era a mesma jovem que havia sido semanas atrás.

Eu estava emocionalmente mais forte agora. Capaz de muito mais do que eu sabia que poderia fazer. Esse golpe não haveria de forçar minha resignação; ele me impulsionaria a assumir uma posição ofensiva. Eu não era mais a presa, e, sim, a caçadora. Eu me obriguei a me levantar e apanhei o bilhete. Verifiquei rapidamente a porta oculta escondida no gabinete e descobri que ainda estava trancada do lado de fora. Ou a pessoa que entregou o bilhete tinha a chave, ou não tinha conhecimento da escadaria secreta.

Um plano de ação já estava se formando enquanto eu entrava no meu dormitório e me despia. Quem quer que tivesse enviado a mensagem achava ou esperava que eu fosse atrás dele. Eu não o desapontaria. Eu havia superado morte e destruição, e um coração partido, e não permitiria que nenhuma dessas épocas difíceis me definisse. Eu era a rosa com espinhos que minha mãe reconhecia em mim.

Minha calça de montaria ainda estava secando, depois de nossa aventura da noite passada, então uma saia simples era a melhor alternativa. Vesti-a, grata por me livrar de minhas anquinhas e de meu espartilho, e abotoei completamente o meu corpete. Era magnífico poder me mexer com facilidade. Eu não queria empecilhos enquanto estivesse me movendo furtivamente pelo castelo nessa noite.

Eu caçaria a Ordem e quem quer que estivesse fingindo que Drácula estava vivo.

Andei até o espelho e levei meus cabelos para cima, empenhando-me em prendê-los firmemente. Uma dor de cabeça provocava minhas têmporas, mas eu lutava para que ela passasse usando apenas de minha pura força de vontade. Uma vez que eu havia cuidado dos meus trajes, escrevi um bilhete para Thomas.

Cresswell,

Tenho um pedido urgente a lhe fazer. Eu preciso ver o livro *Poezii Despre Moarte*. Traga-o até os meus aposentos depois da ceia. Planejei uma noite um pouco cheia de aventuras para nós.

Sua,

AR

Obs.: Por favor, não tente escalar as paredes do castelo dessa vez. Eu tenho certeza de que você conseguirá pensar em alguma maneira criativa de esgueirar-se pelos arredores sem ir parar na masmorra de novo ou esparramado no gramado da academia.

"Você pode levar isso para o sr. Cresswell para mim, por favor?", perguntei à camareira quando ela chegou para me entregar meu lanche da tarde. Ela engoliu em seco e olhou de relance para a carta, como se ela tivesse dentes prestes a mordê-la. *"Este urgent."*

"Foarte bine, domnişoară." Com relutância, ela colocou o bilhete em sua bandeja. "Precisa de algo mais?"

Balancei a cabeça em negativa, sentindo-me terrível por envolvê-la em meu plano, mas não vendo nenhuma outra forma de passar a mensagem adiante.

Andei de um lado para o outro e planejei o restante do dia, o que era um imenso teste de paciência. A tarde certamente demorou para virar noite, mas, uma vez que ela colocou seu manto noturno, eu nunca antes tinha ficado tão satisfeita por ver o céu preto como nanquim. Enquanto eu marchava pela sala de estar, temi que Thomas pudesse não vir, no fim das contas. Talvez a camareira não tivesse entregado minha carta a ele. Ou talvez ele tivesse sido pego por um guarda e estivesse novamente na masmorra.

De todos os cenários que eu havia imaginado, eu não tinha pensado em realizar meu plano sozinha. Quando me convenci de que ele não vinha e de que estava na hora de seguir para o próximo passo, ouvi uma batida suave na minha porta. Thomas entrou de fininho antes que eu fizesse qualquer movimento, seu olhar aceso de preocupação.

"Eu tenho a sensação de que você não me convidou a vir aqui para nos beijarmos. Embora não custe perguntar." Ele abriu um largo sorriso ao ver os trajes que eu vestia, e esfregou as mãos uma na outra, enquanto centelhas de travessura brilhavam como fogos de artifício ao seu redor. "Você está vestida para andar furtivamente pelo castelo de Drácula. Fique parado, sombrio coração que está prestes a derreter. Você certamente sabe como fazer um rapaz se sentir vivo, Wadsworth."

PRÍNCIPE DRÁCULA
RASTRO *de* SANGUE

38. A CAÇADA COMEÇA

Camere din turn
Câmaras da torre, Castelo de Bran
22 de dezembro de 1888

"Você trouxe o livro?", perguntei a ele, pronta para vasculhar eu mesma os bolsos de Thomas se ele não fosse mais rápido.

"Olá, é um prazer vê-la bem, Wadsworth."

Ele afastou-se da porta, parando ao alcance dela enquanto brandia o *Poezii Despre Moarte*. Sem rodeios, apanhei o livro dele, indo para o poema "XI", conforme eu o informara sobre o bilhete que eu havia encontrado na porta do meu banheiro.

XI
As damas em prantos, os homens às lágrimas
Dizem adeus, descendo a estrada
A terra se move, as covas se abrem
Profundas na terra, no inferno ardem
Fria e profunda, a água vai transbordar
Uma vez ali dentro, ~~você~~ ela não vai durar

"Veja isso", falei. Alguém havia pegado uma pena e rabiscara o *você*, substituindo-o por *ela*. Engoli a ansiedade que girava em meu organismo. "Você acredita que isso seja uma referência à sua irmã?"

Thomas leu o poema novamente. Fiquei observando a transformação, enquanto a calidez e os ares de flerte eram substituídos pela expressão clínica que ele usava para quase todo o restante das pessoas. Porém, a tensão ainda estava presente em seus ombros, o único sinal de que ele não estava à vontade.

"Eu acredito que esteja se referindo a ela, ou possivelmente a Ileana. Talvez até mesmo a Anastasia." Thomas continuou fitando o poema. "É realmente extraordinário. Quem quer que tenha planejado isso..." Ele endireitou os ombros. "Isso tudo vem sendo um jogo mórbido, e só agora nos damos conta de que somos seus jogadores."

Estremeci. Anastasia havia mencionado uma vez que Moldoveanu gostava de adicionar elementos lúdicos aos cursos de avaliação. Embora eu não acreditasse que isso incluísse assassinar alunos em potencial ou sua querida protegida. E não importava que as fofocas do castelo pudessem levar alguém a acreditar que ele estava atrás de sangue durante esse período de teste. Eu tinha visto a expressão de verdadeira devastação em Moldoveanu depois que o corpo de Anastasia fora recuperado.

Thomas suspirou. "Eu não acho que você ficará satisfeita em permanecer aqui e jogar uma partida de xadrez até que os guardas reais corram atrás dessa pista, não é?" Balancei lentamente a cabeça em negativa. "Muito bem, então. O que você tem em mente?"

Deixei um bilhete no meu canapé endereçado ao diretor, temendo que isso pudesse ser exatamente o que nos impediria de conseguir aqueles dois estimados lugares na academia. Ignorei a pontada de arrependimento. Até onde eu sabia, se nós impedíssemos esse assassino, poderíamos ser admitidos na academia. De uma coisa eu tinha certeza: se não voltássemos essa noite, eu queria me certificar de que Moldoveanu saberia onde nos encontrar. Antes de nos expulsar para sempre.

Fiz um sinal para que Thomas ficasse quieto.

"Nós vamos caçar vampiros, Cresswell."

Descemos sorrateiramente a escada da torre e conseguimos seguir por todo o caminho até o corredor das criadas antes de avistarmos uma patrulha. Eles marchavam pelo corredor principal, seguindo ruidosamente seu caminho em nossa direção, com o couro rangendo e armas suficientemente barulhentas para alertar os mortos de sua presença. Puxei Thomas para uma alcova escondida por uma tapeçaria. Contanto que eles não acendessem um lampião ou olhassem muito atentamente para trás da obra de arte, estaríamos bem. Eu esperava que sim.

Eu me remexi no pequeno recanto, dando-me conta de quão pequeno era aquele espaço para uma pessoa, quem diria duas. O calor do corpo de Thomas estava me distraindo de formas que eu não tinha imaginado que fossem possíveis, ainda mais quando estávamos caçando o Empalador, ou a Ordem, ou quem quer que realmente estivesse por trás dessas mortes.

Uma parte minha desejava deixar essa missão para a guarda real e aproveitar a posição em que nos encontrávamos. Pensamentos similares pareciam estar passando pela mente de Thomas; sua garganta subia e descia um pouco mais do que o normal enquanto ele se espremia mais para junto de mim. Os passos ficavam cada vez mais altos no corredor, tão pesados quanto a carga elétrica que crescia entre nós dois.

Thomas voltou o rosto na direção do meu, e nossas respirações vinham em ímpetos silenciosos. Se de medo ou anseio, eu não conseguia discernir. Talvez ele estivesse inventando uma desculpa para estarmos em um corredor caso fôssemos descobertos. Ou talvez ele desejasse reduzir a distância remanescente entre nós tanto quanto eu queria.

Os olhos dele tremularam e se fecharam, e o desejo que eu havia visto neles foi o bastante para me arruinar ali mesmo. Ergui o rosto, permitindo o mais leve e breve contato entre nossos lábios. Não passou da sombra de um beijo, mas acendeu um fogo por todo o meu corpo. A respiração de Thomas ficou alta o bastante a ponto de parar meu coração, o corpo inteiro enrijecendo-se, quando as passadas dos guardas pararam abruptamente.

Os guardas fizeram uma parada não muito longe de onde nós estávamos aninhados, cessando sua conversa baixa. Sem soltar nenhum pio, Thomas encolheu a distância entre nossos corpos. Cada centímetro dele me tocava enquanto ele escondia meu corpo com o dele, abrigando-me para que eu não fosse vista.

Nós ficamos daquele jeito, presos entre a parede e os guardas, respirando parcamente. Eu mal conseguia pensar direito. A lógica havia saído de férias e não tinha se dado ao trabalho de voltar. Eu lutava contra todas as premências irracionais que me tomavam e mantive as mãos presas nas laterais do meu corpo, em vez de deslizá-las pelo corpo dele.

Depois do que pareceu ser uma década, os guardas continuaram caminhando pelo corredor. Nem eu nem Thomas nos mexemos. O calor irradiava-se entre nós de uma maneira que me levou a ter os mais indecentes pensamentos que eu jamais considerara antes. Lá se fora a moça que ficaria ruborizada só de pensar em expressar sua paixão.

Senhor, como eu queria que esse caso terminasse logo. Se eu não beijasse Thomas, eu poderia muito bem entrar em combustão e virar cinzas. Minha tia Amelia teria ficado horrorizada com minhas ações pecaminosas, mas eu não me importava nem um pouco com isso. Se um romance não fosse uma distração que pudéssemos nos dar ao luxo de ter, eu viveria com o ardor desse momento por toda a eternidade. Mesmo com esses pensamentos racionais espiralando-se na minha cabeça, eu ainda vivenciava uma grande dificuldade em encerrar nosso contato.

Por fim, Thomas moveu-se o suficiente para sussurrar ao meu ouvido, seus lábios trilhando o caminho da linha do meu maxilar.

"Você muito certamente será a morte da minha dignidade, Wadsworth."

Abri um sorriso doce, permitindo-me um instante para recuperar o fôlego. "Sua dignidade pereceu há muito tempo. Venha, temos que nos mover rapidamente antes que eles deem meia-volta." E antes que eu mesma me decida por não fazer nenhuma investigação forense e passar o restante da noite beijando-o em um corredor deserto enquanto um assassino encontra-se à espreita. Um sorriso de diversão iluminou o rosto de Thomas, e eu me dei conta de que ele estivera sussurrando. "O que houve?"

"Em que diabos você estava pensando agorinha mesmo? Eu disse, querida Wadsworth, que parece que alguém colocou uma bandeja cheia de doces na sua frente. Talvez...", ele levou a boca provocantemente para perto da minha, "eu possa oferecer uma guloseima a você antes de partirmos, não?"

"Tentador." Eu passei por baixo dos braços dele e desferi-lhe um olhar por sobre meu ombro, desfrutando por completo a forma como o olhar dele acompanhava os meus movimentos. "Infelizmente, por ora devo recusar. Nós temos um encontro clandestino nos túneis secretos."

Thomas soltou um suspiro.

"Eu meio que gostei mais da minha sugestão."

Se realmente existiam forças maiores do que as que haviam na terra, então possivelmente haveria alguém, em um lugar melhor, olhando por nós. Não encontramos nenhum outro guarda e adentramos sorrateiramente o necrotério do porão sem nenhum impedimento. Eu fui correndo até um gabinete e remexi nele até que encontrei alguns materiais. Um lampião, um escalpelo e um martelo de crânio.

"Andei pensando...", sussurrei enquanto Thomas erguia o alçapão que dava para os túneis.

Ele parou, com os braços estirados acima da cabeça, e me analisou. Um sorriso brincava com as beiradas de sua boca, embora ele estivesse claramente tentando suprimi-lo. "O que é sempre um perigoso passatempo para você, Wadsworth."

"Hilário, como sempre", falei. "Contudo, creio que talvez seja o príncipe Nicolae quem estejamos caçando. Ileana simplesmente não... Eu não sei... Não se encaixa. Eu não consigo imaginá-la empalando ninguém nem drenando o sangue das vítimas com equipamentos de necropsia. Além do mais, eu vi a forma como ela olhava para sua irmã. Não há como esconder aquele tipo de amor. Nicolae, todavia..." Dei de ombros. "Ele estava em posse daqueles desenhos, inclusive daqueles desenhos de morcegos. Ele tinha a oportunidade de enviar ameaças à família real. E... Eu venho querendo dividir com você a informação de algo mais que ele fez."

"Eu desejarei matá-lo?" Thomas ergueu uma sobrancelha. "Nicolae não declarou seu amor eterno, não é? Embora...", ele continuou falando devagar, deixando o alçapão cair de volta no lugar, "eu suponha que um pouco de concorrência saudável não faça mal a ninguém."

"Havia... ilustrações minhas no diário dele. Ele havia me transformado em algo aterrorizante. Quase como se ele pensasse em mim como uma vampira."

"Por que esta é a primeira vez que você está mencionando isso?" A voz de Thomas estava um pouco baixa demais, seu tom não mais carregado com aquela leveza de antes. "Se você não confiar em mim, Wadsworth, como é que eu vou ajudar? Nós somos parceiros." Ele andou de um lado para o outro pela sala, batendo selvagemente com as mãos nas laterais de seu corpo. "Eu disse a você que não consigo ajudar a deduzir nada quando os fatos estão obscurecidos para mim. Eu não sou um mágico." Ele parou de se mover e respirou fundo algumas vezes antes de olhar nos meus olhos. "O que mais?"

"O príncipe Nicolae tem conhecimentos forenses e teve acesso a cada uma das vítimas. Além do mais, a ameaça que acabou de ser deixada em meus aposentos fazia menção a *ela.* Eu não creio que se refira a mim."

Thomas ergueu a porta novamente, e fez um gesto incentivando-me a ir na direção das escadas. "Você está sugerindo que estamos prestes a encontrar minha irmã e a amada dela empaladas nestes túneis?"

Embora o tom dele estivesse cuidadosamente composto e seu comentário fosse insolente, eu ouvi a preocupação subjacente. Não importava quão frio e clínico ele pudesse ser no laboratório, dar a notícia devastadora da morte de Daciana para sua família seria uma tarefa insuportável para ele. Aproximei-me e dei um apertãozinho gentil em seu braço.

"Estou dizendo para você se preparar para o pior. Pode ser que eu esteja errada."

Conforme eu pegava o lampião, seguindo cautelosamente escada abaixo, pensei tê-lo ouvido murmurar: "Receio que você possa estar certa".

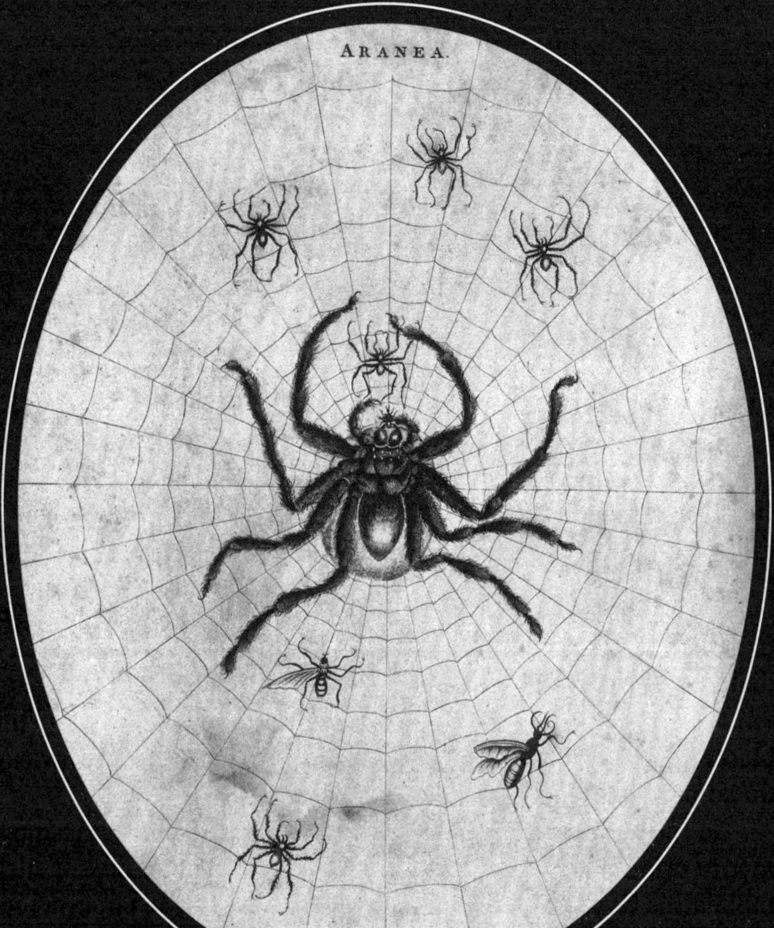

Legenda: *A Fasciata, ou Aranha Africana*
Uma grande aranha africana, com suas crias em sua teia.

39. *LYCOSA SINGORIENSIS*

Pasaj secret
Passagem secreta, Castelo de Bran
22 de dezembro de 1888

"Para ser bem claro, quando você me convidou para 'uma noite cheia de aventuras', não foi assim que eu imaginei que seria, Wadsworth."

Thomas removeu uma teia de aranha de sua casaca, os lábios franzidos diante da coisa pegajosa que grudava em seus dedos. Nós atravessamos os túneis, nos quais já havíamos estado, em tempo recorde. Agora estávamos parados diante da primeira pista. Ou, pelo menos, eu assim acreditava. Thomas estava agitado ao meu lado.

"Se todos nós estamos sendo caçados por algum assassino altamente criativo, poderíamos muito bem aproveitar nossos últimos momentos vivos", ele continuou a falar. "Será que eu poderia lhe oferecer algumas alternativas a aranhas e túneis sombrios? Talvez beber vinho demais. Uma fogueira quentinha. Flertes inapropriados."

Eu mantive o lampião afastado do meu corpo, deslizando o olhar pela escuridão enquanto girava ao redor de mim mesma. As sombras mexeram-se, obedientes, em volta do feixe de luz.

"Incrível", falei.

"Eu pensei isso também. Embora seja bom ouvi-la concordar com uma das minhas sugestões uma vez na vida."

"Estou me referindo a isso. Há uma porta aqui." Apertei os olhos para enxergar as letras pretas e lascadas pelo tempo. Eu tinha certeza de que estávamos no caminho para descobrir onde o Empalador ou a Ordem estavam morando. "Há... Isso queimado na madeira é latim?"

"Sim. Havia uma cruz queimada na outra câmara. Parece então que estamos no caminho certo." Seguindo em frente, Thomas mordia seu lábio inferior enquanto lia as palavras na porta. "*Lycosa singoriensis.* Isso me parece... familiar."

Um som baixo de pedrinhas sendo esmagadas ali perto fez com que ficássemos tensos, preparados para a batalha. Eu segurava com firmeza o escalpelo, e Thomas estava armado com o martelo que era usado para abrir crânios. Era o melhor que podíamos fazer.

"Você ouviu isso?", sussurrou Thomas, movendo-se de modo a ficar ao meu lado.

Eu torci a válvula do lampião, e o sibilar do gás sumiu ao mesmo tempo em que a chama se apagou. Sem a luz, o túnel era praticamente uma parede sólida e preta que se assomava acima de nós. Alguma coisa se contorcia no meu peito, quase arrancando o ar de dentro de mim. Eu fingi que a escuridão era um céu noturno azul-aveludado e que eu estava acomodada em cima de uma nuvem, como se fosse uma almofada. Caso contrário, eu começaria a imaginar a mim mesma enterrada debaixo da pedra e morreria onde estava. O som foi ficando mais alto e vinha do túnel do qual havíamos acabado de sair.

Havíamos decidido deixar aberto o alçapão no necrotério, na esperança de que um guarda pudesse se deparar com ele caso algo terrível acontecesse conosco. Eu esperava que eles ainda não tivessem começado a nos perseguir. Thomas esbarrou em meu braço no escuro, um gentil lembrete de que ele estava ali ao meu lado.

"Nós provavelmente mexemos com um ninho de ratos, Cresswell. Não precisa borrar suas calças."

Ouvi o sorriso em sua voz antes de Thomas responder. "Quando esse é o pensamento mais tranquilizante que você consegue ter, as coisas não estão se saindo muito bem. Embora eu fique feliz por ver você pensando nas minhas roupas de baixo."

O distinto som de passos irrompeu pelos meus pensamentos. A pisada era alta o bastante para que eu determinasse que havia pelo menos duas pessoas atrás de nós. Ou atrás de qualquer que fosse o segredo que pudéssemos estar prestes a desenterrar. Eles estavam se aproximando. De repente, a possibilidade de que Moldoveanu e

Dăneşti se deparassem conosco não era o pensamento mais aterrorizante. Nós não fazíamos a mínima ideia de quem a Ordem era, nem de quantas pessoas poderiam estar envolvidas.

"Quem quer que esteja se dirigindo até nós provavelmente não é o tipo de pessoa que gostaríamos de encontrar em um lugar abandonado, afastado de onde os outros poderiam escutar os nossos gritos, Cresswell."

Eu podia ouvir Thomas tateando no escuro, e imaginei suas mãos se mexendo pela parede. Passos ecoavam atrás de nós. Longas sombras desdobravam-se na curva, denunciando não pertencerem aos seus mestres. Se não encontrássemos um lugar para nos escondermos agora...

Um gemido baixinho seguido de um exalar de putrefação estagnada indicava que Thomas havia conseguido abrir a porta à força. Eu rezava para que nossos perseguidores não tivessem ouvido isso.

"Ah, deu certo. Vamos nos apressar, que tal?"

Lembrar-me da porta que abrigava morcegos-vampiros me fez ficar toda arrepiada. Eu não estava com vontade de vivenciar aquele deleite mais uma vez, mas não via outra saída. Se o Empalador ou a Ordem estivessem nos caçando, eu preferiria os morcegos. Uma luz ricocheteava, vinda de tochas ou lampiões, e vozes sussurradas entraram no túnel. Estava na hora de nos mexermos.

Adentramos de fininho a câmara preta e fechamos a porta, cegos para o que poderia estar nos observando. Um cheiro acre pairava no local, como se algo houvesse apodrecido ali muito tempo atrás. Passou-se uma eternidade enquanto esperávamos na câmara não iluminada até que nossos intrusos tivessem seguido em frente. Thomas deve ter esticado a mão, pois seus dedos ficaram presos nos meus cabelos.

"É sério?", suspirei, em um tom severo. "Você tem que colocar as patas em mim agora?"

"Embora eu tenha pensado bastante em colocar minhas mãos em você neste cenário deleitosamente macabro, Wadsworth, eu duvido que minha mente tenha a capacidade de colocar isso em prática agora."

"Jura?"

"Pelo túmulo potencialmente vazio do meu tataratataratatara-tio Drácula, sim."

"Então o que tem aqui, Cresswell?"

Em vez de responder, senti que Thomas deu um passo e se pôs diante de mim, com suas mãos — invisíveis no escuro — lentamente subindo do corpete do meu vestido para as minhas bochechas antes que ele se afastasse. Se elas não estavam emaranhadas nos meus cabelos, então quem, ou o que, estava? O coração espancava o meu peito em um ritmo frenético. Engolindo o pânico crescente, acendi o lampião de forma vagarosa. O brilho suave preencheu o espaço enorme como se fosse ouro derretido escorrendo pelo chão. Demorou um instante para que meus olhos se ajustassem à luz e, quando isso finalmente aconteceu, uma face hedionda e iluminada sorria largamente diante de mim.

Arquejei, quase deixando cair o lampião e esquecendo-me do que poderia ter tocado em meus cabelos. Minhas pernas ficaram fracas assim que entendi aquilo que eu via: um agrupamento de estalactites contorcidas em um meio-círculo ao longo de algumas sombras lançadas por rochas proeminentes, o que passava a estranha impressão de que um demônio nos olhava com uma careta cheia de dentes afiados. Além das pedras pendentes, eu podia ver que o túnel continuava por uma boa distância.

"Eu tenho um... Eu não sei ao certo. Acho que é um sentimento. Uma sensação. Eu devo estar ficando doente." A postura de Thomas estava tão rígida quanto seu maxilar cerrado, e a piada era obviamente uma tentativa de aliviar nossa situação. "É como se um bando de cobras habitasse meu corpo de uma só vez. Muito desagradável."

"Ah, sim. Mas você está vivenciando sentimentos, Cresswell. Esse é um imenso progresso."

Continuando a iluminar ao redor da área, notei fios pálidos e prateados entre as estalactites. Separei-me de Thomas na esperança de inspecionar melhor a formação sinistra. Uma sombra caiu espasmodicamente do teto até alcançar o nível do meu olhar.

Uma aranha quase tão grande quanto o meu punho cerrado olhava para mim com seus olhos refletores. Coberta de espessos pelos pretos, ela ostentava presas quase tão grandes quanto a unha do meu polegar. O gelo descia em riozinhos pelo meu pescoço. Se a ameaça de ser assassinada ou expulsa não fosse tão grande, eu teria gritado até meus pulmões cederem.

Uma gota de um líquido fino e carmesim escorreu das pontas de suas presas; eu não sabia dizer se era sangue ou veneno. Lá no fundo, o grito estava lutando para vir à tona. Thomas ergueu a mão, dando um passo cauteloso na minha direção.

"Concentre-se em como eu sou belo. Em como você quer pressionar seus lábios nos meus. E, definitivamente, não entre em pânico, Wadsworth. Se você gritar, eu vou me juntar a você, e então nós dois estaremos encrencados."

Tudo dentro de mim ameaçava ficar escuro. Quando alguém alertava uma pessoa para que não fizesse algo, em geral isso queria dizer que elas deveriam fazer precisamente aquilo. Contra meu bom senso, ergui o lampião, o braço tremendo um pouco, e avistei mais duas aranhas penduradas acima de nossas cabeças.

"Eu me pergunto com que frequência elas são alimentadas. Não há muita atividade acontecendo nesses túneis."

Thomas virou-se e xingou. Minha atenção voltou-se para trás dele, focando-se na porta por onde havíamos entrado, praticamente um organismo vivo de tantos aracnídeos que havia nela.

"Thomas..." Meneei para a porta, embora ele já estivesse hipnotizado por ela. "Deve haver milhares delas. Cada pedacinho da superfície está vivo e se movimenta."

"Lycosa singoriensis..." Thomas murmurou o termo em latim para si mesmo, sua concentração mais intensa a cada vez que ele repetia as palavras. Suas emoções tinham sido descartadas como alguém que retira as luvas, e foram substituídas por aquela máscara fria e mecânica que ele às vezes usava. "Trata-se de uma tarântula romena."

"Que maravilha! Elas são venenosas?"

"Eu... Na verdade, não sei ao certo." Thomas engoliu em seco, o único indicativo de quão assustado ele estava. "Creio que não. Pelo menos não essas."

"Todas elas são tarântulas?", perguntei.

Ele balançou a cabeça devagar, inspecionando metodicamente cada movimento. É claro que elas não eram todas tarântulas. Por que um castelo repleto de tantas maneiras sórdidas de morrer abrigaria apenas aranhas *inofensivas*? Meu coração batia cheio de pânico.

Precisávamos de um plano de fuga, mas uma rápida inspeção mostrou que não havia muitas opções. Não poderíamos voltar por onde havíamos vindo... Havia aranhas demais bloqueando nosso caminho.

Olhos aracnídeos brilhavam de várias centenas de pontos na quase escuridão, obscurecendo qualquer saída alternativa.

Dei um passo apressado para trás e tropecei em uma grande pedra. Xinguei e direcionei a luz para o chão, e vi que estava errada de novo. Aquilo não era uma pedra.

Aquilo em que eu havia tropeçado era uma caveira branca e leitosa.

"Oh, minha nossa!" Eu quase tive um colapso, o terror me pressionava de todos os ângulos. Se havia um esqueleto ali, não era um bom indicativo de que tínhamos chance de escapar. "Thomas, nós deveríamos..."

Oito longas pernas lentamente enrolaram-se para fora das órbitas da caveira, enquanto outras oito arrastavam-se de dentro dos ossos de sua mandíbula aberta. Ambas as aranhas vinham na minha direção, impossivelmente grandes e com movimentos tão desordenados quanto os de um monstro morto-vivo que avançava na direção de sua próxima refeição. Se os aldeões contassem esses tipos de histórias para as crianças — histórias de aranhas que comiam homens, ficavam à espreita debaixo da terra, e depois exibiam suas carcaças —, então não era de se admirar que eles acreditassem que vampiros também existiam. Por que condenar um monstro quando havia provas da existência de outro?

Minha visão turvou-se em um preto ondulante, e não era a falta de oxigênio que estava fazendo isso com o meu cérebro. Aranhas escapavam das rachaduras e fissuras como demônios invocados dos reinos inferiores. Precisávamos nos mover. Imediatamente.

Entreguei o lampião a Thomas, peguei minhas saias e recobrei minhas faculdades mentais. Alguma coisa caiu no meu ombro e esbarrou em minha garganta. Estiquei a mão para cima e senti uma aranha pendurada nos meus cabelos. Eu podia lidar com remover órgãos de cadáveres e enfiar a mão nas entranhas gelatinosas da maioria das coisas mortas. Mas eu não tinha problema nenhum em admitir que uma aranha enfiando-se nos meus cabelos era demais para mim. Suas pernas desciam correndo a carne exposta do meu pescoço. Eu gritei.

A razão me abandonou. Eu me debati, sacudindo os cabelos, tentando não gritar uma segunda vez enquanto a aranha subia pelo meu pescoço, fugindo com velocidade para longe das minhas mãos, que procuravam bater nela. Antes que eu a tirasse dali, uma mordida aguda perfurou a pele perto do meu colarinho. Fui varrida pelo pânico em ondas nauseantes.

"Ela me picou!"

Thomas deixou cair o lampião e estava perto de mim em um instante. "Deixe-me ver."

Eu estava prestes a puxar meu colarinho para o lado quando uma outra aranha caiu diante de nós. Tudo que vi foi a boca de Thomas sinalizar surpresa antes que eu puxasse minhas saias até os joelhos e saísse correndo, esquecendo-me completamente de fazer silêncio. Quem quer que estivesse nos túneis, que enfrentasse as tarântulas sozinho.

Os músculos das minhas pernas tremiam tanto que eu mal conseguia continuar me movendo, mas eu corri como se fossem verdadeiros os rumores sobre Vlad Drácula ser um *strigoi*. A essa altura, eu estava disposta a acreditar em qualquer coisa.

Perdi o ritmo por um segundo, tropeçando nas minhas saias arruinadas. Algo afiado perfurou minha panturrilha, e eu fui aos tropeços para o lado. A dor subiu com tudo pela minha perna, como se alguém houvesse me pinicado com várias agulhas mortuárias de uma só vez.

"Aaaai!"

Eu me engasguei com mais um gritinho. Era impossível dizer se uma outra aranha havia me picado ou se eu tinha cortado a perna em destroços, que provavelmente consistiam em mais ossos humanos. Parar para verificar não era uma opção. Thomas varreu com a mão um punhado de aranhas para fora da maçaneta e depois nos empurrou pela porta, com a luz oscilando e fazendo com que o mundo ao nosso redor ficasse inclinado. Esta era uma casa dos espelhos que havia perdido suas ilusões mágicas. Saímos correndo como se nossas vidas dependessem de nossa fuga. Eu esperava que não estivéssemos deixando um horror para trás só para nos depararmos com outro.

Vários minutos depois, saímos do túnel escuro e entramos em um outro local silencioso, curvando-nos e respirando com dificuldade. Thomas se recompôs e ergueu o lampião; a luz fraca mostrava que se tratava de uma imensa sala de pedra. Eu queria analisar nossos arredores, mas não conseguia engolir ar o bastante para me estabilizar.

Antes de recuperar plenamente o fôlego, Thomas pousou o lampião ao meu lado e sentou-se em seus calcanhares, examinando meus ferimentos. As mãos dele estavam frias e eram precisas enquanto puxavam minha meia-calça arruinada para baixo. Um franzido de preocupação descia por entre suas sobrancelhas.

"Você foi mordida por uma aranha apenas, da variedade não venenosa, pelo que parece, pois não há inchaço e nem sinal de que o sangue tenha sido sugado, não indicando a presença de veneno, e também cortou a perna em uma pedra afiada." Com gentileza, ele deu uns tapinhas na área ferida da minha perna. "Isso precisa ser lavado. E um curativo seria bastante bom."

"Eu deixei meus suprimentos médicos no meu outro vestido. Que inconveniente!"

Os lábios de Thomas se contorceram num leve sorriso, o primeiro sinal de que ele estava se afastando daquela parte fria e isolada de si mesmo. Ele enfiou a mão em sua calça e brandiu um pequeno rolo de um material que parecia uma gaze. "Para sua sorte, eu me lembrei dos meus."

Sem perder mais tempo, ele limpou minha ferida da melhor forma possível e a envolveu com uma eficiência mecânica. Assim que ficou satisfeito com a forma como lidara com isso, levantou-se e analisou a sala cavernosa. Várias passagens marcadas por números espalhavam-se diante de nós, mas nenhum deles estava correlacionado aos poemas que havíamos lido na sala de aula.

"Eu não acho que fomos seguidos, ou então certamente já teríamos escutado algo", disse ele, erguendo o lampião. "Qual dessas passagens desagradáveis devemos arriscar primeiro?"

"Eu não..." Um pensamento veio com tudo e eu não consegui deixar de suspirar. Apontei para o túnel mais estreito. Acima da entrada em arco havia o numeral romano VIII. "É quase uma pista dentro de outra pista, Thomas."

Ele ergueu uma sobrancelha. "Talvez seja a umidade ou as aranhas, mas eu não estou exatamente acompanhando a relação."

"O numeral romano oito pode muito bem ser um código para Vlad, o Empalador. V. III. Vlad Terceiro. Príncipe Drácula."

"Impressionante, Wadsworth", elogiou Thomas, voltando o olhar para mim. "Se não estivéssemos prestes a enfrentar outra terrível passagem cheia de perigos ameaçando nossas vidas, eu a tomaria nos meus braços agora mesmo."

PRÍNCIPE DRÁCULA
RASTRO de SANGUE

40. DILÚVIO DE INFORMAÇÕES

Tunele secrete
Túneis secretos, Castelo de Bran
22 de dezembro de 1888

Uma vez que estávamos dentro da passagem, eu peguei o lampião de Thomas e iluminei o local, girando devagar. As palavras me faltavam enquanto eu estudava as paredes. Em vez de mais um túnel esquecido debaixo dos corredores do castelo, esta passagem terminava em uma sala de pedra perfeitamente quadrada. As paredes, o chão e o teto, tudo estava coberto com desenhos de cruz entalhados, um pouco menores do que a minha mão. Joias e azulejos brilhavam à luz do lampião.

Havia mais riquezas neste mosaico reluzente do que eu já tinha visto em toda a minha vida. Ele me lembrava de antigos templos onde pintores magníficos haviam passado uma vida inteira capturando cada detalhe. Saber a qual propósito tal câmara servia aqui na antiga fortaleza de Vlad Drácula estava além da minha compreensão. Talvez este fosse o local secreto de encontro da Ordem do Dragão. Certamente havia uma aura de cruzado aqui. Eu não achava que esta fosse mais uma câmara da morte.

Fui andando na direção da parede mais próxima e passei o dedo pela pedra sulcada. Todas e cada uma das cruzes eram idênticas. Analisei a câmara, surpresa ao ver algas crescendo em trechos ao longo dos cantos superiores e inferiores da sala.

"Isso é... incrível."

"Incrivelmente suspeito. Veja ali." Thomas apontou para outro numeral romano entalhado, XI. "Pode ler aquele poema, por favor?"

"Sim, dê-me um momento para encontrá-lo."

Thomas lentamente girou em seu próprio eixo, absorvendo o máximo que sua visão permitia na câmara úmida de pedra. Eu abri o volume de *Poezii Despre Moarte* e analisei o poema correlacionado à passagem em que estávamos agora. Eu não fazia a mínima ideia de como decifrá-lo da forma como Radu havia feito, nem tinha qualquer pista de que sentença poderia estar esperando por nós aqui.

"E então?", perguntou-me Thomas. "Há algum significado especial?"

"Não. É o mesmo poema de antes." Recitei. "'As damas em prantos, os homens às lágrimas/ Dizem adeus, descendo a estrada/ A terra se move, as covas se abrem/ Profundas na terra, no inferno ardem/ Fria e profunda, a água vai transbordar/ Uma vez ali dentro, você não vai durar.'"

No centro da sala, havia uma mesa de pedra com pouco mais de um metro de altura, coberta com os mesmos entalhes de cruz. Uma pontada de ansiedade me atingiu como um ressoar de sinos em meu peito, mas eu respirei em meio ao nervosismo. Era provável que a mesa fosse um altar usado para sacrifícios.

Saber a quem o castelo havia pertencido conjurou horrendas imagens de tortura. Quantas pessoas haviam sido brutalizadas em nome da guerra aqui? Quantos *boyars* torturados e mutilados em nome da criação de uma nação pacífica? Durante tempos de guerra, não havia vencedores. Todos sofriam.

"Eu tenho quase certeza de que há uma tapeçaria no corredor das criadas que representa uma câmara como essa aqui", falei, encolhendo-me diante do volume com que minha voz ecoou. "Todavia, naquela imagem, as paredes me pareciam cobertas de sangue."

Thomas olhou de relance na minha direção. Uma expressão que quase poderia ser interpretada como medo passou por seu rosto antes que ele a dispensasse, piscando. "Cobertas de sangue ou cheias de sangue?"

Conjurei uma imagem mental da obra de arte e seus gotejamentos. "Como se estivesse chovendo sangue, para falar a verdade." Meu lábio curvou-se involuntariamente com a distinção. "Eu não examinei a imagem com tanta atenção assim."

Ele se moveu pela sala e puxou um rubi do tamanho de um ovo da parede, inclinando-o para um lado e depois para o outro. O rubi me lembrava uma gota gigantesca de sangue cristalizado.

"Você deveria colocar isso de vol..."

Uma série de cliques e rangidos irrompeu como se uma monstruosa engrenagem de relógio houvesse sido trazida à vida. Confusão, e então pânico, cruzaram o rosto de Thomas por um momento. Ele tentou enfiar o rubi de volta em seu lugar, mas as paredes agora tremiam e ribombavam como se fossem gigantes acordando de um longo torpor. Pedaços de rochas caíram em volta da área de onde ele havia tirado a pedra preciosa, garantindo que a peça não mais se encaixaria onde antes estivera.

Recuei lentamente do altar, quase deixando de notar uma pedra redonda que espocou como uma rolha da parede ao meu lado. Outra rocha cilíndrica irrompeu da parede, e depois mais uma.

"Talvez agora seja uma boa hora para irmos embora, Wadsworth. Não há necessidade alguma de ficarmos parados enquanto o teto está cedendo bem em cima de nós."

Olhei com ódio para ele. "*Brilhante* dedução, Cresswell."

Sem esperar por uma resposta, eu me virei e corri em direção à passagem com Thomas nos meus calcanhares, quando ele me agarrou na altura da cintura e me puxou para trás junto dele. Uma porta de aço caiu do teto como se fosse uma guilhotina, separando-nos do mundo, selando-nos com um alto e reverberante som de colisão. Ela quase cortou meu corpo ao meio. Eu tremia tanto que os braços de Thomas também começaram a tremer.

"Oh... Nós não podemos ser enterrados vivos, Thomas!" Eu fui para cima da porta, socando-a primeiramente com os punhos cerrados e, depois, passando os dedos ao longo da superfície macia, buscando por algum trinco que poderia nos libertar. Nada. Não havia maçaneta nem tranca. Nenhum mecanismo para liberá-la. Nada além de um sólido pedaço de aço que sequer exibia marcas dos chutes com os quais eu agora o golpeava.

"Thomas! Me ajude!" Tentei empurrar a porta de volta para cima, mas ela estava firmemente presa no chão. Thomas tentou forçá-la com os ombros enquanto eu continuava chutando. Ela nem mesmo apresentou qualquer ondulação. Esfregando um de seus braços, ele deu alguns passos para longe para analisar a nossa situação.

"Bem, pelo menos esse é o pior de nossos problemas no momento. Esta câmara poderia estar cheia de cobras e aranhas."

"Por quê? Por que você proferiria essas...?"

Um fraco sibilar teve início no canto mais afastado. O barulho ficou mais alto, como se a parede da câmara tivesse sido a única defesa entre nós e o que quer que estivesse a caminho.

"O que, em nome da rainha, é aquilo?" Eu me afastei rapidamente da porta. O alarme na minha voz puxou Thomas em minha direção em um segundo. Ele mexeu sutilmente o corpo para perto do meu, preparado para me proteger do som ameaçador. Eu me prendi ao braço dele, sabendo que haveríamos de enfrentar juntos o que quer que estivesse vindo. E então eu vi.

O fluxo escorrendo pela parede abaixo.

Corri para me certificar do que eu estava vendo.

"Água. Água está jorrando em..."

Mais sons sibilantes irromperam dos buracos no chão, das paredes e do teto, enquanto o líquido vinha em golfadas para cima de nós. Uma centena de minúsculas cascatas jorravam água espumosa para dentro da sala. Dentro de poucos segundos, nossos tornozelos estavam cobertos. *Fria e profunda.* Encarei o chão sem piscar. Isso não podia estar acontecendo.

"Procure por um alçapão!", gritei acima do ruído da torrente. "Tem que haver alguma maneira de sairmos desta câmara!"

Puxei minhas saias para cima, então me curvei para o chão, na esperança de localizar uma saída. Porém, é claro que não havia nenhuma. Apenas mais cruzes cinzeladas no chão, zombando de quem quer que fosse infeliz o bastante para se encontrar nesta câmara da morte. Ou talvez fosse uma forma misericordiosa de dizer que encontraríamos Deus logo em breve. Caso acreditássemos nesse tipo de coisa.

Esta câmara purificou os pecados dos que estiveram aqui.

Minha mente ficou completamente em branco por um momento. Esse era o pior destino que eu poderia imaginar.

"Dê uma olhada nas paredes, Wadsworth."

Thomas atirou-se em cima da mesa e passou as mãos ao longo do teto, procurando por qualquer forma de fuga.

Eu logo voltei a agir. "Estou tentando!"

A água, fria como gelo, subia centímetro por centímetro até meus joelhos. Isso realmente estava acontecendo. Não estávamos sendo enterrados vivos, estávamos sendo afogados. Meu medo era quase tão gélido quanto a água que ensopava minhas anáguas, e quase tão denso para deixar-se atravessar. Se eu estava prestes a morrer, eu não morreria fácil.

Correndo de volta até a porta, procurei uma segunda vez por alguma tranca escondida, passando as mãos freneticamente sobre todas as superfícies possíveis. Minhas saias eram pesos que me arrastavam para baixo, mas eu não conseguiria me livrar delas sozinha.

A água passava da altura de minhas coxas, tornando difícil até mesmo o menor movimento. Thomas pulou para dentro do antro repleto de água, cujo volume aumentava incessantemente, chegando até mim em questão de segundos.

"Aqui, Audrey Rose. Fique em pé no altar."

Thomas pegou minha mão, mas eu deslizei de sua pegada. Tinha de haver uma maneira de destrancar a porta.

"Eu me recuso a ficar em pé em cima de uma mesa e esperar por um milagre... ou, mais provavelmente, pela morte iminente, Cresswell. Ou você me ajuda a tirar minhas saias, ou você fica para trás."

"Nós estamos prestes a morrer e esse é seu pedido desavergonhado?"

"Nós certamente não vamos morrer aqui, Thomas."

Os olhos dele brilhavam de emoção. Ele realmente achava que não havia jeito de escapar. Meu coração afundou no peito mais rápido do que afundavam as minhas saias conforme a água ia alcançando minha cintura. Ele era mestre em ver o impossível. Se ele estava desistindo, então nós estávamos...

"Thomas..." Uma lembrança da aula do professor Radu bateu em meu peito ao mesmo tempo em que tremores incontroláveis tomavam conta de nossos corpos. "Alimente o dragão!", eu gritei, esquivando-me de um fluxo de água enquanto uma outra torneira se abria acima de nós. A água estava entrando ali com tanta rapidez que agora cobria o altar. "Isso tem que ser a chave!"

"Onde está esse misterioso dragão que precisamos alimentar, Wadsworth?"

"E-eu..."

Thomas não esperou por uma resposta. Ele me pegou em seus braços e me colocou sobre o altar, arrastando-se para cima dele um instante depois. Mais água gélida chovia sobre nós, enquanto estávamos pousados em uma ilha abandonada em meio a uma monção.

Na melhor das hipóteses, tínhamos alguns poucos minutos antes que a água chegasse até o teto. Minha visão ameaçava escurecer nas beiradas. Ser enterrada viva sempre fora um pensamento assustador; morrer em um túmulo cheio de água era algo que eu nunca soube que deveria temer. As emoções me atravessavam, colidindo com meus pensamentos. A hipotermia estava próxima, e seus efeitos já anuviavam a minha mente.

Os lábios de Thomas já estavam ficando levemente azulados enquanto ele tremia ao meu lado. Se a água não nos matasse, com certeza o frio daria conta disso. Onde estava o dragão? Tal ideia parecia inspiradora momentos antes...

Thomas me puxou em sua direção, erguendo-me enquanto a água chegava até o meu queixo. "Fi-fique comi-migo, Wadsworth."

Ele era uma cabeça mais alto do que eu e estava usando sua altura para me oferecer um tempo a mais antes que eu começasse a engolir água. Eu queria chorar, enterrar a cabeça no pescoço dele e lhe dizer como eu sentia muito por nos ter arrastado até aqui, até este túnel horrível nesta aventura ridícula. Quem se importaria se fôssemos nós a encontrar o Empalador ou a Ordem? Eu deveria ter levado minhas teorias ao diretor. Os guardas reais é que deveriam ter feito uma varredura nesses túneis, e não nós.

"Thomas..." Cuspi a água, subitamente ansiosa para soltar todos os meus segredos. "Es-escute, C-Cresswell", falei, meus dentes batendo uns nos outros, "há algo que eu te-tenho que lhe dizer. Eu..."

"Pa-pare, Wadsworth. Nada de con-confissões de última ho-hora. Nós vamos sair dessa." A água deslizava pelas minhas bochechas, e eu balancei a cabeça em negativa. Thomas segurou meu queixo, envolvendo-o, e olhou com ferocidade nos meus olhos, suas mãos congeladas. "F-foco. Não desista. Use esse seu cérebro encantador para encontrar o dragão de Radu e nos tirar daqui. Você consegue fazer isso, Audrey Rose."

"Não existe dragão nenhum!", eu gritei, deixando meu rosto cair em cima do ombro dele.

Eu estava com tanto frio que queria enrodilhar-me e sair flutuando dali. Eu queria parar de sentir a dor nas minhas pernas. Queria desistir. Fitei o altar sob nossos pés, a visão borrada pelas lágrimas que não caíam, enquanto a forma debaixo de nós ganhava foco.

Estávamos parados em cima da solução.

Havia um dragão ocupando quase todo o altar, entalhado em seu topo. A boca escancarada mostrava dentes feitos de pedra, que pareciam afiados o bastante para cortar a pele.

"Eu o encontrei!"

"Que... f-fascinante", disse Thomas, cujo corpo e voz estavam abalados por tremores. "N-nós temos uma mesa como esta em nossa casa em Bucareste. Só que nosso dragão é menos... z-zombeteiro. Eu lhe dei o no-nome de H-Henri."

Desferi um olhar afiado na direção de Thomas, que estava quase tendo convulsões. Eu precisava agir depressa. Lutei para me soltar de seu aperto de ferro e inclinei a cabeça para trás o máximo que me foi possível, então inspirei fundo e submergi. Fui debatendo-me na direção do dragão entalhado, o que não foi muito difícil fazer, uma vez que minha roupa funcionava como uma âncora. Enfiei o dedo na boca do dragão e arrastei-o pelo dente de pedra, encolhendo-me ao ver o sangue florescer na água.

Meu coração batia em um ritmo cheio de ansiedade. Alguma coisa cedeu um pouco, e os dentes do dragão recuaram. Um alçapão entreabriu-se no chão de pedra, permitindo que um pouco da água saísse, mas não o bastante. Eu arrastei o dedo novamente, mas os dentes recusaram-se a ceder mais. É claro que não seria assim tão fácil. Nada nunca era assim tão fácil.

Eu precisava respirar. Tentei voltar aos chutes até a superfície, mas as camadas de roupa que eu vestia provaram-se pesadas demais. O pânico foi tomando conta de mim enquanto eu me debatia debaixo da água, com bolhas de ar formando-se ao meu redor. Eu queria gritar por ajuda, mas não podia me arriscar a perder mais ar.

Quando achei que tivesse chegado a meu último fôlego, Thomas me puxou para cima, tirando mechas ensopadas do meu rosto enquanto eu ofegava e quase vomitava. Ele certificou-se de que estava tudo bem comigo antes de descer nadando até o alçapão, tentando forçar sua abertura. Inspirei fundo e fui atrás dele, na esperança de que nossas forças combinadas fossem funcionar. Nós giramos e puxamos, sem sucesso.

Thomas segurou a minha mão trêmula na dele, e nos debatemos para cima, em direção ao ar que ainda havia ali. Enquanto irrompíamos na superfície, a água caiu sobre nós como uma enxurrada, agora espalhando-se acima de nossos queixos, e eu captei o exato momento em que Thomas resignou-se à nossa perdição.

Sua inspiração estava irregular, talvez por causa da hipotermia ou porque ele se dera conta de que estávamos encarando nossos momentos finais. Eu nunca o havia visto sem um plano antes. Ele fixou em mim aquele tipo de olhar que parecia memorizar cada uma de minhas feições. Seus polegares acariciaram as maçãs do meu rosto. A água cobria minha boca, e eu ergui ainda mais o rosto. Eu sabia que era o fim. Estes eram os últimos momentos da minha vida. O arrependimento me encheu de uma tristeza incomensurável. Havia tanto que eu não tinha feito, tanta coisa que eu havia deixado de dizer.

"Audrey Rose, eu..."

O pânico transparecia em fúria por trás do olhar normalmente calculado dele. Eu mal conseguia discernir as palavras distorcidas que ele dizia conforme a água vinha com tudo nos meus ouvidos.

Lutando para erguer o rosto acima da água, fiquei ofegante enquanto inspirava uma última golfada de ar.

"Audrey Rose!"

A súplica de Thomas foi esquecida no segundo em que a sala tremeu. O som de uma grande rachadura ecoou nas paredes da câmara, à medida que o chão abaixo de nós se escancarava. Ele tentou me segurar, gritando alguma coisa que eu não conseguia ouvir por causa do barulho ensurdecedor. Tão rapidamente quanto a água havia irrompido das paredes e do teto, ela agora descia, até mesmo mais rápido, em um redemoinho gigantesco que nos puxava junto consigo.

Tentei alcançar a mão estirada de Thomas, gritando enquanto a água nos separava brutalmente.

Nós fomos sugados para dentro de um buraco, que varreu para longe as nossas palavras e também os nossos corpos.

PRÍNCIPE DRÁCULA

RASTRO *de* SANGUE

41. BRANCO COMO MARFIM

Criptă

Cripta, Castelo de Bran

22 de dezembro de 1888

Eu lutava para manter o meu nariz e a minha boca acima da água enquanto deslizávamos ao longo do que eu presumia ser um cano antigo coberto por algas escorregadias, encaminhando-nos sabe-se lá o Senhor para onde. Mantive as mãos coladas ao meu corpo, o que impedia que o lodo as cobrisse. Se eu soubesse que não estávamos prestes a sermos cuspidos para dentro de uma câmara pior, ou que meu escalpelo e o martelo de Thomas não estavam prestes a causar danos graves, eu poderia ter gostado da gigantesca queda de água subterrânea. Contudo, eu não acreditava que Vlad Drácula ou a Ordem do Dragão houvessem projetado algo assim para propósitos de diversão. Meus músculos se retesaram com a expectativa de aonde poderíamos ir parar.

Estremeci, não apenas por causa da água gélida, enquanto deslizava pelo cano que parecia infinito. Eu não conseguia imaginar quão longe da superfície nós devíamos estar; a escuridão era total, de modo que eu não conseguia enxergar nem um palmo diante do meu nariz.

O cano dava voltas e fazia curvas e, depois de várias rotações do meu corpo, acabou se aplanando. Segundos depois, fui jogada em uma poça rasa. Eu me recusava a considerar o que poderia estar se movendo para cima e para baixo pela superfície enquanto eu me mexia pelos arredores, borrifando água por toda parte; pelo menos o cheiro não era assim tão fétido. Enquanto eu me forçava a ir para cima, Thomas veio voando e caiu em cima de mim, derrubando ambos, fazendo nossos joelhos e testas baterem uns contra os outros em uma desajeitada dança em direções contrárias.

De alguma forma ele havia conseguido envolver minha cabeça com as mãos para evitar que eu esmagasse meu crânio na pedra abaixo de nós. Eu imaginava que os nós dos dedos dele não tinham tido tanta sorte assim.

"Aquilo... foi... aterrorizante... e incrível", disse ele, perdendo-se em uma risada.

Eu queria concordar, mas tudo que eu conseguia pensar era nas mãos dele que me envolviam. Nós havíamos estado tão próximos da morte. Como se fosse uma estrela cadente na noite, nosso lampião singrava a água, flutuando na superfície e oferecendo-nos um pouco de luz.

Thomas olhou de relance para mim, e então parou de rir. Agora sua expressão estava séria e comedida. Fitei-o, notando que seus cílios eram longos e escuros como o céu noturno. Seus olhos eram minhas constelações favoritas de contemplar; cada um dos pontinhos dourados que cercavam suas pupilas eram novas galáxias começando a ser descobertas. Eu nunca havia sido fascinada por astronomia antes, mas agora me descobria uma aluna ávida.

"Você me salvou mais uma vez." Thomas apoiou-se nos cotovelos, com um grande sorriso no rosto em resposta à minha expressão. Ele esticou a mão e tirou lodo dos meus cabelos. "Você é bela, Wadsworth."

"Oh, sim. Coberta de sujeira e o que quer que fosse aquele fétido pedaço de..."

"Você realmente não vai querer saber."

Suprimi a vontade de vomitar e, com cautela, movi cada perna, testando a mim mesma para ver se havia ossos quebrados e fraturas. Tudo parecia estar em perfeito estado, embora fosse difícil dizer isso com certeza sem me levantar.

"Que tal tudo isso em termos de aventura?", perguntei, tremendo. "Está mais próximo do que você tinha em mente?"

O mais minúsculo dos sorrisos curvou os lábios dele, apagando o embaraço. "Você claramente precisa dormir. Eu tenho dúvidas sobre se deveríamos continuar sendo amigos, Wadsworth. Você é um pouco selvagem demais para mim."

Eu me encolhi enquanto ele se mexia. Aquilo era horrível demais para ser ignorado: o fato de que eu estava deitada sobre um chão de pedra e ensopada, ainda que uma parte duvidosa de mim gostasse de estar tão perto de Thomas.

Um lampejo de preocupação passou pelas feições dele. "O que é isso? Você está machucada?"

"Talvez nós devamos voltar para nossa tarefa de localizar o Empalador. E, se você não se importar em sair de cima de mim para que eu possa respirar devidamente... Você é pior do que um espartilho."

Ele piscou como se estivesse saindo de um sonho, então ficou de pé em um pulo e me ofereceu uma das mãos.

"Peço desculpas, bela dama." Ele tirou o lampião da água e limpou suas laterais. "Qual câmara da perdição é a próxima no cardápio?"

"Não sei ao certo. Você ainda está com o *Poezii Despre Moarte*?"

"Bem aqui." Thomas deu um tapinha em seu bolso dianteiro. "Embora já não esteja com o martelo de abrir crânios."

"Meu escalpelo também sumiu." Olhei em volta da câmara, notando uma borda em cada lado da poça de água dentro da qual nós estávamos, e sinalizei que deveríamos nos dirigir para lá. "Vamos tentar nos secar um pouco."

Subimos na borda e torcemos nossas roupas e cabelos da melhor forma que pudemos. Minhas saias estavam grudadas nas minhas pernas, tornando cada movimento mais difícil do que o anterior. Fiquei surpresa ao ver vapor erguendo-se de algumas fissuras na parede de pedra, afastando a maior parte do frio mordente no ar. Estirei as mãos trêmulas e Thomas rapidamente fez o mesmo.

"Deve haver águas termais em uma dessas montanhas", disse ele, removendo sua casaca e pendurando-a sobre o vapor.

Fiquei com o olhar cravado em seu peito, definido e totalmente à mostra graças à água que ensopava sua camisa. Ele era finamente esculpido, e seu corpo me lembrava antigas esculturas de heróis ou deuses semivestidos.

Afastei meu olhar, segurando minhas saias o mais perto possível do vapor. Agora não era hora para ser distraída por desejos impróprios. Eu me virei, na esperança de secar a parte de trás do corpete do meu vestido, e avistei uma outra entrada para os túneis, marcada com o numeral XII. Meu corpo foi abalado por calafrios, causados por um motivo inteiramente novo.

"Deixe-me ver o livro, Cresswell."

Thomas deu uma espiada na entrada que eu apontei e entregou--me o antigo tomo de velino. Folheei suas páginas, maravilhada com a forma como haviam sobrevivido às águas. Quem quer que tivesse criado o livro deve tê-lo projetado para que aguentasse perigos como esse. Encontrei aquilo que estava procurando e parei. Precisei de um instante para decifrar o romeno em minha cabeça, mas consegui.

XII

Vermelho como sangue, branco como marfim,
Algo que há muito se desfez está próximo a mim
Na Árvore da Morte há um coração de pedra
Ao entrar sozinho na cripta, sua alma se quebra
A cada simples passo, ele vai te acompanhar
Cravar os olhos em sua presa e então atacar
Vermelho como sangue, branco como marfim
Os que deveriam ter fugido jazem próximo a mim

Eu li o poema em voz alta para Thomas, com meus pensamentos completamente focados em nossa missão mais uma vez. Ele afastou mechas de cabelos escuros de sua testa e soltou um suspiro.

"Eu não me lembro de Radu ter mencionado nada sobre batalhas com *strigoi*, você lembra?"

"Infelizmente, não." Balancei a cabeça em negativa. Nossas aulas sobre vampiros não tinham oferecido nenhuma pista sobre como poderíamos sobreviver a uma câmara destinada a eles. "Venha", falei, erguendo minhas saias parcialmente secas e assentindo na direção da entrada, "ficar aqui não vai nos levar para fora desses túneis mais rápido."

"Não", Thomas concordou, acompanhando-me devagar, "mas eu preferiria estar coberto de lodo a ver que outros deleites estão esperando por nós."

O túnel não era muito longo e nos lançou em uma outra câmara, como se tivéssemos ido de uma grande sala até outra no castelo.

"Como este aqui. Que encantador!"

Eu desviei minha atenção das paredes de pedra e inspecionei o local onde estávamos, arrependendo-me imediatamente disso. Esta câmara era uma imensa e antiga cripta, dividida em duas seções por um elaborado arco. Alguém havia estado aqui embaixo recentemente para acender as tochas, e meu sangue resfriou-se ao pensar nisso. Tinha que haver uma maneira de chegar até aqui que não fosse por aquela rota infernal que havíamos encontrado. Eu estava dividida entre nos forçarmos a seguir em frente e sair correndo na direção oposta.

Thomas e eu paramos debaixo do arco, sem qualquer intenção de cruzá-lo e adentrar o espaço diante de nós. Ele olhou para mim e levou um dedo aos lábios. Precisávamos nos mover tão rápida e silenciosamente quanto fosse possível.

Inspecionei o arco, tentando controlar os arrepios que surgiam pelo meu corpo. Ele era feito totalmente de chifres galhados. Eu não conseguia sequer começar a compreender como tantos cervos haviam morrido de modo a compor uma coisa assim tão horrenda, mas minha atenção foi rapidamente atraída para outro lugar. O restante da câmara era ainda mais horripilante.

Os mortos não descansavam em paz nesta cripta. Seus restos mortais haviam sido revirados, manipulados e transformados em uma cena digna de pesadelo, saída direto das páginas dos horrores góticos. Tudo havia sido criado a partir de ossos brancos e frios. Sepulturas. Cruzes ornamentadas. As paredes. O teto. As cercas. Tudo, *tudo* era feito de partes de esqueletos, tanto humanos quanto animais, em uma primeira olhada. Engoli em seco a minha repulsa.

Radu estivera errado em relação ao bosque, dizendo que estava cheio de ossos. O espaço abaixo da montanha é que estava.

Daqui, nós podíamos ver um mausoléu fechado por uma cerca, que parecia uma pequena capela profana dentro de um vasto cemitério. Em vez de pedra, o chão do cemitério era de terra batida, o que fazia com que eu me perguntasse se nós por fim havíamos chegado ao verdadeiro fundo da montanha. A cerca era construída de ossos perpendiculares que haviam sido enfiados no solo. Um portão grosseiro, parcialmente aberto, ficava no centro. Meu corpo zunia com a expectativa e o temor. Eu não desejava cruzá-lo e entrar nessa parte do Inferno.

Havia altas e imensas colunas de ossos entrelaçados nos quatro lados do mausoléu, que também era feito totalmente de restos mortais. No centro do que poderia ser mais bem descrito como um cemitério de esqueletos parcialmente desenterrados, encontrava-se uma grande árvore cujos galhos quase chegavam ao teto alto. Como todo o resto nesta câmara horrenda, os ramos da árvore eram totalmente compostos por ossos. A monstruosidade devia ter pelo menos uns seis metros de altura.

Continuamos andando, e paramos do lado de fora da cerca. Thomas havia ficado tão quieto quanto o cemitério diante do qual nós estávamos, a atenção sendo varrida de uma visão chocante para a outra. A terra revirada e o mofo faziam meu nariz coçar, mas eu não me atrevia a espirrar. Um sem-número de coisas poderiam estar à espreita no emaranhado de horror que nos cercava.

Thomas mudou seu foco para a cena macabra que estava diretamente no nosso caminho. "Creio que tenhamos encontrado a Árvore da Morte mencionada no *Poezii Despre Moarte*", ele sussurrou, ainda olhando ao redor.

"Pelo menos, o nome é adequado. Certamente que não seria confundida com a Árvore da Vida."

"Isso é tão... terrível. Ainda assim, estou estranhamente encantado." Thomas recitava o nome de cada osso que ele identificava na árvore situada dentro da cerca. "Úmero, rádio...", ele apontou para um outro pedaço de marfim, "e aquela é uma ulna admirável. Deve ter vindo de um quase gigante. Tíbia, fíbula, patela..."

"Obrigada pela aula de anatomia, Cresswell. Eu consigo ver quais são os ossos", falei baixinho, balançando a cabeça na direção do portão e seus ossos desenterrados. "Por onde deveríamos começar?"

"Pela árvore, naturalmente. E nós precisamos andar logo. Eu tenho a sensação de que quem quer que tenha acendido as tochas voltará logo, logo." Thomas me entregou o lampião. "Você primeiro, minha querida."

Uma vasta parte de mim não desejava entrar nesse antro do diabo, que mais parecia uma aniquilação da santidade da morte, mas havíamos chegado longe demais para que eu permitisse que o medo regesse os meus sentidos. Se Daciana ou Ileana ou Nicolae estivessem metidos em problemas, precisávamos seguir em frente. Por mais que meus sentidos estivessem gritando para eu agarrar a mão de Thomas e sair correndo na direção oposta.

Inspirei profundamente, na esperança de que nem minha imaginação nem meu corpo fossem falhar comigo agora. Se havia uma hora para pensamentos claros e pulsação estável, essa hora havia chegado.

Sem deixar que o medo afundasse suas garras em mim, ergui o queixo e segui nas pontas dos pés em direção à cerca de cadáveres que haviam sido escolhidos muito tempo atrás. Contudo, não consegui me impedir de inspirar com intensidade quando adentrei o cemitério que continha o que o *Poezii Despre Moarte* chamava de Árvore da Morte.

Eu poderia muito bem imaginar Vlad Drácula erguendo-se deste exato local, vindo saudar seu último herdeiro.

42. VERMELHO COMO SANGUE

Copacul morții
Árvore da Morte, Castelo de Bran
22 de dezembro de 1888

A árvore era até mesmo pior do que eu havia pensado quando a vira de uma distância de vários metros. Ossos de mãos, crânios com órbitas vazias e caixas torácicas quebradas criavam a aterrorizante obra-prima. Fiquei maravilhada com a forma como eles se encaixavam uns nos outros sem nenhum fio ou atadura — eles simplesmente tinham sido tecidos juntos.

Fêmures foram agrupados, formando o centro do tronco. Caixas torácicas estavam de frente umas para as outras, engaiolando os ossos da perna como as cascas de uma árvore. Olhando para a área em torno da base, notei pilhas de ossos, talvez esperando para serem montados. Alguns deles ainda continham pedacinhos de carne e tendões. Nem todos esses esqueletos eram velhos. Um pensamento arrepiante.

Eu me dei conta de que estava prendendo a respiração, aterrorizada com a possibilidade de estar fazendo barulho demais. Eu queria andar logo, e, ainda assim, este lugar tornava impossível não parar e ficar boquiaberta a cada novo horror. Como este que tínhamos diante de nós agora.

Ao lado da pilha de ossos havia uma grande banheira com pés em forma de garras. Ela estava cheia até a borda de sangue vermelho-escuro, o cheiro de cobre pungente para o meu nariz. Provavelmente se tratava de um truque dos meus sentidos, mas eu jurava que alguma coisa borbulhava de dentro de suas profundezas sangrentas. Thomas ficou imóvel, e sua atenção grudada à banheira enquanto ele estirava um dos braços, retardando nossos movimentos. Eu não me atrevia a chegar perto dela, o medo do que a minha mente poderia conjurar era imenso. Thomas continuou encarando a banheira, os ombros tensos. Havíamos encontrado o sangue desaparecido das vítimas do Empalador — aquelas de que tínhamos conhecimento, e sabe Deus de quem mais. O assassino estava próximo. Próximo demais. Meu corpo inteiro formigava com a expectativa.

Parecia que havíamos entrado, sem saber, nas profundezas do Inferno de Dante.

"'Abandonai toda esperança, vós que entrais'. Isso é tão perturbador", sussurrei. "Eu não consigo imaginar como alguém poderia fazer uma cripta inteira de ossos. Ou aquela banheira... Pobres Wilhelm e Mariana." Estremeci, sabendo que a causa era apenas parcialmente a minha roupa molhada. "A Ordem tem um grande talento para jogos psicológicos de guerra."

"Isso é, literalmente, um banho de sangue." Thomas arrancou o olhar da banheira, com a expressão sombria. "Alguém aqui tem um senso de humor bem sombrio e doentio."

Fechei os olhos, exigindo que o rápido socar do coração em meu peito se desacelerasse. Precisávamos encontrar Daciana e Ileana. Eu continuaria repetindo esse pensamento até que o medo me soltasse.

Nos afastamos silenciosamente da banheira de sangue, mas o horror dela ficou grudado em nós. Eu a sentia atrás de mim, à espera, como se estivesse me chamando com sua essência atemorizante, saída dos piores pesadelos. Eu nem mesmo consideraria o que haveríamos de fazer se alguma outra pista estivesse localizada dentro daquela monstruosidade sangrenta. Se os aldeões eram supersticiosos em relação à profanação dos mortos, eu só podia imaginar qual seria a reação deles caso algum dia se deparassem com este cemitério blasfemo.

"Deve haver mais de duzentos corpos humanos que foram usados para fazer essa mórbida escultura." Thomas segurou o lampião na direção do galho mais alto. Um agrupamento de falanges pendia enfileirado como se fossem folhas brancas. "Talvez os rumores de que Vlad Drácula seja imortal sejam verdadeiros."

Distanciei o olhar da árvore de ossos, inspecionando meu companheiro em busca de algum sinal de trauma. Ele voltou para mim um grande sorriso torto.

"Você é um deleite um tanto maior quando está me encarando desse jeito, Wadsworth. Contudo, eu só a estou provocando. A julgar pelo banho de sangue, eu realmente acredito que quem quer que tenha feito uma emenda naquele poema para você tenha visitado este lugar. Talvez encontremos uma pista sobre Daci aqui."

"Você está vendo algum numeral romano entalhado naquela árvore?"

Eu me concentrei no cemitério e no mausoléu; era impossível não ficar intrigada com nossos arredores. Crânios desprovidos de carne ladeavam as paredes. Na verdade, os crânios *eram* as paredes. Eles estavam empilhados um em cima do outro, tão juntos que eu mal conseguia colocar um dedo entre eles.

Thomas balançou a cabeça em negativa. "Não, mas, segundo aquela placa, é necessário que alguém suba na árvore para colher seu fruto."

Encarei a placa, presa com um prego no portão de ossos. As palavras ali estavam gravadas em romeno, as letras tão rudimentares quanto a ferramenta que tinha sido usada para escrevê-las. Dei um passo mais para perto da placa, lendo-a para mim mesma.

Smulge fructe din copac pentru a dobândi cunoştinţe

Thomas estava certo; a placa basicamente estabelecia que a pessoa precisava colher o fruto da árvore para obter o conhecimento. Passei os olhos pelos galhos da árvore, buscando algum sinal desse tal fruto. Havia crânios de pássaros de todos os tamanhos pendurados por fios em intervalos, com seus bicos voltados para um lado e para o outro. Apontei para eles.

"Talvez sejam aqueles crânios? De uma maneira nauseante, eles quase parecem peras."

Atrás de nós, alguma coisa emitia um som fraco de algo borbulhando. Eu girei, procurando, o coração quase pronto para sair galopando de meu corpo. O sangue continuava intacto, com sua superfície tão escura como óleo tingido de carmesim.

"Você ouviu isso?"

Thomas inspirou fundo, sua atenção dedicada a uma análise metódica da sala e da câmara atrás de nós. "Diga-me novamente por que não estamos fazendo um uso mais sábio desse tempo. Poderíamos estar enrolados um no outro em vez de...", ele fez um movimento apontando para a nossa frente, "tudo isso."

"Precisamos nos apressar, Cresswell. Estou com uma sensação horrível."

Sem dizer mais uma palavra sequer, Thomas ficou de frente para a árvore e esticou a mão, colocando seu peso em uma caixa torácica enquanto escalava lentamente os ossos cor de marfim. Ele colocou seu pé esquerdo sobre uma outra costela, testando-a levemente antes de transferir todo o seu peso.

Ele repetiu o movimento mais duas vezes, mal conseguindo avançar pouco mais de um metro do chão, quando um som horrível de uma rachadura lacerou o ar, ecoando como se um chicote houvesse sido estalado nos nós dos dedos de alguém. Eu me lancei para a frente para pegá-lo, mas ele pulou graciosamente para baixo sem precisar de minha ajuda.

"Parece que não colherei nenhum fruto maduro dessa árvore, afinal de contas." Ele limpou a mão em sua calça, a boca pressionada até formar uma linha de irritação. Algumas gotas de sangue brotaram, como se fossem rubis, nas pontas de seus dedos antes que ele as sugasse. "Leia os poemas mais uma vez para mim, por favor? Um deles tem que ser relevante para essa situação. Não há muitos dentre os quais escolher."

Puxei o velho livro desgastado do meu bolso e entreguei-o a ele. Eu não me atrevia a dizer aquelas temerosas palavras em voz alta mais do que o necessário.

Enquanto Thomas lia os poemas para si mesmo, eu rapidamente soltei minha sobressaia. O tempo estava escapando por nossos dedos. De uma forma ou de outra, teríamos que colher qualquer conhecimento que conseguíssemos dessa temerosa árvore antes de voltarmos para a academia. A essa altura, Moldoveanu e Dăneşti provavelmente já sabiam que havíamos desaparecido. Se estávamos prestes a sermos expulsos, poderíamos muito bem voltar com algo útil. Além do mais, eu não queria ser pega pelo assassino aqui.

Os botões do corpete do meu vestido soltaram-se com facilidade. O suave retinido atingiu o chão ao mesmo tempo em que o meu coração se rebelava dentro de mim. Graças aos céus eu havia trocado de roupa e colocado um vestido menos complicado no início da noite. Eu não precisava lutar com anquinhas nem espartilho. Antes que eu pudesse mudar de ideia ou encontrar um motivo para me sentir envergonhada, tirei minha anágua, sentindo-me exposta em minha camisola e roupas de baixo, embora elas cobrissem até a área abaixo dos meus joelhos e tivessem vários centímetros de rendas. Elas não eram muito diferentes da minha calça, foi o que considerei com cautela. Embora minha calça fosse menos... cheia de firulas e delicada.

Thomas deixou cair o *Poezii Despre Moarte* ao mesmo tempo em que seu próprio queixo caía, foi o que me pareceu.

"Não diga nenhuma palavra, Cresswell." Apontei para cima, para o topo da árvore de ossos. "Eu sou mais leve do que você e devo conseguir escalar a árvore. Eu acho que há alguma coisa naquela caveira ali em cima. Está vendo? Parece um pedaço de pergaminho."

Thomas manteve a atenção fixa no meu rosto, enquanto o dele estava ficando mais vermelho a cada vez que ele baixava o olhar para o meu queixo. Eu meio que queria revirar os olhos. Não havia nenhuma parte minha exposta além do escândalo dos meus braços e uns poucos centímetros de pernas não cobertas por roupas de baixo ou meia-calça. Eu tinha camisolas de dormir que eram mais decotadas.

"Segure-me se eu cair, certo?"

Um sorriso curvou os lábios dele de uma maneira muito encantadora. "Eu já estou caidinho por você, isso sim, Wadsworth."

Flerte diabólico. Voltei a me concentrar na árvore e analisei a rota que eu tomaria. Sem me demorar pensando no que eu estava prestes a tocar, icei a mim mesma, colocando uma mão depois da outra, pensando apenas na tarefa. O corte na minha panturrilha esticava-se de um jeito desconfortável, e a quentura do sangue fresco escorria pela minha perna, mas eu ignorava o desconforto em prol de subir rapidamente.

Eu me recusava a olhar para baixo. A cada galho que eu escalava, chegava mais perto do pergaminho. Eu estava pendurada, suspensa no ar, indo de um lado para o outro, como se fosse um pêndulo vivo.

"Você consegue, Wadsworth!" Meus dedos tremiam com o esforço de manter firme o meu aperto. "E se você não conseguir... Eu a seguro. Eu acho."

"Isso não é animador, Cresswell!"

Usando o impulso do meu corpo a meu favor, fui até uma caixa torácica que parecia firme e forte e mudei meu peso de lugar. Meus músculos tremiam com o surto de adrenalina e com o orgulho. Eu tinha conseguido! Dominei minhas emoções e... o osso que estava nas pontas dos meus dedos rangeu como um aviso. Celebrar as conquistas podia esperar. Eu me movia de forma contínua, mas com cuidado, subindo com uma precisão lenta.

Testando e avançando. Testando e avançando.

Uma vez que eu estava lá em cima, parei um pouco para recuperar o fôlego e olhei para baixo, para Thomas, arrependendo-me imediatamente de fazer isso. Ele parecia muito menor deste ponto de vista. Eu estava a pelo menos uns seis metros acima do chão, e a queda não seria agradável.

Não querendo visualizar todas as maneiras vívidas como eu mesma poderia me tornar parte da obra de arte de esqueletos, avancei para cima pelos últimos ossos e alcancei o pergaminho. Removi-o da caveira em que estivera preso. Alguém havia usado uma adaga — cujo punho tinha ouro e esmeraldas incrustadas — para perfurar e prender o pergaminho na órbita do olho do morto.

"Aqui diz 'XXIII'", eu falei em um sussurro bem alto, tomando cuidado para não girar no ar e perder o equilíbrio.

A última coisa que eu queria era empalar a mim mesma enquanto caçava o assassino conhecido por usar o mesmo método mortal.

Thomas encontrou o poema correto e o leu em voz alta. Eu me encolhi diante da força e da potência de sua voz neste espaço mórbido.

XXII

Branco, vermelho, verde e maldoso
O que assombra essa floresta permanece duvidoso
Dragões, ao alto, rondam o céu e as frestas
E obstruem a passagem de almas funestas
Coma esta carne e beba este sangue
Deixe na banheira o restante
Branco como marfim, brilhante como a sorte
Siga este caminho e encontrará a morte

"Oh, minha nossa", murmurei.

Esse... Esse era o poema que Radu havia lido para nós na sala de aula. O local de encontro da Ordem. E o lugar onde eles sacrificavam as pessoas para o Príncipe Drácula.

Precisávamos sair dessa cripta imediatamente. Eu sabia, lá no fundo em meus ossos, que estávamos prestes a encontrar alguma coisa mais horrenda do que poderíamos imaginar. Outro pedaço de pergaminho chamou a minha atenção enquanto eu começava a descer. Cuidadosamente me movi em sua direção, e então o li em voz alta para Thomas: *"Fă o plecăciune în faţa contesei"*.

Curve-se à condessa.

"O que foi isso?", ele perguntou.

"Um momento."

Uma ilustração acompanhava a frase. Pisquei, relendo-a. Eu tinha esperanças de que isso fosse um vestígio das Cruzadas, embora a sensação pegajosa nas minhas entranhas me dissesse algo diferente.

Estávamos errados novamente em relação ao envolvimento da Ordem do Dragão. Isso parecia ser obra do príncipe Nicolae Aldea.

E a condessa neste desenho estava completamente coberta de sangue.

PRÍNCIPE DRÁCULA
RASTRO *de* SANGUE

43. CAÇANDO O PRÍNCIPE DRÁCULA

Criptă
Cripta, Castelo de Bran
22 de dezembro de 1888

Enfiei a segunda pista dentro das minhas roupas de baixo e fui descendo o mais rápido quanto me atrevia a fazê-lo. Eu não queria gritar por medo de chamar ainda mais atenção para nós mesmos.

O pavor fez minhas mãos tremerem quando eu as estiquei para alcançar o fêmur e não consegui. Concentrei-me nas minhas respirações. Eu lidaria com isso como se fosse um corpo a ser estudado: precisão era a chave. Fui até o próximo osso, meus dedos deslizando por sua superfície lisa. Se eu não me recompusesse e voltasse lá para baixo, para junto de Thomas... Eu não queria nem pensar no que poderia acontecer. O príncipe Nicolae estava próximo; eu sentia sua presença ao passo que cada célula do meu ser queria que eu fugisse.

Precisávamos deixar a cripta de uma vez ou então passaríamos de caçadores a caçados. Quando alcancei a metade da árvore macabra, avistei uma forma estranha no lado mais afastado do portão de ossos. A princípio, achei que fosse algum animal peculiar que vivesse em cavernas.

Então ele se levantou, tropeçando um pouco para a frente.

"Thomas..."

Fiquei sem fôlego. A pilha havia se erguido dos ossos, revelando uma silhueta usando vestes, que não era nem um corpo reanimado nem um *strigoi*. Eu apostava que ele era humano; não havia absolutamente nada de fantástico em relação a ele além de seu gosto por teatralidades.

Um manto cobria sua cabeça, puxado por cima de suas feições como se fosse um capuz, e uma grande cruz pendia em volta de seu pescoço. O manto lembrava vagamente aqueles usados pelos homens que haviam desaparecido no bosque com o cadáver noites atrás. A cruz era maior do que dois punhos cerrados e era feita de ouro. Muito ornamentada e medieval, parecia que ela mesma daria uma boa arma.

"Thomas... *Corra!*"

Thomas inclinou a cabeça para o lado, sem estar ciente da nova ameaça. "Não consigo ouvi-la, Wadsworth."

Agarrando-me à arvore e incapaz de apontar, observei enquanto a figura se aproximava aos tropeços. Ele parecia machucado, mas poderia estar fingindo para nos levar a ter uma falsa sensação de segurança.

"Atrás de você!", eu gritei, mas era tarde demais.

A silhueta caiu para cima do portão, batendo nele e fechando-o com tudo enquanto cambaleava para trás.

A um quarto do meu destino, a costela em que eu vinha me segurando partiu-se, e eu caí como uma árvore sendo abatida nesta floresta de cadáveres. Movendo-se mais rápido do que eu conseguia piscar, Thomas mergulhou no meu caminho, amortecendo minha queda. Não foi um resgate glamoroso, mas o esforço dele foi corajoso.

Ele sibilou enquanto batia no chão, e depois soltou um outro rosnado quando minha testa bateu na nuca dele. Eu o apressei, girando onde estava, procurando pela silhueta que viera atrás de nós, mas não vi nada. Tínhamos poucos instantes para sair correndo. Thomas virou-se, e o sangue esguichou de seu nariz.

"Onde estão os seus curativos?"

Ele apertou o nariz. "Eu o perdi na câmara de água."

Rasguei um pedaço da minha fina camisola e o ofereci a meu herói, que sangrava. Talvez ele conseguisse usá-lo para estancar o fluxo de sangue, ou talvez ele o usasse para estrangular nosso atacante enquanto eu o distraía.

"Anda logo, Cresswell. Temos que nos mexer..."

Do nada, a silhueta reapareceu, caindo em nossa direção de trás da Árvore da Morte. A promessa de violência se fazia claramente visível em sua postura.

"Cai. Fora", disse ele entredentes, e depois segurou com força seu torso. Ele estava com a respiração dificultada, e havia tensão na voz de sotaque carregado. "Anda logo."

O medo libertou minha lógica. Eu me inclinei para a frente, apertando os olhos para ver o rosto de quem eu sabia ser o dono daquela voz.

"Príncipe Nicolae? Você está... Você está...? Quem fez isso com você?"

O príncipe balançou a cabeça e o capuz caiu para trás de seu rosto. Ele estava cheio de manchas escuras, e suas bochechas pareciam cadavéricas.

"Se você não andar logo... ela vai..."

Ele caiu no chão, o peito arfando com o esforço. O príncipe não estava fingindo estar ferido, ele estava à beira da morte. Prostrei-me de joelhos, erguendo a cabeça dele para o meu colo. Seus olhos estavam vítreos, sem foco. Eu teria apostado qualquer coisa que alguém havia administrado arsênico a ele. Tínhamos que tirá-lo desses túneis e levá-lo a um médico imediatamente.

"Thomas... erga-o pelo..."

Então, como se um pesadelo tivesse recebido permissão para nascer neste mundo, uma silhueta ergueu-se da banheira cheia de sangue. Pisquei, sem entender o absurdo que se desenrolava diante de nós. O sangue, de tão escuro, era quase preto, e revestia cada centímetro de sua face e de seu corpo. Dos cabelos caía o líquido carmesim de volta na banheira, e os dedos esguios estavam cobertos desse mesmo sangue. Thomas estirou a mão, como se pudesse impedir que Nicolae e eu fôssemos vistos por esse monstro.

Seus olhos abriram-se totalmente, e os brancos faziam um intenso contraste com o vermelho que os cercava. Minha mente foi tomada pela inércia. Eu não sabia dizer quem estava ali, mas muito certamente era uma mulher. Estivéramos certos, no fim das contas. Mas seria Ileana? Ou, quem sabe... Daciana?

O pesadelo banhado em sangue pôs uma das pernas para fora da banheira com um chute, fazendo uma grande exibição ao sair dela. O sangue espalhou-se pelo chão e pelos ossos que estavam ali perto.

Quem quer que fosse, ela estava se movendo em nossa direção, o vestido de tecido fino arrastando uma trilha de sangue atrás de si, como uma noiva maldita no dia de seu casamento. Quando ela se abaixou perto de uma pilha de ossos, considerei sair correndo. Eu ansiava agarrar Thomas, fugir dessa cripta e em momento algum olhar para trás. Mas não havia nenhuma saída e não poderíamos deixar o príncipe. O pesadelo feito realidade estava em pé e apontava um pequeno revólver para nós.

Ela veio para a frente, a condessa de sangue, com um sorriso hediondo expondo a brancura de seus dentes.

"*Extraordinar!* Estou tão feliz por vocês dois terem conseguido. Fiquei preocupada que não fossem chegar a tempo. Ou que fossem trazer meu tio e aquele guarda irritante."

Encarei a moça que estava diante de nós, piscando para me livrar de minha descrença. Não podia ser, e ainda assim... A voz dela era inconfundível, o sotaque húngaro, levemente diferente do romeno.

"*Anastasia?* Como... Isso não pode ser real", falei, incapaz de aceitar essa verdade. "Você morreu. Nós a vimos naquela sala... Aqueles morcegos." Balancei a cabeça. "Percy inspecionou seu corpo. Nós fizemos uma *autópsia* em você!"

"Você tem certeza disso? Eu esperava que você desconfiasse das coisas, *prietena mea.*" Anastasia sorriu novamente, os dentes brilhando com tanta satisfação em meio a todo aquele sangue. "Quando você mencionou a veneziana no vilarejo, eu quase desmaiei. Tive que voltar correndo e montar a sala antes que investigássemos naquela noite. *Nervii mei!* Meus nervos estavam em frangalhos."

Eu não conseguia entender como isso podia ser verdade. Eu forcei minha mente a ir além do pânico que ameaçava me prostrar de joelhos. Precisávamos manter Anastasia falando. Talvez pudesse surgir um plano para sair dessa.

"Por que você me permitiu ficar viva?"

"Eu considerei matá-la naquela mesma noite, mas eu achei que ele", assentiu na direção de Thomas, "poderia ir embora antes que eu estivesse preparada para atacar. Ora, minha amiga. Eu sei que você é mais esperta do que aqueles rapazes. Diga-me como foi que fiz isso. Uh, uh, uh!" Ela acenou com a arma para Thomas. "Nem uma palavra, bonitão. É falta de educação interromper uma dama."

Eu queria vomitar, mas forcei minha mente a agir. *Anastasia* desejava ser recompensada pelo brilhantismo de seu jogo. Essa necessidade de reconhecimento poderia muito bem ser sua ruína. Engoli em seco, ignorando o revólver que agora estava apontado para o meu peito. Pequenas estranhezas agora se encaixavam.

"A moça desaparecida." Fechei os olhos. É claro. Tudo isso fazia sentido. Era brilhante da forma mais horrível. "Você usou o corpo dela para se passar pelo seu. Plantou-a nos túneis para que coincidisse com o seu desaparecimento. Você sabia que o rosto dela estaria desfigurado demais para que fosse identificado. Os cabelos e as medidas do corpo dela eram bastante similares aos seus. As feições também. Eu tinha até mesmo pensado que ela se parecia com você quando a vi naquele desenho. A semelhança era suficientemente impressionante para enganar a classe e nossos professores." Fiz uma pausa conforme o pleno horror se assentava. "Até mesmo seu tio acreditou que fosse você... Um dos melhores acadêmicos forenses do mundo."

"*Excelente.*" Anastasia abriu um grande sorriso, com os dentes agora sujos de vermelho. Era terrível. Feral. A sagacidade presente em seus olhos fazia com que as partes mais profundas de meu ser estremecessem. "Nossos corações são coisas curiosas. Tão sentimentais e passíveis de ser transviadas. Puxe as cordas certas, ou rompa-as, e puff! O amor estrangula a inteligência, e isso acontece até mesmo com os melhores de nós."

Eu não queria falar das questões do coração com uma mulher que estava banhada no sangue de inocentes. Notei Thomas se mexendo bem levemente ao meu lado e tentei uma outra distração.

"Como foi que você removeu tão rapidamente o sangue de Wilhelm?"

"Com um instrumento de necropsia roubado. Então eu joguei o corpo dele pela janela." Ela deu um passo na direção de Thomas e parou, inspecionando-o como um gato poderia encarar um pássaro machucado saltitando pelos arredores. Por algum motivo, ela inclinou a cabeça em uma demonstração de respeito. "Está impressionado, *Alteță?* Ou eu deveria dizer Príncipe Drácula?"

Thomas parou de se mexer e abriu um largo e preguiçoso sorriso. Eu notei a tensão nos músculos dele, e sabia que ele era tudo, menos um tranquilo e entediado membro da Casa de Drácula.

"Muito encantador da sua parte, mas é totalmente desnecessário curvar-se em reverência a mim. Embora eu realmente entenda sua premência de fazer isso. Eu sou um tanto impressionante e majestoso. Príncipe Drácula, contudo, não é meu verdadeiro título."

Eu não podia acreditar que essa ostentação toda dele estivesse dando certo. Anastasia engoliu em seco, sua atenção acompanhando as mãos de Thomas enquanto elas arrumavam a camisa arruinada. Ele quase me convenceu de que já usara vestes reais e era digno de que se curvassem diante dele em reverência, em vez de estar ali, parado, trajando aquelas roupas encharcadas e imundas com as quais ele havia sido arrastado Inferno adentro.

Anastasia mexeu seu revólver, mirando diretamente em Thomas. "Não zombe de sua própria linhagem, sr. Cresswell. Coisas ruins acontecem com quem se volta contra os seus. Está na hora de se apresentar e aceitar seu destino, Filho do Dragão. Está na hora de juntarmos nossas linhagens e reivindicar esta terra toda."

"Eu não entendo", falei, olhando de um para o outro. "De quem você descende?"

Anastasia jogou os ombros para trás e manteve a cabeça erguida. O que era um feito impressionante, considerando-se todo o sangue que a envolvia; ainda assim, ela tinha um ar de realeza.

"Elizabeth Báthory de Ecsed."

"É claro", murmurou Thomas. "Também conhecida como Condessa Drácula."

Por um instante, ninguém falou nada nem se moveu. Eu me lembrei do breve comentário sobre a condessa nas aulas de Radu e lutei para conter um calafrio.

"Então você sabe que é o destino." Os olhos de Anastasia brilhavam com orgulho. "Veja bem, eu venho de uma casa igualmente conhecida por sua sede de sangue, Audrey Rose. Minha ancestral banhava-se no sangue de inocentes. Ela regia com o medo." Anastasia apontou para Thomas. "Ele e eu? Nós fomos destinados a nos encontrar. Assim como fomos destinados a produzir herdeiros mais temerosos do que seus ancestrais. *Destin*. Eu não fazia a mínima ideia de que as estrelas haviam planejado tudo isso! Você é uma pequena inconveniência. Da qual eu posso facilmente me livrar."

Então Anastasia era uma herdeira deslocada em busca de seu direito de nascença. E ela não se importava com a maneira com que reivindicaria esse direito, se por meio de força ou amor. Se ela achava que podia caçar Thomas, coagi-lo a casar-se com ela e me matar no processo, ela não fazia a mínima ideia de quem *eu* era.

Fechei as mãos em punhos, mais determinada do que nunca a fazer com que ela continuasse falando enquanto eu planejava nossa fuga. "Como foi que você matou o homem no trem... E por quê?"

Minha antiga amiga estreitou os olhos para mim. Eu rezava em silêncio para que a sua necessidade de se gabar fosse tentadora o bastante para que ela respondesse às minhas perguntas sem enxergar a minha verdadeira motivação.

"A Ordem do Dragão vive. Eu queria limpar seus escalões. Hoje em dia, eles são, em sua maior parte, compostos por aquela inconsequente linhagem dos Dăneşti."

Ela apontou o revólver na direção em que o príncipe Nicolae estava deitado, mole como uma boneca de pano, com a pele descolorida do que eu presumia que fosse arsênico; perfurações agora eram visíveis em seu pescoço. Parecia que ela havia usado o sangue como fazia sua ancestral, banhando-se nele, deixando Nicolae apenas com o suficiente para que continuasse vivo. Se é que ele ainda estivesse vivo. Seu peito já não parecia estar subindo e descendo, como se estivesse respirando.

"O homem do trem era um membro do alto escalão. Dei a ele uma dose letal de arsênico e depois o empalei enquanto ele tentava respirar, ofegante." Anastasia falava de um jeito como se estivesse se lembrando de um vestido feito de belas sedas que ela havia mandado fazer. "Eu não fazia a mínima ideia de que ele estava do lado de fora de sua cabine. Uma feliz coincidência. Então eu voltei correndo para o meu quarto. Ninguém notou a moça de cabelos escuros. Perucas são uma *distracţie excelentă*. No entanto, fiquei preocupada que Wilhelm pudesse, em algum momento, reconhecer-me. Precisei lidar com ele de imediato."

Um lampejo de uma lembrança daquela manhã passou pela minha mente... Eu tinha visto uma moça com cabelos escuros. Ela havia gritado, pedindo para que chamassem um médico. Eu havia ficado tão consumida pelo caos que não tinha prestado atenção em seu rosto.

Thomas cruzou os braços sobre o peito, assumindo mais uma vez aquele seu tom entediado. "Onde está a minha irmã?"

"Como eu poderia saber? Eu não sou a guardiã de ninguém." Anastasia fez um movimento com o queixo na minha direção e apontou para uma arma presa ao cinto de Nicolae. "Dê a faca ao herdeiro de Drácula."

Thomas arregalou os olhos quando olhou de relance na minha direção. Eu quase chorei de alívio. No fervor para unir suas linhagens, ela não havia se dado conta de que havia acabado de nos entregar uma maneira de derrotá-la. As palmas das minhas mãos ficaram escorregadias com a agitação dos meus nervos.

Pressionei a pequena adaga incrustada de joias na mão de Thomas e prendi a respiração, preocupada com a possibilidade de que quaisquer mostras de animação pudessem alertar Anastasia quanto a seu grave erro. Ela abriu um grande sorriso, com a atenção grudada na lâmina que agora estava na mão firme de Thomas.

"Acabe com ele", ela disse a Thomas. "Faça isso, e rápido."

"Por que o veneno?", perguntei, tentando ganhar tempo. Tinha que haver uma forma de sair dessa que não envolvesse o assassinato de Nicolae.

Anastasia apontou o revólver para a minha garganta. Parecia que ela havia considerado o motim, no fim das contas. Ela foi andando até Nicolae e cutucou-o com o pé, a arma ainda apontada para mim.

"Arsênico é uma maravilha." Ela inclinou-se, afastando mechas de cabelos pretos da face do príncipe. "É insípido, incolor e pode ser colocado furtivamente em todos os tipos de comidas e bebidas. Pelo que parece, um jovem príncipe nunca recusa vinho."

"Se você está tentando instilar o mesmo medo que Vlad Drácula causava em seus oponentes", disse Thomas, "saiba que envenenar Nicolae e os outros dificilmente me parece assustador."

Anastasia levou uma das mãos ao pescoço de Nicolae, verificando sua pulsação. "Mas não é? Arsênico é usado para enfraquecer e incapacitar as vítimas, não para matar. Lutar com rapazes teria se provado difícil, e os assassinatos, bagunçados demais."

"Você queria que os aldeões acreditassem nas histórias sobre o renascimento de Drácula", falei, entendendo de imediato. "Você não podia simplesmente estaquear as pessoas e depois dizer que o sangue delas tinha sido bebido por um *strigoi*."

"As lendas têm o propósito de inspirar medo." Anastasia levantou-se. "Elas devem ser épicas, maiores do que a vida que levamos, de modo a manter seu poder de sedução por gerações. *Não entre no bosque depois que o sol se puser.* Nós nunca pensamos em uma bela princesa à espreita na floresta, não é? Não. Nós imaginamos demônios sedentos por sangue. Vampiros. Isso nos lembra de que também somos presas. Ficamos aterrorizados e tremendo com a possibilidade de sermos caçados."

"Mas eu ainda não entendo uma coisa", falei, passando o olhar dos contornos amolecidos de Nicolae para o corpo revestido de sangue de Anastasia. "Por que assassinar a camareira?"

"Aquele assassinato, em particular, foi uma homenagem que prestei à *minha* ancestral. Vamos lá. Thomas", ela voltou a arma novamente para minha testa, "ponha fim à vida do príncipe Nicolae agora. Eu cacei o herdeiro de Drácula. Nós podemos começar do zero. De novo. Nós nos ergueremos como o Príncipe e a Condessa Drácula. Reivindicaremos tanto este castelo como sua vida."

A tensão envolveu a sala, um fósforo pronto para atear fogo nessa batalha. Thomas recuou um passo, instável, com sua mira passando de Nicolae para a arma que agora estava apontada para a minha cabeça. Eu não queria que ele fizesse algo de que ele passaria a vida toda se arrependendo. Thomas Cresswell não era Vlad Drácula. A vida dele não tinha sido construída em cima da criação da morte, mas sim da resolução desta. Ele era uma luz entalhando seu caminho em meio à escuridão, como uma foice. Mas eu sabia que ele haveria de destruir a si mesmo para me salvar e não pensaria duas vezes antes de fazer isso.

"Por que envolver Thomas?", falei sem pensar. "Se você é a Condessa Drácula, por que fazer com que ele mate?"

Anastasia me encarou como se eu fosse a pessoa que estava falando absurdos ali. "Thomas é o último parente sanguíneo do sexo masculino do Senhor Empalador. É simbólico fazer com que ele dê fim à vida desse falso príncipe, que reivindique sua linhagem e traga ruína para a academia. Ninguém vai querer frequentar uma academia onde os alunos morreram de formas hediondas sob circunstâncias misteriosas. Assim que a academia não mais existir, poderemos tomá-la como nosso lar de direito."

"E quanto aos atuais rei e rainha?"

"Você não estava prestando atenção?", disse Anastasia em um tom exigente. "O arsênico colocará um fim nas vidas deles também. Eu passarei por todas as casas nobres até que a reivindicação de Thomas seja a única restante. Também serei bem-sucedida em destruir a Ordem dessa forma."

Com essa proclamação, duas silhuetas cobertas com seus mantos deram um passo à frente. Elas estavam escondidas atrás das pilhas de ossos que nos cercavam. Eu achava que tinha perdido a capacidade de ser surpreendida, mas ofeguei quando a silhueta mais alta jogou seu capuz para trás e tirou o manto, deixando suas armas à mostra.

Diante de nós estava Daciana, vestindo uma calça e uma túnica, usando a insígnia do dragão acompanhada de mais facas do que o número de escalpelos que meu tio tinha em seu laboratório. Thomas voltou a ela um olhar incrédulo, ainda que aliviado, e manteve a adaga firme em sua mão.

"Não haverá mais nenhuma matança aqui esta noite, *Contesă*", disse ela com uma reverência zombeteira, e uma lâmina agora dirigida a Anastasia. "Ileana, desarme-a."

A segunda silhueta removeu o capuz, e minha respiração ficou imobilizada. Minha atenção voltou-se para Thomas, sem saber ao certo se minha mente estava pregando peças em mim. Talvez eu estivesse tendo um pesadelo elaborado e acordaria em breve, suada e enrolada em meus lençóis. A irmã dele e Ileana eram... Tanto eu quanto Thomas nos demos conta disso ao mesmo tempo.

Ele olhou nos meus olhos e balançou a cabeça, com uma expressão de pleno deslumbre gravada em suas feições. Havia algo estranhamente gratificante em vê-lo, pelo menos uma vez na vida, deixar de notar uma peça do quebra-cabeça.

Anastasia olhou de Thomas para Daciana e Ileana, a confusão cedendo lugar à raiva. Ela girou a arma na direção do peito de Nicolae.

"Como você se atreve?", ela gritou, encarando Ileana. "Eu pensei em tudo, em tudo! Você... uma miserável criada... não tem nenhum direito!"

"Abaixe a arma, Anastasia", disse Ileana, com o tom de alguém acostumado a dar ordens que eram seguidas. "Você tem *două* segundos antes de..."

"Eu não tenho necessidade alguma de obedecer a você!"

Anastasia lançou-se para a frente, seus olhos em chamas enquanto puxava o gatilho da arma para executar Nicolae. Mas Ileana foi mais rápida. Sua espada passou diretamente pelo corpo de Anastasia. Encarei a cena, horrorizada, enquanto ela deslizava a lâmina para baixo, lambendo o sangue vermelho-intenso de seus lábios, e riu.

"*Ucis... de... o servitoare*", Anastasia ofegou, agora com sangue novo escorrendo de sua boca para mesclar-se à poça vermelha no chão. "Uma Báthory assassinada por uma criada. Quão apropriado."

Ela riu novamente, o sangue borbulhando em sua garganta. Ninguém tentou ajudá-la enquanto ela jazia ali, morrendo, asfixiando-se em sua própria força vital. Era tarde demais. Como o homem que ela havia assassinado no trem, Wilhelm Aldea, a moça do vilarejo e seu marido, e a camareira Mariana, não havia como trazê-la de volta dos Domínios da Morte agora.

Essa era uma visão que eu sabia que haveria de me assombrar, junto com os assassinatos do Estripador, pelo resto da minha vida.

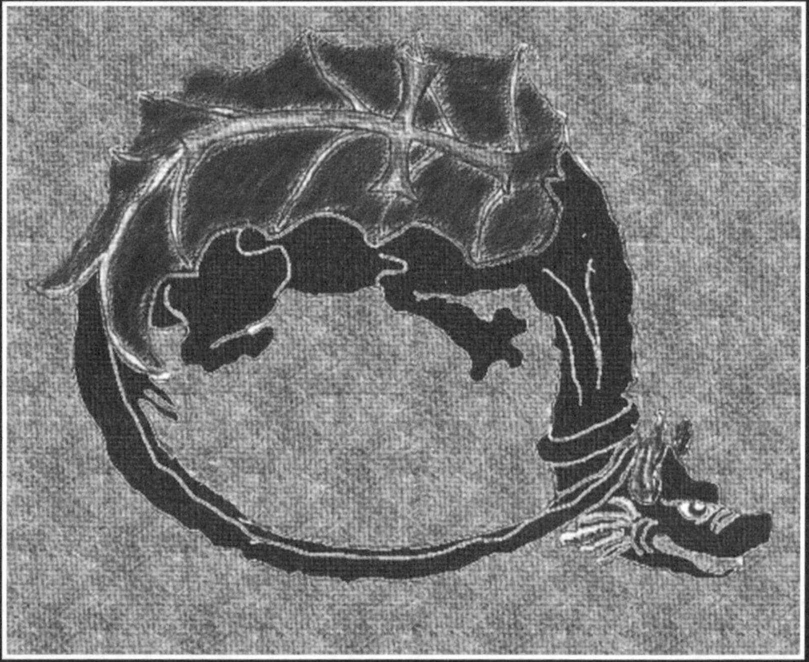

PRÍNCIPE DRÁCULA
RASTRO *de* SANGUE

44. *SOCIETAS DRACONISTARUM*

Criptă
Cripta, Castelo de Bran
22 de dezembro de 1888

Olhei fixamente para o sangue que escorria devagar da espada de Ileana, com as palavras enchendo minha garganta e praticamente me sufocando. Era somente por esse motivo que eu não tinha vomitado em cima do corpo empalado de Anastasia. Minha amiga. Eu observei enquanto a vida se esvaía de seus olhos e fiquei horrorizada com a serenidade que recaiu sobre ela, embora seu corpo inteiro estivesse coberto de preto e vermelho, tanto do sangue seco quanto do sangue fresco.

Thomas esfregou suas mãos ao longo dos meus braços, mas isso não foi o bastante para eliminar o calafrio das profundezas da minha alma. Ileana, a moça que eu conhecia como minha camareira, fazia parte de uma sociedade secreta de guerreiros e havia cortado uma mulher como se estivesse espetando um pedaço duro de queijo. Bem diante dos meus olhos. Embora Anastasia dificilmente fosse inocente nessas questões. Eu sabia que Ileana não tivera opção e, ainda assim... Eu me afundei no chão junto a Thomas, cansada demais para me preocupar com o que qualquer um poderia pensar da minha falta de decoro.

"Está tudo bem com você, Audrey Rose?" Ileana aceitou um pedaço de pano de Daciana e limpou sua lâmina, fazendo com que o sangue se espalhasse pela prata antes de desaparecer ao passar o tecido uma segunda vez.

"É claro", falei automaticamente.

Tudo bem era um termo bem relativo. Meu coração estava batendo, meu corpo funcionando, e eu estava viva. Na superfície, muito certamente estava tudo bem comigo. Era a minha mente que queria se enroscar e hibernar do mundo e de toda a dureza que havia nele. Eu estava cansada de destruição.

Thomas afastou os olhos do corpo de Anastasia e voltou-os na direção de sua irmã. Eu podia ver sua mente rodopiando de um fato para o próximo; era uma forma de ele lidar com a devastação. Ele precisava juntar as peças do quebra-cabeça para encontrar seu ponto de calma em uma tempestade furiosa.

"Como?", ele perguntou.

Daciana sabia precisamente o que ele queria saber. "Quando fiz dezoito anos, recebi uma herança parcial de nossa mãe. Algumas de suas posses — joias, ornamentos, arte — e um maço de cartas. A princípio, as cartas eram apenas pedaços dela mesma... Da história de como ela conheceu nosso pai. De como ela nos amava e nos guardava em seu coração. Cartões de aniversário que ela havia escrito com antecedência para mim. Um bilhete para quando eu me casasse." Ileana limpou uma lágrima da bochecha de Daciana. "Por um bom tempo, eu não consegui me forçar a lê-las, então, em uma tarde de neve, ficamos presos dentro de casa. Eu peguei as cartas novamente e li uma delas. E então fui lendo até o fim."

"E...?", quis saber Thomas. "Por favor, não fique muito tempo fazendo esse suspense."

"Nossa mãe me contou histórias de nobres que ainda acreditavam nos métodos da Ordem. Que ansiavam para que a corrupção fosse erradicada do sistema de governo. Eles a abordaram por causa de nossos laços de família. Não para que ela mesma se tornasse um membro da Ordem, mas para que oferecesse um espaço seguro para que eles se encontrassem. Você se lembra da pintura de dragão nos aposentos dela?"

Thomas assentiu, uma expressão mais desgostosa no rosto do que qualquer uma que eu já tivesse visto antes. Eu me lembrei do desenho que ele havia feito no trem, e da história que ele tinha partilhado comigo sobre sua lembrança em torno daquele desenho.

"Foi uma honra concedida à sua linhagem familiar. E ainda é", disse Ileana baixinho.

"A Ordem gostaria que você considerasse oferecer seus serviços a eles", disse Daciana. "Precisamos de pessoas honestas, que não tenham medo de arrancar a corrupção pelas raízes."

Seguiu-se um longo momento de silêncio enquanto Thomas considerava o que a irmã tinha acabado de dizer. Ele juntou as palavras. "A Ordem é, em essência, simplesmente um grupo de justiceiros." Ele analisou sua irmã e Ileana. "Eles não são a lei, mas acreditam que possam defendê-la melhor do que os governantes."

"Não!", Daciana arregalou os olhos. "Nós não acreditamos nisso, de forma alguma! A Ordem simplesmente visa manter o equilíbrio. Para, literalmente, manter a ordem. O poder com frequência corrompe. É um homem — ou mulher —sábio, que aceita seu papel como parte de um todo. Nós somos meramente uma linha de defesa. A família real pediu nossa ajuda."

Enquanto Thomas dardejava sua irmã com mais perguntas, Ileana inspecionou-me com um pouco de atenção demais, o que me deixou um pouco desconfortável.

"Todos nós passamos por uma longa noite, então serei breve", ela interrompeu. "Eu sou um membro do alto escalão da *Ordo Draconum*. Nossa missão sempre foi a de manter a ordem e a paz. Antigamente, era para a família Drácula; agora, é para a nobreza e cidadãos comuns também. Nossa lealdade é para com nosso país. O que inclui todo o nosso povo."

"Ah. Entendi." Thomas estreitou os olhos. "Então Daciana sempre teve ciência do título que você tem?"

Ileana assentiu. "Ela guardou meu segredo e eu espero que vocês dois façam o mesmo. Poucos sabem da minha associação com a Ordem. Eu sou a primeira mulher a ser convidada a fazer parte de seus escalões. Daciana é a segunda."

"Como você sabia como se infiltrar no castelo?", perguntei, ignorando a poça de sangue aos meus pés. Uma parte minha desejava um saco de serragem para espalhar pelo chão. "Presumo que você tenha sido colocada aqui de propósito."

"Sim. Devido à chegada de membros da Casa dos Basarab, fui incumbida da tarefa de me infiltrar entre os empregados. Depois do primeiro assassinato, em Braşov, a Ordem sentiu que era necessário ter alguém próximo ao vilarejo. Eu também estaria em uma boa posição para ouvir os rumores que estivessem circulando pela academia. Camareiras e criadas fofocam. Parecia um lugar excelente para coletar informações."

Considerei o que ela falou, lembrando-me da aula de Radu sobre a Ordem e quem fazia parte de seus escalões.

"Como foi que o diretor não reconheceu você como sendo da nobreza?"

Ileana abriu um sorriso triste. "Moldoveanu, como a maioria, presta pouca atenção naqueles que estão a seu serviço. Sem minhas roupas finas? Eu me torno qualquer uma." Ela ergueu um dos ombros. "Pode ser que ele seja mais observador por causa de seu conjunto particular de habilidades, mas ele não é infalível."

"Por que vocês demoraram tanto para parar Anastasia?", eu quis saber. "Por que esperar até agora?"

"Nós não sabíamos que era ela." Daciana moveu-se para a frente, tocando com gentileza no braço de Ileana. "Vínhamos fazendo uma varredura pelos túneis no decorrer da última semana, mais ou menos, na esperança de encontrar informações. Anastasia era esperta. Ela se movia muito pelos arredores. Nós nunca conseguíamos localizá-la."

"Eu tinha achado a maioria das perguntas dela estranha. Pelo menos, eram dignas de serem investigadas", acrescentou Ileana, "mas quando ela foi encontrada 'morta', não sabíamos o que pensar disso. Nicolae parecia suspeito novamente, mas ele nunca havia estado presente nem fora encontrado na mesma região que qualquer uma das vítimas. A Ordem não é conhecida por resolver crimes. Nós fizemos o melhor que pudemos nos armando com conhecimento. Infelizmente, isso não foi o bastante."

O príncipe Nicolae rolou para o lado, soltando espuma pela boca. Eu me senti repreensível por não pensar nele mais cedo e tirá-lo dessa câmara. Thomas agachou-se ao lado dele, segurando e erguendo sua cabeça. Ele disparou um olhar cheio de preocupação para Daciana. "Ele precisa de um médico. Precisamos levá-lo de volta para o castelo. Pode ser que já seja tarde demais."

O vento soprava pelas fissuras na encosta da montanha. Estremeci quando o ar gélido serpeou ao meu redor e atravessou minhas roupas molhadas. Eu havia me esquecido de que estava só com minhas roupas de baixo.

Sobreviver aos túneis parecia ser algo que havia acontecido com uma outra moça, em um outro tempo. Sem perder nenhum detalhe, Thomas apontou para sua irmã. "Talvez você possa oferecer seu manto a Audrey Rose."

Daciana envolveu meus ombros com seu manto e me apertou com força.

"Obrigada."

Inspirei a calidez do manto e exalei a exaustão que se assentava à minha volta. Ver alguém morrer era algo que eu desejava evitar, embora eu soubesse que era inútil acreditar que essa seria a última vez que eu me depararia com mortes violentas.

"Venha", disse Daciana. "Vamos levá-los para perto de uma lareira. Vocês dois parecem prestes a entrar em colapso."

Saímos cambaleando do necrotério no porão, cansados, destruídos e segurando um estudante que estava morrendo entre nós. Parados diante de nós estavam o diretor e vários guardas. O professor Moldoveanu inspirou profundamente e depois ladrou ordens.

"Levem o príncipe até Percy e peçam para que ele lhe ministre líquidos imediatamente, além do tratamento para envenenamento com arsênico. Ele tem um tônico no qual vinha trabalhando."

Dăneşti veio voando para o nosso lado e colocou o príncipe em uma maca com rodinhas. "*Adu doctorul. Acum!* Agora!"

Os guardas reais levaram Nicolae para fora da sala, e o som estridente da maca foi seguindo por todo o corredor. Eu caí no chão, cansada demais para ficar em pé por mais um segundo que fosse. Thomas caiu ao meu lado. Meu parceiro no Inferno. Eu quase ri. Liza estava certa mais uma vez — Thomas realmente me acompanharia pelas entranhas de Hades sem pestanejar. A menos que ele estivesse piscando de forma imprópria, é claro.

"Eu exijo saber o que está acontecendo nesta academia", Moldoveanu falou, não sem esforço. "Por que vocês dois estão cobertos de imundície e sangue, arrastando o príncipe pelos túneis?"

Ergui a cabeça e encarei Thomas. Eu não sabia por onde começar. Deixáramos Daciana e Ileana nas passagens. Elas não queriam que suas identidades fossem reveladas a ninguém. Eu estava tendo dificuldades em me lembrar da história que deveríamos apresentar, mas me endireitei um pouco enquanto Thomas tirava os cabelos de meu rosto.

"Essa é uma história um tanto longa", falei. "Porém, a versão resumida é que Anastasia forjou a própria morte..."

O sorriso de desdém esvaneceu-se da face de Moldoveanu conforme eu contava os detalhes de nossa busca nos túneis. Sobre o *Poezii Despre Moarte* e os poemas que o livro continha. As câmaras da morte das quais nós escapamos por pouco. Da linhagem familiar de Anastasia e sobre como ela desejava caçar o Príncipe Drácula e fazer dele seu noivo. Eu não deixei nada de fora em relação ao arsênico nem a forma como ela empalara certas vítimas. Uma lágrima deslizou pela face dele enquanto eu contava a história real da morte de sua protegida. Saquei o livro de poemas e entreguei-o a ele. Eu esperava nunca mais ver esse livro de novo.

Quando terminei, Thomas encolheu os ombros. "Parece que nós deveríamos levar uns créditos a mais. Nós de fato impedimos que uma assassina destruísse a academia."

Moldoveanu não estava mais com os olhos marejados. Eles estavam congelados e mortos. "Voltem para os seus aposentos e façam suas malas imediatamente. Eu decidirei o que fazer com vocês dois depois das festas de fim de ano. A carruagem estará esperando por vocês ao nascer do sol. Não apareçam aqui até que eu diga que vocês podem voltar. O que pode muito bem nunca acontecer."

Sem nem mesmo um simples agradecimento, o diretor saiu do necrotério do porão, e ouvimos o som pesado das passadas ecoando suas ríspidas palavras de despedida.

Thomas me ofereceu uma das mãos. "Sou só eu, ou você também acredita que ele esteja começando a gostar de nós?"

PRÍNCIPE DRÁCULA

RASTRO *de* SANGUE

45. CISNES E LOBOS

Residência dos Cel Rău–Cresswell
Bucareste, Romênia
24 de dezembro de 1888

"Oh! Vocês dois estão aqui!"

Daciana movia-se tão rapidamente conforme descia a grande escadaria quanto seu vestido bordado em pedraria lhe permitia. Era estranho estar ali, cercada de coisas assim tão belas. Cada beirada da mobília era mergulhada em ouro e refletia a luz das velas. Aquilo era, de todas as maneiras, absolutamente estonteante. Fiz uma reverência cortês quando ela chegou perto de nós, e Daciana fez o mesmo.

"É maravilhoso ver vocês sob circunstâncias mais... civilizadas." Ela beijou as minhas bochechas e depois abraçou o irmão com força. "Eu consegui encontrar a sra. Harvey antes que ela partisse para Londres, mas ela está lá em cima..."

"Tirando um cochilo?", perguntou-lhe Thomas, torcendo os lábios.

"Não, seu infeliz", disse Daciana. "Ela está se vestindo para o baile. Andem logo e se aprontem. Nossos convidados chegarão dentro de uma hora."

Depois dos horrendos eventos na cripta, um vestido de baile era a coisa mais distante dos meus pensamentos. Para falar a verdade, eu mal havia tido tempo para reunir meus pertences. O diretor nos fizera sair tão às pressas do castelo que nem mesmo conseguimos nos despedir de ninguém, quem dirá sair para fazer compras. Eu havia deixado um bilhete para Noah, mas gostaria de ter me despedido dele pessoalmente. Eu sentiria falta dele e de sua mente afiada. Pensar no meu colega de classe trazia memórias mais sombrias à tona, e eu tentava, sem sucesso, não visualizar o empalamento de Anastasia.

Daciana esticou a mão para mim, hesitante, e me tirou dessas imagens mórbidas. Ela apertou minha mão de forma um pouco mais intensa, dando-me força. "Alguém virá ajudá-la em breve", disse ela.

"Eu não trouxe nada para vestir."

Troquei um olhar nervoso com Thomas, mas Daciana fez um aceno com a mão, dispensando a questão com um sorriso conspirador iluminando sua face.

"Nada com que se preocupar", desconversou ela. "São simplesmente alguns poucos amigos próximos aproveitando a véspera de Natal juntos. Nada extravagante demais. O melhor vestido que você trouxe deve servir."

O cômodo que Daciana havia escolhido para mim era muito bem equipado. Exibia todas as finezas que um membro da realeza poderia querer, quem diria a filha de um lorde.

Fiquei parada na entrada por um instante, absorvendo o esplendor. Uma lareira crepitava em um dos cantos, e eu não pude evitar ir até lá para admirar as pinturas que decoravam a elaborada cornija. As flores e montanhas e natureza-morta de Bucareste foram capturados em tons de joias. Dei um passo mais para perto delas, inspecionando-as com interesse. Rabiscado ao longo da parte inferior das pinturas estava um nome familiar com uma caligrafia bonita, a qual reconheci imediatamente.

Thomas James Dorin cel Rău Cresswell.

Sorrindo para mim mesma, fui até a grande cama de dossel coberta com tecidos transparentes e parei. Uma caixa que me era familiar, amarrada com uma fita preta, havia sido colocada ali. Eu havia me esquecido de abri-la quando estava na academia e havia quase me esquecido do dia em que Thomas havia tentado entrar furtivamente nos meus aposentos. Passei os dedos pelo laço, maravilhada com a seda fria e macia.

Depois de tudo pelo que havíamos passado, eu não conseguia acreditar que Thomas tivesse se lembrado de colocar isso na mala. Puxei lentamente uma das extremidades da fita, vendo-a se soltar. A curiosidade finalmente se apossou de mim, e eu rasguei o papel pardo que a envolvia e ergui a tampa. O papel de seda amassava-se agradavelmente enquanto eu revelava o elaborado tecido escondido ali dentro.

"Oh..."

Ergui o brilhante vestido da caixa, lutando contra o súbito ataque de emoções que me sufocava. Thomas havia comprado para mim um pouquinho da luz do sol mesclada aos mais belos sonhos. Algo cheio de luz para afastar os pesadelos que permaneciam na minha mente. Minúsculas pedras preciosas piscavam à luz das velas enquanto eu virava o vestido de um lado para o outro. Era até mesmo mais adorável do que quando o vi na vitrine em Brașov. O amarelo tão pálido e cremoso que fazia com que eu quisesse afundar os dentes nele.

Era um dos vestidos mais bonitos que eu já tinha visto na minha vida. Por mais que existissem tanta morte e tanto horror, ainda se podia encontrar coisas belas por aí. Meu coração acelerou ao imaginar Thomas indo furtivamente até a butique e pedindo para que embrulhassem o vestido. Não era o aspecto monetário do presente, mas o fato de que ele havia comprado esse vestido simplesmente para me causar deleite — era isso que me roubava o fôlego.

Apertei o vestido bem próximo de mim e dancei em volta do quarto, permitindo que as saias de tule farfalhassem ao meu redor como se fossem meu parceiro animado. Eu descobri que mal podia esperar para mostrá-lo a Thomas em meu corpo, e, talvez, ser como um súbito raio de sol para iluminar o ânimo dele em retribuição. O sr. Thomas Cresswell podia não ter o verdadeiro título de príncipe, mas estava tudo perfeitamente bem, pois, para mim, ele sempre seria o rei do meu coração.

Quando Daciana dava um baile, não se tratava de um evento modesto. Era um baile digno de uma rainha.

Victoria e as outras moças que costumavam se reunir para o chá haveriam de ficar encantadas com a opulência das sobremesas e dos salgados e das frutas e das carnes, em pilhas tão altas que poderiam alimentar o vilarejo inteiro de Braşov apenas com o que sobrasse. Os petiscos haviam sido moldados no formato de feras fantásticas, as quais eu não conseguia muito bem discernir de onde eu estava. Eu gostaria que Liza estivesse aqui para admirá-las comigo. Eu não tinha recebido sua resposta à minha última carta e suprimi uma sensação de crescente inquietação. Tudo estava bem.

Eu perambulava nos arredores da extensa varanda, fascinada com o espetáculo que acontecia no centro do salão de baile. Dançarinas com cabelos prateados exibiam tiaras de diamantes com penas impressionantemente brancas em cada lado de suas têmporas, parecendo cisnes alçando voo.

Os corpetes de seus vestidos idênticos eram compostos totalmente por penas, brancas com tons de cinza. Eram as suas luvas, contudo, o que mais atraía a atenção enquanto elas se alvoroçavam no salão. Rendas de um preto intenso começavam nas pontas dos dedos, transformando-se em ramificações de um tecido transparente que parecia fumaça, enrolando-se apertadas em seus cotovelos.

Eu me levantei, enfeitiçada, enquanto elas pulavam com graça de um pé para o outro. Alguns na multidão observavam, mas a maioria estava perdida em conversas.

"Que pena."

Eu me virei e me deparei com Ileana assentindo para as pessoas lá embaixo. Eu não pude controlar o arquejo que escapou dos meus lábios. Lá se fora o traje bordado de camareira e o vestido de camponesa. Em seu lugar estava uma moça resplandecente em um vestido elegante o bastante para uma princesa.

Um aplique em forma de borboleta estirava suas asas por seu amplo busto, convidando os olhos a percorrer o caminho até o farfalhar em seus ombros. Era quase tão estonteante quanto a pessoa que o vestia. Eu não tinha como não admirar essa moça e tudo que ela havia feito por sua amada terra. Ela era o tipo de nobreza de que o mundo precisava. O tipo que não temia andar em lugares assustadores pelo bem de seu povo.

Não era de se admirar que Daciana estivesse apaixonada por ela. Era difícil não se deixar impressionar por seu ímpeto e sua coragem.

Ela assentiu em direção à multidão ali reunida. "Eles nunca deixam de aproveitar toda a *magie* que os cerca."

"Eu não estava esperando tanta gente assim", admiti. "Quando Daciana mencionou um pequeno baile com amigos próximos..." Interrompi a frase quando Ileana riu. "Os Cresswell certamente têm um quê dramático. Pelo menos, sei que isso é hereditário. Embora eu acredite que Thomas seja um pouco mais teatral."

"Daciana também tem seus momentos."

Mergulhamos em um silêncio confortável por um tempo. Ainda havia uma coisa que eu não conseguira decifrar muito bem. Virei-me na direção de Ileana.

"Eram você e Daciana naquela noite, no corredor, removendo o corpo do necrotério da torre, não eram? Vocês estavam entoando um cântico..."

Ileana assentiu devagar. "Radu mencionou que a Ordem realizava ritos de morte na floresta. Era isso que vocês estavam fazendo? Vocês conheciam a vítima do trem?"

"Sim." Ileana fitou a multidão, com sua atenção voltada para dentro dela mesma. "Ele era meu irmão. Quando descobri que Moldoveanu ia realizar uma autópsia nele..." Ela engoliu em seco. "Isso vai contra as nossas crenças. Daciana me ajudou a levar o corpo dele para o lugar ao qual pertencia."

"Então existe *mesmo* um local de encontro na floresta?"

Passou-se um instante e presumi que Ileana estivesse pesando suas palavras, decidindo quanto haveria de dividir comigo.

"Há um local sagrado, guardado pelos lobos. A maioria sequer chega perto do local, graças ao folclore e aos ossos que são encontrados por lá de tempos em tempos." O fantasma de um sorrisinho passou pelo rosto dela. "Nós alimentamos os lobos, oferecendo animais grandes para eles comerem. Eles mesmos espalham os ossos, o que proporciona uma boa história para os supersticiosos. Ninguém quer enfurecer a alma imortal de Vlad Drácula."

"É um bom disfarce", falei. "Eu sinto muito pelo seu irmão. Perder um irmão é algo horrendo."

"É sim, mas nós podemos carregar sua memória conosco e extrair força dela." Ileana apertou gentilmente minha mão enluvada. "*Am nevoie de aer.* Se você vir Daciana, diga a ela que estarei no telhado. Aqui está...", ela torceu o nariz, "cheio demais para o meu gosto."

Depois de acenar em despedida, eu me aproximei das escadas, criando coragem para descer.

Fiquei ali parada, os quadris pressionados no corrimão, concentrando-me demoradamente na multidão de convidados com suas roupas coloridas. As mulheres trajavam vestidos em tons de verde e todos os tipos de vermelho, indo do mais forte verde-botânico até o vinho intenso.

Passei as mãos pelo corpete brilhante do meu vestido. Havia pedras preciosas em tons de amarelo-claro e ouro, cuidadosamente costuradas em um tecido delicado, parecendo a luz do sol refletida na neve. Eu não podia negar que adorava o vestido e me sentia como se eu mesma fosse uma princesa. Pensar nisso me trouxe lembranças afetuosas dos tempos em que vovó costumava me envolver com sáris cobertos de joias.

Olhei ao redor da sala deslumbrante, com minha atenção devorando cada novo deleite brilhante. Galhos de abetos pendiam sobre janelas e cornijas de lareiras, cujos ramos estavam salpicados com purpurina. Notei agrupamentos de visco colocados em lugares estratégicos e precisei estabilizar meus batimentos cardíacos.

Talvez eu mesma fosse ceder a um comportamento um pouco mais livre. Nem que fosse apenas por uma noite. A Empaladora fora detida, a academia, salva da ruína, e estava na hora de eu sentar, relaxar e desfrutar a vitória antes de descobrirmos se havíamos passado ou não no curso de avaliação. Uma carta deveria chegar em breve, e, com ela, palavras sobre o nosso destino no próximo semestre.

Um rapaz passou cortando a sala como se fosse uma sombra. Fiquei observando enquanto ele tecia seu caminho em meio aos casais que dançavam, seu destino lhe dando confiança enquanto ele pegava duas taças de ponche de alguém que passava com uma bandeja. Ele parou ao pé da escadaria e seus olhos encontraram os meus.

Thomas parecia, em cada centímetro de seu ser, o príncipe que ele era, estivesse sua reivindicação ao trono distante ou não. Meu coração acelerou quando ele sorveu um golinho de sua taça, apenas para em seguida embebedar-se de mim em grandes goles.

Eu reuni as camadas de minhas saias e desci a grande escadaria, tomando cuidado para não tropeçar nos degraus. Para alguém que havia dito que passaria as festas de fim de ano sozinha com a sra.

Harvey, eu não podia acreditar em quantos convidados andavam por ali. Daciana causaria inveja em minha tia Amelia por suas habilidades de anfitriã. Metade dos residentes de Bucareste parecia estar neste baile, com mais deles chegando a todo instante. Uma noite tranquila com alguns poucos amigos próximos, até parece.

Enquanto eu chegava ao fim das escadas, avistei a sra. Harvey dançando nos arredores da multidão, com as bochechas agradavelmente coradas.

"Você deixará a todos malucos essa noite, Wadsworth. Seu cartão de baile será assunto de conversas lendárias", disse Thomas, oferecendo-me aquele meio sorriso que eu adorava enquanto me oferecia uma taça.

Sorvi um gole, precisando de toda a confiança líquida que pudesse absorver. As bolhas faziam cócegas ao descerem ao longo da minha garganta. Eu rapidamente tomei outro gole.

"Para falar a verdade, eu pretendo passar a maior parte da noite debaixo do visco."

"Talvez você queira reconsiderar isso, Wadsworth. É uma árvore parasitária, sabia?" Thomas abriu um largo sorriso. "É claro que, primeiro, eu vou fazer a triagem dos potenciais pretendentes, se você assim quiser. Não gostaria que nenhum deles ficasse empolgado demais. É para isso que servem os amigos, certo?"

As moças também ficariam em cima dele. Seus cabelos castanho-escuros estavam penteados magistralmente, seu terno era feito sob medida para seu corpo esguio e bem definido, e seus sapatos de couro brilhavam com perfeição.

Ele era bonito de partir o coração.

"Você parece... mediano, Cresswell", eu falei, com a maior cara de pau, enquanto notava que ele vinha me observando catalogar cada detalhe dele. Os cantos de sua boca se torceram. "Eu esperava mais, para falar a verdade. Algo um pouco mais... principesco. Estou decepcionada porque você não colocou uma peruca cheia de pó."

"Mentirosa."

Ignorando-o, terminei de beber o meu ponche e coloquei a taça em uma bandeja. Minha cabeça nadava no calor líquido que tamborilava por minhas veias como se fosse gasolina, esperando por aquela centelha que a faria pegar fogo. Thomas inclinou a cabeça para trás e esvaziou sua própria taça em uma velocidade surpreendente. Fiquei olhando, atenta, enquanto ele absorvia minha forma inteira novamente, tomando liberdades para apreciar cada curva realçada por meu vestido. Eu ainda não conseguia acreditar que ele o comprara para mim.

Ele aproximou-se ainda mais e colocou uma das mãos na minha cintura, puxando-me para uma valsa tão logo iniciou a música.

"Nós prometemos um ao outro, lembra?"

"Hummm?"

Eu estava tendo dificuldade em me concentrar em qualquer outra coisa que não fossem os passos certeiros dele conduzindo-me pela sala em um círculo embriagante depois do outro. Era difícil dizer se a culpa era do ponche ou se era totalmente do rapaz que estava diante de mim. Coloquei uma das mãos em seu ombro, e a outra, em sua mão enluvada, permitindo-me ser varrida pela magia da canção e da atmosfera fantástica. Estávamos em um paraíso invernal, um extremo contraste com o inferno que havíamos atravessado.

"Quando ainda estávamos em Londres", Thomas trouxe seus lábios para junto do meu ouvido, sussurrando palavras ressonantes e acendendo o fogo em meu sangue, "nós prometemos. Nunca mentir um para o outro."

Ele me pressionou mais para perto de si, até que já não houvesse o mínimo de espaço decente entre nós dois. Não me importei nem um pouco, enquanto nos movíamos em meio a saias que giravam, a multidão dançante tecendo uma tapeçaria de felicidade. O restante da sala parecia imerso em um sonho ao qual eu não estava prestando atenção. Eu tinha algo melhor do que sonhos, algo mais tangível em minhas mãos. Bastava esticar a mão e tranquilizar-me com a certeza de que ele era sólido. Não era nenhum fantasma do meu passado.

"Você quer a verdade, Cresswell?" Envolvi os braços em volta do pescoço dele até que nossos corpos se confundissem e já não soubessem onde começava um e terminava o outro. Até que o único pensamento consumindo a minha mente fosse o de trazê-lo ainda mais para perto, permitir que ele também ficasse em chamas ao encostar em mim. Ninguém parecia notar meu comportamento impróprio, mas, mesmo se notassem, eu duvidaria que fosse me importar com isso neste instante.

"Diga-me." Thomas inclinou sua boca perigosamente na direção da minha, apenas pelo tempo de uma pulsação, extraindo um acorde selvagem de dentro de mim. Ele passou as mãos pelas minhas costas, tranquilizador, provocativo. "Por favor."

Eu não havia notado que nós nos situávamos, agora, em uma reentrância entre vasos de samambaias. Suas frondes grandes como leques ofereciam uma tela que nos separava da festa agitada logo além. Estávamos sozinhos, longe de olhares curiosos, longe das regras e das restrições da sociedade.

Thomas pousou uma mecha de cabelos atrás da minha orelha, com a expressão um pouco triste, considerando o lugar onde nós estávamos.

"Minha mãe teria adorado você. Ela sempre me disse que eu precisava de uma parceira. Uma semelhante. Ela sempre me disse para nunca me acomodar com alguém que só daria sorrisos tolos, que se submetesse e delegasse a mim, como seu marido, o papel de tomar as decisões." Ele olhou de relance para trás, em direção à multidão, com os olhos anuviados. "Estar aqui é... difícil. Muito mais difícil do que eu achei que seria. Eu a vejo em tudo. É uma bobagem... mas com frequência eu me pergunto se ela ficaria orgulhosa de mim. A despeito do que os outros dizem sobre mim. Eu não sei o que ela haveria de pensar."

Deslizei a mão ao longo das lapelas dele, puxando-o cada vez mais para dentro da alcova onde estávamos. A escuridão tornava as confissões mais fáceis e me confortava de uma maneira que a luz nunca seria capaz de fazer.

"Ela ficaria orgulhosa", falei. Thomas estava agitado em seu terno, com a atenção fixa no chão. "Você quer saber o que eu acho? A verdade?"

"Sim." Ele olhou desavergonhadamente nos meus olhos. "E faça com que a verdade seja escandalosa. Isso aqui está um pouco sério demais para o meu gosto."

"Você parece um tanto..."

Meu coração espocava em meu peito. Thomas tinha o olhar fixo e concentrado em mim, como se ele pudesse adivinhar algum segredo que eu ainda não houvesse revelado a mim mesma. Espiei dentro de seus olhos salpicados de dourado. Eu via neles minhas próprias emoções, refletidas de volta para mim. Sem muralhas nem jogos.

"Parece que você deveria parar de dizer que vai me beijar, Príncipe Drácula." Ele encolheu-se, como se minhas palavras fossem uma ferroada. Puxei seu rosto de volta para junto do meu. "E simplesmente *fazer* isso, Cresswell."

Um lampejo de entendimento passou por suas feições, e ele não hesitou em trazer sua boca para junto da minha. Nós fomos tropeçando contra a parede, com toda a extensão do corpo dele me envolvendo em sua calidez. Suas mãos deslizavam para cima, prendendo-se em meus cabelos enquanto ele aprofundava o nosso beijo. O mundo espartilhado se desfez. As restrições e as regras eram amarras do passado.

Éramos apenas nós dois diante de um céu cheio de estrelas, ignorando qualquer coisa que não fossem nossos corpos unidos um ao outro feito constelações. Ele era meu par de todas as formas possíveis. Arranquei minhas luvas, permitindo que meus dedos tivessem a liberdade de traçar os planos de sua face sem impedimentos, e ele respondeu da mesma forma. Sua pele era macia sob o meu toque. Thomas recuou, gentilmente acariciando meu lábio inferior com o polegar, sua respiração não passando de um som áspero.

"Audrey Rose, eu..."

Puxei o rosto dele para junto do meu e dei à sua boca algo mais interessante a fazer. Thomas não pareceu se importar com a interrupção, já que estávamos explorando novas formas de comunicação.

Por fim, nos arrastamos para fora de nosso local secreto atrás das samambaias, e dançamos e rimos até que os meus pés e o meu estômago ficassem doloridos. Eu me dei conta de que essa não era uma noite para tristeza e morte. Mas uma ocasião para nos lembrarmos de como era extraordinário estar vivo.

Prezada srta. Wadsworth,

Estou certo de que isso não será nenhuma surpresa, mas é meu dever lhe informar que você não conseguiu um lugar na academia neste período. Depois de muito pensar, determinei que os alunos mais merecedores durante esse curso foram o sr. Noah Hale e o sr. Erik Petrov. Eles exibiram comportamentos exemplares, assim como as habilidades forenses necessárias. Talvez, da próxima vez, você seguirá todas as instruções. Parte da educação de uma pessoa inclui ouvir aqueles de escalão e experiência superiores, algo em que você falhou miseravelmente em mais de uma ocasião.

Contudo, em nome da academia, eu realmente lhe ofereço a minha mais sincera gratidão por sua ajuda. É possível que você venha a se tornar proficiente em ciências forenses com mais prática e polimentos, embora isso ainda precise ser atestado.

Realmente lhe desejo tudo de bom.

Atenciosamente,

Wadim Moldoveanu

Diretor, Institutului Național de Criminalistică și Medicină Legală

Academia de Medicina e Ciências Forenses

EPÍLOGO. UMA POSSIBILIDADE ELETRIZANTE

Residência dos Cel Rău-Cresswell
Bucareste, Romênia
26 de dezembro de 1888

O príncipe Nicolae reclinou-se no canapé da sala de visitas, o semblante esquelético, mas de volta à sua coloração normal, levemente morena. Eu nunca antes tinha ficado tão feliz em vê-lo.

"Você está bem menos parecido com um cadáver", disse Thomas, sem rodeios. Não consegui não rir. Apesar de toda a evolução que eu havia testemunhado, ainda havia algumas arestas que nunca seriam aparadas. Ele voltou-se para mim, com o cenho franzido. "O que foi? Ele não está com uma aparência melhor?"

"Fico feliz que você esteja bem, príncipe Nicolae. Foi..." Chamar o que ele passou de *horrível* parecia leve demais para o que ele havia vivido. O que todos nós havíamos vivido. "Será uma história e tanto para contarmos aos nossos filhos um dia."

"*Mulţumesc*. Só Nicolae já está bom." Um sorriso começou a surgir, mas não se expandiu no rosto dele. "Eu queria agradecer a vocês dois pessoalmente. E queria pedir desculpas."

Ele sacou um pedaço de pergaminho do diário que estava segurando e o ofereceu a mim. Era a ilustração que ele fizera de mim, aquela em que eu aparecia como se fosse a Condessa Drácula. Voltei o olhar para o dele, ignorando a forma como Thomas bufava por cima do meu ombro.

"Ninguém acreditou em mim", disse ele simplesmente, estirando as palmas de suas mãos como uma forma de explicação. "Eu havia tentado avisar a minha família, e depois a atual corte real, mas eles acharam que eu estava louco. *Nebun*. Depois, quando Wilhelm morreu... ainda assim eles não me deram ouvidos. Decidi enviar ameaças a eles, na esperança de que tomassem precauções. Presumi que, se nossa linhagem estava na mira, seria apenas questão de tempo antes que o rei e a rainha também fossem ameaçados." Ele apontou para o desenho que fez de mim. "Eu achei que você fosse a culpada. Eu desenhei isso com a intenção de dá-lo aos aldeões. Se a academia não me desse ouvidos... Dăneşti ou Moldoveanu... Eu achei que talvez os aldeões fossem dar cabo de quem quer que fosse percebido como um *strigoi*. Eu estou... Eu peço desculpas."

Thomas não disse nada. Eu me levantei e tomei as mãos enluvadas do príncipe nas minhas. "Obrigada pela verdade", eu disse. "Fico feliz por estarmos nos despedindo em termos melhores do que quando nos conhecemos."

"Eu também." Nicolae forçou-se a ficar em pé, usando uma bengala ornamentada, e mancou até a porta. "*Rămâi cu bine*. Fique bem."

Uma caixa longa e simples, amarrada com um cordão, foi entregue no meu quarto junto com o recibo naquela tarde. Este era o melhor presente de Natal que eu já havia comprado para mim mesma. Sem mais delongas, arranquei o cordão e abri a tampa da caixa.

Havia uma calça preta dobrada ali dentro, junto com uma blusa de seda. Minha atenção recaiu para a parte mais preciosa do pacote: o cinto com fivelas douradas. Quando voltássemos a Londres, eu seria uma força e tanto com a qual competir. Eu esperava que meu pai fosse ser receptivo, embora talvez eu pegasse um pouco leve com ele a princípio. Forcei-me a colocar essas preocupações de lado e descobri que mal podia esperar para experimentar as roupas novas. Desnudei-me imediatamente.

Puxei a calça para cima e a prendi na minha cintura, maravilhada com a forma como minha silhueta parecia ter sido mergulhada no mais fino nanquim, e depois colocada para secar ao sol. Curvas gentis formavam um arco sobre os meus quadris e estreitavam-se nas minhas pernas. Em seguida, vesti a blusa por cima da cabeça e fechei-a na frente com uma série de amarras, antes de enfiá-la para dentro da calça.

A costureira havia feito uma camisa sedosa e que, ainda assim, também tinha estrutura o suficiente para manter meus atributos no lugar. Era perfeita.

Sem as luvas, deslizei as mãos pela frente da camisa, alisando os vincos, enquanto eu me virava de um lado para o outro diante do espelho. Minha silhueta se exibia de tal forma que, quando retornássemos às aulas de meu tio, eu jamais seria confundida com um de meus colegas de classe homens, mesmo que eu estivesse vestida como um deles. Porém, acima de tudo, eu sentia vontade de marchar pelos arredores com a cabeça erguida. Havia uma liberdade de movimento que eu raramente vivenciava com todas as minhas camadas de roupas e amarras.

Com esforço, afastei-me de meu reflexo e tirei o cinto de couro da caixa. Coloquei uma das pernas dentro dele e prendi suas fivelas na minha coxa. Deslizei meu escalpelo para o lugar e sorri. Se alguma vez eu já tinha ficado ruborizada antes, esse era um novo nível de indecência com o qual eu estava brincando. Eu precisaria usar o meu avental para evitar sussurros e olhares. A partir de agora, eu parecia estar...

"Você está estonteante."

Eu me virei, a mão indo até o frio metal do escalpelo embainhado na minha coxa. Permiti que meus dedos roçassem a lâmina lisa antes de deixar a mão pender.

"Entrar sorrateiramente no dormitório de uma moça duas vezes no mesmo mês é rude até mesmo para os seus padrões permissivos, Cresswell."

"Até mesmo quando estou andando sorrateiramente pela minha própria casa, desta vez? E mesmo quando eu trago um presente?"

Havia uma inclinação felina em seu sorriso enquanto ele colocava uma tela junto à porta e entrava no quarto, dando a volta ao meu redor. Sem pedir desculpas, ele inspecionou cada centímetro de meus trajes, e então parou perto o bastante de mim para que eu sentisse o calor de seu corpo.

Sentindo-me tímida de repente, meneei na direção da parte de trás da tela. "Posso ver?"

"Por favor." Thomas fez um movimento com o braço, indicando o quadro. "Satisfaça seu desejo."

Andei até a pintura e virei-a de frente, e fiquei sem fôlego ao vê-la. Uma única orquídea brilhava como se tivesse sido encapsulada em gelo. Eu me curvei mais para perto do quadro, dando-me conta de que não era bem isso que eu estava vendo. A orquídea era, na realidade, um céu pontilhado de estrelas. Thomas havia pintado o universo inteiro dentro dos limites da minha flor predileta. Uma recordação dele me oferecendo uma orquídea durante a investigação do Estripador passou pela minha cabeça.

Apoiei a pintura na parede e voltei meu olhar para cima. "Como você soube?"

"Eu..." Thomas engoliu em seco, com a atenção fixa na pintura. "A verdade?"

"Por favor."

"Você tem um vestido com orquídeas bordadas. Fitas do mais intenso tom de púrpura. Você gosta da cor, mas não tanto quanto eu gosto de você." Ele inspirou fundo. "Quanto às estrelas? São o que prefiro. Mais do que as práticas médicas e as deduções. O universo é vasto. É uma equação matemática que nem mesmo eu tenho esperanças de resolver. Pois não há limites para as estrelas, o número delas é infinito. É precisamente esse o motivo pelo qual eu meço o meu amor por você por meio delas. São tantas que não dá para contar."

Devagar o bastante, a ponto de fazer com que meu coração ficasse acelerado, ele esticou a mão e puxou um grampo de meus cabelos. Parte dos cachos negros caiu em cascata pelas minhas costas, enquanto o dourado caía no chão.

"Estou completamente enfeitiçado, Wadsworth."

Ele puxou mais um grampo, e então outro, soltando totalmente meus cabelos de suas amarras. Havia algo de íntimo no fato de ele me ver com os cabelos soltos neste aposento privado. Algo íntimo na confissão dele. Como se fosse uma linguagem secreta que apenas nós dois soubéssemos falar.

"Você está insinuando que seus sentimentos são o resultado de alguma feitiçaria, então?", perguntei, provocando-o.

"O que eu quero dizer é que... eu não consigo fingir que não sou... Eu imagino que o que eu esteja dizendo é que já se passaram alguns meses." Thomas coçou a testa. "Eu esperava tornar as coisas mais... oficiais. De algum jeito. Do jeito como você preferir, na verdade."

"Oficiais de que jeito?"

Meu coração batia com força no interior do meu peito, procurando por uma fenda para escapar dali. Eu mal conseguia acreditar que nós estávamos tendo essa conversa, especialmente quando estávamos sozinhos. Embora eu também mal pudesse acreditar que Thomas praticamente havia dito "Eu te amo". Era o que eu precisava ouvir de novo. Apenas uma vez, sem pressão nem hesitação.

"Você sabe de que jeito, Wadsworth. Eu me recuso a acreditar que você tenha interpretado errado os meus afetos. Eu estou completamente apaixonado por você. E isso é permanente."

Ali estava. A admissão pela qual eu ansiava. Ele mordeu o lábio nervosamente, sem saber ao certo, até mesmo com todos os seus poderes de dedução, se algum dia eu poderia amá-lo como ele me amava. Eu queria lembrá-lo de nossa conversa sobre como não havia fórmula para o amor, mas estava com a pulsação em disparada por um motivo completamente diferente.

Eu estava pronta para aceitar a mão do sr. Thomas Cresswell em casamento. E isso me aterrorizava e me deixava eletrizada ao mesmo tempo. Ele ficou observando enquanto eu me empertigava e elevava o queixo. Se eu fosse me submeter aos meus próprios sentimentos, eu precisava ter certeza de uma última coisa.

"Você vai pedir apenas a permissão de meu pai para me cortejar?" Eu precisava saber. "E quanto aos meus sentimentos? Pode ser que eu goste do Nicolae. Você não me perguntou diretamente."

Thomas olhou nos meus olhos com firmeza. "Se isso for verdade, então me diga e eu nunca mais falarei disso novamente. Eu nunca forçaria a minha presença para cima de você."

Eu não pude deixar de pensar no inspetor de polícia que havia trabalhado no caso do Estripador conosco. E em seus motivos ocultos. "É um pensamento adorável. Mas, até onde eu sei, você já falou com o meu pai e uma data foi marcada. Algo similar *já* aconteceu antes."

"Blackburn era um imbecil. Eu acredito que você sempre deva ter uma escolha nessa questão. Eu não sonharia em excluir você de sua própria vida."

"Meu pai provavelmente ficaria... Não sei ao certo. Ele pode não aprovar uma abordagem assim tão moderna. Você pedindo a minha permissão antes da dele. Eu achei que você se importasse com a opinião dele."

Thomas ergueu a mão para o meu rosto, cuidadosamente traçando, com os dedos, linhas de fogo em meu maxilar. "É verdade que eu quero a aprovação de seu pai, mas eu quero a sua permissão. E a de mais ninguém. Isso não funcionará de nenhuma outra forma. Eu não posso simplesmente tomá-la para mim." Ele roçou seus lábios nos meus. Sutilmente, tão suavemente que eu poderia ter imaginado que eles estavam ali. Meus olhos fecharam-se. Ele podia me persuadir a construir um barco a vapor para ir até a lua quando me beijava. Nós poderíamos orbitar as estrelas juntos. "Você é dona de si mesma para se permitir."

Eu entrei no círculo dos braços dele e pousei a palma de uma das mãos em seu peito, guiando-o na direção da poltrona estofada. Ele percebeu tarde demais que havia algo maior do que um gato perseguindo-o; ele havia atraído a atenção de uma leoa. E agora ele era a minha presa.

"Então eu escolho você, Cresswell."

Eu me deleitei com o fato de que ele havia caído, aos tropeços, na poltrona, com os olhos arregalados. Eu me aproximei e fiquei parada diante dele, cutuquei sua perna com meu joelho, provocando-o.

"Não é cortês brincar com a comida, Wadsworth. Eu não..."

"Eu também amo você."

Capturei os lábios dele com os meus, permitindo que seus braços me circundassem e me puxassem ainda mais para perto dele. Ele abriu a boca, tornando nosso beijo mais profundo, e eu senti os céus se abrirem dentro do universo do meu corpo. Eu não me importava com Anastasia e seus crimes. Nem com nada que não fosse...

"Por mais que eu odeie separar vocês dois..." Daciana tossiu delicadamente da porta. "Nós temos uma visita." Ela olhou para o meu novo traje e abriu um grande sorriso. "Você está fenomenal. Muito intimidante e 'Portadora da Morte'."

Thomas soltou um grunhido conforme eu me libertava de seus braços, e lançou à irmã um olhar tão fulminante que teria deixado minha tia Amelia orgulhosa. "É a mim que os aldeões haverão de chamar de Portador da Morte se você continuar a arruinar todos os nossos momentos clandestinos, Daci. Vá entreter sua visita sozinha."

Daciana mostrou a língua para ele. "Deixe de ser tão mal-humorado. Isso é indecoroso. Eu adoraria entreter nosso convidado, mas tenho a sensação de que Audrey Rose poderia querer dizer olá a ele."

Intrigada, alisei a frente de meus trajes perigosos. Meus cabelos estavam soltos, mas a curiosidade me arrastou para fora de meus aposentos e me fez descer a escadaria espiralada antes que eu pudesse arrumá-los. Detive-me ao pé da escada, quase fazendo com que Thomas fosse parar no chão ao esbarrar em mim.

Um homem de cabelos loiros e um familiar óculos dourado andava de um lado para o outro no vestíbulo, com as mãos nas laterais de seu corpo. Foi preciso todo o meu autocontrole para não pular nos braços dele.

"Tio Jonathan? Que surpresa adorável! O que o traz aqui a Bucareste?"

Sua atenção voltou-se para mim na hora, e fiquei observando seus olhos verdes piscarem em resposta à escolha de meus trajes. Eu tinha certeza de que o cinto de couro com o escalpelo em volta da minha coxa poderia ter causado uma embolia, mas ele absorveu tudo sem problemas. Ele nem ao menos pestanejou com o estado dos meus cabelos, o que era um milagre por si só. Meu tio inspecionou o rapaz ao meu lado, e depois torceu o bigode. Eu me segurei ao corrimão, sabendo pelo gesto dele que as notícias não eram boas.

Medos irracionais passaram em um lampejo diante de meus olhos. "Está tudo bem em casa? Como está meu pai?"

"Ele está bem." Meu tio assentiu como se para confirmar o fato. "Todavia, eu receio que vocês dois possam se atrasar na volta para casa. Eu fui convocado para ir aos Estados Unidos da América. Há um perturbador caso forense por lá, e eu preciso da ajuda dos meus dois melhores aprendizes." Ele puxou um relógio de bolso de sob seu manto de viagem. "Nosso navio sairá de Liverpool no dia do ano-novo. Para conseguirmos estar lá a tempo, precisamos partir hoje à noite."

"Eu não sei ao certo se essa é uma ideia sábia. O que lorde Wadsworth diz sobre isso?" Thomas se empertigou, a preocupação fazendo-o colocar o lábio entre os dentes. "Eu imagino que meu pai não se importe, de um jeito ou de outro. Alguém se comunicou com ele?"

Meu tio balançou levemente a cabeça. "Ele está viajando, Thomas. Você sabe como é difícil receber correspondência, motivo pelo qual eu vim pessoalmente."

Uma mecha de cabelos caiu sobre a testa de Thomas, e eu ansiei por esticar a mão e colocá-la no lugar, afastando suas preocupações. Eu dei um apertãozinho gentil na mão dele antes de dar um passo na direção de meu tio.

"Vamos lá, Cresswell. Eu tenho certeza de que tanto meu pai quanto o seu vão aprovar isso. Além do mais", falei, agora de um jeito mais brincalhão, "eu gosto da ideia de ter mais uma aventura com você."

Um lampejo de travessura iluminou a expressão dele. Eu sabia que ele estava se lembrando exatamente daquilo que me dissera no fim do caso do Estripador.

"Eu sou um tanto irresistível, Wadsworth. Está mais do que na hora de você admitir isso." Ele estirou um dos braços, com uma pergunta em seu olhar contemplativo. "Vamos?"

Olhei de relance para o meu tio, notando o sorriso que se contorcia no rosto dele. Eu sempre desejara cruzar os mares, e dizer não a outro caso, que envolvia uma viagem para o exterior em um cruzeiro de luxo, me parecia uma tolice. Eu me concentrei no braço estirado de Thomas, sabendo que ele estava me oferecendo muito mais do que seus melhores modos. Ele estava me presenteando com todo o amor e todas as aventuras que o universo poderia prover.

O sr. Thomas Cresswell, o último herdeiro do Príncipe Drácula, estava me oferecendo tanto seu coração quanto sua mão.

Sem hesitar, aceitei o convite de Thomas e abri um grande sorriso. "Aos Estados Unidos da América!"

LIBERDADES HISTÓRICAS E CRIATIVAS ADOTADAS PELA AUTORA

Tal como é a beleza da ficção, há algumas verdades históricas no coração desta história e bastante imaginação, adicionada por motivos ornamentais e de aventura. Para minha enorme decepção, o *Expresso do Oriente* não fazia uma parada em Bucareste até o começo do ano de 1889 (uns poucos meses depois que Thomas e Audrey Rose o tomaram para ir até a academia, no inverno de 1888), mas eu sempre amei aquele trem e não consegui resistir a abrir o romance com ele. Estava tudo tão romântico até que aquele corpo empalado apareceu...

Infelizmente (ou talvez não), o Castelo de Bran nunca foi um colégio interno nem abrigou estudantes de medicina durante sua longa história. Embora tenha sido popularizado na ficção e em filmes, Vlad III (Vlad, o Empalador) apenas passou pelo castelo durante seu segundo reinado, antes de atacar os saxões em Brașov. Por ser conhecido como o "Castelo de Drácula" (graças à descrição similar feita por Bram Stoker, embora haja discussões sobre o fato de ter ou não sido esse o castelo real que inspirou a famosa fábula de vampiro... o que é uma história para outro momento), eu decidi que seria a localização perfeita para um assassino em série que estivesse fingindo ser um vampiro.

Durante o período em que este romance se passa, o Castelo de Bran havia sido entregue ao departamento florestal da região. Foi interessante imaginá-lo como uma academia de ciência e medicina forenses em vez do abandono e da falta de cuidados em que o castelo recaiu naqueles trinta anos antes de os cidadãos de Brașov darem-no de presente à rainha Maria da Romênia.

Algumas descrições de seu interior, como a biblioteca, foram inspiradas na verdadeira catedral no castelo, e foram grandemente embelezadas para a história. A entrada com as escadas que conduzem para cima e para baixo e os candeeiros de dragão são frutos da minha imaginação. Eu também tomei a liberdade de acrescentar corredores, passagens secretas e labirintos sob os andares principais. Gostei de imaginar várias formas por meio das quais Vlad III pudesse escapar dessa fortaleza, caso exércitos invasores ou usurpadores não amigáveis tentassem pôr um fim à sua vida e tomar o controle de seu amado país. Para obter mais informações sobre o castelo e sua linha do tempo histórica, dê uma olhada no site *bran-castle.com*. Há fatos incríveis listados lá, e o site também traz ótimas fotografias.

A Ordem do Dragão realmente foi uma ordem cavalheiresca secreta da qual tanto Vlad III quanto seu pai (Vlad II) eram membros. Eram realmente baseados nos cruzados, mas não eram ativos durante a época em que essa história se passa. (E provavelmente eles não teriam tido mulheres como membros, mas isso não impediria que minhas moças destemidas invadissem o clube em que só os meninos eram aceitos e empunhassem suas espadas.)

FATOS RELACIONADOS À ALGUMAS DAS INFORMAÇÕES CIENTÍFICAS MENCIONADAS:

O DNA foi descoberto em 1869 por um químico e fisiologista suíço chamado Friedrich Miescher. Ele havia chamado o DNA de nucleína, visto que o havia descoberto dentro do núcleo dos leucócitos, ou glóbulos brancos. Como uma estudante de medicina forense e alguém que teria lido tudo quanto possível sobre os avanços da ciência, Audrey Rose o teria admirado fortemente.

Os canudos modernos usados para beber líquidos foram patenteados por Marvin C. Stone em 1888, embora o canudo mais antigo de que se tenha conhecimento tivesse sido usado pelos sumérios em 3.000 a.C.

Primórdios do feminismo moderno: Audrey Rose teria sido inspirada por livros como *Reivindicação dos Direitos da Mulher,* de Mary Wollstonecraft, que foi publicado quase cem anos antes desta aventura, em 1792. (Tanto nos Estados Unidos quanto na Europa, as mulheres estavam lutando pelo direito ao voto, então não era difícil imaginar a mãe de Audrey Rose ensinando a ela essas ideias mais "modernas", que moldaram seu interesse pelas ciências forenses em vez de incentivá-la a buscar a garantia de um casamento.)

SOBRENOMES DRĂCULEŞTI E DĂNEŞTI:

O príncipe Nicolae Aldea e os membros de sua família nesta história são todos fictícios. Na verdade, a maioria dos sobrenomes fazem alusão às famílias envolvidas com a regência dinástica da Romênia antes dos anos 1800. Nicolae recebeu esse nome em homenagem a Nicolae Alexandru, da Casa dos Basarab.

Uma parte interessante da minha pesquisa foi a família real e como a dinastia poderia ser ampliada ao se colocar filhos "bastardos" como regentes. Eu sugiro fazer uma pesquisa sobre a Casa dos Basarab e a Casa dos Dăneşti, caso você tenha interesse em árvores genealógicas aprofundadas. Eles eram as linhagens principais dos regentes medievais na Valáquia, e é de onde veio a inspiração para a rivalidade entre Thomas e Nicolae. Nem Nicolae nem Thomas seriam tecnicamente considerados príncipes, visto que suas famílias haviam cessado de controlar esta região por um bom tempo, mas, bem, isto aqui *é* ficção e eu adoro pensar em Thomas como sendo um Príncipe Encantado às avessas dos sonhos de Audrey Rose. (E que é, na verdade, bem charmoso por baixo de sua frieza exterior).

Nesta história, a linhagem da mãe de Thomas descende de Vlad, o Empalador através de Mihnea cel Rău. (O filho de Vlad, o Empalador.) Mihnea produziu herdeiros, e eu imaginei a mãe de Thomas vinculada a eles.

A condessa Elizabeth Báthory é uma mulher da nobreza húngara que continua sendo uma das mais prolíficas assassinas em série de todos os tempos. Dizem os rumores que ela matou quase setecentas pessoas (cuja maioria eram suas criadas) e foi apelidada de Condessa Drácula e Condessa Sangrenta. Segundo os rumores, ela se banhava com o sangue de suas vítimas, o que realmente contribuiu para que fosse comparada a Vlad III e considerada uma espécie de vampira ao longo da história. O nome Anastasia foi inspirado em uma das filhas que ela teve.

Um segredinho divertido: Há um conto do folclore romeno em que uma princesa chamada Ileana é feita cativa por monstros e salva por um cavaleiro. Para este livro, eu quis reimaginá-la como a heroína de sua própria história.

TRANSILVÂNIA:

A Transilvânia é a região histórica da Romênia que abriga o vilarejo de Braşov e o Castelo de Bran. Durante este período na história, era chamada de Transleitânia e fazia parte das Terras da Coroa de Santo Estêvão, regidas pela Áustria-Hungria. Para esta história, eu mantive os nomes Transilvânia e Romênia, e espero que os historiadores e entusiastas não fiquem enfurecidos demais com meus embelezamentos. Eu tenho raízes na Europa Oriental e tentei fazer o meu melhor ao capturar a região e seu folclore da forma mais precisa possível.

Quaisquer outras imprecisões históricas — como deixar de lado os protocolos vitorianos em relação a segurar as mãos e mandar fazer um cinto de armas etc. — estão presentes em benefício tanto da trama quanto dos personagens para elaborar um (eu assim espero) divertido conto gótico.

AGRADECIMENTOS

Prezado(a) leitor(a), obrigada por acompanhar meus personagens nessa segunda (e sangrenta) aventura, e pelo amor que vocês demonstram a Audrey Rose e Thomas nas mídias sociais. "Cresswort" é meu lance predileto DE TODOS OS TEMPOS! (Embora "Well Worth", que em inglês quer dizer "Bem Digno", também me faça sorrir.) Eu torço muito por cada um de vocês. Obrigada, obrigada, mil, um milhão de vezes, obrigada!

Eu devo muita gratidão à minha superagente, Barbara Poelle, por seu talento, seu olhar aguçado, a ideia de dar a Audrey Rose e Thomas um curso intensivo de medicina forense, e por sua infalível capacidade de me fazer rir em meio a um prazo de entrega e quaisquer acontecimentos inesperados que a vida joga no meu caminho. (Você se lembra daqueles meses de tratamentos neurológicos para a doença de Lyme, e daquela vez que meu rosto ficou inchado e eu tive um sério problema de ficar falando com a língua presa antes de conhecer JP?) Obrigada por ser minha guerreira, B. Eu não poderia ter feito NADA disso sem você... nem sem aqueles fabulosos presentes que você me manda.

À equipe inteira da IGLA, eu fico tão feliz por ter encontrado um lar em vocês. Sean Berard, da APA, obrigada por escoltar *Rastro de Sangue: Jack, o Estripador* em um grande passeio por Hollywood. Meus personagens adoraram ser recebidos em tapete vermelho. Obrigada a Danny Baror e Heather Baror-Shapiro, por colocarem meus livros nas mãos dos leitores pelo mundo todo.

Jenny Bak, também conhecida como Editora Mágica e amiga, foi incrível trabalhar com você desde o início deste romance. Seu entusiasmo por sempre tornar o livro um pouco mais sombrio e um pouquinho mais sinistro traz à tona todos os meus sonhos de supervilões. Eu juro que você é cheia de *magie* por fazer com que esta trama e esta história tenham ganhado vida. Especialmente depois que eu tentei matar a coisa toda naquele primeiro rascunho. Parando para pensar agora, isso tem tudo a ver com mortos-vivos e todo esse lance de Drácula/vampiro, é sangue do mesmo sangue... os muitos trocadilhos aqui são propositais. Não consigo me controlar! Um brinde a aventuras ainda mais sombrias e mágicas para o livro três.

James Patterson, eu ainda não consigo agradecer o bastante por você ter mudado a minha vida. Um brinde a um grupinho de crianças de Newburgh que nunca pararam de sonhar! Sasha, Erinn, Gabby, Sabrina, Cat, Tracy, Peggy, Aubrey, Ned, Mike, Katie e todo mundo que trabalha para a JIMMY books/Little, Brown e que esteve envolvido na edição, produção/venda/arte do meu trabalho. Obrigada por transformarem este documento em uma linda obra de arte tangível e por sua dedicação à publicidade, às vendas, ao marketing, ou seja, por promoverem o meu livro de todas as formas possíveis. É um fato aprovado por Cresswell que eu tenho a melhor equipe em termos de publicação. (Um alô extra para Sasha e Aubrey, por me ajudarem a polir a novela de Thomas e deixá-la com um lindíssimo brilho, enquanto Jenny esteve afastada com o doce bebê Bak.)

Mãe e pai, eu não sei ao certo se algum dia eu serei capaz de agradecer o bastante por sempre me encorajarem a ser tão criativa quanto me atrevesse durante a infância e adolescência. A crença de vocês de que eu poderia transformar qualquer sonho em realidade foi o que me deu aquela centelha para tentar. Obrigada por estarem ali para me oferecer apoio — e piadas e trocadilhos médicos — e para me ajudar a percorrer o árduo caminho. Quem diria que uma menina que escrevia sobre baldes de sangue poderia ser tão melindrosa ao tirar sangue para os exames? O trocadilho com as palavras *Vial/Vile* [Frasco/Vil, que, em inglês, têm a mesma pronúncia] sempre me fará rir de um jeito inapropriado; eu amo vocês dois mais do que quaisquer humildes palavras podem expressar.

Kelli, você é a melhor irmã que o mundo já conheceu. Obrigada por sua capacidade extraordinária de ler e criticar os rascunhos iniciais do meu trabalho. A *Dogwood Lane Boutique* continua sendo meu lugar predileto para comprar roupas para as turnês (e, sejamos honestas, coisinhas para os posts do #bookstagram), e sinto orgulho de você por caçar e realizar seus próprios sonhos. E pelo desconto para a família...

Laura, George, Rod, Jen, Olivia, tio Rich, tia Marian e Rich: eu amo vocês todos e tenho tanta sorte por tê-los! Jacquie, Shannon, Beth: obrigada por celebrarem TUDO isso comigo. Bem, é sempre o máximo quando você está por perto, e não somente porque você traz os brinquedos mais legais para os gatos.

Simona e Cristina, da *Bibliophile Mystery*: *Mulţumesc*. Obrigada por lerem/corrigirem minha humilde tentativa de escrever em romeno e por se certificarem de que estava tudo correto para os falantes nativos do idioma. Eu mal posso esperar para visitar vocês em Bucareste e Braşov um dia desses!

É totalmente essencial, neste ramo, ter um esquadrão que esteja lá durante todo o processo. Eis aqui apenas alguns membros do meu esquadrão: Kelly Zekas, Alex Villasante, Danika Stone, Kristen Orlando, Sarah Nicole Lemon e Precy Larkins. Obrigada por lerem, mandarem recados e mensagens de texto de encorajamento, e por oferecerem conselhos tão sábios e brilhantes como cada um de vocês é.

Traci Chee, sua amizade e seu humor sempre mantiveram meu ânimo em alta. Eu ainda dou risada toda vez que penso que chorei pela Pink, a cantora, em vez da cor, e na confusão em massa que os prazos de entrega fazem com a gente. Obrigada por seus conselhos fantásticos sobre o meu segundo rascunho e por todas as nossas maravilhosas conversas ao telefone, mensagens de texto e e-mails trocados durante todo o ano. Trabalhar em nossos livros na companhia uma da outra é um sonho realizado, e nossa amizade é a coisa mais arrasadora! Eu ficaria perdida sem você!

Stephanie Garber, você é uma das amigas mais mágicas que uma garota poderia querer. Nossas conversas regadas a café ou vinho são as melhores, absolutamente! (E nosso jogo de GIFS é bem incrível também. Especialmente quando envolvem Stormtroopers vestindo saias de bailarinas!) Eu tenho bem certeza de que somos irmãs há tempos perdidas dada a frequência com que terminamos as frases uma da outra. E obrigada antecipadamente por uma sala cheia de Julians em seu próximo livro. De nada por isso, camaradas leitores.

A Irina, também chamada de Phantom Rin, suas ilustrações para essa série são épicas e incríveis. Cada vez que eu vejo um de seus desenhos eu me belisco. Obrigada por dar vida aos meus personagens de uma forma tão deliciosamente sinistra e bela. Eu não consegui resistir e usei-as como inspiração para os desenhos de Nicolae, e espero que tenha feito justiça a elas.

Brittany, também conhecida como a Extraordinária Fabricante de Velas, da *Novelly Yours*, obrigada por algumas das mais extravagantes e incríveis velas com aromas inspirados em livros. Eu nunca esquecerei quão maravilhosa pode ser uma vela com manchas de sangue ou cristais brilhantes. Um alô para Jessica, da *Read and Wonder*, por criar os marcadores magnéticos e com citações — eu amo as cartolas em Audrey Rose e Thomas! Jess, da *Wick and Fable*, o chá Cresswell e a combinação de chás Audrey Rose são tudo na vida!

Eu sou infinitamente grata por TODOS os blogueiros e bookstagrammers por aí, e desejo fazer um agradecimento especial a: Ava and the Knights of Whitechapel; Kris, de *My Friends are Fiction* (também conhecida como minha camarada que ama pizza); Rachel, de *A Perfection Called Books*; Hafsa e Asma, de *Icey Books and Icey Designs*; Melissa, de *The Reader and the Chef*; Brittany, de *Brittany's Book Rambles*; Bridget, de *Dark Faerie Tales*; e Stacee, também conhecida como *Book Junkee* e como minha líder de torcida de Cresswell por acrescentar MAIS cenas de beijo; eu não tenho como agradecer a todas vocês por tudo que vocês fazem, tanto por mim quanto pelos meus livros. Pilar, "Pili", seus GIFS diários de Sherlock são sempre apreciados, e sua adoração por Thomas no Twitter o envaidece ainda mais. Ele realmente ficará insuportável no final do terceiro livro.

Sasha Alsberg, você é uma joia e tanto, obrigada por amar Audrey Rose e por torcer por ela. Eu fico tão feliz em dividir as prateleiras (e a obsessão por lares históricos) com você! Além disso, um GIGANTESCO agradecimento a todos os booktubers que postaram vídeos INCRÍVEIS ou que conduziram leituras conjuntas tanto para *Rastro de Sangue: Jack, o Estripador* quanto para *Rastro de Sangue: Príncipe Drácula*. Eu fico continuamente encantada por seu amor e apoio a esse destemido mundo vitoriano.

Ao pessoal do Goat posse — Anita, Lori, Bethany, Ashlee, Riley, Precy, Mary, Kalen, Eric, Jlo, Lisa, Amy, Michelle, Darke, Justin, Jennifer, Angela e Suzanne —, vocês são algumas das melhores pessoas do mundo. Muito #GoatWub a todos vocês.

Bibliotecários e livreiros: meu respeito por vocês é infinito, assim como o número de estrelas no céu também é infinito. Livros são armas poderosas e vocês as empunham com o máximo cuidado e precisão. Obrigada por tudo que vocês fazem tanto pelos leitores quanto pelos escritores mundo afora.

KERRI MANISCALCO cresceu em uma casa semiassombrada nas cercanias de Nova York, onde teve início sua fascinação por ambientes góticos. Em seu tempo livre, ela lê tudo em que consegue pôr as mãos, cozinha todos os tipos de comida com sua família e com seus amigos, e bebe chá demais enquanto discute os mais belos aspectos da vida com seus gatos. Seu primeiro romance dessa série, *Rastro de Sangue: Jack, o Estripador*, estreou no primeiro lugar na lista dos mais vendidos do *New York Times*. Ela está sempre animada para falar sobre *crushes* ficcionais em suas redes sociais. Saiba mais em kerrimaniscalco.com.

DARKLOVE.

DARKSIDEBOOKS.COM

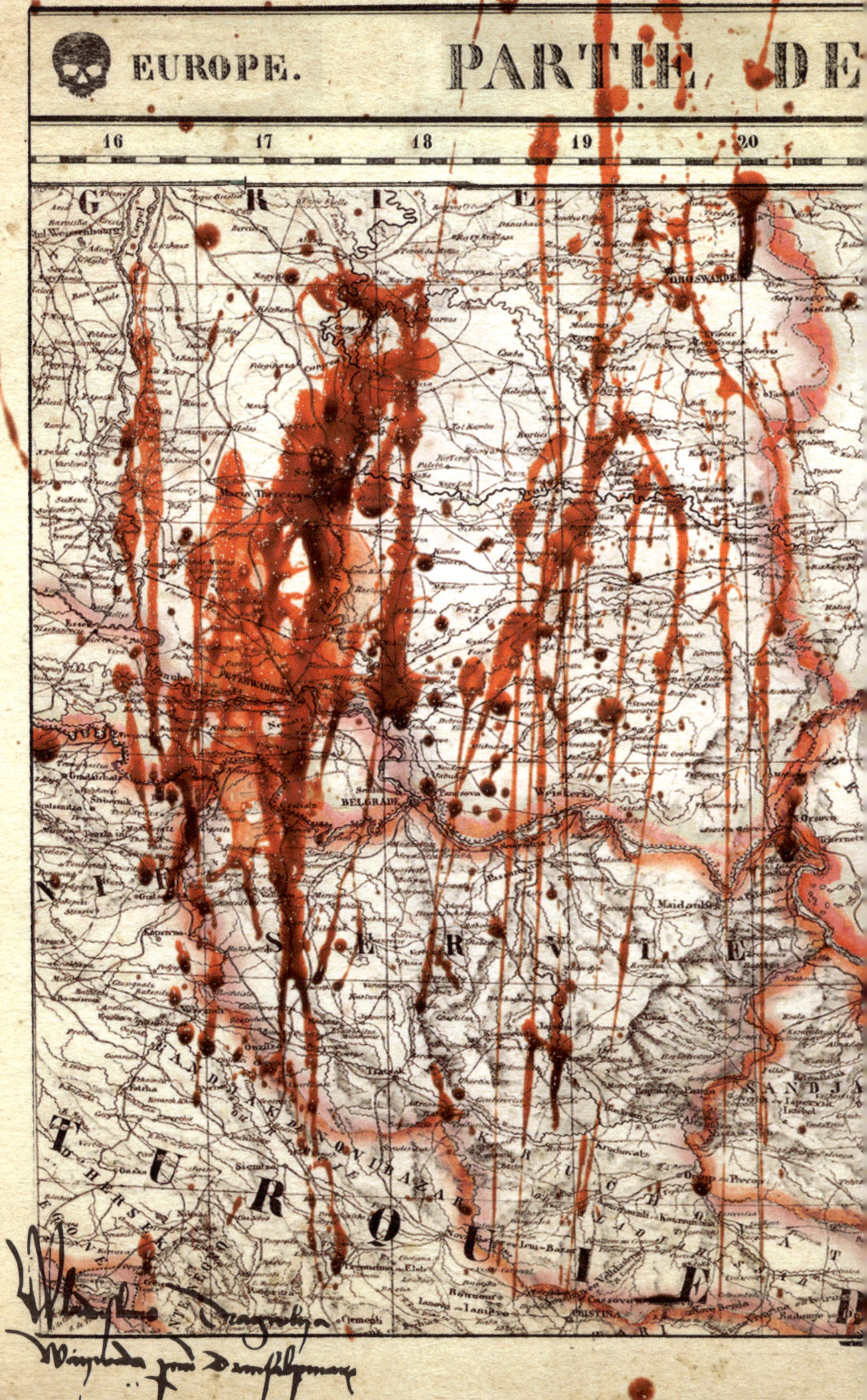
EUROPE.
PARTIE DE
16
17
18
19
20
BELGRADE
S E R V I E
T U R Q U I E